Ehrenfried Kluckert

NEAPEL KAMPANIEN

Unter Mitarbeit von
Daniela Donzelli-Kluckert

ARTEMIS
Kunst & Reisen

Im Archäologischen Nationalmuseum (*S. 57*)

Inhalt

Der Taucher von Paestum (*S. 259*)

Neapel

Legende zur nebenstehenden Übersichtskarte

(Karte und Legende zu Kampanien in der hinteren Umschlagklappe)

Ausführliches Orts- und Objektregister *S. 319ff.*

Sorrent mit Blick auf den Vesuv

Dorfleben in Kampanien

Forza Napoli . . .

. . . Forza Maradona! Die Verbindung dieser beiden emphatischen Ausrufe scheint für den Beginn einer kulturgeschichtlichen Betrachtung ungewöhnlich zu sein. Das »Forza Napoli! Forza Maradona!«, diese für Napoletaner magische Beschwörungsformel, hat jedoch, so abwegig das klingen mag, neue soziale, kulturelle und insgesamt gesehen politische Akzente gesetzt. Heute, da das mehrjährige Gastspiel des argentinischen Fußballidols durch Drogenaffären schon wieder beendet ist, sind am Stadtbild erste Veränderungen zu bemerken.

Professore Aldo Cianci, Literat und Historiker, der mit unermüdlichem Eifer seine Stadt erforscht, sich selbst aber nicht zu den Tifosi, den Fußballfans, zählt, unterstreicht die soziale Bedeutung dieses einzigartigen quirligen Ballartisten aus Südamerika. Mit Maradonas Auftritten wurde Napoli 1986 und 1987 italienischer Fußballmeister – 1989 und 1990 ebenfalls: Der Norden war geschlagen – Milano und Torino bedeutungslos! Da ging, so der Professore, ein Ruck durch die Stadt. Es wurden städtebauliche Projekte gefördert, um die man bislang vergeblich gerungen hatte. Dafür ein Beispiel: die Piazza Municipio, dieser ›salotto‹, der große Festsaal Neapels, war bislang vom Autoverkehr verwüstet. Die großzügig angelegten Rasenflächen um das Castel Nuovo und vor dem Palazzo Municipio glichen einer Müllkippe. Zarte Grüntöne nur vereinzelt – dominant: ein schmutziges Graubraun. 1987 begann der Wandel: Die obere Hälfte des Platzes wurde für den Autoverkehr gesperrt. Städtische Gärtner pflegen nun täglich das frische Grün. Kinder tollen umher, Hunde spielen mit, und die Eltern sitzen im Schatten der Pinien. Im zarten Blau hebt sich die unverwechselbare Kulisse des Vesuvs ab, davor die ockerfarbenen Gebäude der Stazione Marittima und das Meer, durchfurcht von zahllosen kleineren Aliscafi oder größeren Traghetti, die mit weißaufschäumendem Kielwasser Capri, Sorrent oder Ischia zustreben . . .

Wenn man dann etwa die Via Partenope mit den frisch restaurierten Gebäudefassaden aus dem 19. Jh. oder die Piazza dei Martiri mit der Freiheitssäule und dem noblen Café im Hause Bohwinkel aufsucht, so verwirklicht sich tatsächlich ein napoletanischer Traum, wie er vor zweihundert Jahren von Engländern und Deutschen geträumt wurde, als Neapel zum Inbegriff von Kunst und Schönheit avancierte. Damals erschien Neapel als eine ferne Utopie, die Goethe schreiben ließ, daß niemand, der einmal in dieser Stadt war, je wieder unglücklich wird, da er sich immer »nach Napoli denken könne« . . .

◁ ›Benvenuto!‹

Doch bei allen neuen, schüchternen Ansätzen, sich diesem alten Ideal wieder anzunähern, ist Neapel noch immer ein Synonym für Drogen, Schmutz und Armut. Zerfallene Häuser und Elend in der Gosse. Ignorante und korrupte Beamte, Kinderbanden. Das gibt es auch, und es wäre sinnlos, diese Seite zu verschweigen, da sie unübersehbar ist.

Beide Seiten müssen Beachtung finden. Doch wäre es traurig, nur das dunkle Neapel zu beschwören, um die Vorstellung von der morbiden und sterbenden Stadt zu verbreiten.

In Neapel durchdringen sich zwei Sphären, zwei Pole, die sich bald anziehen, bald abstoßen. Neapel ist eine glänzende, gleißende und zugleich auch eine düstere, enge, auf jeden Fall aber eine lebendige Stadt, die bestens gewappnet ist gegen jede Art von akademischer Grandezza, die mit schönen aber schnöden Worten einen Leichengesang komponieren möchte. In Neapel ist kein Platz für Klischees: Wenn man die Lust verspürt, sich von Napoli verzaubern zu lassen, dann muß man auch den Mut aufbringen, den dunklen Seiten dieser Stadt zu begegnen. Erholen kann man sich dann auf Capri!

Die Geschichte Neapels und Kampaniens

Vom Tod der Sirene Parthenope: Griechen, Etrusker und Samniten

Eine der drei unteritalienischen Sirenen, *Parthenope*, Tochter des napoletanischen Stadtheros *Acheloos*, soll sich aus Gram, den großen Seefahrer Odysseus nicht bezwungen zu haben, ins Meer gestürzt haben. Ihr Leichnam wurde in Neapel an Land gespült. Dort errichtete ihr die Bevölkerung ein Grabmal und brachte der Halbgöttin jährlich ein Stieropfer dar. So berichten antike Gelehrte, unter ihnen der berühmte Strabon (63 v. Chr. – 23 n. Chr.).

Der römische Dichter *Vergil* nahm diesen Mythos zum Anlaß, sein poetisches Reich, Neapel und Umgebung, nach dieser Sirene zu benennen. In seiner ›Georgica‹ (4, 564), diesem Epos über die Bauern und das Land sowie über den Sinn des Lebens, bezeichnet der Poet Neapel als ›Parthenope‹ und Capri, Ischia und Procida, die Eilande des Glücks, als ›parthenopäische Inseln‹. Letztere heißen übrigens heute noch so.

Über die Gründungsgeschichte Neapels ist man sich immer noch im unklaren. Zwei Varianten werden als ziemlich sicher gehandelt: Das von *Kyme*, gemeint ist Cumae, der ältesten griechischen Kolonie in Italien, zerstörte *Neapolis* wird von der Pest heimgesucht und später als ›*Novapolis*‹, also ›Neustadt‹, mit dem schon erwähnten Parthenope-Kult neu gegründet – so der römische Staatsbeamte und Gelehrte M. Terentius Varro. Einer anderen Lesart zufolge gelangen Siedler aus Chalkis und Athen im 5. Jh. v. Chr. nach Unteritalien und präsentieren das Haupt der Athena mit Helm und dem Namen ›*Neapolis*‹ als Zeichen der neuen griechischen Metropole. Priester führen den Parthenope-Kult ein. Ein Bestandteil dieser Feiern ist der Fackellauf zu Ehren der Sirene.

Wie dem auch sei, sicher ist, daß es griechische Siedler waren, die im Zuge der Landnahme in Sizilien und Unteritalien in die Gegend von Neapel gekommen sind, um dort in der Bucht am Meer eine Stadt zu gründen. Heute noch läßt sich das ›Griechische‹ an Neapel nachvollziehen. Im Zentrum, dem schachbrettartig angelegten Stadtteil ›Spaccanapoli‹, verrät der regelmäßige Verlauf der Straßen und Gassen die planende Hand des berühmtesten Städtebauers der Antike, Hippodamus von Milet. Die Lage der Stadt war ausgezeichnet gewählt. Ein durch Bergzüge abgesichertes Plateau öffnet sich dem Meer. Das Regenwasser konnte durch die Gassen leicht abfließen und sorgte somit gleichzeitig für ein gut funktionierendes System der Stadtreinigung, indem Schmutz und Abfall ins Meer geschwemmt wurden.

Die Griechen kamen als Kolonisten und vertrieben die damaligen Bewohner, die Etrusker. In einer blutigen Seeschlacht des Jahres 474 v. Chr. und vorher schon in der *Schlacht bei Cumae* (524) unterlagen die Etrusker. Im darauffolgenden Jahrhundert drängten samnitische Stämme von den Bergen in die Ebene und bedrohten das griechische Neapolis. Man arrangierte sich für einige Zeit friedlich nebeneinander. Bald aber wurden die Samniten übermächtig. Sie eroberten die fruchtbaren Ebenen Kampaniens: 424 fiel Capua, 421 Cumae. Etruskisches, griechisches und samnitisches Blut vermischten sich, und es entstand eine neue ethnische Konstante, das ›kampanische Volk‹, die Osker, oder die oskischen Samniten, wie dieser Volksstamm auch genannt wurde. Ihre genuine Kultur wird noch heute im Irpinischen Museum von Avellino anschaulich (*S. 225*).

Neapolis blieb allerdings griechisch, eine hellenistische Oligarchie inmitten einer von Rom und den Samniten bedrängten Umgebung. Das griechische und zugleich samnitische Ende wurde von Neapolis selbst heraufbeschworen, indem es Rom um Hilfe gegen die oskischen Samniten anrief. Bereitwillig gewährte Rom Unterstützung, förderte es doch damit seine eigenen Ambitionen in Unteritalien.

Das Debakel in der Caudinischen Schlucht: Das Zeitalter der Römer

Im 4. Jh. v. Chr. drängten die Römer nach Süden und bekriegten die Samniten. Zwischen 343 und 290 tobten die Kämpfe – nicht immer zugunsten der Römer. Das Ende der Samniten begann – so seltsam das zunächst klingen mag – mit dem römischen Debakel in der Caudinischen Schlucht, den ›*forche caudine*‹. Im Jahre 321 wurde das römische Heer, aus der Ebene Richtung Benevent ziehend, von den Samniten in einen Hinterhalt gelockt und in der eben erwähnten Schlucht eingeschlossen. Kurze Zeit später konnte sich das römische Heer neu organisieren. Als Aufmarschlinie gegen die Samniten wurde in der Gegend von Capua mit dem Bau der Via Appia begonnen. Nach langem Ringen und vielen verlustreichen Schlachten gelang es dem römischen Heer schließlich im Jahre 293 bei Aquilonia, östlich von Avellino, die Samniten zu besiegen. Eine weitere entscheidende Schlacht fand im Jahre 275 auf den ›Tausinischen Feldern‹ bei Maleventum (›schlechter Ausgang‹) statt, das die Römer aus Freude über ihren Sieg in ›Beneventum‹ – guter Ausgang – umbenannten (vgl. *S. 213*).

 In der Piscina Mirabilis (*S. 144*) in den Phlegräischen Feldern ▷

Neapels enge politische Verflechtungen mit der ›Beschützerin Rom‹ mußten sich in wirtschaftlicher Hinsicht nachteilig auswirken. Im ständigen Konkurrenzkampf mit der Weltmacht Rom unterlag Neapel. Die Römer beschleunigten diesen Prozeß, indem sie 194 v. Chr. vor den Toren der Stadt eine Kolonie gründeten, ›*Puteoli*‹, das heutige Pozzuoli. Bald darauf verlor Neapel seine Unabhängigkeit und wurde 90 v. Chr. in ein ›Municipium‹ umgewandelt – es erhielt römisches Bürgerrecht und degenerierte in der Folgezeit zum Sommeraufenthalt römischer Imperatoren.

Auf einem Küstenstreifen westlich des Pizzofalcone bis zum Posillip entstanden viele römische Lustvillen. Die berühmteste war zweifellos die des Lukullus. Mit Gärten und Fischteichen erstreckte sie sich von der Megaris, dem heutigen Castel dell'Ovo, über Chiatamone und Santa Lucia bis zum Palazzo Reale.

In Neapel entfaltete sich nun ein reges kulturelles Leben. Philosophenschulen wurden gegründet, und hier wurden wißbegierige Römer in griechischer Philosophie, Geschichte und Literatur unterrichtet. Zeitweise fanden hier sogar Olympische Spiele statt. Immer mehr römische Dichter und Kaiser verlegten ihre Villen von den parthenopäischen Inseln in die ›weiße Stadt am Golf‹ – Kaiser Augustus zum Beispiel, der seinen Landsitz auf Capri aufgab und die Sommerfrische in Neapel genoß. Nach dem Vesuv-Ausbruch des Jahres 79 soll Titus riesige Geldbeträge aufgebracht haben, um den Wiederaufbau der Stadt zu fördern.

Im Laufe des 2. Jh. hat sich die Romanisierung Neapels endgültig durchgesetzt. Neben griechischen Inschriften waren immer häufiger lateinische Namen zu lesen. Die zunehmende kulturelle Bedeutung brachte auch eine Verbesserung der wirtschaftlichen Lage mit sich. Darauf deuten die Bemühungen der Kaiser Septimius Severus und besonders Caracalla, den Hafen ausbauen zu lassen. Im Jahre 303 n. Chr. wurde Neapel zur römischen Stadt erhoben.

Bis heute ist das antike Straßennetz von Neapolis weitgehend erhalten geblieben. Aus Berichten der Spätantike und des Mittelalters erfahren wir, daß breite und schmale Straßen angelegt wurden, die sogenannten *Plateiai* und die *Stenopoi*. Letztere heißen heute *Vicoli*, also Gassen, und entsprechen den *Cardines* der römischen Stadtpläne. Die Plateiai, die breiten Straßen, decken sich dagegen mit den römischen *Decumani*. Dieser Terminus bezeichnet den Abstand von ›decem actus‹, von 10 Furchen, wobei eine Furche ca. 33,5 m mißt. Diese Plateiai oder Decumani sind noch heute im Zentrum Neapels zu begehen. Sie tragen – von Norden nach Süden – folgende Straßennamen: *Via Pisanelli Anticaglia – SS. Apostoli, Via dei Tribunali, Via San Biagio –*

›Der Bäcker und seine Frau‹, Fresko aus Pompeji, heute im Archäologischen Nationalmuseum in Neapel

Via Vicaria Vecchia, Via B. Capasso. Diese Decumani wurden von ca. 20 Cardines, die ungefähr drei Meter breit waren, gekreuzt. Auf diese Weise entstand das für den hellenistischen und später auch für den römischen Stadtplan typische Rechteckmuster. Die leichten Abweichungen der Straßenzüge vom System der Windrose sind witterungsbedingt: Es war die schlechte Luft, die ›*mal aria*‹, die von der östlichen Sumpfebene Sebeto hereinwehte und der es sich zu erwehren galt.

Die Geschichte des nachantiken und das heißt christlichen Neapel beginnt wiederum mit einer Legende: Auf seinem Weg von Antiochia nach Rom soll der Apostelfürst Petrus den ersten Bischof von Neapel in sein Amt eingeführt haben. Es handelt sich um *Asprenas*, der seit dem 9. Jh. als Heiliger verehrt wird. Tatsache ist, daß Kaiser Konstantin bald nach seinem entscheidenden Sieg über Maxentius im Jahr 312 die erste Basilika in der Stadt am Golf bauen ließ. Im selben Jahrhundert gründete Bischof Severus die ersten Klöster.

Das römische Weltreich war zu diesem Zeitpunkt schon fast nicht mehr vorhanden. Die Goten hatten Italien überrannt und die neue christliche Kultur gefördert. Das machte sich in Neapel in erster Linie an der architektonischen Neu- und Umgestaltung der Stadt bemerkbar. Der Gotenkönig Theoderich II. setzte im 5. Jh. Valentinianus III. als Statthalter ein. Dieser ließ den antiken Mauerring nach Südwesten erweitern. Zu jener Zeit wurden viele neue Kirchen erbaut, die heute allerdings nur noch in spärlichen Resten erhalten sind. Nach dem Untergang des Gotenreiches wurde der byzantinische Einfluß Konstantinopels besonders stark spürbar, was in den Katakomben der ältesten Kirchen Neapels dokumentiert ist (*S. 72*).

Im Jahre 726 verbot Leo III. die Verehrung der Bilder Christi und der Heiligen. Was als ›Bilderstreit‹ in die Kulturgeschichte einging, löste auch politische Konflikte aus. Unteritalien sollte unter dem Erzbischof Calvus von Neapel vereint werden. Diese Maßnahme Leos war strikt anti-päpstlich, da der Vatikan gegen die Bilderablehnung Leos zu Felde zog. Diese von Konstantinopel gesteuerten politischen Winkelzüge riefen den mächtigen Frankenkönig Pippin auf den Plan. Der Streit wurde schnell beigelegt: Calvus verzichtete auf seinen Titel und seine Funktion.

Die Blüte von Kunst und Wissenschaft: Normannen, Schwaben und Franzosen

Die fränkische Geschichte Unteritaliens muß im Zusammenhang mit der deutschen, genauer mit der staufischen Geschichte gesehen werden. Zunächst jedoch die politisch verwickelten Voraussetzungen für die Entfaltung der staufischen Macht in Unteritalien: Durch die Stärkung des Papsttums verlor Konstantinopel, das ›Zweite Rom‹, immer mehr an Macht. Obwohl sich der Papst und Ostrom noch einmal kurzzeitig gegen die anstürmenden Sarazenen verbündeten, blieb diese Allianz nur von kurzer Dauer. Ein merkwürdiger geschichtlicher Umstand: Die Sarazenen waren zunächst erwünscht, da sie die von Norden nach Unteritalien drängenden Langobarden bekämpften, längerfristig jedoch wollte die Kirche sie und die Langobarden gleichermaßen besiegen. Als aber die letzte Sarazenenbastion gefallen war, konnte man die Langobarden nicht mehr aufhalten. Im Jahre 1027 übergab man die Stadt Neapel nahezu kampflos dem Langobarden-Herzog Pandolf IV. Gegen die Langobarden setzte man normannische Söldner ein, die auch tatsächlich die Stadt unter der Führung des Herzogs Sergius IV. befreiten. Die Normannen hatten zu dieser Zeit schon weite Teile Kampaniens besetzt. Von Aversa, das sie 1029 eingenommen hatten, zogen sie weiter nach Capua (1062), besetzten die Städte der amalfitanischen Küste (1073) und gelangten nach Salerno (1076). Rund 60 Jahre später, im Jahre 1139, besetzten sie auch Neapel, geführt vom berühmten Normannenfürsten *Roger II.* Die Stadt am Golf konnten sie allerdings nur kurze Zeit halten. Schon 1140 setzte die Herrschaft der Staufer ein.

Der Staufer Konrad III. und Papst Innozenz II. verbündeten sich gegen den Normannen Roger II., der seinerseits in den Franzosen und in den Widersachern der Staufer, den Welfen, Kampfgenossen suchte. Noch kam es zu keiner Entscheidung. Um kriegerische Auseinandersetzungen zu vermeiden, suchten die Parteien nach einer eleganten Lösung und fanden sie: Der Staufer Heinrich VI. vermählte sich mit Konstanze, der Tochter Rogers II. Durch diese Heirat wurde der staufische Einfluß in Unteritalien entscheidend intensiviert.

Friedrich II. (1194–1250), Sohn Heinrichs VI., war der erste Herrscher, der mit seiner umsichtigen und neuartigen Politik die wirtschaftlichen und damit auch kulturellen Verhältnisse in Neapel änderte. Nach umfassenden städtebaulichen Maßnahmen – er erneuerte die von seinem Vater geschleifte Stadtmauer und legte neue Wohngebiete an – gründete er im Jahre 1224 nach dem Muster Bolognas die *Universität von Neapel*, die erste europäische Staatsuniversität. Ihre Hauptaufgabe bestand in der Ausbildung einer Verwaltungselite. In der Stiftungsurkunde heißt es: »Gelehrte Männer fordern wir zum Dienste heraus, um ihnen – gebildet durch den Eifer des Studiums von Jus und Justitia – ohne Sorge die Staatsverwaltung anvertrauen zu können.« Der Stauferkaiser legte größten Wert auf die soziale Versorgung der

Studenten. Ihnen wurden großzügige Stipendien gewährt. Zur Schätzung der Zimmermiete wurde immer neben dem Angebot der Vermieter auch die finanzielle Belastbarkeit der Studenten festgestellt.

Friedrich hielt seinen Staatsschatz im Castel dell'Ovo verborgen. Dort wurde nach seinem Tod (1250) sein Sohn *Konradin* gefangengehalten. Auf Befehl Karls I. von Anjou haben Schergen des Königs den 16jährigen Staufer, den letzten seines Geschlechts, am 29. April 1268 auf dem Mercato, unweit der Kirche S. Maria del Carmine, enthauptet.

Mit dem Tod Konradins fiel das Erbe der Staufer *Karl von Anjou* zu. Neapel, nunmehr die Hauptstadt von ganz Süditalien, wurde somit von den Franzosen verwaltet. Nach der *Sizilianischen Vesper* jedoch, dem Aufstand der Bevölkerung von Palermo am 31. März 1282 gegen die Franzosen, mußten diese Sizilien an die Aragonesen abtreten. In Neapel aber blieben sie, und so sind es auch die Anjou, die das gotische Neapel geprägt haben. Wenn der Begriff ›gotisch‹ überhaupt tauglich ist für die italienische Kunst des Mittelalters, dann wohl vor allem für die Sakralskulptur, die zu Recht mit ›angiovinischer Gotik‹ bezeichnet wird. Die Grabmäler in S. Chiara werden mit diesem Stil noch genauer bekannt machen (*S. 91*). Zur Zeit der Anjou entstanden bedeutende Kirchen und Paläste in Neapel. Der Dom, S. Domenico Maggiore, S. Annunziata, S. Chiara, das Castel Nuovo und das Castel Capuano müssen besonders hervorgehoben werden.

Napoli – Città Ideale: Neapel zur Zeit der Renaissance

Das Haus Anjou herrschte bis 1435. Dann eroberte König *Alfons V. von Aragon* die Stadt, die nach seinem Tod ohne Sizilien an seinen Sohn Ferdinand I. und dessen Nachkommen fiel. Über 300 Jahre dauerte die spanische Herrschaft. Dieser Zeitraum war geprägt von vielen Kämpfen gegen die Franzosen, die ihre Erbansprüche in Neapel immer wieder durchsetzen wollten.

Unter den Aragonesen begann eine intensive Bautätigkeit. Zunächst wurde im Jahre 1484 der mit 22 Rundtürmen bewehrte und z. T. noch erhaltene Mauerzug von S. Maria del Carmine über die Piazza Umberto und die Porta Capuana bis zur Porta San Gennaro errichtet. Nur wenige Jahre später, zwischen 1499 und 1501, verlief von der Piazza Dante die Via Roma nach S. Brigida und zweigte ab zum Hafen, um sich mit den Bastionen des Castel Nuovo zu vereinen. Auch wesentliche städtebauliche Akzente wurden gesetzt: So hat der humanistische Architekt Giovanni Donadio, gen. ›Il Mormando‹ (geb. 1524), die Palastarchitektur der Stadt auf die Strukturen des Straßensystems abgestimmt. Neapel entwickelte sich so zu einer prachtvollen Renaissance-Stadt, der heute allerdings kaum noch nachzuspüren ist.

Alfons I. von Aragon zieht in Neapel ein. Triumphbogen-Relief des Castel Nuovo (*S. 118*)

Herzog Alfons, ein Enkel von Alfons V. und ältester Sohn Ferrantes I., plante ein umfassendes Sanierungsprogramm, um das hellenistisch-römische Straßenmuster neu strukturieren zu lassen. Neapel sollte im Sinne humanistischer Stadtutopien zu einer ›città ideale‹, einer Idealstadt, umgebaut werden.

Don Pedro Alvarez de Toledo, der berühmteste Stadtplaner Neapels, war um die Mitte des 16. Jh. tätig. Er sanierte die Altstadtquartiere, um der ungezügelten Ausbreitung auf die noch unbebauten Höhen der Stadt vorzubeugen. Doch diese Flucht aus den engen schmutzigen Gassen der Innenstadt war nicht mehr aufzuhalten. Das Sanierungskonzept kam zu spät. Die Hügel im Westen der Stadt wurden bebaut. Allmählich bildeten sich dort und in anderen Grenzgebieten der Stadt sogenannte ›*sobborghi*‹, Vorstädte, die einem homogenen Stadtgefüge widersprachen.

Don Pedro Alvarez hat Neapel stattliche Alleen zu verdanken, wie die Via S. Lucia oder die Via Chiaia. Mit solchen Prachtstraßen wurden schon damals die städtebaulichen Leitmotive für das aristokratische Neapel des 18. Jh. bereitgestellt.

Vanvitellis Treppenhaus in Caserta (*S. 204*)

Barocke Hofkultur: Die Epoche der Bourbonen

Das 17. Jh. war für Neapel eine Zeit sozialer Erschütterungen und Naturkatastrophen. 1624 raffte eine Hungersnot viele Einwohner dahin. 1631 brach der Vesuv aus, 1656 wütete die Pest in der Stadt, und 1688 wurden einige Stadtviertel durch ein Erdbeben verwüstet. Für die vielen Tausend Obdachlosen mußte schnell gesorgt werden.

Notunterkünfte und Massenquartiere entstanden westlich der Via Roma. Soziologen und Historiker sehen in der hektischen Bautätigkeit nach dem erwähnten Erdbeben einen wesentlichen Grund für das nun einsetzende unorganische Wachstum der Stadt. Der Platzmangel brachte seltsame Formen des Wohnens hervor: So erhielten Straßenfronten zu ebener Erde fensterlose Einzimmerwohnungen, sogenannte ›*bassi*‹, die auch heute noch ihr zumindest wirtschaftliches Funktionieren unter Beweis stellen, indem unmittelbar vor den Wohnungen kleinere Stände aufgebaut werden, die von den Eigentümern direkt bedient werden können. Eine wahrhaft barocke Spezialität Neapels muß noch erwähnt werden: Das Treppenhaus größerer Paläste. Davon wird in einem späteren Kapitel noch die Rede sein (*S. 69*).

1713, im Frieden von Utrecht, wurde beschlossen, daß die Kronen Frankreichs und Spaniens niemals bei einem Herrscher vereinigt werden sollten. Das hatte Auswirkungen für Neapel. Die Stadt wurde dem Hause Habsburg und damit Kaiser Karl VI. zugesprochen. In der Auseinandersetzung um die polnische Thronfolge verlor Österreich Neapel jedoch an die Franzosen, so daß im Jahre 1734 mit dem Infanten Karl von Bourbon die Bourbonenherrschaft begann. In diesen Jahren entstand das glanzvolle, das ›aristokratische Neapel‹. Nahe dem königlichen Palast, dem Palazzo Reale, wurde das Teatro San Carlo erbaut. Hier entfaltete sich die napoletanische Oper und erlangte innerhalb kurzer Zeit Weltruhm.

Die Parthenopäische Republik: Neapel zur Zeit der Französischen Revolution

Gegen Ende des 18. Jh. griff der Geist der Französischen Revolution auf das Königreich Neapel über. Obwohl schon im Laufe der 80er Jahre in Neapel, Florenz und Parma reformpolitische Maßnahmen eingeleitet worden waren, gab man sich mit halbherzigen Liberalisierungstendenzen nicht zufrieden. Die Jugend focht gegen das aristokratische Establishment an – nicht ohne Opfer. In Neapel wurde der 22-jährige *Emanuele de Deo* im Jahre 1795 wegen konspirativer Tätigkeit aufgehängt. Auf Druck Napoleons und auf Grund der Entmachtung des Papstes rief man 1789 in Rom die Römische Republik aus. Ein Jahr später vertrieben die Truppen Championnets die Bourbonen, die überstürzt nach Sizilien flohen. Im Januar 1799 wurde in Neapel die Parthenopäische Republik ausgerufen. Sie existierte nur für fünf Monate. Schon im Frühjahr des Jahres 1799 konnte Napoleon aus Italien vertrieben werden. Ihm blieb als Brückenkopf nur noch Genua.

Im Süden erstarkte der *Kardinal Fabrizio Ruffo*, der mit einem aus Bauern und Habenichtsen zusammengesetzten Heer gegen Neapel vorging. Die Vergeltung war fürchterlich. Während der Kardinal in die Stadt vordrang, beschossen die englischen Schiffe des *Lord Nelson* Neapel. Obwohl eine für die napoletanischen, oder besser gesagt parthenopäischen Patrioten ehrenvolle Kapitulation ausgehandelt wurde, kümmerte sich der englische Admiral nicht um die Verträge, sondern ließ eine Vielzahl von ›Revolutionären‹ hinrichten. Unter ihnen fanden illustre napoletanische Persönlichkeiten den Tod: der Admiral Francesco Caracciolo, die Adlige Eleonora Fonseca de Pimentel, der Naturwissenschaftler Domenico Cirillo, der Jurist Francesco Conforti sowie der politische Schriftsteller Mario Pagano, von dem übrigens die berühmten ›Pensieri Politici‹ stammen. Alle hier aufgezählten Namen tauchen als Straßennamen in Neapel auf und erinnern an diese kurzlebige, aber glorreiche Parthenopäische Republik.

Kampanien und Neapel im vereinigten Italien

Die Freiheitsbewegungen in Italien wurden mit diesem rigorosen Vorgehen der Feinde Frankreichs lediglich vorübergehend eingedämmt. 1820 riefen die *Carbonari*, napoletanische Köhler, zum Sturz der verhaßten Bourbonen auf. Der Aufstand wurde blutig niedergeschlagen. Erst als 1860 *Garibaldi* siegreich in Neapel einzog, mußte Franz II., der letzte König von Neapel, fliehen. Italien war befreit. Die Geschichte Neapels und Kampaniens lief nun mit dem Königreich Italien parallel.

Il Mezzogiorno – Neapel und Kampanien im 20. Jh.

Zwei fürchterliche Heimsuchungen mußten Neapel und die Region gegen Ende des 19. Jh. erdulden: die Choleraepidemien von 1865 und 1884 sowie das schwere Erdbeben von 1883 auf der Insel Ischia.

Zwischen 1880 und 1900 wurde die Bevölkerung, und damit der soziale und wirtschaftliche Bereich, am schwersten getroffen: Eine umfangreiche *Auswanderungswelle*, die ganz Italien, besonders aber den Süden betraf, erfaßte auch Neapel. Im Jahre 1925 soll es knapp 17 Millionen Italiener gegeben haben, die emigrierten. Neapel und Kampanien standen nach Sizilien und Kalabrien an dritter Stelle. Intensive Bemühungen, die Landwirtschaft und die Industrialisierung voranzutreiben, wurden durch die kriegerischen Konflikte Italiens mit Abessinien (1896) und Libyen (1912) sowie durch seine Beteiligung am Ersten Weltkrieg (1915–18) jäh unterbrochen. Armut und Verelendung trugen sehr bald zur Entstehung des Faschismus bei. Von Neapel aus brach *Mussolini* 1922 zu seinem ›Marsch auf Rom‹ auf. Verschiedene Waffengänge gegen Ende des Zweiten Weltkriegs zu Land und aus der Luft trafen Kampanien und Neapel schwer: Am 18. September 1943 landeten die Alliierten im Gebiet der Selemündung und kämpften dort bis zum Juni 1944 gegen deutsche und italienische Verbände.

In den fünfziger und sechziger Jahren, als sich das ›italienische Wirtschaftswunder‹ nach dem Beitritt Italiens zur europäischen Montanunion (1951) entfaltete und ein Jahr zuvor die ›*Cassa per il Mezzogiorno*‹ zur wirtschaftlichen Förderung des Südens gegründet wurde, begann auch der wirtschaftliche Aufschwung Neapels und Kampaniens. Dieser führte weder zu Reichtum noch zu entscheidenden sozialen Verbesserungen, doch muß man die führende Rolle Neapels und Kampaniens in Süditalien anerkennen: Trotz einer reduzierten industriellen Basis gegenüber dem Norden weisen Kampanien und Apulien mit 35–40% der Beschäftigten im Maschinenbau, Fahrzeug-

Im Kampf um die Einheit Italiens: Garibaldis Einzug in Neapel

bau und Baugewerbe einen verhältnismäßig hohen Anteil gegenüber den übrigen südlichen Regionen und sogar auch gegenüber Wirtschaftsgebieten in Mittelitalien auf. Der ›Aufschwung‹ ging einher mit einer Abnahme des Beschäftigungsanteils in der Landwirtschaft, ja in den letzten zwanzig Jahren kam es hierbei zu einer dramatischen Entwicklung. Die Arbeitslosenquote ist in Neapel und Kampanien sehr hoch, sie beträgt etwa 14%. Bei all diesen statistischen Werten sollte man allerdings berücksichtigen, daß Kampanien zusammen mit der wirtschaftlich potenten und wohlhabenden Lombardei die bevölkerungsreichste Region Italiens ist. Armut und Elend fallen somit stärker ins Auge als anderswo.

Eine führende Rolle nehmen Neapel und Kampanien im Dienstleistungsbereich ein. Da diese Region zu den traditionellen Reisezielen Europas gehört und auch heute noch eines der beliebtesten ist, nimmt es nicht Wunder, daß die Stadt am Golf, die Inseln und die Küstenregionen über ein hervorragendes Netz der verschiedenen Dienstleistungen verfügen. Es muß hervorgehoben werden, daß dieses historisch gewachsene Gewerbe über eine erstaunlich hohe Qualität verfügt und als das am besten organisierte in ganz Italien gilt.

Architektur für die Zukunft: Neues Bauen in Neapel

Neapel kann heute längst nicht mehr als eine nur historisch interessante Stadt angesehen und besucht werden. Die moderne Architektur hat schon längst Einzug in die Stadt am Golf gehalten und wartet mit Beispielen auf, die mittlerweile internationalen Rang beanspruchen dürfen. Ende der siebziger Jahre hat *Aldo Loris Rossi* im Nordosten der Stadt die ›*Piazza Grande*‹, eine monumentale ovale Wohnsiedlung, geplant. Die Bauten wurden zwischen 1986 und 1989 ausgeführt. Rossi hat sich an den ›*Crescents*‹ von Bath/England, den elegant geschwungenen Wohntrakten, orientiert. Von den 219 Wohnungen führen Treppen und Rampen in einen geräumigen und vielfach unterteilten sowie auf verschiedenen Ebenen gelagerten Innenhof mit Parkanlagen, Tennisplätzen, Spielplätzen, einem Schwimmbad und einer Promenade. Die auf dem Kreis und dem Oval basierende architektonische Struktur läßt sich bis in das kleinste Detail verfolgen. Neben standardisierten Wohneinheiten fallen besonders die sogenannten ›*Villen*‹ auf. Hier handelt es sich um Dachgeschoßhäuser, die teilweise auf das Oval der Wohntrakte gesetzt, teilweise in dieses integriert worden sind. Überhängig angeordnete Treppenhäuser und monumentale Zugänge zu dieser ›Wohnarena‹ prägen die Schauseite, während fließende Bänder von bewachsenen Balkonbrüstungen, die immer wieder in kleine Bastionen ausbuchten, die Innenseite gliedern.

Eine der jüngsten und zweifellos genialsten Rekonstruktionen eines historischen Bauwerks ist der Architektin *Nicola Pagliara* gelungen. Sie wurde mit der Planung und Durchführung der ganz im Art-Déco-Stil erbauten, aber im Laufe der Zeit verrotteten Station ›Mostra‹ nahe des San Paolo Stadions an der Piazzale Vincenzo Tecchio betraut. So entstand zwischen 1988 und 1990 ein Meisterwerk, das die Dekorationssprache des frühen 20. Jh. aufnimmt und sie in modernisierte Formen überträgt. Das Ergebnis: eine schmucke postmoderne Eisenbahnstation, die den Art-Déco-Charme erhalten hat und zugleich alle Funktionen des alltäglichen Ablaufs einer Station aufs beste erfüllt.

Vor der Stazione Mostra öffnet sich die schon erwähnte Piazza, die zum Fußballstadion leicht ansteigt. Hier fallen futuristisch anmutende Türme auf, wie die ›*Torre del Tempo*‹ (Turm der Zeit) oder die ›*Torre della Memoria*‹ (Turm der Erinnerung). Beide Türme stammen von *Massimo Pica Ciamarra*. Er hat sie im Zusammenhang mit der Er-

Aldo Loris Rossis ›Piazza Grande‹

neuerung und Erweiterung des Stadions zur Fußballweltmeisterschaft 1988 erbaut.

Das jüngste und monumentalste architektonische Projekt der Stadt Neapel ist das ›*Centro Direzionale*‹ unmittelbar hinter der Stazione Centrale. Schon in den sechziger Jahren begann man mit der Konzeption dieses urbanen Geschäftsviertels. Der Japaner *Kenzo Tange* wurde mit der Gesamtplanung beauftragt. Viele bekannte italienische Architekten, u. a. Pagliara, Ciamarra und Rossi sollten dann die Ausführung der einzelnen Bauten übernehmen. Kenzo Tange hat die Fußwege in große Promenaden verwandelt und den Straßenverkehr unter die Erde verlegt. So bewegt man sich wie auf einer Terrasse zwischen Glasfassaden und Hochhäusern, an einer raumschiffartigen Kirche vorbei, zu einem weiten Platz, der nur noch vom Himmel und in der Ferne vom Vesuv begrenzt wird. Seit zehn Jahren wird an dieser ›Stadt in der Stadt‹ gearbeitet. Die meisten Gebäude stehen schon; eines läßt sich heute schon sagen: Die Bevölkerung nimmt das Centro Direzionale an. Die Promenade ist bevölkert, und die postmodernen Bars sind gut besucht.

Die Könige von Neapel

Normannen	1130	Roger (1097–1154)
	1154	Wilhelm I. (1120–1166)
	1166	Wilhelm II. (1152–1189)
	1189	Tankred (?–1194)
Staufer	1194	Heinrich VI. (1165–1197)
	1198	Friedrich II. (1194–1250)
	1250	Konrad IV. (1228–1254)
	1254	Manfred (1231–1266)
Anjou	1265	Karl I. (1226–1285)
	1285	Karl II. (1248–1309)
	1309	Robert d. Weise (1275–1343)
	1343	Johanna I. (1326–1382)
Anjou-Durazzo	1381	Karl III. (1345–1386)
	1386	Ladislaus (1376–1414)
	1414	Johanna II. (1371–1435)
Aragon	1442	Alfons I. (1385–1458)
	1458	Ferdinand I. (1423–1494)
	1494	Alfons II. (1448–1495)
	1495	Ferdinand II. (1469–1496)
	1496	Federico (1452–1504)
Spanien	1503	Ferdinand III. (1452–1516)
Habsburg	1516	Karl V. (1500–1558)
	1556	Philipp II. (1527–1598)
	1598	Philipp III. (1578–1621)
	1621	Philipp IV. (1605–1665)
	1665	Karl II. (1661–1700)
Bourbon	1700	Philipp V. (1683–1746)
Habsburg	1713	Karl III./VI. (1685–1740)
Bourbon	1735	Karl I. (1716–1788)
	1759	Ferdinand IV. (1751–1825)
	1806	Joseph Bonaparte (1768–1844)
	1808	Joachim Murat (1771–1815)
	1825	Franz I. (1777–1830)
	1830	Ferdinand II. (1810–1859)
	1859	Franz II. (1836–1894)

NEAPEL

Spaziergänge durch das antike und byzantinische Neapel

Das **antike Neapel** zeigt sich den Besuchern natürlich nicht wie in einer archäologischen Zone. Man muß auf Spurensuche gehen, um es zu rekonstruieren. Das Grundschema läßt sich noch eindeutig erkennen. Ein Blick auf den Stadtplan zeigt das zentrale Rechteckmuster der Straßenzüge und verweist damit auf die hellenistische Stadtanlage. Nicht weit vom archäologischen Nationalmuseum entfernt sind noch geringe *griechische Reste* (**A**) zu sehen. Von hier aus sollte man die *Via S. Maria di Costantinopoli* Richtung Süden entlanglaufen. Bald stößt man auf die enge *Via dei Tribunali*, die man links hinunterläuft.

Nach wenigen Minuten hat man die *Via Duomo* erreicht, die wie eine breite Schneise das Häusermeer Richtung Hafen zerschneidet. Mit diesem Spaziergang hat man schon die Hauptachsen der antiken Stadt durchmessen, allerdings auf einem gegenüber der Antike um 4 bis 5 Meter erhöhten Niveau. Ganz in der Nähe der Via Duomo befinden sich noch Reste der antiken Stadtmauer. Wenn man von der Via dei Tribunali kommend die Grobrichtung zur Stazione Centrale, der Piazza Garibaldi, einschlägt, gelangt man bald auf die *Via Coletta*. An der Kreuzung zur *Via Egiziaca* sind die besagten *Mauerzüge* (**B**) zu betrachten. Ganz in der Nähe verläuft der große *Corso Umberto I.* von der Piazza Garibaldi hinunter zum Castel Nuovo. Kurz vor der Piazza Bovio zweigt rechts die *Via Mezzacanone* ab. Unterhalb der Westfront des Universitätskomplexes sind ebenfalls noch *Reste des antiken Mauerwerks* (**C**) zu sehen. Läuft man diese Straße hinauf bis zur Via Tribunali und biegt man links ab zur Kirche S. Pietro a Maiella, so gelangt man hinter der Kirche zur kleinen Piazza Bellini. Hier trifft man auf den dritten *Rest der Stadtmauer* (**D**). Mit diesem Rundgang hat man die antike Stadt, das hellenistische Neapolis, abgeschritten. Es ist anzunehmen, daß die Mauern zu Beginn des 4. Jh. v. Chr. entstanden sind. Darauf deuten große Quaderblöcke, die am *Corso Umberto I.* freigelegt worden sind. Vier Stadttore sind noch auszumachen, wenn auch nur in ihren Grundmauern, die zudem noch größtenteils überbaut sind: Östlich vom Archäologischen Nationalmuseum nahe des Ospedale degli Incurabili an der *Via M. Longo* wurde ein solches *antikes Tor* (**a**) gefunden. Hier muß es sich um eine Bastion gehandelt haben, da die Nordmauer südwärts eingebuchtet war. Ein *Nolaner Tor* (**b**) in der Nähe der Kirche S. Pietro ad Aram am Corso Umberto I. ist ebenfalls überliefert sowie das *Capuaner Tor* (**c**), das heute durch das Castel Capuano überbaut ist.

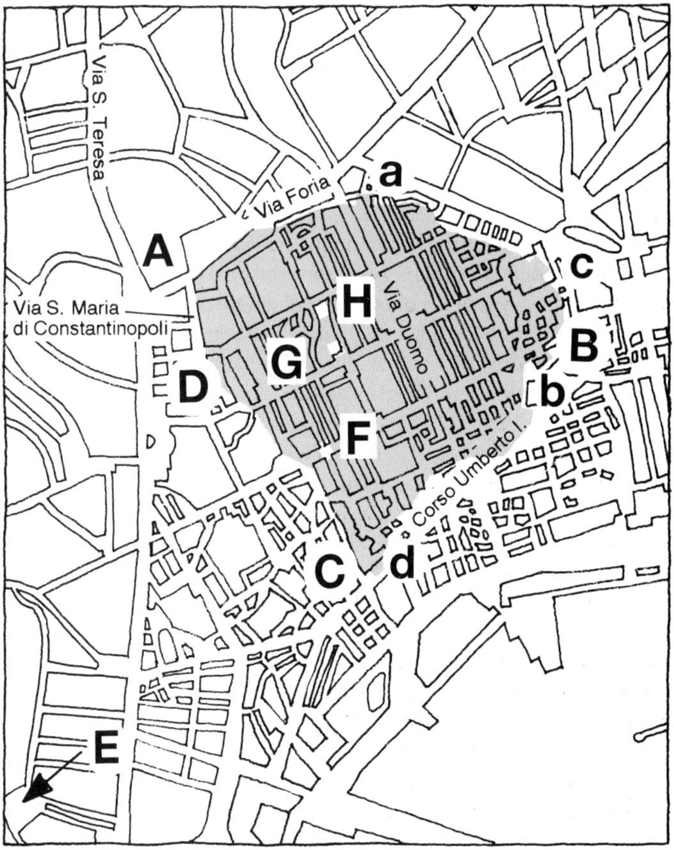

Das antike Neapel (Palaiopolis)

A Reste der hellenistischen Stadtanlage
B Mauerreste (Kreuzung Via Coletta/ Via Egiziaca)
C Reste des antiken Mauerwerks (Via Mezzacannone)
D Reste der Stadtmauer (Piazza Bellini)
E Grab des Virgil
F Statue des Nil (›Corpo di Napoli‹)
G Dioskurentempel
H Antikes Theater
a Antikes Tor (Via M. Longo)
b Nolaner Tor
c Capuaner Tor
d Südtor

Von diesen beiden zuletzt genannten Toren sind sehr wahrscheinlich Hauptstraßen nach Nola und Capua, also ost- und nordwärts, ausgegangen. Auf diesen Straßen vor den Toren der Stadt hat man antike Straßenzeichen gefunden. Den Zugang zum Hafen ermöglichte wohl das *Südtor* (**d**) zwischen Piazza Nicola Amore und Piazza Bovio.

Der heutige Stadtbereich zwischen der Hauptpost, der Universität, der Stazione Marittima und dem Castel Nuovo war in antiker Zeit freies Feld. Im Westen, wo heute der Palazzo Reale steht, erhoben sich steile Felswände und grenzten so den Hafen natürlich ab. Vom Südtor führte eine Straße über die Anhöhe der Chiaia (Via Chiaia) zur Mergellina und weiter über den *Posillip* in die Phlegräischen Felder nach *Kyme/Cumae*, zur griechischen Mutterstadt. In augusteischer Zeit wurde diese Straße ausgebaut, um die Lustvillen entlang der heutigen *Via Caracciolo* und die römischen Badeorte im Golf von Pozzuoli zu erreichen. Damals wurde der Tunnel durch den Bergrücken des Posillip gebaut. Strabon beschrieb diese entscheidende Wegverkürzung als eine technische Meisterleistung und Sehenswürdigkeit. Seneca nannte in seinem 57. Brief diesen Tunnel die »Crypta Neapolis«. Bis in die Neuzeit behielt diese Galerie ihre verkehrstechnische Bedeutung, bis im Jahre 1925 eine weiterere Röhre durch den Posillip getrieben wurde.

Ganz in der Nähe beider Tunnel liegt die Stazione Mergellina an der Piazza Maria di Pedigrotta. Unterhalb der Piazza führt eine kleine Straße hinauf zum Parco di Virgilio, in dem sich das *Grab* (**E**) des antiken römischen Dichters befindet.

Von hier aus kommt man mit dem Bus (ATAN) Nr. 140 direkt in die *Altstadt* zurück (Station Piazza del Il Gesù Nuovo), wo der Dioskurentempel, das Theater und die Statue des Nilgottes den Rundgang beschließen. Letztere erreicht man über die Via B. Croce, von der die Via Nilo links abgeht; durch diese enge Gasse läuft man geradeaus auf die *Nilstatue* zu. Die Napoletaner nennen ihr Wahrzeichen des alten Neapolis liebevoll ›*Corpo di Napoli*‹ (**F**). Die Personifikation des Nils, ein mürrischer alter Mann mit Sphinx und Füllhorn, deutet auf die alexandrinische Gemeinde in Neapolis. Berichten zufolge soll das Denkmal von den Römern weggeschafft worden sein.

Im Mittelalter tauchte die Statue wieder auf. Im Jahre 1657 erhielt sie ihren Sockel und einen neuen Kopf – eben diesen mit dem mürrischen Gesichtsausdruck.

Vom ›Corpo di Napoli‹ aus ist es, über die hier verlaufende Via Tribunali, nicht weit zur Kirche *San Paolo Maggiore*, die über dem *Dioskurentempel* (**G**) erbaut wurde. Unter den Fassadenstatuen der Apostel Petrus und Paulus sind noch Dioskurentorsi zu sehen. Einige antike Säulen mit korinthischen Kapitellen und ionischer Basis sind alles, was vom Tempel noch übrigblieb. Ein altes Gewölbe unter der Kirche deutet darauf hin, daß der Tempel ein Untergeschoß gehabt haben muß. Möglicherweise wurde er über einer Nekropole, einer Grabstätte, errichtet. Übrigens war dieser Tempel kurz vor dem Neubau der Kirche im Jahre 1581 vollständig erhalten und zugleich Bestandteil der im Jahre 778 gegründeten Vorgängerkirche.

Hier, zwischen Nilstatue und Dioskurentempel, befindet man sich im Zentrum des antiken Neapolis, quasi auf der Höhe der Akropolis. Dort ist, wie bei den meisten griechischen Städten, neben dem Haupttempel auch das *Theater* (**H**) zu finden. Wenn man die benachbarte *Via San Paolo* betritt, befindet man sich schon im Bereich des *Theaters*. Dieses wurde in römischer Zeit, nach dem Vesuvausbruch, erneuert. Aus dem griechischen Dreiviertelkreis des Orchesters ist nach römischer Manier ein Halbrund geworden. Die Mauer auf der Südseite der *Via Anticaglia* weist noch Reste der damals für die oberen Ränge angelegten Unterbauten auf. Unbedeutende Reste der dreigeschossigen Arkadenreihe kann man hier und in der Via San Paolo finden.

Der Rundgang durch das antike Neapolis wäre damit abgeschlossen. Es ist sinnvoll, den ›**byzantinischen Spaziergang**‹ gleich anzuschließen, da man so erfährt, wie sich aus der homogenen hellenistischen Stadtstruktur das mittelalterliche Stadtgefüge entwickelt hat. Dieser Rundgang soll jedoch nicht durch die Straßen Neapels stattfinden, sondern auf dem Stadtplan. Die byzantinische Metropole ist nicht in dem Maße einheitlich und »greifbar« wie ihre hellenistische Vorgängerin. Byzantinische Zeugnisse sind weit über das heutige Stadtgebiet hinaus verstreut.

Um es vorweg zu sagen: Einschneidende städtebauliche Veränderungen hat es gegenüber dem antiken Neapolis nicht gegeben. Ganz im Gegenteil: Das Rechteckmuster wurde beibehalten. So unterscheidet sich das mittelalterliche Neapel auch ganz entschieden von Stadtstrukturen anderer mittelalterlicher Städte Italiens. Das obligate Zentrum mit Stadtpalast und kommunalem Platz fehlt.

Im Zentrum der hellenistischen Stadt, unmittelbar gegenüber der Akropolis, wird im 4.Jh. die älteste Kirche Neapels gegründet, *S. Restituta* (**A**), heute an das nördliche Seitenschiff des Doms grenzend. *S. Giorgio Maggiore* (**B**) und *S. Giovanni Maggiore* (**C**) sind ebenfalls während der regen Bautätigkeit zwischen dem 4. und dem 6.Jh. entstanden. Diese Kirchen befinden sich am südlichen Fuß der Akropolis, in der Via Mezzacanone (S.Giovanni M.) und in der Via Duomo (S. Giorgio M.). Die *Katakomben* (**D-F**), wohl die faszinierendsten Zeugnisse der byzantinischen Kultur in Neapel, befinden sich außerhalb der byzantinischen Stadt im Tal der Sanità und am Abhang von *Capodimonte*.

Nun aber zu den Zielen des Spaziergangs: S. Pietro ad Aram und S. Agostino della Zecca. *S. Pietro ad Aram* (**G**), vor dem Nolaner Tor

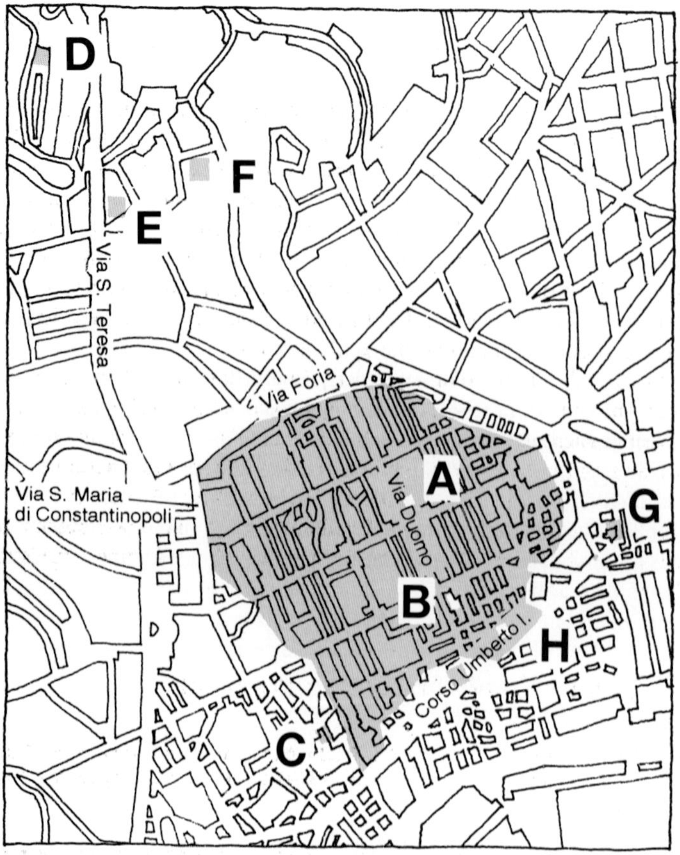

Das byzantinische Neapel

A S. Restituta (an das nördliche Seitenschiff des Doms angrenzend)
B S. Giorgio Maggiore
C S. Giovanni Maggiore
D S. Gennaro (Katakombe)
E Maria della Sanità (Katakombe)
F S. Severo (Katakombe)
G S. Pietro ad Aram
H Sant'Agostino della Zecca

gelegen, erhielt den merkwürdigen Namen vom Altar (lateinisch ›ara‹), vor dem der Apostel Petrus die späteren Heiligen Candida und Asprenus zum christlichen Glauben bekehrt hatte. Die Kirche betritt man vom Corso Umberto I. aus. Die barocken Verbauungen und das ebenfalls barocke und klassizistische Inventar kann man vernachlässigen. Dagegen fallen die acht monolithischen, aus verschiedenen Marmorsorten gefertigten Säulen in der Krypta auf, die sicherlich antiken Ursprungs sind. Die Krypta teilt sich in drei Schiffe. Hier gibt es einen

Zugang zu Resten von Katakomben. Wenige Schritte den Corso hinunter Richtung Hafen ragt *Sant'Agostino della Zecca* (**H**) auf. Die Kirche wurde zu Beginn des 14. Jh. von Eremitanermönchen gegründet. Ihr Ursprung reicht jedoch weiter zurück. Im angrenzenden Konvent sind zwei antike Säulen aus weißem Marmor zu sehen, die auf dorischen, auf den Kopf gestellten Kapitellen stehen, um als Basen zu dienen. Bekrönt sind sie wiederum von romanischen Kapitellen aus der ersten Hälfte des 12. Jh. Ein Kuriosum, das aber beweist, wie wertvoll dem Mittelalter antike Spolien waren.

Das byzantinische Stadtgebiet ist, wie erwähnt, in groben Zügen mit dem antiken deckungsgleich. Lediglich die Stadterweiterungen nach Osten in Richtung Golf und nach Norden in das Tal der Sanità und auf die Anhöhen des Vomero werden durch Kirchen und Friedhöfe bzw. Katakomben markiert. Mit anderen Worten: Die außerhalb der Stadtgrenzen angelegten Friedhöfe, Friedhofskirchen und Katakomben zogen eine allmähliche Bebauung nach sich und damit eine Auflösung der antiken Stadtgrenzen.

1 Spaccanapoli – Im Zentrum der Stadt

(Plan Umschlag hinten)

San Gregorio Armeno · *Dom · San Paolo Maggiore · San Filippo Neri · Santa Maria di Donnaregina · *San Giovanni a Carbonara · Castel Capuano · Santa Caterina a Formiello

Es gibt zwei äußerst reizvolle Ansatzpunkte, Neapel kennenzulernen: das romantisch verklärte Postkarten-Neapel und das düstere und enge Gassengewirr, das chaotische Neapel. Beide Einstiege bestätigen konträre Vorurteile: das Klischee vom traumhaft schönen und das vom schmutzigen und armen Neapel. Dabei übertrifft die Wirklichkeit die eben genannten Klischees und löst die Vorurteile rasch auf. Wählt man den Weg durch die Villa Comunale zur Mergellina und hinauf auf den Posillip zum Palazzo Donn' Anna (*S. 134ff.*), dann werden die wechselnden Perspektiven auf den Golf, auf den Vesuv und die fernen Inseln immer wieder aufs neue verzaubern. Doch auch hier tost der Verkehr, und auf der Via Posillipo muß man sich mühsam einen Weg zwischen parkenden Autos suchen.

Schlägt man vom Dom, im Zentrum der Stadt, die *Via Tribunali* ein und geht eine der vielen kleinen Gassen abwärts, dann umfängt einen eine wohltuende Stille, die hin und wieder durch das Knattern eines Mopeds gestört wird. Schmutz und Armut werden nicht in dem Maße anschaulich, wie es das Vorurteil erwarten ließ. Ganz im Gegenteil:

fröhliche Obstverkäufer, umgeben von überquellenden Körben, elegante Verkäuferinnen in gestylten Boutiquen und vornehme Kellner in blitzsauberen Bars bestimmen das Bild. Schmutz und Abfall in der einen oder anderen Ecke, mal zusammengekehrt, mal in schwarze Plastikbeutel gepackt . . .

Am besten beginnt man mit ›Spaccanapoli‹, dem zuletzt skizzierten Innenstadtviertel, in dem man sich ›Neapel-tauglich‹ laufen kann: Man erblickt, was man erwartet, in einer seltsamen Übersteigerung und verliert schnell die Scheu vor dunklen, engen Gassen, die so dunkel und eng gar nicht sind . . .

›*Spaccanapoli*‹ leitet sich von *spaccare* = spalten, sprengen her und bezieht sich auf die großen Nord-Südachsen, wie den *Toledo*, der eigentlich Via Roma heißt oder die Via Duomo. Fangen wir also nicht mit einer Kirche oder einem Palazzo, sondern mit einer kleinen Gasse an, der **Via San Gregorio Armeno** ①, die in Dom-Nähe von der *Via Tribunali* hinunter zur *Via San Biagio* führt. Hier entfaltet sich der gesamte soziale Kosmos der Stadt am Golf im Miniaturformat. In zahlreichen Kunsthandwerkerläden werden winzige, kleine und größere bemalte Terrakotta-Figuren dargeboten – Krippenfiguren. In den Schaufenstern und Regalen der kleinen Läden muß man allerdings lange nach Maria, dem Christkind und dem Stern von Bethlehem suchen. Es dominieren Ochs' und Esel, die Hirten und die Schäfchen. Und da nicht nur die Könige das zarte Jesulein besucht haben, sondern auch der Nachbar und die Nachbarin, einige Arbeitskollegen von Joseph, der ja Zimmermann war, sowie möglicherweise Schwager oder Bruder, die Schneider oder Schuster waren, versammelt sich bald die ganze Welt, die napoletanische Welt, um die Krippe. Es handelt sich hier um die Protagonisten des berühmten napoletanischen Krippenspiels, um die ›*presepe napoletana*‹, von deren Tradition noch erzählt wird (*S. 35* und *114*).

Für die **napoletanische Krippe** hat das Leben in der Stadt Modell gestanden. Dieses lernen wir in den Figuren der Kunsthandwerker sehr schnell kennen: Ein Schlachter steht mit erhobenem Hackbeil vor dem Schlachtklotz, gerade ein halbes Schwein bearbeitend; daneben ein schmaler Tisch mit Schweinskopf, Rippen und Würsten. Wenn sich der Fischverkäufer mit zwei oder drei Fischkästen zu armselig ausnimmt, dann können weitere Kistchen mit Aalen, Schollen, Barben, Tintenfischen oder Scampi gekauft werden. Das Angebot an Frucht- und Obstkisten oder -körben ist unerschöpflich. Ja sogar einzelne Knoblauch- oder Fenchelknöllchen sind zu erwerben – im winzigen Miniaturformat oder etwas größer, je nach dem gewählten Maßstab des Krippenspiels. Christus umgeben von einer Pizzabäckerei, vom singenden Schuster, den man gerne als Hans Sachs identifizieren möchte. Hier in der Via San Gregorio Armeno wird deutlich: Christus ist für den fröhlichen Menschen geboren worden und nicht für den vergrämten Sünder, für ein ›*para-*

Bar Giusto

›Paradiso terrestre‹: der Chiostro delle Maioliche von Santa Chiara (*S. 89*)

Geburtsort des bel canto: das Teatro San Carlo (*S. 123*)

diso terrestre‹ und in erster Linie für die Napoletaner, und das meint natürlich für ›*tutto il mondo*‹, für ihre ganze Welt. So verweisen die farbenprächtigen Krippenfiguren der Via San Gregorio Armeno auf das sakrale ›*teatrum mundi*‹, das die Napoletaner so faszinierend mit ihrem eigenen Alltagsleben auszuschmücken wissen.

Was hier in dieser magischen Gasse als Fiktion erscheint, erlebt man gleich um die Ecke als charmante Realität. Das napoletanische Krippenspiel lebt, und der eben noch staunende Bewunderer dieser folkloristischen Kunst sieht sich selbst als Mitspieler in einem der zahlreichen Akte dieses lebenslustigen Spiels.

Es waren die Mönche der Kirche **San Gregorio Armeno** ②, die mit der Herstellung von Krippenfiguren begonnen haben. Ein Besuch der Kirche lohnt sich. Schon der Zugang bietet ein wirkungsvolles Bild: Über einem gewölbten Straßenbogen erhebt sich der Kampanile in leuchtend gelben und roten Farben. Zum ersten Mal wurde diese Kirche im 10. Jh. erwähnt. Ende des 16. Jh. hat sie Giambattista Cavagna neu errichtet. Bekannt geworden ist sie durch die spektakulären ****Malereien Luca Giordanos**. Der große Barockmaler hat in einer unglaublich kurzen Zeit, zwischen 1678 und 1679, den umfassenden Freskenzyklus geschaffen. Auf drei Bildern der Eingangswand schildert er die Klostergründung: Im 8. Jh. landete eine kleine Schar griechischer Nonnen mit dem Schädel des Armenierbischofs Gregor in Neapel. Die Erzählfolge springt über in den Obergaden. Dort wird zwischen den Fenstern das Leben des Heiligen geschildert. Giordanos Meisterschaft gibt sich im sublimen Farbenspiel der Landschaftsdarstellungen zu erkennen. Die zarten Töne springen über auf die Personen, die ständig ihrer Gruppenkomposition zu entfliehen scheinen. Die malerische Struktur erhält somit eine mitreißende Dynamik. Schon sehr bald war Luca Giordano unter seinen Kollegen als ›Luca fa presto‹, Luca der Schnellmaler, gerühmt und verspottet. Möglich, daß er diesen Spitznamen nach Vollendung seiner Arbeiten in San Gregorio Armeno erhalten hat.

* Der Dom-Komplex ③ – ④

Die Via dei Tribunali führt an den beiden mächtigen Fassaden von *San Paolo (s. unten ⑥)* und *San Lorenzo Maggiore (s. unten ⑤)* vorbei. Nach wenigen Schritten erreicht man ***San Gennaro, den Dom von Neapel**. Dieser bildet mit der links im rechten Winkel anschließenden **Basilika Santa Restituta** (**A**) und dem Anbau der **Cappella del Tesoro** (**B**) rechts, beide vom Dominneren aus zu erreichen, eine Art Kirchenkomplex. Zunächst, der Entstehungsgeschichte der Bauten entspre-

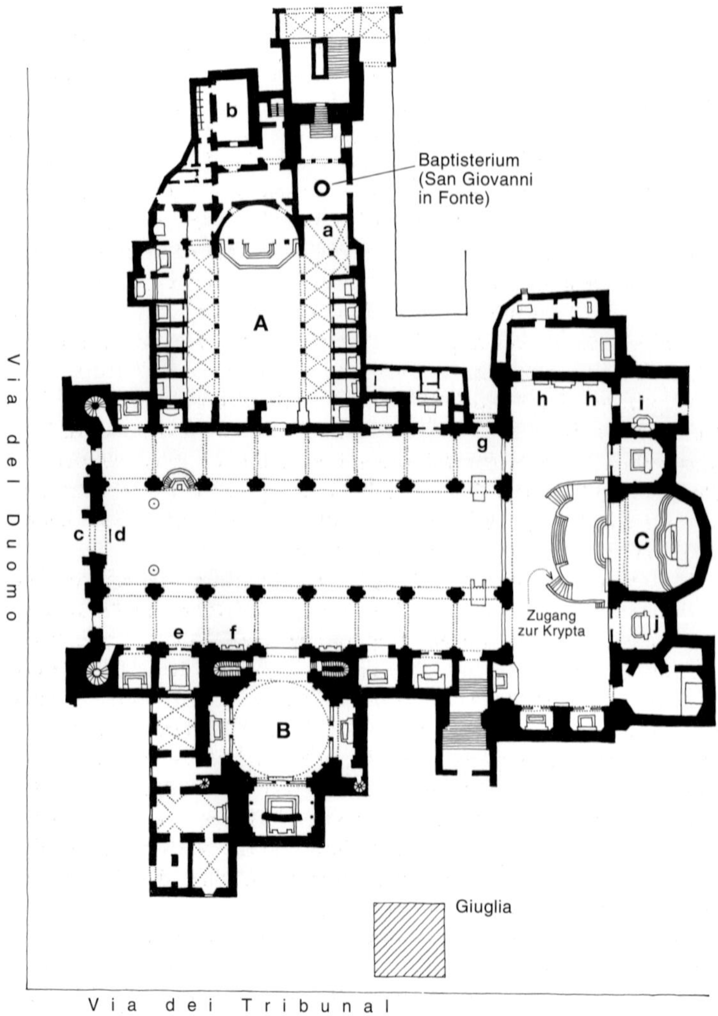

Der Dom-Komplex: Grundriß

A Basilika Santa Restituta
B Cappella del Tesoro
C Krypta

a Fresken aus der Cavallini-Schule
b Werke der Cavallini-Schule (Cappella della Madonna del Principio)
c Sitzmadonna von Tino da Camaino
d Grab Karls I. von Anjou
e ›Justitia‹ von Tino di Camaino
f Grabmäler der Familie Caracciolo
g ›Himmelfahrt Mariens‹ (Perugino-Schule)
h Bilder von Giorgio Vasari
i Grabmal von Papst Innozenz IV.
j Triptychon von Paolo di Giovanni Fei (Cappella Minutolo)

chend, zu Santa Restituta, die man durch das linke Seitenschiff des Doms betritt. Diese älteste Basilika Neapels gibt sich weder in ihrem Äußeren noch von der Ausstattung her als ›sehr alt‹ zu erkennen. Lediglich der Triumph- oder Chorbogen und die antiken Säulen stammen vom Ursprungsbau. Im rechts neben der Apsis angrenzenden Baptisterium, **San Giovanni in Fonte**, stehen wir dann auf altem Boden. Die zwischen 362 und 408 erbaute Taufkirche soll sogar über noch ältere, also antike Grundmauern verfügen. Kurz zur Struktur dieser frühchristlichen Architektur: Über einem quadratischen Grundriß erhebt sich das Gewölbe mit einer Flachkuppel. Die Überleitung vom Grundrißquadrat zum Kuppelrund geschieht durch ein Oktogon, ein Achteck also, das über den Raumecken sphärische Zwickel, sog. Trompen, ausbildet. Möglicherweise handelt es sich hier um das älteste abendländische Beispiel eines überkuppelten Quadratraums. Das *Taufbecken* genau in der Mitte des Raums scheint mehr als nur ein Becken zum flüchtigen Benetzen des Täuflings zu sein. Hier dürfte es sich um eine Übergangsform vom Taufbad – der Täufling steht bis zu den Knien im Wasser – zum Taufstein handeln.

Die ***Mosaiken** aus dem frühen 5. Jh. zählen, was die Feinheit der Technik und die Vielfalt der Ornamentik betrifft, zweifellos zu den Höhepunkten frühchristlicher Dekorationskunst. Der gestirnte Himmel mit der Hand Gottes, die einen edelsteingeschmückten Kranz hält, und die Rahmenbordüren mit Pflanzen, Fruchtkörben, Pfauen und Perlhühnern erinnern an vergleichbare Dekorationsmuster von Ravenna. Die figürlichen Darstellungen kreisen um die Taufthematik. Besonders schön gestaltet sind die Christusszenen mit dem ›Wunder auf dem See Genezareth‹ und dem ›Wunderbaren Fischzug‹. Durch das reiche, vielfach abschattierte Kolorit und die plastische Modellierung entstehen Bilder von atmosphärischer Dichte, die die an sich spröde Technik des Mosaiks vergessen lassen.

Zurück zu **Santa Restituta**, wo viele Jahrhunderte ihre Spuren hinterlassen haben. Das von Luca Giordano kurz nach dem Erdbeben von 1688 geschaffene *Deckengemälde* stellt die ›*Wunderbare Seefahrt der hl. Restituta*‹ dar. Die Märtyrerin Restituta, eine afrikanische Christin, wurde, der Legende nach, in ein Becken mit glühenden Kohlen gesetzt und mit diesem zusammen auf ein Boot verfrachtet. Sie bestand die Feuerprobe und zudem noch die lange Seefahrt, auf der sie vom hl. Januarius und der singenden Sirene Parthenope begleitet wurde. Sie landete unversehrt auf der Insel Ischia. Weiterhin bemerkenswert sind die *Fresken* (**a**) aus der Schule Cavallinis aus dem 14. Jh. im rechten Seitenschiff. Sie stellen ein *Jüngstes Gericht* dar. Werke der Cavallini-Schule sind auch im linken Seitenschiff, in der *Cappella della Madonna* *del Principio* (**b**), zu betrachten. Das im Jahre 1322 entstandene Apsismosaik präsentiert Maria als Himmelskönigin zusammen mit dem hl. Januarius und der hl. Restituta. Der hl. Januarius oder *San Gennaro* ist Titelheiliger des Doms. Er wurde vor den Toren der Stadt Pozzuoli auf Geheiß des römischen Kaisers Diokletian im Jahre 304 enthauptet, nachdem er eine Feuerprobe und eine Konfrontation mit wilden Raubtieren unbeschadet überstanden hatte. Die Reliquien des Heiligen hat man 835 von Neapel nach Benevent überführt und erst 1491 in die Stadt zurückgebracht – jedoch nicht vollständig. Einige seiner Reliquien gelangten über die Alpen auf die Bodenseeinsel Reichenau.

Die **Baugeschichte des Doms** ist verwickelt und schwer durchschaubar. Neapels Hauptkirche wurde auf den Trümmern des westlichen Teils des antiken Forums errichtet. Schriftquellen und Überreste lassen an eine Doppelbasilika denken, wie sie in Trier, Aquileia und Pavia überliefert ist. Es ist möglich, daß der westliche Bau dieses Doppelgebildes identisch ist mit der Basilika, die der oströmische Kaiser Konstantin ›*in civitatem Neapoli*‹ im 4. Jh. hat errichten lassen. So jedenfalls berichtet das römische ›*Liber Pontificalis*‹. Der zweite Bau, etwas weiter östlich im Bereich der heutigen Querschiffe gelegen, wurde wohl zu Beginn des 6. Jh. von Bischof Stephan I. gegründet. 300 Jahre später zerstörte ein Brand die Kirche, so daß Stephan II. einen Neubau veranlaßte. Seit Athanasius I. (809–72) führt die Stephanskirche den Titel des hl. Januarius. Karl I. von Anjou soll den neuen, west-östlich gerichteten Dom im Jahre 1294 gegründet haben – eine Behauptung, die sich nicht belegen läßt. Die Bautätigkeit ging bis 1323. Aus dieser Zeit überstand nur die Tino da Camaino zugeschriebene *Sitzmadonna* (**c**) im Tympanon des Mittelportals an der *Hauptfassade*.

Erdbeben und ständige Reparaturen haben die Kirche im Laufe der Jahrhunderte immer wieder verändert, so daß uns heute im *Inneren* eine unübersichtliche, unorganische Mischung aus Gotik und Barock begegnet. Gotisch sind v. a. die relativ steilen Raumproportionen sowie die Gliederung der Mittelschiffswände durch acht spitzbogige Arkaden, deren Pfeiler in der Laibung mit vorgelagerten antiken Granitsäulen bereichert sind. Zu diesen Formen will die schwere, *vergoldete Holzdecke* von 1621, die den ehemals offenen Dachstuhl ersetzt, nicht so recht passen. Sie enthält drei in düsteren Farben gemalte Ölbilder weniger bekannter Meister, die die ›Verkündigung an Maria‹, die ›Anbetung der Heiligen Drei Könige‹ und die ›Darbringung im Tempel‹ darstellen. Im Obergaden, d. h. oberhalb der Arkaden, begegnen wir wieder *Fresken von Luca Giordano*, die, 1687 entstanden, Apostel, Kirchenlehrer und lokale Schutzheilige darstellen, die so den Weg durchs Langhaus zum Chor flankieren.

Wie jede ältere Kirche hat auch der Dom von Neapel im Lauf der Jahrhunderte unzählige *Ausstattungsstücke* angesammelt, die weder

Blick in das Hauptschiff des Doms San Gennaro ▷

Bezug aufeinander noch auf die Chronologie der sakralen oder stadtgeschichtlichen Ereignisse nehmen. Hier ein Kardinal, der gespendet hat, dort ein König, der in seinem Sarkophag ruht. Zum Wichtigsten gehört (in der Reihenfolge eines Rundgangs von West nach Ost):

- das von Domenico Fontana 1599 geschaffene *Grabmal Karls I. von Anjou* (**d**) über dem Hauptportal an der inneren Eingangswand. Der legendäre Domgründer sitzt zwischen Karl Martell und seiner Gemahlin Clementia.
- In der zweiten Kapelle des rechten Seitenschiffs eine *›Justitia‹ von Tino di Camaino* (**e**) aus dem Jahr 1331. Rechts daneben, aus dem gleichen Jahrhundert, *Grabmäler der Familie Caracciolo* (**f**), der mehrere Helden der napoletanischen Geschichte entstammen.
- In der obersten Kapelle des linken Seitenschiffs ein großformatiges Altarbild mit der *›Himmelfahrt Mariens‹* (**g**), das der Schule des umbrischen Renaissancemalers Perugino zugeschrieben wird.
- Im Querhaus, an der linken Schmalwand, zwei *Bilder* (**h**) des Florentiner Manieristen *Giorgio Vasari*, die ehemals als Orgelflügel dienten. Rechts daneben das stark überarbeitete *Grabmal des Papstes Innozenz IV.* (**i**). Die Grabinschrift bezieht sich auf dessen Kampf gegen den Stauferkaiser Friedrich II., den ›Feind der Christenheit‹.
- Rechts neben dem Chor die *Cappella Minutolo* mit einem prächtigen *Triptychon* (**j**) des Sienesers Paolo di Giovanni Fei (Anfang 15. Jh.).

In der *Vierung* unmittelbar vor dem Chor führen Treppen hinunter in die Anfang des 16. Jh. angelegte **Krypta** (**C**), in der der Titelheilige Januarius ruht. Diese ›Miniatur-Renaissance-Kirche‹ ist feingliedrig gestaltet und von wunderschönen Proportionen. Schlanke Säulen tragen das niedrige Gewölbe der dreischiffigen Halle, die trotz der geringen Dimensionen nicht eng wirkt. Die Seitenwände werden jochweise durch Nischen erweitert, die schlichte Marmoraltäre mit fein reliefierten Ornamentrahmen enthalten. Während die **Gebeine des hl. Januarius** in der Krypta ruhen, enthält die Anfang des 17. Jh. als eigenständiger Kuppelraum ans rechte Seitenschiff angebaute *Cappella del Tesoro* (**B**) in einer Silberbüste das Haupt des Heiligen sowie zwei Ampullen seines Blutes, das sich alljährlich am 1. Maisonntag, am 19. September, am 16. und 17. Dezember und an besonderen Tagen verflüssigen soll.

Dieses **Blutwunder** macht die künstlerisch nicht weiter bemerkenswerte Kapelle für die Napoletaner bis auf den heutigen Tag zum geradezu mystischen Heiligtum. Immer wieder berichten die Zeitungen von Naturwissenschaftlern, die nicht fassen können, was vor ihren Augen passiert. Allerdings, so ist immer wieder zu hören, könne man sich nicht eindeutig vom Wunder überzeugen. Die beiden kleinen Ampullen – es waren ja damals Riechfläschchen, in denen eine fromme Frau das ausströmende Blut des heiligen Mannes aufgefangen hatte – werden, von den Händen halb verdeckt, geschwenkt – in würdiger Entfernung, um profanen Blicken zu wehren...

Aber Wunder sollen auch nicht bewiesen werden, sonst wären sie ja keine mehr – Wunder muß man glauben. Und der Glaube der Napoletaner ist groß. Ihr Schutzpatron San Gennaro lebt und bewahrt die Gläubigen vor Pest – die Cholera konnte er 1973 allerdings nicht verhindern –, vor Erdbeben – das von 1980 richtete wieder beträchtliche Schäden an – und vor dem Ausbruch des Vesuvs – dieser steht noch bevor.

Am besten nimmt man die Realität der Metapher vom ›Verflüssigten Blut‹, d. h. vom Lebendigwerden des Blutes und damit des Heiligen, einfach als ›Realität des Wunders‹ hin und überträgt es auf die Realität der Magie dieser Stadt, die mit vielerlei Wundern und Zaubermitteln aufwartet.

Die beiden in der Via dei Tribunali bzw. an der Piazza Gaetano einander gegenüberliegenden Kirchen **San Lorenzo Maggiore** ⑤ und *San Paolo Maggiore (s. unten ⑥)* zählen zu den historisch und baulich beeindruckendsten Kirchen der Stadt. Die schon im 6. Jh. vom Bischof Johannes II. gegründete Lorenz-Kirche kam 1234 in den Besitz der Franziskaner. Hundert Jahre später begann man mit einem Neubau im typischen angiovinischen Stil. Daß die Vorgängerkirche auf Resten der antiken Agora errichtet wurde, machen Ausgrabungen im Bereich des Querschiffes deutlich. Hier fand man sogar Mauerreste öffentlicher Bauten, die in das 5. Jh. zu datieren sind. Abgesehen von diesen ergrabenen Resten sowie der 1743 entstandenen Fassade von Ferdinando Sanfelice, ist das Erscheinungsbild von San Lorenzo überwiegend von der Gotik des späten 13. Jh. geprägt. Dazu gehören am Außenbau des Chors die Reste von Strebebögen zum Abfangen des Seitenschubs der hohen Gewölbe und das in die Barockfassade integrierte Spitzbogenportal – ein Beispiel für die Denkmalpflege des 18. Jh.

Das **Innere** beeindruckt zunächst durch die großzügige, saalartige Weiträumigkeit des Langhauses, das, ganz im Stil der italienischen Gotik, von einem offenen Dachstuhl überspannt ist. Im Chor hingegen, der etwas später entstanden ist, herrscht der Geist der französischen Gotik. Der Architekt Thibaud de Saumur hat die polygonale Apsis mit einem Umgang und einem Kapellenkranz versehen. Auch der Triumphbogen vor dem Chor und über der Vierung nimmt sich französisch aus. Der Innenraum wartet mit einigen kunsthistorischen Raritäten auf, von denen der *Renaissance-Hochaltar* (**a**) von Giovanni da Nola zeigt, daß die napoletanische Skulptur des 15. Jh. durchaus auf der Höhe ihrer Zeit stand. In den Nischen des freistehenden Mo-

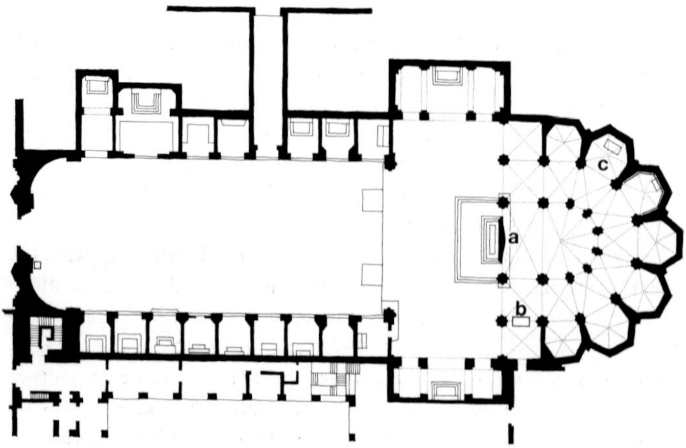

San Lorenzo Maggiore: Grundriß

a Renaissance-Hochaltar von Giovanni da Nola
b Grabmal Katharinas von Österreich
c Fresken des 14. Jh. (Darstellungen aus dem Marienleben)

numents posieren und agieren die Heiligen Franziskus, Laurentius und Antonius. Die Stadt Neapel ist ebenfalls in kleineren Ansichten vertreten. Rechts daneben macht ein monumentales *Grabmal* (**b**) dem Hochaltar Konkurrenz. *Katharina von Österreich*, die erste Frau von Karl, Herzog von Kalabrien, wurde hier im Jahre 1323 beigesetzt. *Tino da Camaino*, ein hervorragender Schüler Giovanni Pisanos, schuf dieses Werk, nachdem er in den Dienst des Hauses Anjou getreten war: Der auf vier Spiralsäulen mit Löwenbasen ruhende Baldachin stellt die Abwandlung eines süditalienischen Typus dar, der in vergleichbarer Form in den Königsgräbern des Doms von Palermo anschaulich wird. Zwei Pfeiler mit den Tugendallegorien ›Hoffnung‹ und ›Mildtätigkeit‹ stützen den Sarkophag, auf dem die Tote in jugendlicher Schönheit ruht. Besonders an den Reliefs des Grabmals wird die Qualität von Tinos verhaltenem, im einzelnen aber akzentuiertem Vortragsstil deutlich.

Im *Chor*, genauer in der dritten Chorkapelle von links, sollte man noch einen Blick auf *Fresken des 14. Jh.* (**c**) werfen: Gezeigt werden Gestalten und Szenen aus dem Marienleben. Ob es sich hier tatsächlich um einen Meister der Giotto-Nachfolge handelt, ist nicht sicher. Ebensogut kommt die Schule Cavallinis in Frage, da in der ornamentalen Auffassung der Gewänder und im Dekor byzantinische Elemente mitsprechen. In der Nachbarschaft befindet sich das *Kloster der Kirche*. Hier begegnete Boccaccio im Jahre 1334 der schönen Maria von

Aguino, die er als Fiammetta besungen hat. Im Jahre 1345 hielt sich in diesem Kloster Francesco Petrarca auf. Bedeutender dürfte ein historisches Ereignis gewesen sein, das sich im geräumigen Saal des Refektoriums zugetragen hat: Am 2. März 1443 gab Alfons I. von Aragon seinen Nachfolger bekannt: seinen Sohn Ferdinand, Herzog von Kalabrien. Am folgenden Tag wurde dieses Ereignis in San Gregorio Armeno mit einem Gottesdienst gefeiert.

Gegenüber von San Lorenzo Maggiore liegt **San Paolo Maggiore** ⑥, die Theatinerkirche von Neapel. Mit dem teilweisen Um-, größtenteils aber Neubau einer seit dem 9. Jh. existierenden Basilika begann man im Jahre 1538. Das Innere ist ein Frühwerk des bedeutenden Theatinerarchitekten *Francesco Grimaldi* (1543–1613), der aus Rom, wo er unter Carlo Maderna gearbeitet hatte, die Formensprache des Frühbarock nach Neapel brachte. Grimaldis Grundidee für San Paolo folgt dem Typus des Saalraums mit Kapellenabseiten, den im 15. Jh. Alberti in Sant' Andrea in Mantua ›erfunden‹ hatte. Dieser einfache, sehr einheitliche Raum wurde, wie der Grundriß deutlich macht, in der Folgezeit durch Hinzufügung ausgeprägter Seitenschiffe erweitert, wodurch die Leitidee des Saales etwas beeinträchtigt wird. Der großartige Raumeindruck wird durch die weitläufige Vierung, die unmittelbar in den Chor übergeht, suggeriert. Wenn man, vom Eingang kommend, langsam auf den Chor zugeht, erfährt man die Bedeutung dieser Raumidee: Der Saal weitet sich mit jedem Schritt, den man auf den Altar zugeht. Unmittelbar vor dem Allerheiligsten sind dann Wände, Bögen und Pilaster zurückgetreten, so daß der Heilige Ort seine sakrale Wirkung entfalten kann. Die Eingangswand wird dominiert von der ›*Weihe des Salomonischen Tempels*‹. Dieses um 1737 gemalte Wandbild erinnert zunächst an die Handschrift Luca Giordanos. Es war aber *Santolo Cirillo*, der nach dem Vorbild Lucas in S. Filippo Neri diese Komposition entworfen hat. Allerdings bleibt er weit hinter dem Vorbild zurück.

In der *Sakristei*, rechts neben der Hauptchorkapelle, sind zwei Bilder von *Francesco Solimena* zu betrachten. Die um 1689/90 entstandenen Historienbilder ›Sturz des Simon Magus‹ und ›Die Bekehrung Pauli‹ faszinieren – und das ist die einzigartige Kunst des Solimena – durch ein hohes Maß kompositioneller Integration zahlreicher dynamisch bewegter Figuren.

Nur einen Sprung weit entfernt liegt die 1780 von Ferdinando Fuga streng klassizistisch gestaltete Kirche **San Filippo Neri** ⑦. Hier lernt man das Vorbild für Cirillos eben erwähntes Werk kennen, das 1684 entstandene Wandbild ›*Vertreibung der Wechsler aus dem Tempel*‹ von *Luca Giordano*. Ein Sturm fegt durch den Tempel. Die Vorhänge fliegen empor und wickeln sich um die Säulen. Engel werden herbeigeweht, und vor der hellen Lichtquelle erscheint Christus mit einer Peitsche in der erhobenen Rechten. Das Volk der Händler und Wechsler stürzt zu Boden, sie straucheln die Treppen hinab und versuchen, ihre Ware in Sicherheit zu bringen. Unten erschöpft angekommen, streben sie dem Ausgang, dem realen Kirchenportal, zu. Luca Giordano hat nicht nur Illusionsarchitektur geschaffen, indem er die real gebaute Architektur mit in die Malerei einbezog, sondern auch die Bilderzählung auf die bauliche Situation der Kirche abgestimmt: Die Tempelbasis erhebt sich über dem Eingangsportal, an dessen Seiten links und rechts die gemalten Treppen hinunterführen. Die Vertriebenen laufen uns gewissermaßen in die Arme – wir müssen sie packen und im Namen Christi aus der Kirche werfen … In der dritten Kapelle des linken Seitenschiffes ist ein weiteres Gemälde Luca Giordanos zu sehen, ›*Die Begegnung des hl. Filippo Neri mit dem Kirchenreformer Carlo Borromeo*‹. Und in der ersten Kapelle des rechten Seitenschiffes bietet sich ein Vergleich an zwischen der Kunst Giordanos mit der des Hauptmeisters des römischen Barock, mit dem 1638 entstandenen ›*Tod des hl. Alexius*‹ von *Pietro da Cortona*.

Der Besuch napoletanischer Kirchen regt zum genaueren Studium der **napoletanischen Malerschule des Barock** an. In der Barockmalerei in Neapel ist das Schwelgerische zu Hause. Das ausdrucksstarke Temperament, das sich in dramatischen Helldunkel-Kontrasten, kühnen Diagonalkompositionen, heftig bewegten Figuren und flackernden Lichteffekten äußert, unterscheidet die Napoletaner von der römischen ebenso wie von der süddeutschen Barockkunst. Viele Giordanos und ein erster Solimena haben schon ein wenig vertraut gemacht mit den koloristischen und formalen Prinzipien dieser Malerei. Es lohnt sich, weitere Nuancen kennenzulernen. Schließlich aber sollen die Ergebnisse im Zusammenhang mit einem Besuch im Capodimonte-Museum dargestellt werden (*S. 76f.*).

Noch zwei Kirchen im Umkreis verdienen eine Erwähnung, **Santa Maria di Donnaregina** ⑧ und San Giovanni a Carbonara. Die zuerst genannte Kirche liegt nördlich vom Dom. Das Kloster gehört zu den ersten Frauenklöstern der Stadt. Unübersichtlich und verworren erscheint dem Eintretenden die bauliche Situation. Das liegt an der Durchdringung zweier in unterschiedlichen Epochen erbauter Kirchen. Die erste, ein gotischer Bau, wurde zu Beginn des 14. Jh. von Maria von Ungarn, der Gemahlin von König Karl II., gegründet – deswegen ›Donnaregina‹. Donnaregina Nuova erscheint als Barockkirche, ein Werk von Guarini, einem Schüler Grimaldis. Mit dem Neu-

Santa Maria di Donnaregina, Grabstätte der Maria von Ungarn

und Anbau wurde auch die alte Kirche aus dem 14. Jh. umgestaltet. An der linken Seitenschiffswand steht das *Grabmal der Maria von Ungarn*, das kurz nach ihrem Tode im Jahre 1323 von *Tino da Camaino* geschaffen wurde. Der Typus knüpft an den des Baldachingrabes an, den wir von San Lorenzo Maggiore her kennen: Der Baldachin wird von schlanken Bündelpfeilern getragen. Das Bildprogramm der figuralen Plastik kreist um das Thema der von Gott verliehenen und beschützenden Tugenden. Auf dem Sarkophagdeckel ruht die als Nonne gekleidete Königin. An seiner Frontseite sitzen ihre Söhne sowie Fürsten und Könige. Der Sarkophag wird von den vier Kardinaltugenden, Klugheit, Mäßigkeit, Gerechtigkeit und Stärke, getragen. So ergibt sich als thematische Quintessenz das ›tugendhafte Leben als Stütze für eine gottgefällige Regentschaft‹.

Um zu einer der malerischsten Kirchen Neapels zu gelangen, zu *__San Giovanni a Carbonara__ ⑨, muß man die *Via Duomo* bis hinauf zur *Porta S. Gennaro* gehen. Dort biegt man in die verkehrsreiche *Via Foria* rechts ab und nach wenigen Metern noch einmal rechts in die *Via Cirillo*. Gleich links an der Stirnseite eines großen Platzes befindet sich San Giovanni. Der eigentümliche Name bezieht sich möglicherweise auf einen antiken Müllplatz: Carbonara leitet sich von ›*copronarium*‹ = ›Müllplatz‹ ab, das auf das griechische ›*kopros*‹ = ›Schmutz‹ zurückzuführen ist. Ziemlich willkürlich scheinen hier mehrere Gotteshäuser zusammengelegt worden zu sein. Unmittelbar hinter Sanfelices Freitreppe von 1708 erhebt sich die *Cappella Santa Monica*, wahrscheinlich um 1430 entstanden. Etwa zur gleichen Zeit ist die Hauptkirche dieses Komplexes erbaut. Die *Cappella del Crocifisso* im Westen ist zu Beginn des 16. Jh. fertiggestellt worden. In der *Cappella Caracciolo*, zu der man von der Chorkapelle durch einen schmalen Gang gelangt, fühlt man sich an Bramantes Tempietto in Rom erinnert. Der kreisrunde Raum mit dorischer Wandordnung, Attika und Kassetten-Kuppel zeigt deutlich seine Orientierung am römischen Zentralbau. Hinter dem Hochaltar ragt das 18 m hohe *Grabmonument des Königs Ladislaus von Anjou-Durazzo* auf (nach 1414). Das seit dem 14. Jh. ausgebildete Grabmalsprogramm, zu dem Tugendpersonifikationen, Heiligenfiguren und trauernde Verwandte des Toten gehören, ist hier bereichert um eine Reiterstatue des Verstorbenen.

Im Untergeschoß dieses Grabmals führt ein Durchgang zum unvollendeten *Grab des Sergianni Caracciolo*, des Geliebten der Königin Johanna II. Sie ließ ihren Liebhaber aus Angst, diese Liaison könnte entdeckt werden und zu einer politischen Erschütterung führen, im Castel Capuano 1432 erdolchen. Drei Krieger tragen den Sarg, auf dem Caracciolo steht – mit dem Dolch in der Rechten.

Die Via Cirillo geht hier in die *Via San Giovanni a Carbonara* über und später in die *Via Alessandro Poerio*. Diese Straße beschreibt ungefähr den antiken Verlauf der Stadtmauer. Außerhalb dieser Mauer befand sich vermutlich der antike Müllplatz. Auch heute ist dieses Viertel, das sich hinunter zur Stazione Centrale erstreckt, wenig angenehm. Mit anderen Worten: Es ist verkommen und verwahrlost, eine ehemalige Vorstadt, die heute schon längst dem großen Zentrum Neapels einverleibt wurde. Hinzu kommt, daß in den vergangenen Jahren auch Neapel von der jüngsten Völkerwanderung nicht verschont geblieben ist. Hier, zwischen S. Giovanni a Carbonara, der Porta Capuana und der Stazione Centrale, werden die Ausmaße des Zustroms von Ausländern deutlich. Das äußert sich in einem bunten und lauten Treiben, in einem Stelldichein von Menschen verschiedener Hautfarbe, die ihre Waren auf kleinen Ständen feilbieten, oder die mit Schwämmen bewehrt an den Ampeln stehen, um den im dichten Verkehr zum Anhalten gezwungenen Autos die Frontscheiben zu putzen. Altruistische Napoletaner halten immer ein paar Münzen bereit, auch wenn die Scheibe sauber ist. Vielleicht können die Napoletaner mit Armut und Fremden besser umgehen, da sie selbst arm und fremd waren. Fremd, weil sie über Jahrhunderte hinweg von ausländischen Mächten regiert

»Neapel ist eine glänzende und zugleich düstere, auf jeden Fall aber eine lebendige Stadt ...« (*S. 8*)

wurden und arm, weil sie immer gegeben haben. Doch nicht nur die herzliche Mentalität der Napoletaner kann man in diesem Viertel kennenlernen, sondern auch ein Kapitel napoletanischer Küche: nirgends sonst in der Stadt gibt es so viele billige und vorzügliche Pizzerien.

Hier, mitten im Stadtzentrum, liegt heute die **Porta Capuana** ⑩, die Bestandteil der ehemaligen aragonesischen Stadtmauer gewesen ist. Seit normannischer Zeit hat die Porta Capuana den nordöstlichen Eingang der Stadt gebildet. Aus dieser Zeit ist nichts mehr erhalten. Das Bauwerk, so wie wir es heute sehen, ist eine Schöpfung aus der Renaissance (Ende des 15. Jh.), erbaut vom Florentiner Baumeister Giuliano da Maiano.

Das **Castel Capuano** ⑪ gegenüber wurde um die Mitte des 12. Jh. vom Normannenherzog Wilhelm I. gegründet. Friedrich II., der Staufer, hat die Burg in ein Residenzschloß umbauen lassen. In dieser Funktion nutzten es später die Anjou und die Aragonesen. Erst Don Pedro di Toledo hat das Schloß 1540 in einen Justizpalast umgestalten lassen. Im 19. Jh. wurde das Gebäude wiederum umgebaut. Reste des Baus aus dem 16. Jh. sind noch an der Hauptfassade, die der Via dei Tribunali zugewandt ist, zu erkennen. Möglicherweise liegen hier römische Einflüsse vor, da der erhöhte Mittelbau und der leicht abgeschrägte Sockel an Bramantes Bauten erinnern.

Fremd, jedenfalls nicht napoletanisch, ist auch die Fassade der nahen Kirche **Santa Caterina a Formiello** ⑫. Zunächst zum ungewöhnlichen Namen des Gotteshauses: Auf dem Kirchplatz führte in der Antike eine Wasserleitung in die Stadt, die napoletanisch ›*formale*‹ = ›Aquädukt‹ genannt wurde. So wurde also die hl. Kartharina aus Alexandrien mit diesem Beinamen bzw. diesem Ortshinweis versehen. Der Außenbau gilt als reine Verkörperung der toskanischen Frührenaissance. Der florentinische Steinmetz und Bildhauer Romolo Balsimelli hat um 1520 die Architekturteile äußerst zurückhaltend und damit keineswegs ›Neapel-typisch‹ verarbeitet. Die Seitenkapellen des Langhauses, die Arme des Querschiffes und die Apsis sind nahezu auf ihre stereometrischen Grundkörper reduziert. Die Horizontale dominiert. Der das Gebäude umgreifende Sockel korrespondiert mit einer oberen Attika-Balustrade. Kreisrunde Okuli wechseln mit Rechteckfenstern ab, die im Detail, beispielsweise in der Gestaltung des Rahmenwerks, an Francesco di Giorgio Martini erinnern. Toskanisch ist auch der *Innenraum*, der in modifizierter Weise die Gestaltungselemente des Außenbaus aufnimmt. Die Obergadenfenster liegen allerdings schon in der Gewölbezone. Sie gliedern sich harmonisch in die Stichkappen ein. Leider hat eine spätere Stuckdekoration die farbliche Akzentuierung der Wandgliederung stark verunklärt.

Hier, in der Nähe des Capuaner Tors, endet der Gang durch ›Spaccanapoli‹, das antike, mittelalterliche und heutige Zentrum der Stadt. Im Mittelalter und auch heute noch bildet die Porta Capuana eine verkehrstechnische und städtebauliche Gelenkstelle, wenn auch in der nahen *Piazza Garibaldi*, dem großen Platz vor dem **Zentralbahnhof**, die wichtigen Verkehrsadern, wie der *Corso Umberto I.*, der *Corso Garibaldi* und die *Via Alessandro Poerio* zusammenlaufen.

2 Das Viertel um Santissima Annunziata – Vanvitelli in Neapel

****Santissima Annunziata · *Piazza Dante · *Santa Maria Egiziaca a Forcella · *San Giorgio Maggiore · Palazzo Cuomo · Piazza Mercato · Santa Maria del Carmine**

›Edle Einfalt – Stille Größe‹ – was im 18. Jh. für die griechische Antike sowie die damals moderne Kunst postuliert wurde, ist, zumindest, was das 18. Jh. angeht, in Neapel nicht zu Hause. ›Edle Einfalt‹ trifft hier vielmehr auf ihr Gegenteil, auf den barocken Schwung, der ja gerade durch den herben Klassizismus, durch die neue Ordnungsstruktur, bezähmt werden sollte. Wie aber kann die klassizistische Form eine Allianz mit der barocken Dynamik eingehen? Dafür gibt es einen Protagonisten: **Luigi Vanvitelli**, ein Baumeister, dessen Familie

Zwischen Barock und Klassizismus: Vanvitellis SS. Annunziata

aus dem Norden Europas kam, sich in der Stadt am Golf niedergelassen und sie lieben gelernt hatte. Es lohnt sich, die Spuren von Vanvitelli in Neapel aufzunehmen, um ihnen dann nach Caserta und zum monumentalen Aquädukt in der Nähe der Caudinischen Schlucht zu folgen (*S. 213*). Luigi Vanvitelli, 1700 als Sohn des holländischen Malers Gaspar van Wittel in Neapel geboren, starb hochbetagt im Jahre 1773. Als Architekt trat Luigi erst spät, mit dreißig Jahren, hervor, nachdem er in Rom bei seinem Vater Malerei studiert hatte. 1751 berief ihn der Bourbone Karl I. an seinen Hof nach Neapel und unterbreitete ihm Pläne für eine riesige Schloß- und Parkanlage in Caserta. Dort vollzog sich Vanvitellis strikte Wendung zum Klassizismus.

Während seiner Arbeiten in Caserta (*S. 203*), die sich fast zwei Jahrzehnte hinzogen, bekam Vanvitelli 1760 den Auftrag zum Bau der Kirche ****Santissima Annunziata** ⑬ in Neapel. Nach seinem Tod im Jahre 1773 führte sein Sohn Carlo die Bauarbeiten bis 1782 fort. Vanvitellis Konzept zum Neubau stieß zunächst auf Ablehnung. Die Stiftsoberen wollten angesichts der ungewöhnlichen und neuartigen Pläne doch lieber den alten Zustand der Kirche, eines Baus aus dem 16. Jh., der seinerseits auf einen Vorgängerbau des 14. Jh. zurückging, wiederherstellen lassen. Der Streit wogte hin und her, bis sich schließlich der König für die Pläne seines Hofarchitekten stark machte und diese auch durchsetzte. Vanvitellis Vorstellungen wurden umgesetzt. Ein Blick auf die *Fassade* verrät die Abkehr vom barocken Schwung – trotz der konkaven Krümmung der Wand wirkt das Ganze eher beruhigt, ja streng. Dieser Eindruck, verstärkt durch die horizontale Gliederung des Gebälks, die ungebrochenen Giebelkanten und die Vermeidung von Überschneidungen, bietet sich dem Betrachter am besten von der gegenüberliegenden Straßenseite: Die Krümmung der Fassade wird durch die Distanz aufgehoben. Eine solche optische Täuschung darf als letzte Referenz an die barocke Illusionskunst verstanden werden. Sie wird besonders dann anschaulich, wenn man sich allmählich dem Portal nähert. Die Flanken treten dann hervor und verweisen damit verstärkt auf die Portalzone.

Vanvitelli hat dieses optische Spiel ebenfalls auf den *Innenraum* übertragen. Von der Vorhalle aus bietet sich ein großartiger Schauprospekt: Der insgesamt sehr lange Raum schiebt sich durch die Massierung von immer ferner stehenden Säulen optisch zusammen. Auch der dreijochige Hauptraum erscheint weniger längsgerichtet als vielmehr saalartig geweitet. Dieser Saal, in dem die Seitenkapellen kaum mitsprechen, wirkt durch seine Gliederung mittels hochaufgerichteter kannelierter Doppelsäulen, die eine typisch klassizistische Kolonnade tragen, ebenso monumental wie festlich. Die auf pathetische Helldunkel-Kontraste abzielende Lichtführung trägt zu dieser im besten Sinn theatralischen Inszenierung von Architektur bei. Erst von diesem Saal aus aber erkennt man das Kernstück, den Höhepunkt des ganzen Baus: die über einem quadratischen Raum steil aufragende, lichtdurchflutete *Kuppel*. Über dem Kuppelring erhebt sich der Tambour – aufgelöst in einer achtfachen Bogenstellung auf Doppelsäulen. Die Kuppelschale scheint über dem Tambour zu schweben. Sie wird nicht durch die Gebälkzone abgestützt, sondern – unsichtbar von innen – durch das äußere Gliederungssystem.

Das Studium dieser Architektur ist eine Art Einführung in die Baurhetorik Vanvitellis. Vor dem Schloß von Caserta (*S. 203*) wird es nützlich sein, sich an diese Formensprache zu erinnern, um Idee und Konzeption dieses grandiosen Gebäudekomplexes zu erfassen.

Ein weiteres Großprojekt Vanvitellis ist die Gestaltung der ***Piazza Dante** an der *Via Toledo*, die man am besten auf dem Weg zum archäologischen Nationalmuseum (*S. 57*) besichtigt. Vor Vanvitellis Auftreten im Jahr 1757 wollte man hier im Zuge der monumentalen Umgestaltung der Stadt zu Beginn des 18. Jh. einen groß angelegten

Sie gilt als die schönste Küste der Welt:
die Costiera Amalfitana (*S. 233*), hier vor Atrani ▷

Platz schaffen. Jedoch fehlten Bauprogramme und Konzepte, sonst hätte man nicht nur den östlichen Teil des Straßenzuges erfaßt. Auf diese Konzeptionslosigkeit deutet übrigens auch die *Port' Alba* an der Nordostecke des Platzes, ein Stadttor aus dem 17. Jh. Es wurde einfach übernommen, ohne mit dem Straßennetz verknüpft zu werden. Vanvitelli wollte das Beste aus dieser verbauten Situation machen. Sein Plan ging von einer weitgeschwungenen Exedra aus, einem antiken Architekturmotiv also, das nach einer Seite hin offen ist. Wie eine Zeichnung Vanvitellis zeigt, ist die Mitte durch einen erhöhten Mittelrisalit betont. In ihm öffnet sich eine geräumige Nische, vor welcher das Reiterbild des Königs stehen sollte. Die Revolution gegen die Bourbonen und die kurzfristige Installierung der parthenopäischen Republik verhinderten schließlich dieses Projekt. Heute steht ein *Dante-Denkmal* von 1872 an dieser Stelle.

Im Umkreis der Santissima Annunziata verdienen zwei weitere Kirchen einen kurzen Besuch. In ***Santa Maria Egiziaca a Forcella** ⑭ am *Corso Umberto I.*, nahe der *Piazza Garibaldi* gelegen (gegründet im 14. Jh. und neugebaut von D. Lazzari im Jahre 1684), finden wir wieder zwei Gemälde des ›Schnellmalers‹ *Luca Giordano*: Rechts vom Hochaltar ist die ›Flucht der hl. Maria Aegyptiaca in die Wüste‹, links die ›Bekehrung der Heiligen‹ dargestellt. Die ganz auf Helldunkeleffekten aufgebauten Nachtszenen zeigen, wie eingehend Giordano in seiner Frühzeit den römischen Barockmaler Caravaggio studiert hat.

***San Giorgio Maggiore** ⑮ ist gleich um die Ecke in der *Via Duomo*. Die Kirche wurde unter Bischof Severus schon im 4. Jh. gegründet. Cosimo Fanzago begann mit dem Neubau im Jahre 1640. Da die Kirche im 19. Jh. entscheidende Veränderungen erfahren hat, fällt es heute schwer, dem Konzept Fanzagos nachzuspüren. Der Architekt ging von der Idee eines Zentralbaus aus. Was sich im Grundriß als ein leicht gelängtes Kreuz ›liest‹, zeigt sich im Aufriß als Kreuzkuppelbau. Merkwürdig, daß Fanzago die Apsis der Vorgängerbasilika zum Eingangsvestibül seines Neubaus umfunktionierte – und damit in gewisser Weise entweihte. Andererseits blieb so ein Stück frühchristlicher Architektur erhalten. Wohl wissend, daß die mittelalterliche Architektur nur sehr bruchstückhaft überliefert war, hat er die korinthischen Marmorsäulen der Arkaden wiederverwendet. Auch die mit dem Monogramm Christi versehenen Kämpfersteine gehören der alten Basilika an.

Gegenüber der Kirche fällt ein hochaufragender Palast mit schweren Bossenquadern im Untergeschoß auf: der **Palazzo Cuomo** ⑯. Zwi-

◁ Zitronen und Hibiskus: Anacapri (*S. 186*) bietet überall prächtige Stilleben

CONVITTO NAZ
VITTORIO EM
CAMERATA
PRESENTE
ISTITUTO
OMEOPATIC

schen 1464 und 1490 im Stil der florentinischen Frührenaissance für den napoletanischen Kaufmann Angelo Cuomo erbaut, wurde der Palast gegen Ende des letzten Jahrhunderts vollständig abgebrochen, um Raum für die Verbreiterung der Via Duomo zu erhalten. Bald darauf hat man dann den Palast 20 Meter weiter nach hinten ›versetzt‹ und originalgetreu rekonstruiert. Angeregt und finanziert wurde diese Aktion vom Fürsten Gaetano Filangieri, der auf diese Weise einen Museumsbau erhielt für seine *Sammlung*, die noch heute im Inneren zu besichtigen ist. Im Obergeschoß sind interessante Gemälde aus dem 17. und 18. Jh. zu sehen. Hauptakzente der Kollektion bilden zweifellos drei Gemälde des Spaniers *Giuseppe Ribera*, ›Kopf Johannes des Täufers‹ (1647), ›Maria Aegyptiaca‹ (1651) und ›Gottvater mit Engeln‹ (1652). Zwei Bozzetti von *Luca Giordano*, ›Gastmahl des Balthasar‹ und ›Triumph der Galathea‹ schließen sich an. Ruinenstücke und Veduten von *Pannini* und eine ›Venus mit Amor‹ von *Boucher* zeigen die Themenvielfalt des 18. Jh.

Schlägt man nun den Weg hinunter Richtung Hafen ein, so kommt man zur **Piazza Mercato** ⑰. Auf diesem Platz wurde im Jahre 1268 der gerade 16 Jahre alt gewordene Konradin enthauptet, der letzte Staufer, der mit einem kleinen Heer in Eilmärschen aus seiner schwäbischen Heimat in die Stadt am Golf kam, um nach dem Tod Kaiser Friedrichs II. das Erbe des Stauferreiches anzutreten. Noch heute schwingt bei einheimischen Stadtführern Trauer mit, wenn sie diese Tragödie vor Ort schildern, als ob allein mit diesem Ereignis das künftige Unheil über die Stadt hereinbrechen sollte, nämlich die vielen Jahrhunderte der Fremdherrschaft. Aber die Staufer, waren sie nicht ebenfalls Fremde? Nein, so ist zu hören, nicht die Suevi, die Staufer. Sie haben aus Neapel eine Stadt der Wissenschaften und der Kultur gemacht. Friedrich, der große Staufer, war Napoletaner, dann Italiener und ein ganz klein wenig auch Schwabe . . .

Wir überqueren den Platz Richtung Hafen und gelangen zur Karmeliterkirche **Santa Maria del Carmine** ⑱. Hier ist übrigens auch ein Denkmal des Staufers Konradin zu sehen. Die im 12. Jh. gegründete und aufgrund eines Erdbebens im 16. und 17. Jh. umgestaltete Kirche wartet mit einem 75 m hohen Glockenturm auf, der zu einem der Wahrzeichen Neapels gehört. Im Innern wieder Konradin, diesmal in romantisch-klassizistischer Verklärung. Das Modell zur Marmorstatue, entstanden 1847, stammt von Bertel Thorwaldsen. Ebenso wichtig wie Konradin, zumindest was die Neigung der Napoletaner zu Mythen und Magie betrifft, ist, im Langhaus links zwischen der 4. und 5. Kapelle, eine byzantinische Marienikone, das Bildnis der ›Madonna la Bruna‹. Schon im 12. Jh. soll es Wunder gewirkt haben.

◁ Dante Alighieri auf seiner Piazza (*S. 50*)

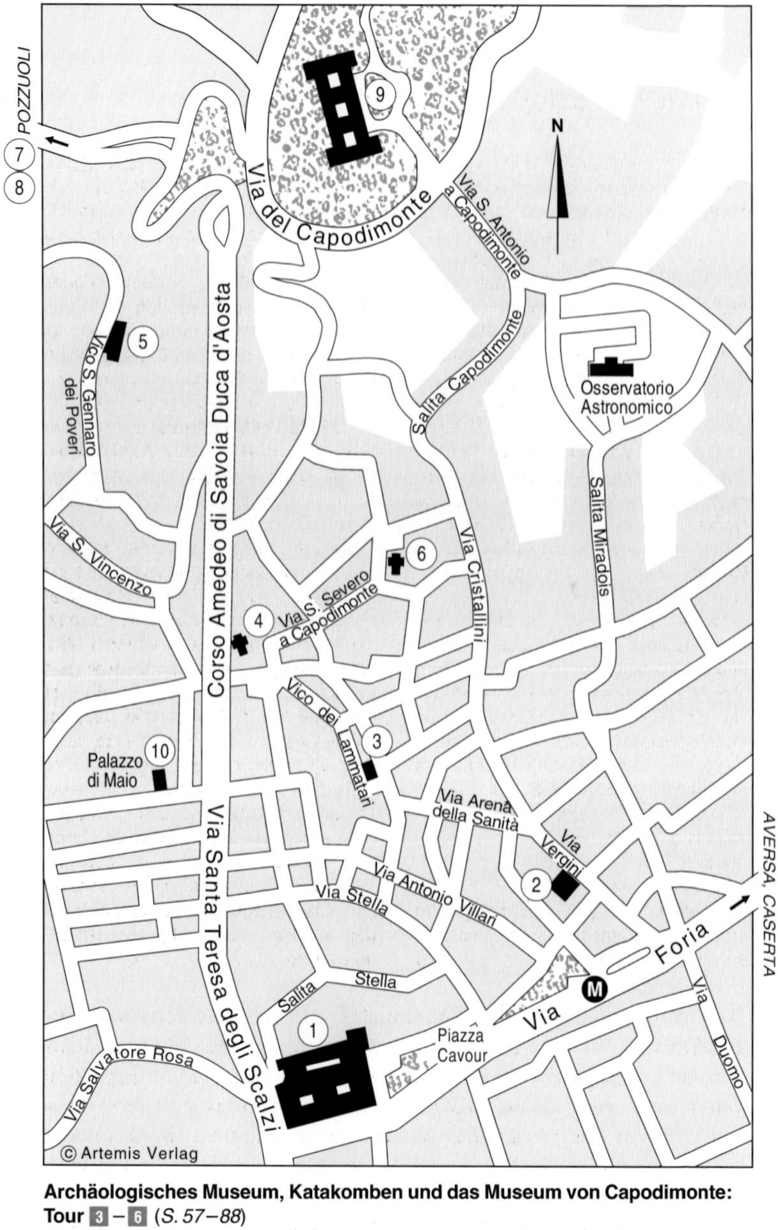

Archäologisches Museum, Katakomben und das Museum von Capodimonte: Tour 3 – 6 (*S. 57–88*)

- *** ① Archäologisches Nationalmuseum (*S. 57*)
- ② Palazzo dello Spagnolo (*S. 69*)
- ③ Palazzo Sanfelice (*S. 70*)
- * ④ Santa Maria della Sanità (*S. 73*)
- ** ⑤ San Gennaro extra moenia (*S. 73*)
- ⑥ San Severo alla Sanità (*S. 75*)
- ⑦ S. Maria Scala Coeli (*S. 76*)
- ⑧ Belvedere dei Camaldoli (*S. 76*)
- *** ⑨ Museo Nazionale di Capodimonte (*S. 76*)
- ⑩ Palazzo di Maio

*** 3 Das Archäologische Nationalmuseum

»In Neapel wird der König ein Museum bauen lassen, wo alles, was er von Kunstsachen besitzt, das Herkulanische Museum, die Gemälde von Pompeji, die Gemälde von Capodimonte, die ganze farnesische Erbschaft, vereinigt aufgestellt werden soll.«

So das Zitat von *Johann Wolfgang von Goethe*. Der deutsche Dichterfürst dachte damals an König Ferdinand III. und irrte. Der eigentliche Gründer des damals so genannten ›Königlich Bourbonischen Museums‹ war Karl III. Elisabeth Farnese, die Mutter Karls, vermachte ihrem Sohn eine einzigartige Sammlung römischer Antikenfunde. Hinzu kamen die Kunstschätze der von ihm befohlenen Ausgrabungen in Herkulaneum und Pompeji.

Im Jahre 1787 konnte Goethe die Farnesische Sammlung noch in Capodimonte bewundern (*S. 76*); er rügte allerdings die schlechte Aufstellung. Um die Funde aus Herkulaneum und Pompeji zu betrachten, mußte Goethe damals nach Portici fahren. Er hob das Museum im königlichen Schloß als das »Alpha und Omega aller Antiquitätensammlungen« hervor. Nachdem nicht nur in Pompeji und Herkulaneum, sondern auch in vielen anderen Orten des Königreichs Neapel archäologische Funde zusammengetragen wurden, entschloß sich der König zur Gründung eines großen Museums in der Metropole. Eine ehemalige Reitschule, die *Domenico Fontana* zu Beginn des 17. Jh. als Universitätsgebäude aus- und umgebaut hatte, schien geeignet zu sein. Das Gebäude, in dem übrigens *Giambattista Vico* zwischen 1697 und 1701 gelehrt hatte, wurde noch einmal erweitert und dann 1822 als Museum eröffnet. König Ferdinand IV. weihte es, angesichts der prächtigen Parade der in das Gebäude einziehenden antiken Statuen, »der Pallas und den Musen«. Im Treppenhaus ließ er sich selbst von Antonio Canova ein monumentales Denkmal setzen.

Bedenkt man den maroden Zustand vieler norditalienischer Museen, so lernt man die umfangreichen Restaurierungsarbeiten im Museo Archeologico Nazionale schätzen – das betrifft übrigens auch die anderen bedeutenden Museen der Stadt Neapel. Allerdings ist mit erheblichen Einschränkungen zu rechnen. Seit vielen Jahren sind wichtige Abteilungen geschlossen. Die spektakulären Hauptstücke aber sind immer zu sehen. Eine durchgreifende Umstellung der Exponate ist am Ende der Restaurierungsarbeiten, das mit 1994 angegeben wird, nicht vorgesehen. Die Rundgänge beziehen sich auf das künftige, vollständig wiedereröffnete Museum.

Das ***__Museo Archeologico Nazionale__ ① umfaßt eine Fülle von antiken Stücken, vom 8. vorchristlichen bis zum 5. nachchristlichen Jahrhundert – eine in der Welt einzigartige Sammlung. Die ausgestellten Wandmalereien sind sogar die *größte Sammlung antiker Malerei überhaupt*. Wenn das Museum auch arm an griechischen, insbesondere hellenistischen Originalskulpturen ist, so kann man doch die Keramik Griechenlands umfassend studieren.

Betreten wir die **Vorhalle.** Hier fällt vor dem zweiten Pfeiler auf der rechten Seite eine *Porträtstatue der pompejanischen Priesterin Eumachia* (**1**) auf. Im Haar kann man noch Reste von Farbe entdecken. Gegenüber stehen zwei *Reiterstandbilder* (**2**). An den Eingangsarka-

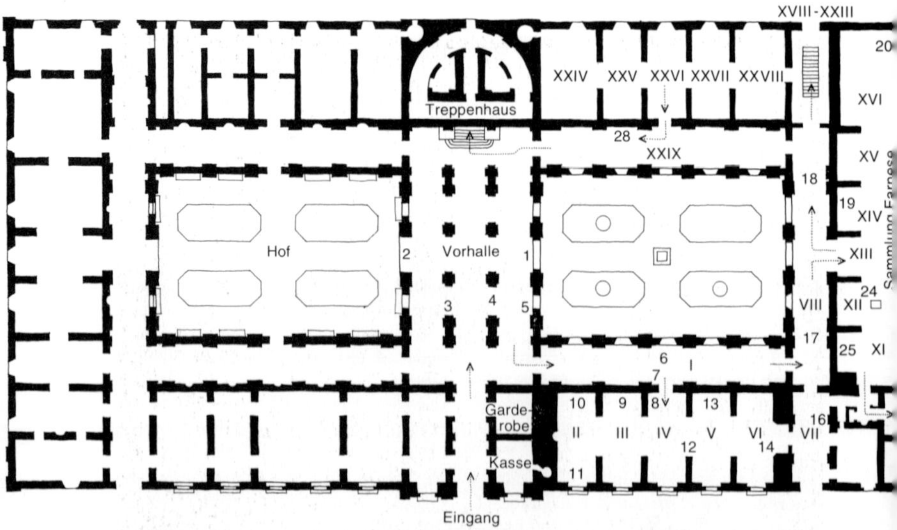

Archäologisches Nationalmuseum: Die römischen Ziffern bezeichnen die einzelnen Räume, die arabischen Ziffern beziehen sich auf die Beschreibung der Ausstellung im Text.

den steht links die Basis einer *Statue* des 37 n. Chr. gestorbenen Kaisers *Tiberius* (**3**), die in Pozzuoli gefunden wurde. Gegenüber ein *Altar der Fortuna Redux* (**4**), die das Wiedererscheinen des Glücks nach langer Zeit der Sorge und der Pein symbolisiert. Die Fortuna Redux taucht bezeichnenderweise häufig auf Münzen der römischen Kaiserzeit auf. Ganz in der Nähe steht ein *Sarkophag* (**5**), auf dem die *Erschaffung des Menschen durch Prometheus* dargestellt ist: Oben erkennt man die olympischen Götter zwischen der ›Nacht‹, dargestellt als Stiergespann, und dem ›Tag‹, der rechts als Pferdegespann zu sehen ist.

Im **Raum I**, der römischen Kopien nach berühmten griechischen Skulpturen gewidmet ist, dominiert die Gruppe der ***Tyrannenmörder** (**6**), die Nachbildung eines griechischen Originals von 476 v. Chr. Dargestellt sind die Brüder Harmodius und Aristogitos, die während der Panathenäenspiele im Jahre 514 v. Chr. einen der verhaßten Tyrannen Hippias und Hipparcos aus privater Rache getötet hatten. Die kraftvolle Gewichtsverlagerung der Körperteile und der dynamische Wechsel von Spiel- und Standbein verraten die Blütezeit der griechischen Klassik. An der Wand rechts von dieser Gruppe ein Kopffragment des sog. *Omphalos-Apoll* (**7**) mit Farbresten im Haar. Er ist um 450 v. Chr., also ebenfalls in klassischer Zeit, in Griechenland entstanden, möglicherweise in Delphi, da der ›Omphalos‹, der Nabel der Welt, sich auf das dortige Apollonheiligtum bezieht.

»... begriff sie nichts und sagte leise: Wer?« (*S. 60*)

Auch in den angrenzenden kleinen **Kabinetten II–VI** sind römische Kopien nach griechischen Originalen ausgestellt – es wird deutlich, wie überaus hoch man im antiken Rom die griechische Bildhauerkunst schätzte. Die Nachwelt hat dieser Bewunderung viel zu verdanken, denn viele verlorene griechische Werke sind nur in Form dieser römischen Kopien – oft aus Marmor im Gegensatz zur Bronze der Originale – überliefert. Ein Beispiel ist der *Kopf einer tödlich verwundeten Amazone* (**8**), Teil einer römischen Nachbildung der Originalstatue von Polyklet, einem berühmten griechischen Hauptmeister des 5. Jh.

v. Chr. Daß es sich hier um eine Sterbende handelt, macht allein schon das Kopffragment der ehemaligen Ganzfigur deutlich; die brechenden Augen und der leicht geöffnete Mund sind von Schmerz gekennzeichnet, ohne zur Grimasse zu werden – individueller Ausdruck und überpersönliches Schönheitsideal sind genau ausbalanciert.

Im folgenden Kabinett betrachtet man eine sehr gut erhaltene Kopie nach Polyklets speertragendem Achill, genannt *Doryphoros* (**9**). Die 1797 in Pompeji gefundene Figur wurde zum Vorbild vieler klassizistischer Bildhauer. Zwei Kopien einer *Aphrodite* (**10**) stehen sich im folgenden Raum gegenüber. Das Original entstand im 5. Jh. v. Chr. in Athen. Das ***Orpheus-Relief (11)** im Kabinett gegenüber, das den Moment darstellt, in dem Orpheus Eurydike endgültig verliert, war die Inspirationsquelle für *Rainer Maria Rilkes* Gedicht ›Orpheus, Eurydike, Hermes‹: »Sie war schon Wurzel. / Und als plötzlich jäh / der Gott sie anhielt und mit Schmerz im Ausruf / die Worte sprach: Er hat sich umgewendet –, / begriff sie nichts und sagte leise: Wer?«

Die hier ausgestellten Skulpturen, allesamt römische Kopien von Originalen aus dem 5. Jh., veranschaulichen in der organischen Körperauffassung sowie der maßvollen Ausgewogenheit von Ruhe und Bewegung die Ideale der griechischen Klassik: mit Figuren wie der *Aphrodite* (**12**), *Diomedes* (**13**) und *Apoll* (**14**) sowie der *schwebenden Nike* (**15**) sind hier einige immer wieder aufgegriffene Hauptthemen der klassischen Skulptur versammelt. Vom **Raum VII**, in dem Skulpturen aus der frühen römischen Kaiserzeit stehen, die, einer Mode dieser Zeit folgend, ganz bewußt die strengen, archaischen griechischen Bildwerke der vorklassischen Epoche nachahmen (z. B. die Figurengruppe mit *Orest und Elektra* aus Pozzuoli; **16**), gelangt man in den **Raum VIII**. Hier sind zwei Marmorstatuen aus der Farnese-Sammlung bemerkenswert. Sie wurden in den Caracalla-Thermen in Rom gefunden. Es handelt sich um einen *Krieger mit einem toten Knaben auf der Schulter* (**17**) und um die *Statue einer Frau* (**18**). Die Werke werden in das 3. Jh. n. Chr. datiert. Weitere wichtige Stücke der Farnese-Sammlung sind in den **Räumen XI-XV** zu sehen: Eine *Aphrodite* (**19**) vom antiken Amphitheater in Capua, die Kopie eines frühhellenistischen Originals, stellt die Liebesgöttin mit dem linken Fuß auf dem Helm ihres Liebhabers, dem Kriegsgott Ares, dar.

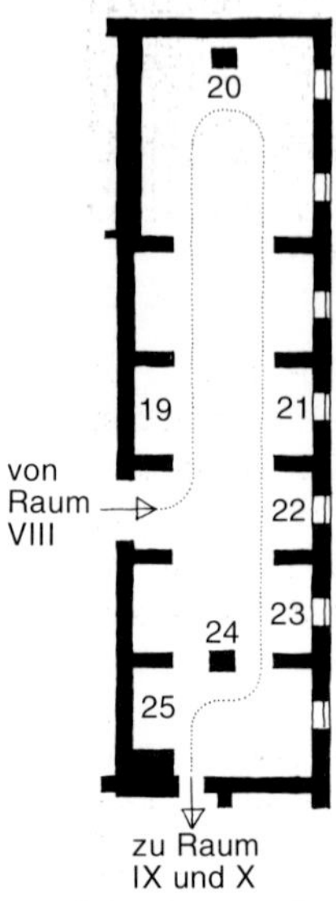

Orientierungsplan der Sammlung Farense

Goethe hat ihn noch in Capodimonte gesehen: den ›Farnesischen Stier‹

So recht in Szene gesetzt, weil Prunkstück dieses Raumes und des gesamten Museums, ist der ***Farnesische Stier (20). Er wurde, fast vollständig zerstört, in den römischen Caracalla-Thermen gefunden. Bis auf die Köpfe, die ergänzt wurden, konnte man die Teile wieder zusammenfügen. Diese Kopie entstand 200 n. Chr. Von Plinius d. Ä. wissen wir, daß das Original von dem hellenistischen Bildhauer Apollonius von Tauriskos geschaffen wurde.

Die Gruppe stellt einen griechischen **Mythos** dar, der um Willkür und Rache kreist. Die thebanische Königin *Dirke* hatte *Antiope*, die Mutter von Amphion und Zethos, als Sklavin gehalten. Es gelang den Söhnen, die Mutter zu befreien. Zur Strafe banden sie die Königin auf das Gehörn eines wilden Stiers, der sie zu Tode schleifte. Als sichtbarer Ausdruck ihrer Verachtung gegenüber der Peinigerin steht Antiope stelengleich bei ihren Söhnen und sieht regungslos zu, wie die sich verzweifelnd Wehrende zum hoch aufbäumenden Haupt des Stiers gezerrt wird.

Das Orpheusrelief und der ›Farnesische Stier‹, was für gegensätzliche Formvorstellungen: Ruhe und leidenschaftliche Raserei! In diesen beiden Skulpturen wird der Unterschied zwischen der klassischen und der späteren hellenistischen griechischen Skulptur anschaulich.

Die klassische Kunst Griechenlands löst sich nicht auf, sondern wandelt sich. Die Proportionen, die Gesamtstruktur von Gruppe und Figur bleiben erhalten – was neu hinzukommt, ist ein dynamischer, geradezu barocker Schwung. Die ›klassische‹ Bewegung beschleunigt sich, sie explodiert, so wie sich Griechenland unvermittelt der Welt öffnete, mit Alexander dem Großen die Grenzen Europas überschritt und sich mit den schnellen Eroberungen bis an die Grenzen zum ›Paradies‹, nach Indien, ausdehnte.

Herakles Farnese

An weiteren Skulpturen sind sehenswert: eine *Psyche aus Capua* (2. Jh.; **21**), der *Kopf eines bärtigen Dionysos* (**22**) und der *Torso einer hellenistischen Aphrodite* (**23**). Genau in der Fluchtachse des Farnesischen Stiers steht der berühmte ****Herakles Farnese (24**). Die Statue stellt eine römische Kopie nach Lysipp (4. Jh. v. Chr.) dar. Die im 16. Jh. gefundene Skulptur stand bis zu ihrem Abtransport nach Neapel im Treppenhaus des Palazzo Farnese in Rom. Herakles ist nicht als kämpferischer, siegreicher, sondern als von seinen Anstrengungen erschöpfter Held aufgefaßt, der sich müde auf seine Keule stützt, über die das Fell des erlegten Nemeischen Löwen geworfen ist. Wie bei allen Meisterwerken der griechischen Klassik ist die Balance zwischen der idealen Schönheit des nackten Körpers im ausgewogenen Kontrapost und der individuellen, eine bestimmte Situation charakterisierenden Haltung mit bewunderswerter Sicherheit hergestellt. Der römische Kopist hat das Original offensichtlich sehr genau studiert. Die ungewöhnlich voluminös und detailliert hervortretenden Muskelpartien hat er wohl in Abweichung vom Original gestaltet. Goethe, der diese Statue noch in Rom betrachten konnte, bedauerte, daß dieses Kunstwerk die Stadt bald verlassen müsse. – Auf dem großen *Sarkophagkasten* (**25**) rechts unter dem Herakles sind Szenen aus der Jugend des Achill dargestellt: Zu Beginn des Trojanischen Krieges hat man Achill in Frauenkleider gesteckt, da ihm ein früher Tod prophezeit wurde.

In **Raum IX** und **X** fallen eine *badende Aphrodite* (**26**) und eine ›*Weiheszene des pergamenischen Königs Attalos*‹ (**27**) ins Auge. Im **Raum VIII** führt eine kleine Treppe hinunter in die Abteilung der *ägyptischen Altertümer* (**Räume XVIII-XXIII**).

Ins **Erdgeschoß** zurückgekehrt, begeben wir uns in den **Raum XXIX**, in dem verschiedene Statuen aus farbigem Stein aufgestellt sind. Die Nachbildung des Kultbildes der ***__Artemis von Ephesos__** (**28**) ragt besonders heraus. Ihr Tempel galt in der Antike als eines der Sieben Weltwunder. Ihr starrer, frontal ausgerichteter Säulenleib ist mit Brüsten übersät. Auf ihren Armen stehen Löwen. Weitere Tiere wie Hirsche oder Bienen schmücken ihr Gewand. Auf dem Umhang

›Meeresfauna‹, eines der weltberühmten Mosaiken von Pompeji

um ihren Hals sind zwischen weiblichen Gestalten die Sternbilder Stier, Zwillinge und Krebs abgebildet. Die nun folgenden Räume enthalten die für die antike Geschichte Neapels, Pompejis und Herkulaneums so wichtige und einzigartige ***Abteilung der Fresken und Mosaiken**. Es ist unbedingt empfehlenswert, vor einem Besuch von Pompeji, Herkulaneum und dem jüngst ausgegrabenen Stabiae diese Schätze im Archäologischen Nationalmuseum zu besichtigen. Die Besuche der Ausgrabungsstätten werden um vieles interessanter sein, wenn man die Gebäude und Paläste mit den bereits gesehenen Mosaiken und Fresken im Geiste ausschmücken kann.

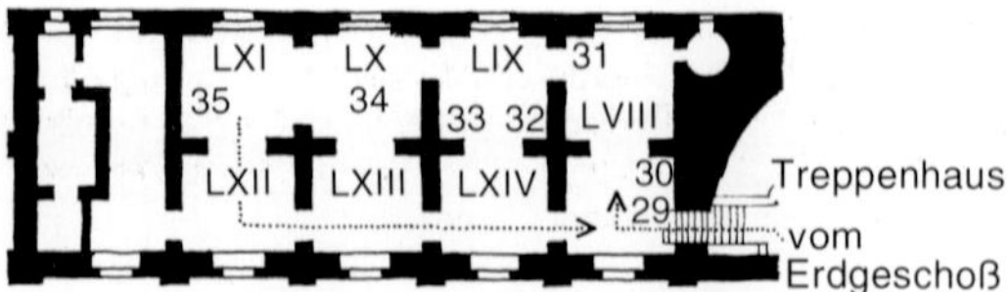

Zwischengeschoß Orientierungsplan

Vom großen Treppenhaus aus gelangt man über eine kleine Treppe zu einem Zwischengeschoß. Gleich nach dem Betreten des **Raumes LVII** fällt auf der rechten Seite das berühmte, als ›Kitsch-Kachel‹ in alle Welt verkaufte ***Cave-Canem-Mosaik** (**29**) aus Pompeji auf, das, wie die meisten hier gezeigten Mosaiken, ursprünglich in den Fußboden eingelassen war. Daneben ein weiteres Mosaik, das einen *Hahnenkampf* (**30**) darstellt. Der Zugang zum **Raum LVIII** wird von zwei Säulen flankiert, die mit Mosaiken geschmückt sind. Sie stammen aus Pompeji. An der Fensterwand links ein Gemälde mit den ›*Drei Grazien*‹ (**31**). Im folgenden **Raum LIX**, dessen Zugang ebenfalls von zwei mosaikverzierten Säulen aus Pompeji flankiert ist, liegt ein großes Mosaikbild auf dem Boden. Es stellt das *Dionysos-Thema* dar (**32**): Vor einem Altar und einer Statue des Dionysos hockt ein gefesselter Löwe. Die Gruppe ist umgeben von Amoretten und weiblichen Figuren. Links neben dem Zugang zum folgenden Raum entdecken wir ein farbenprächtiges Mosaik, das die *Vorbereitung einer Theateraufführung* darstellt (**33**). Die Mosaiken im **Raum LX** stammen von den Fußböden der *Casa del Fauno in Pompeji*. Ein geflügelter *Genius* sitzt *auf einem Panther* (**34**). Der mit Efeu bekränzte Genius hält ein Trinkgefäß in der Hand. Der Panther trägt Weinlaub um den Hals. Es handelt sich also auch hier um eine dionysische Szene. Die Thematik des Gottes klingt auch im Rahmenwerk an, wo Masken- und Weinlaubmotive auszumachen sind.

Im folgenden **Raum LXI** ist das berühmte, ebenfalls aus der Casa del Fauno stammende und ca. 21 m^2 große ***__Alexander-Mosaik (35)__ ausgestellt. Diese großartige Komposition gibt ein Gemälde des ausgehenden 4. Jh. v. Chr. wieder – nur durch die Reproduktion im dauerhaften Stein ist dieses Hauptbeispiel der so gut wie verlorenen griechischen Malerei überliefert.

Vermutlich ist die **Schlacht von Issos** (333 v. Chr.) dargestellt. Erzählt wird die entscheidende Phase der Schlacht: Alexander, ohne Helm, stürmt auf seinem Roß Bukephalos auf den Perserkönig Dareios III. zu. Der Angriff der Perser gerät ins Stocken. Die Pferde straucheln und scheuen. Die Hilflosigkeit verratende Geste des Dareios und die erschrockenen Gesichter seiner Krieger machen wohl die letzte Phase der Niederlage deutlich. – Meisterhaft, wie die Gruppe aus dem Raum plastisch entwickelt wurde. Die extremen perspektivischen Verkürzungen, die dynamischen Pferdeleiber und der Gestenreichtum der Figuren werden erst wieder zu Beginn der Renaissance in den Schlachtenbildern von Paolo Uccello erreicht.

Über das Treppenhaus gelangt man zu den herrlichen **Malereien aus Pompeji, Herkulaneum** und **Stabiae** im **Obergeschoß**. Hier öffnet sich zunächst ein großer **Mittelsaal**. Sofort fällt das monumentale *Deckenfresko* ins Auge: ›Der Triumph der Künste und Wissenschaften unter Karl Ferdinand IV.‹ *Pietro Bardellino* hat diese ›Kunst-Apotheose‹ des Herrschers 1781 in Szene gesetzt. An der Rückwand des Saals steht der ›*Atlas Farnese*‹, eine hellenistische Statue. Auf dem Fußboden erblickt man einen Meridian mit Sternbildern. Diese sind so angeordnet, daß zur Mittagszeit durch die Öffnung der Südwand ein Sonnenstrahl auf das entsprechende Sternbild fällt.

Archäologisches Nationalmuseum: Orientierungsplan 1. Obergeschoß

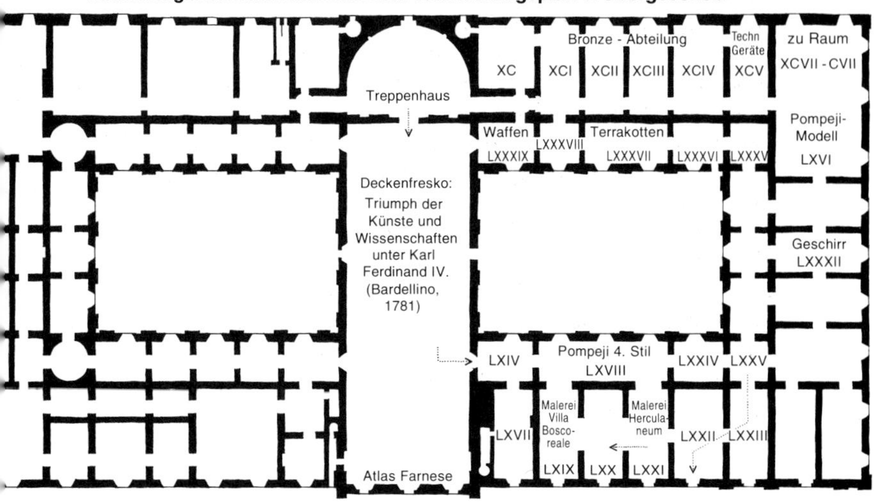

Held und Verlierer: Alexander der Große (links)

und der Perserkönig Dareios (*S. 65*)

In den **Räumen LXVI-LXXVII** entfaltet sich die ganze Pracht der **antiken Wandmalerei**. Die Bilder wurden bei früheren Grabungen aus den Wänden der Häuser und Paläste geschnitten, da man damals noch nicht wußte, in welcher Weise die kostbaren Gemälde zu konservieren sind. Leider sind die Bilder durch diese Maßnahme aus dem ursprünglichen Dekorationssystem herausgelöst. In Pompeji und Herkulaneum kann man sich überzeugen, welche Farbenpracht sie angesichts ihrer großflächigen und zart gegliederten Wandfelder entfaltet haben.

Im **Raum LXVI** sind Wände aus dem *vierten pompejanischen Stil* zusammengefaßt. Über die Merkmale der vier pompejanischen Stile wird im Kapitel zu Pompeij noch gesprochen werden (*S. 178f.*). Hier fällt auf, daß die illusionistische Architekturmalerei durch Groteskenornamente ins Phantastische gewendet wird. Im **Raum LXII** sind Beispiele *italienischer Grabmalereien* zu sehen, u. a. das Fragment eines Frieses mit tanzenden Frauen. Für den vierten Stil sind die zarten Spielereien mit Tier- und Architekturmotiven immer wieder auffallend: So hängen z. B. an Häuserwänden Fische, Geflügel oder ein Hase. Im **Raum LXIX** steht man vor Wandfragmenten einer Villa in Boscoreale. Im folgenden Raum sind kleine *mythologische Szenen* zu sehen: Herkules bei Omphale, der Triumph des jugendlichen Dionysos, Orest und Pylades, die gerade Iphigenie entführen wollen. Es handelt sich z. T. um Bilder, die aus den Architekturrahmungen der pompejanischen Villen herausgeschnitten worden sind. Im **Raum LXXI** sind große Bilder aus der Basilika von Herkulaneum zu betrachten. In den folgenden **Räumen LXXII** und **LXXIII** kann man antike Kopien studieren, u. a. den ›*Antiope-Mythos*‹, der uns schon vom ›Farnesischen Stier‹ her bekannt ist. Im **Raum LXXVIII** befinden sich Wände aus der Villa des Agrippa Postumus, eines Enkels des Augustus. Hier wird der *dritte pompejanische Stil* vorgeführt: Der Schwarz-Rot-Kontrast der Wandarchitektur ist durch ein weißes Ornamentsystem gegliedert. – Zum Schluß des Besuchs dieser Abteilung sollte man sich noch Zeit nehmen, ein **Modell der Ausgrabungszone von Pompeji** im Maßstab 1:100 zu studieren. Es stammt aus dem Jahre 1879 und vermittelt einen sehr guten Einblick in die Arbeit der Archäologen. Ein Vergleich mit einem heutigen Grabungsplan macht deutlich, welche Zonen neu erschlossen wurden. An den Wände sehen wir Tierbilder und Stilleben aus Pompeji und Herkulaneum.

4 Das Treppenhaus des Barock: Die Palazzi dello Spagnolo und Sanfelice

Den üppigen Museumsbesuch im Archäologischen Nationalmuseum sollte man am besten auf mehrere Tage verteilen, auch wenn der Eintrittspreis hoch ist. Und es ist vielleicht nicht einmal empfehlenswert, gleich danach die antiken Vesuv-Metropolen Pompeji und Herkulaneum aufzusuchen (*S. 155ff.*). Lassen Sie ruhig ein wenig Zeit, mindestens einen Tag, verstreichen und, spazieren Sie jetzt vielleicht die *Piazza Cavour* hinauf zur **Porta San Gennaro**, dem alten Nordtor der Stadt. Hier erwartet der **Palazzo dello Spagnolo** ② den Besucher, der mit seinem Treppenhaus ein ganz besonderes Kapitel in der Architekturgeschichte der Stadt aufschlägt (auf das auch später, am Beispiel der Paläste im Südosten der Altstadt, *S. 114ff.*, noch einmal zurückzukommen sein wird).

Das napoletanische Treppenhaus des Barock

Das Treppenhaus ist im Barock und speziell in seiner napoletanischen Spielart mehr als ein bloß funktionelles Bauglied. Schon immer trieb man hier – wie auch anderswo – in Repräsentationsbauten und Palästen gerne allerlei architektonischen Aufwand, um ein paar Meter Höhenunterschied überwindbar zu machen – denn dieser halböffentliche, den Besucher empfangende Bauteil eignet sich ganz vorzüglich zur Demonstration von Macht und/oder dem pompösen Lebensstil des Besitzers. Bereits im 15. Jh. ist die Treppenanlage erster Repräsentationsraum des Palastes: Durch ein großes Portal mit überwölbtem Durchgang (*Androne*) gelangt man in den Innenhof, von wo eine Treppe ins Obergeschoß führt und in einen Arkadengang mündet, der meistens auf eine Hofseite beschränkt bleibt. Die Palastfassade ist also gewissermaßen nach innen verlegt – ein sinnvolles Konzept angesichts der Enge der Straßen. Im 16. Jh. variieren die Möglichkeiten. Zunächst führt von einer Drei-Bogen-Anlage im Hof eine beiderseitig ansteigende Treppe nach oben. Daraus entwickelt sich schließlich die in Neapel am häufigsten anzutreffende Anlage: ein offenes Treppenhaus in dem gegenüber dem Androne liegenden Bauflügel oder einem Seitenflügel des Innenhofes.

Im Barock schließlich wird das Statussymbol Treppenhaus regelrecht zur Bühne, auf welcher der ›Aufstieg‹ zum ›hochstehenden‹, den Besucher in gebührender Distanz erwartenden Palasteigentümer zum zeremoniellen Akt wird. Und es verwundert nicht, daß in dieser Epoche gerade in Neapel, mit seinem Sinn für theatermäßige bis theatralische Inszenierung, das Treppenhaus ›seinen Meister‹ findet: **Ferdinando Sanfelice** (1675–1750), Schüler von Cosimo Fanzago, baute hier mehrere interessante Treppenhäuser. Er variiert dabei drei Grundtypen und gelangt zu überraschenden und unterschiedlichen Lösungen. Immer aber geht es ihm darum, die Grenze zwischen Innen- und Außenraum zu verwischen. Dafür ist zunächst die traditionelle *Wendeltreppe* (Typus I im Palazzo di Maio, *S. 69*) die geeignete Grundform, da sie den Blick nach innen, in den Treppenhausschacht und nach außen in den Hof ermöglicht. Im Palazzo Sanfelice und im Palazzo dello Spagnolo stellt er zwei verspielte Modifikationen vor: Die *doppelte Wendeltreppe*

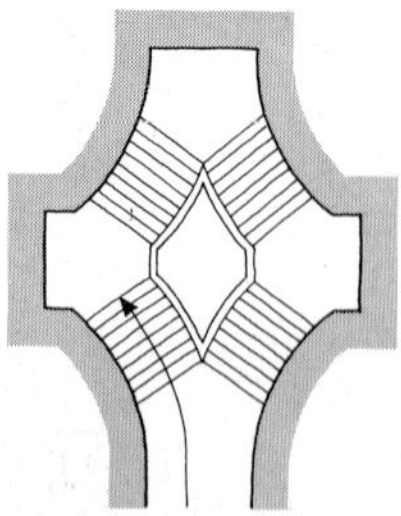

Palazzo di Maio
Treppenhaustypus 1

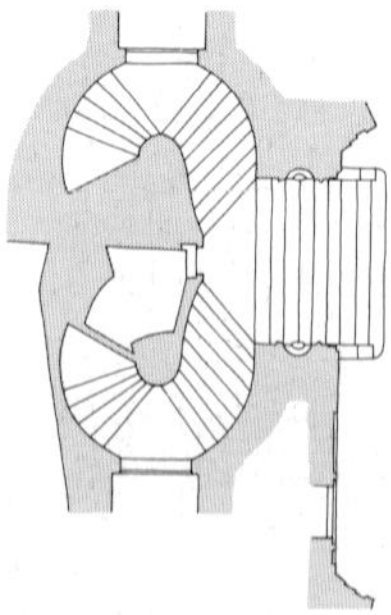

Palazzo dello Spagnolo
Treppenhaustypus 2

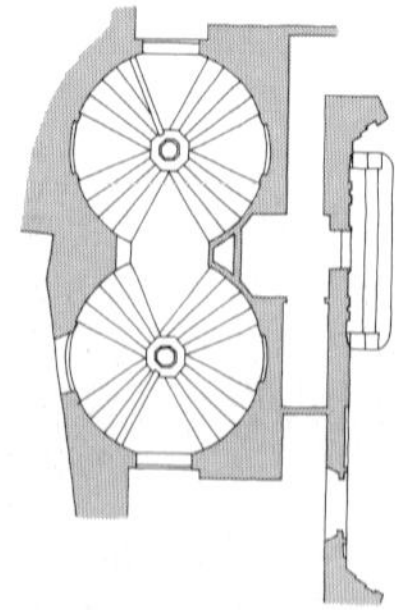

Palazzo Sanfelice
Treppenhaustypus 3

und die *Zwillingsspirale* (Typus II). Diese Treppenlabyrinthe erhalten ihren architektonischen oder besser sozialen Sinn durch die kommunikative Funktion. Vor jeder Wohneinheit öffnet sich ein Bereich, der mit dem Hof und mit jedem Geschoß des Palastes in Verbindung steht – eine ideale Bühne für die Komödien Goldonis.

Sanfelice kam ganz ohne Dekor aus. Die hell verputzten Wandflächen werden lediglich durch ein dunkles Band gerahmt. Es scheint, daß er dem durch die großen Fenster einfallenden Sonnenlicht die ›schmückenden Effekte‹ überließ. Auch die Eisengeländer und die Treppenläufe sprechen die nüchterne Sprache des Klassizismus.

Der Spagnolo-Palast gilt als der schönste Wohnpalast Sanfelices. Hinter der siebenachsigen Fassade mit fünf Geschossen, die, rot und grau verputzt, von Rokoko-Ornamenten überwuchert wird, befindet sich der Innenhof mit dem prachtvoll instrumentierten Treppenhaus. Als fünfachsige Loggienwand gestaltet, nimmt es die gesamte Rückfront ein. Der Typus der Treppenführung entspricht genau dem des nahe gelegenen Palazzo Sanfelice (*s. unten*). Im Vorausgriff auf die Lichtschatteneffekte im Treppenhaus des Palazzo di Maio (*Karte S. 56*), sollte man sich dieses Schauspiel hier nicht entgehen lassen. Am günstigsten wirkt das Licht der frühen Nachmittagsstunden. Dann vermittelt der noch in Resten erhaltene farbige Anstrich in Weiß, Blau und Orange einen Eindruck vom ›Glanz und Gloria‹ vergangener Zeiten.

Gegenüber der Porta San Gennaro führt eine kleine Gasse zur *Via Vergini*, an deren Ende die *Via Arena della Sanità* links abgeht. Dort steht der **Palazzo Sanfelice** ③. Im Jahre 1728 errichtete Sanfelice diesen Palast für sich und seine Familie. Der sich heute in heillosem Zustand präsentierende Bau – er steht in einem düsteren Armenquartier der Stadt – galt damals als einer der brilliantesten. Sanfelice hat ihn im Zenit seiner Karriere als Zeichen seines Wohlstandes und als Ausdruck seines Künstlertums gebaut. Acht Fensterachsen, drei Risalite (hervortretende Gebäudeteile) und zwei mit Diamantquadern ge-

 Luftiger Aufstieg: das Treppenhaus des Palazzo dello Spagnolo (*S. 69*) ▷

VETRI

schmückte Portale sind als Bedeutungsträger dieses Anliegens zu verstehen – geradezu ›wörtlich‹ zum Ausdruck gebracht durch eine ›Fama‹, die am Gewölbe unter dem rechten Portal auf barocke Art den Ruhm des Künstlers in die Welt posaunt.

Das erwähnte Portal führt in den *Haupthof*, dessen Rückwand gegen das ***Treppenhaus** – das bedeutendste in Neapel – geöffnet ist. Das linke Portal führt zum Nachbarpalast (siehe unten). Das Treppenhaus zählt drei Stockwerke. Zwei serpentinenartig angeordnete Treppenläufe treffen sich in jedem Stockwerk in einem Mitteltrakt, der, entsprechend der Steigung, etwas höher als die Seitentrakte liegt. Dort, auf den Geschoßebenen der niedrigeren Seitentrakte, befinden sich die Zugänge zu den Wohnungen. So besteht das Treppenhaus also aus fünf Teilen, die von außen ablesbar sind: den beiden äußeren, um eine halbe Geschoßhöhe niedrigeren Trakten mit schmalen Arkaden und den sie flankierenden, zur Mitte hin aufsteigenden Treppentrakten mit verzogenen, auf Rautenformen basierenden Fenstern.

Einfache, niedrige Rundbögen gliedern die Stirnseite des Treppenhauses. Zwei über Eck gestellte flache Pilaster, fast schon als Blendstreifen verarbeitet, rahmen die Bögen. Gleichzeitig betonen sie die kartuschenartigen seitlichen Öffnungen. Die Bausprache Sanfelices wird an diesem Detail besonders deutlich: Einerseits bezieht er noch traditionell barocke Baugedanken wie ›Treppensignale‹ und ›Kartusche‹ mit in sein Konzept ein, andererseits pflegt er den nüchternen Klassizismus in der Vermeidung überflüssiger Detailgliederung.

Der allseitig geschlossene Hof des **Nachbarpalastes** (Zugang durch das linke Portal) vermittelt einen intimeren Eindruck. Der um ein Geschoß niedriger gehaltene Flügel weist einen noch schwerer zu durchschauenden Treppenbauplan auf: Zwischen Voluten gelang man auf den ersten Treppenabsatz. Dort teilt sich die Treppe, windet sich in zwei Läufen in die Höhe, die sich auf jedem Stockwerk wiedervereinen, um erneut auseinanderzustreben. Die Wohnungen gehen wieder von den seitlichen Geschoßebenen ab.

5 Die Katakomben und Camaldoli: Tiefste Tiefen – Höchste Höhen

***Santa Maria della Sanità · **San Gennaro extra moenia · San Severo alla Sanità · Santa Maria Scala Coeli · Belvedere dei Camaldoli**

Im malerischen Sanità-Viertel sollte man sich nicht wie ein herausgeputzter Tourist in Shorts und mit schwerem Fotogerät behängt aufhalten. Schlendern Sie wie ein Napoletaner oder eine Napoletanerin schmucklos und leichtfüßig durch die Gassen, und kehren Sie hin und wieder in eine Bar ein. Bleiben Sie an Marktständen stehen und berauschen Sie sich an der üppigen Fülle von Obst und Gemüse. Hier, im Schatten des *Corso Amedeo di Savoia*, leben die Armen und Ärmsten. Im **Valle Sanità**, im ›Tal der Gesundheit‹ unterhalb von Capodimonte, befinden sich die byzantinischen und frühchristlichen Katakomben der Stadt Neapel. Übrigens hat das Tal von diesen Nekropolen, in denen Wunderheilungen stattgefunden haben sollen, den Namen erhalten. Und noch ein wenig allgemeine Sprach- und Kulturgeschichte zur ›Katakombe‹: Der Name leitet sich aus dem Griechischen bzw. dem Lateinischen ab; ›catacumbae‹ bedeutet ›unterirdische Grablege‹. Diese sind in langen Gängen zuweilen auch übereinander angeordnet. Die Katakomben wurden, wie für antike und frühchristliche Friedhöfe üblich, außerhalb der Stadt angelegt. Nach Rom sind die Katakomben von Neapel die bedeutendsten in Italien. Man bewahrte und pflegte sie wohl deswegen bis heute, weil die Bischöfe des 4. bis 8. Jh. dort bestattet wurden.

Wenn Sie schon einmal mit dem Bus oder mit dem Auto hinauf nach Capodimonte gefahren sind, dann dürfte Ihnen rechter Hand die wunderschöne Majolikakuppel aufgefallen sein. Sie gehört zu ***Santa Maria della Sanità** ④. Sie ist übrigens erreichbar über die Hochstraße *Via Santa Teresa degli Scalzi* oder über die *Via della Sanità* nahe des Palazzo Sanfelice (*S. 70*). Es waren Dominikanermönche, die diese zerfallene mittelalterliche Kirche im 16. Jh. wieder aufgebaut haben. Den heutigen Bau errichtete Giuseppe Donzelli im 17. Jh. Auf ihn geht die schon gerühmte und in Neapel einzigartige Majolikaverkleidung der Kuppel zurück. Der älteste Teil der Kirche ist die ***Grotta di San Gaudioso**. Die Anlage stammt aus dem 5. oder 6. Jh. Zu dieser Zeit wurde der Bischof Gaudiosus aus Abitinae in Afrika als Gründer eines Klosters genannt. Die Mosaikinschrift und das Rundbild des Bischofs sind noch erhalten. In einem weiteren Nischengrab ist noch ein Lünettenfresko mit der Darstellung des hl. Petrus zu sehen.

Von hier aus führt ein kleiner Weg unter der genannten Hochstraße hindurch und hinauf zur Anhöhe von Capodimonte (*S. 76ff.*). Am Ende der kleinen *Via San Gennaro dei Poveri* gelangt man zur Kirche ****San Gennaro extra moenia** ⑤. Der Eingang befindet sich gegenüber der Ostwand des Kirchenbaus. Der Urbau von San Gennaro war das Kultzentrum eines frühchristlichen Gräberbezirks aus dem 2. bis 10. Jh. Hier wurden Bischöfe, Herzöge von Neapel und Märtyrer bestattet. Dieser in Neapel größte Katakombenkomplex mit vielen Verästelungen ist bislang noch nicht vollständig erforscht worden.

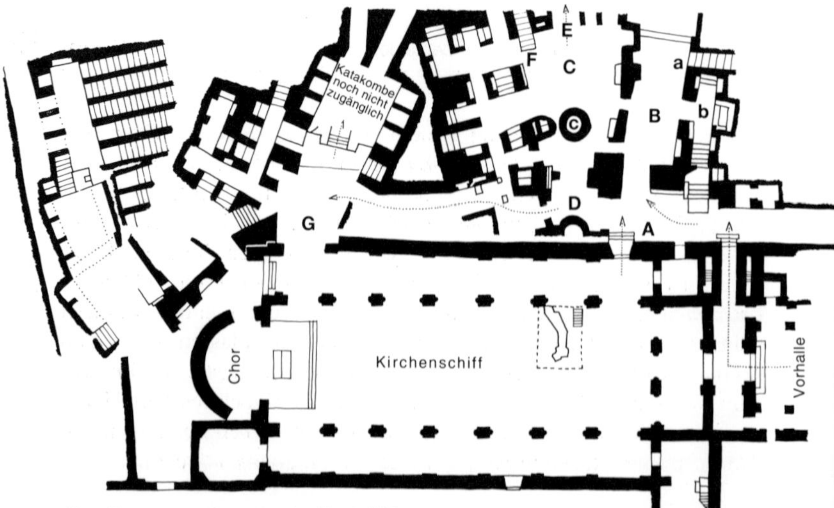

San Gennaro extra moenia: Grundriß

A Vorhof
B Friedhofsbasilika
C Vorhalle
D Oratorium des Johannes
E Korridor mit Grabkammern
F Treppen zum zweiten Stockwerk
G Vorraum (Treppen zum Katakombenkomplex)

a Bischofsthron
b Kindergrab mit Ornamenten
c Taufbrunnen

Vom *Vorhof* (**A**) gelangt man in die alte *Friedhofsbasilika* (**B**). Im hinteren Raum ist ein *Bischofsthron* (**a**) zu sehen. Rechts davon ein *Kindergrab mit Ornamenten* (**b**). Verläßt man die Basilika, so gelangt man in die *Vorhalle* (**C**), in der ein *Taufbrunnen* (**c**) steht. Gegenüber liegt das *Oratorium des Johannes* (**D**). Am hinteren Ende der Vorhalle öffnet sich ein Korridor mit *Grabkammern* (**E**). Dort sind *Fresken* zu sehen, die Szenen aus dem Alten Testament zeigen, u.a. die einigermaßen gut erhaltene Darstellung ›Moses schlägt Wasser aus dem Felsen‹ (3. Jh.).

Wenn man sich nun wieder dem Ausgang des Korridors zuwendet, gelangt man in den Vorsaal. Gleich rechts führen Treppen hinauf in das *zweite Stockwerk* (**F**). Dort sind in einem Cubiculum, einem Wohn- und Schlafzimmer, Groteskenornamente aus dem 2. Jh. erhalten. Weitere frühchristliche Freskenreste mit Darstellungen aus dem Alten Testament schließen sich an. Links neben dem erwähnten *Zugang zum Korridor* befindet sich die *Krypta* des San Gennaro und seiner Begleiter. Sie dürfte im 9. Jh. entstanden sein. Einen Blick in eine bislang noch nicht erforschte Katakombe kann man werfen, wenn man am *Oratorium des Johannes* (**D**) vorbeigeht und sich nach rechts wendet. Hier erreicht man einen weiteren *Vorraum* (**G**), von dem aus Treppen in den erwähnten Katakombenkomplex hinaufführen.

Von S. M. della Sanità gelangt man über die *Via San Severo di Capodimonte* zum Kirchlein **S. Severo alla Sanità** ⑥. In dieser Kirche wurde der Bischof Severus (362–408) bestattet. In den Korridoren finden sich noch weitere Bischofs- und Märtyrergräber, sowie Malereien aus dem Anfang des 5. Jh. Diese Orte würden sich so recht für die Lektüre der englischen ›Gothic Novels‹, der schauerlich-romantischen Geister- und Spukgeschichten, eignen. Sei es, daß sich Poeten in den düsteren Gängen zu unheilvollen Geschichten haben anregen lassen, sei es, daß wir nun selbst begierig zu Horace Walpoles ›The Castle of Otranto‹ oder zu Ann Radcliffes ›The Italian‹ greifen. Radcliffes Geschichte spielt tatsächlich in Neapel, und einige Schauerszenen dürften sich in den Korridoren der eben genannten Grotten zugetragen haben.

* Ein kurzer Abstecher: Camaldoli

Nach dem Besuch in den Schluchten der Sanità sehnt man sich nach luftigen Höhen. Höher noch als Capodimonte liegt, über den Vomero hinaus, ***Camaldoli**. Eine – nicht einmal zu teure – Fahrt mit dem Taxi hierher lohnt sich. J. G. Seume, der vor ungefähr zwei Jahrhunderten auf seinem Spaziergang nach Sizilien vor der Kirche S. Maria Scala Coeli haltgemacht hat, rühmte diesen Ort begeistert als den ›schönsten Punkt in Italien‹. Der *****Blick** ist berauschend: Man schaut geradewegs in die imposante Kraterlandschaft der Phlegräischen Felder (*S. 136*), sieht den Vesuv, Sorrent und Capri. Dann erhebt man sich, beflügelt von soviel landschaftlicher Schönheit, und gleitet über den Posilipp geradewegs auf die Bucht von Pozzuoli zu, um bald über Procida und den Monte Epomeo von Ischia zu schweben . . .

»O mia bella Napoli . . .«

Als Abschluß gibt es hier noch eine Kirche, die eben schon genannte **S. Maria Scala Coeli** ⑦, zu besichtigen: Massimo Stanzione, ein weiterer bedeutender ›Barock-Napoletaner‹, hat das Abendmahl gemalt. Ein Stück weiter, am **Belvedere dei Camaldoli** ⑧, einem Kloster, das 1582 von den Kamaldulensern gegründet wurde, gibt es ein großes, nicht sehr gemütliches Restaurant, das nur wenig besucht wird. Eine durchaus eßbare Pizza und ein durchschnittlicher Wein werden jedoch angesichts des Sonnenuntergangs zu einem Göttermahl. Während die Phlegräischen Felder unter den letzten Sonnenstrahlen rot und violett aufglühen, wird einem bewußt, wie recht die Alten hatten, wenn sie behaupteten, hier seien die Pforten zur Unterwelt.

*** 6 Capodimonte und die Napoletanische Malerschule des Barock

Das ***__Museo Nazionale di Capodimonte__ ⑨ ist ein Höhepunkt allein schon von der Lage her: eingerichtet im Palazzo Reale, thront es auf einer Anhöhe weit im Norden Neapels, umgeben von viel Grün. Es ist kein spezifisches Barockmuseum, sondern beherbergt Gemälde aus unterschiedlichen Epochen und interessante kunstgewerbliche Exponate.

Geschichte: Die Gründung des Museums wurde von König Karl III. veranlaßt. Er ließ im Zuge des Ausbaus mehrerer Jagdreviere rings um die Stadt Neapel auch auf dem Hügel von Capodimonte ein Jagdschloß errichten. 1738 wurde mit den Bauarbeiten begonnen, und schon 1758 konnten sämtliche Bestände der Farnesischen Sammlung untergebracht werden. Der deutsche Archäologe und Kunsttheoretiker *Johann Joachim Winckelmann* gehörte zu den ersten Besuchern der Galerie. Im Jahre 1761 kam der französische Rokokomaler *Fragonard* nach Capodimonte, um Gemälde zu kopieren. Als Napoleon seinen Bruder Joseph Bonaparte in Neapel als König einsetzte, ließ dieser die Sammlung in den Palazzo degli Studi, dem späteren Museo Nazionale Archeologico, hinunterschaffen, um sich in den Museumsräumen wohnlich einzurichten. Erst 1952 wurden die Bestände aus dem Nationalmuseum wieder nach Capodimonte gebracht, nachdem das Gebäude renoviert worden war. Zur Zeit wird das Museum wieder umfassend erneuert, so daß die Sammlungen nur sehr stark eingeschränkt besichtigt werden können.

Zur Architektur des Gebäudes ist wenig zu sagen. Der Bau beschreibt ein langgezogenes Rechteck mit drei Innenhöfen. Die äußeren Quertrakte ragen über die Breite des Mittelbaus hinaus. Es fallen zwei Pilasterordnungen auf, unten dorisch und oben toskanisch. Den dorischen Pilasterschaft erkennt man an der Basis und dem Zierband.

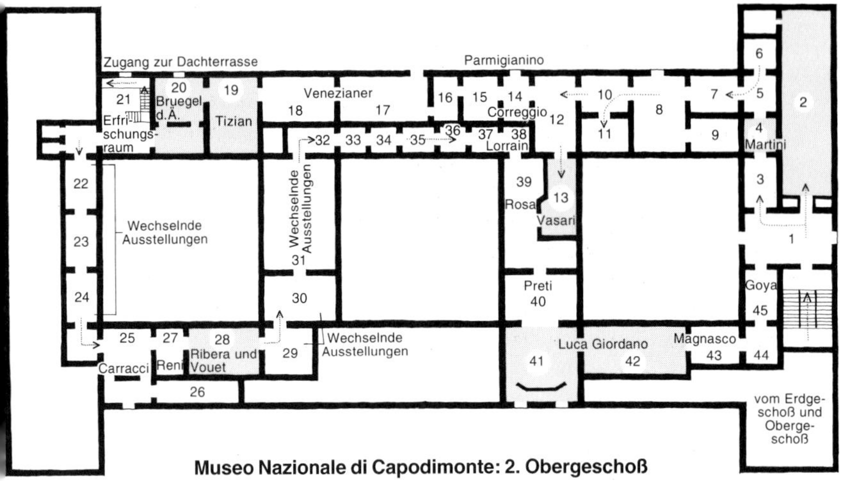

Museo Nazionale di Capodimonte: 2. Obergeschoß

Wie beschreibt man einen Museumsbestand, der sich zur Zeit und für die nächsten Jahre in seiner Lokalisierung laufend verändert? Zunächst die **aktuelle Aufstellung**, die noch einige Jahre gültig sein wird: Zur Zeit sind die Räume 13 und 25–31 geschlossen. Weitere Räume werden in nächster Zeit ebenfalls renoviert. – Die *Renaissance-Bronzen* aus dem 1. Obergeschoß befinden sich im Raum 2, in dem die Teppiche von Bernart van Orley hängen. – Im Raum 8 ist jetzt die berühmte *Tavola Strozzi* (vormals San Martino) zu sehen. Sie stammt aus dem Palazzo Strozzi in Florenz und zeigt eine Ansicht Neapels aus dem 15. Jh. – Das *Farnesekästchen* vom 1. Obergeschoß ist im Raum 17 aufgestellt. Darüber hinaus ist dieses Geschoß unverändert geblieben.

Obergeschoß: *Raum 12:* Raffael – *Raum 15:* Florentiner Manierismus (außer Vasari). – *Raum 17:* Auswahl der Bilder aus den Räumen 14 und 16. – *Raum 37:* Monsù, Rosa, Ribera. – *Raum 42:* Lorrain, Lanfranco, Caravaggio. – *Raum 43:* de Beuckelaer. – *Raum 44:* Italienische Barockmaler. – *Raum 45:* Veduten und Porzellan.

Nun die **alte und künftige Hängung** der Exponate, also der eigentliche Rundgang durch das Museum: Zur Gemäldesammlung gelangt man durch das Treppenhaus in das 2. Obergeschoß. Durch eine kleine Vorhalle betritt man **Raum 2** mit der berühmten ***Teppichserie von Bernart van Orley**. Der Brüsseler Künstler hat in diesem monumentalen Zyklus die Schlacht von Pavia (24. April 1525) dargestellt. Zu sehen sind die Kriegsparteien von Kaiser Karl V. und Franz I. von Frankreich. Die Schlacht endete bekanntlich mit einem Sieg Karls V.

Der Künstler hat die Arbeiten am Teppich unmittelbar nach dem Kriegsgeschehen begonnen. Sie dauerten bis 1531. Besonders beachtenswert sind die den Flamen eigenen Genreszenen, die als Begleiterzählungen im Mittel- oder Hintergrund das Hauptthema ausschmükken. Das Stadtbild von Pavia auf dem letzten Bild gehört zu den herausragenden Veduten der flämischen Malerei.

Im **Raum 4** hängt ein Bild von der Krönung Roberts des Weisen, die durch den hl. Ludwig von Toulouse vorgenommen wird. Es wurde 1317 von *Simone Martini* gemalt. Im Sinne mittelalterlicher Bedeutungsgröße ist der König im Vergleich zum thronenden Heiligen kleiner und an den Rand gerückt. Die kostbare Farbigkeit und die Eleganz der Linienführung in den Silhouetten und Gewandsäumen sind typisch für die sienesische Malerei der Gotik. In den **Räumen 5** und **6** werden Gemälde von *Masaccio* und *Masolino*, zwei Malern der florentinischen Frührenaissance, gezeigt. Der Stil Masolinos nimmt sich weicher und zarter aus, was besonders in seinem ›Schnee-Wunder-Altar‹ zu bemerken ist. Masaccio, der jüngere von beiden und Schüler Masolinos, hat, im Sinn der fortgeschrittenen Renaissance, weitaus härter und konturenreicher formuliert. Seine Christusfigur der ›Kreuzigung‹ von 1426 erscheint plastisch und kompakt. Die Figuren erreichen eine Ausdrucksqualität, die dem Gotiker Masolino noch fremd ist.

Im **Raum 7** fallen besonders zwei Meister auf: *Filippino Lippi* und *Raffael*. Von Lippi stammt die ›Verkündigung‹ (1483/85) mit der idyllischen Schilderung des Arnotals bei Florenz. Vom 17jährigen *Raffael* sind die beiden Fragmente einer Gottvaterfigur.

Im **Raum 8** hängt das eigenartige Doppelbildnis von 1495, dessen Signatur mit ›*Jaco.Bar*‹ angegeben ist. Dieser Künstler konnte bislang nicht identifiziert werden. Die Attribute stellen das Porträt in die Thematik der Humanistenbilder: Bücher, Dodekaeder und Blätter mit mathematischen Konstruktionen verweisen auf die wissenschaftlichen Fundamente der Künste. Im **Raum 10** hängt das um 1510 entstandene Bildnis des Kardinals Alessandro Farnese, des späteren Papstes Paul III. Als Maler wird *Raffael* genannt. Was für diese umstrittene Zuschreibung spricht, ist ein ähnliches Farnese-Porträt Raffaels in den Stanzen des Vatikan.

Die **Räume 11** und **12** enthalten Werke der Hochrenaissance aus Neapel und Süditalien sowie einige Arbeiten von Florentiner Manieristen.

Im **Raum 13** kommt man dem Zeitalter des Barock näher. Der Florentiner ›Übergangskünstler‹ *Giorgio Vasari*, Architekt, Maler und Biograph, der in Michelangelo die Krönung der Kunst sah und, als typischer Epigone, dessen Stil in teilweise maßlosen und kapriziösen

›Papst Paul III.‹, eines von Tizians Farnese-Porträts (*S. 80*)

Bewegungen sowie dynamischen Torsionen übertrieben hat, ist hier ausführlich zu studieren. Typisch für seinen Stil und damit für die motivischen und formalen Ambitionen des Manierismus ist seine ›*Gerechtigkeitsallegorie*‹: Zu Füßen der Personifikation der Gerechtigkeit kauert angekettet die Eitelkeit, ein alter Mann mit Krone und Geld. Haß, Zorn und Neid gesellen sich zu ihm. Dem Frieden dagegen wird der Lorbeerkranz zugesprochen. Ihm zur Seite, Tempus, die Zeit, in Gestalt des alten Kronos/Saturn, der dieser Allegorie das Attribut des ›immerwährenden Friedens‹ verleiht.

In den **Räumen 14** und **15** lernt man *Correggio*, mit bürgerlichem Namen Antonio Allegri, kennen. 1489 geboren und 1534 gestorben, zählt dieser Künstler zu den Begründern der italienischen Barockmalerei. Der in Parma lebende und arbeitende Künstler hat das Licht als Ausdrucksmittel aufgefaßt. Dieses Stilmittel setzt er ähnlich wie später Caravaggio ein, doch wird es längst nicht so stark auf einen Helldunkelkontrast zugespitzt. Die hier ausgestellten Werke Correggios stammen aus seiner Frühzeit: ›La Zingarella‹, die ›Zigeunermadonna‹ (1515), stellt wahrscheinlich eine ›Flucht nach Ägypten‹ dar. Das ›Verlöbnis der hl.Katharina‹ von 1517 führt meisterhaft vor, wie Figuren und Landschaft miteinander verwoben sind und eine dynamische Einheit bilden.

Auch *Parmigianino* (1503–40), ein Zeit- und Ortsgenosse von Correggio, ist mit einigen Arbeiten vertreten. Eine junge Dame, pompös gekleidet, stellt die römische Kurtisane Antea, die Geliebte des Malers, dar. Die Hl. Familie mit dem Johannesknaben wird um 1528 datiert. Parmigianino hat viel von Correggio gelernt , doch herrscht bei ihm eher die typisch manieristische Malweise, das verführerische Raffinement und die dekorative Farbigkeit, die wir schon in den Werken von Vasari kennengelernt haben.

In den **Räumen 16, 17** und **18** findet man eine Bronzegruppe des aus Flandern stammenden *Giovanni da Bologna*, einen Frauenraub darstellend – wobei es den Künstler weniger auf den Inhalt ankam, als auf den komplizierten Aufbau der Gruppe; nicht zuletzt deshalb waren diese sog. Raptus-Gruppen ein Lieblingsthema der manieristischen Skulptur. Ein Meisterwerk der venezianischen Renaissancemalerei ist die ›*Transfiguration*‹ von *Giovanni Bellini* (1480). Besonders die in emailartigen Farben strahlende klare Gebirgslandschaft ist von berükkender Schönheit – über der man die noch ungeschickt verkürzten Figuren vergißt. Vorbei an Werken venezianischer Künstler kommt man zu **Raum 19**, dem **Tizian-Saal**. Der um 1490 in Pieve di Cadore geborene *Tiziano Vecellio* war Schüler von Giovanni Bellini und später Mitarbeiter von Giorgione. 1576 starb er in Venedig. Die *Farnese-Portraits* bilden Tizians größte noch erhaltene Bildnisgruppe. Das nicht ganz vollendete Gruppenbildnis von 1546 zeigt Papst Paul III. mit seinen beiden Enkeln Alessandro und Ottavio. Der körperlich hinfällige, geistig aber noch ganz wache 78jährige Papst empfängt Ottavio Farnese, dessen betont respektvoll-devote Haltung den schleichenden Günstling verrät. Eine gespannte, intrigengeschwängerte Atmosphäre beherrscht das Bild, das inhaltlich wie auch von der Malweise her kühn und einzigartig ist. Daneben das 1543 entstandene Einzelportät desselben Papstes, von dem Theodor Hetzer gesagt hat:

»Es gibt kein grandioseres Beispiel der verewigenden Steigerung menschlicher Hinfälligkeit und Leidenschaft als das Bildnis des greisen Farnesepapstes.« – Weitere Bildnisse zeigen Philipp II. von Spanien als Vierundzwanzigjährigen und seinen Vater, Kaiser Karl V., von 1548. Ferner sind eine sehr sinnliche Danae sowie ein Porträt von Tizians Tochter Lavinia und eine büßende Magdalena, sicherlich eine Werkstattarbeit, zu betrachten.

In diesem Saal erhält man nicht nur Einblicke in die Kunst Tizians, sondern generell in die der venezianischen Schule: Die vorwiegend dunklen Braun- und Goldtöne, die Vorliebe für die Darstellung kostbarer Stoffe und glitzernder Ornamente erinnern noch an die in Venedig immer lebendig gebliebene byzantinische Tradition.

In **Raum 20** dann ein Szenenwechsel von der aristokratischen Welt Tizians in die derb-bäuerliche des **Pieter Bruegel d.Ä.** (1526/30–69). Bruegel hielt sich zwischen 1551 und 1554 in Italien auf. 1553 besuchte er Neapel, wo er durch seine Freundschaft zu Giulio Clovio auch Zugang zum Künstlerkreis um den Kardinal Alessandro Farnese fand. Sein bedeutendstes Bild in Neapel ist der ›*Blindensturz*‹ von 1568, eine Allegorie der menschlichen Torheit. Bruegel, ein tiefreligiöser Mann, hat sich wahrscheinlich vom Matthäus-Evangelium anregen lassen (15,14): »Wenn aber ein Blinder den anderen leitet, so fallen sie beide in die Grube.« Im Hintergrund eine Kirche und ein dürrer Baum,

Allegorie auf die menschliche Torheit: Pieter Bruegels ›Blindensturz‹

übliches Requisit, um den Mangel an Glauben anzuprangern. Die Flügelaltäre von *Joos van Cleve* und die Phantasielandschaften von *Herri met de Bles* sind beachtenswert. *Lucas Cranachs* ›Ehebrecherin‹ und die ›Hl. Familie in der Kirche‹ aus dem Umkreis von Konrad Witz gehören ebenfalls zu den Kostbarkeiten dieser Sammlung.

Nach einer Erfrischung im **Café in Saal 21** betritt man mit ›gewaschenen Augen‹, wie Goethe sagen würde, die **Barockabteilung**. Im Raum 25 sind die Bolognesen *Annibale und Agostino Carracci* vertreten. Die manieristischen Spielereien und Kompliziertheiten fehlen bei diesen Künstlern des römischen Barock. Die Carracci haben sich immer um einen strengen und klaren Duktus bemüht. Ihr erklärtes Vorbild war Raffael bzw. die Malerei der Hochrenaissance. Auffallend auch die Neigung zur Landschaftsmalerei. Annibales ›Landschaft mit dem hl. Eustachius‹ und ›Herkules am Scheidewege‹ führen das deutlich vor Augen. Im **Raum 27** erzählt *Guido Reni* (ca. 1625) die Geschichte vom Wettlauf der Liebenden Atalante und Hippomenes: Komposition und Gestaltung sind noch strenger und kühler geworden, fast schon klassizistisch.

Im **Raum 28** kommt man quasi zu den **Quellen der napoletanischen Malerschule des Barock**. Hier kann man die verschiedenen Möglichkeiten der Helldunkelmalerei in der Nachfolge Caravaggios kennenlernen. Der scharfe Lichtkontrast, wenn auch immer wieder gemildert und abgewandelt, wurde zum Kanon der jüngeren napoletanischen Maler. Der Spanier *Giuseppe Ribera* war einer der eifrigsten Vertreter dieser Malerei in Neapel. Sein ›Trunkener Silen‹ von 1626 ist auch vom Motiv her interessant, wirkt er doch wie eine witzige Parodie auf das seit der Renaissance verbreitete Thema der liegenden Venus. Die ›Beschneidung Christi‹ des Franzosen *Simon Vouet* und *Caracciolos* ›Christus an der Säule‹ führen verschiedene Möglichkeiten des in der ersten Hälfte des 17. Jh. in Europa verbreiteten Caravaggismus vor.

In den **Räumen 32** bis **37** laden viele Beispiele des reifen napoletanischen Hochbarock von *Andrea Vacaro, Francesco Guarino, Micco Spadaro* oder *Bernardo Cavallino* zum Vergleich ein – sie alle wandeln auf den ästhetischen Wegen Caravaggios und/oder Riberas. Mehr dazu *S. 84–88*.

Im **Raum 36** fällt ein merkwürdiges Bild auf: In einer düsteren, unheimlichen Szenerie wird der römische Kaiser Titus gezeigt, der den Tempel von Jerusalem zerstören läßt. Das Bild stammt von dem Exzentriker *Desiderio Monsù*, der sich bislang hartnäckig und erfolgreich kunstwissenschaftlichen Ordnungsvorstellungen entzogen hat. **Raum 38** beherbergt Werke des von Frankreich nach Italien ausgewanderten **Claude Lorrain**. Seine überaus zarten Landschaften, die verklärte arkadische Sehnsuchtsgegenden vorstellen, sind größtenteils am Golf von Neapel und an der amalfitanischen Küste entstanden. Das um 1669 gemalte Bild ›Landschaft mit der Nymphe Egeria‹ sendet das überaus weiche Licht aus, das an manchen Abenden am Ufer des Posillip unter einem rötlich gefärbten Abendhimmel zu sehen ist. Leider befinden sich Lorrains napoletanische Landschaften nicht vor Ort, sondern in Paris, Rom, St. Petersburg, Washington oder London – quasi als Botschafter der ›napoletanischen Verheißung‹.

In den **Räumen 40, 41** und **42** versammeln sich wieder die italienischen Barockmaler. *Mattia Preti* verrät noch seine Herkunft vom Venezianer Tintoretto, aber auch von Caravaggio und Guercino. Schließlich einige Meisterwerke Luca Giordanos: Die ›Madonna del Rosario‹ von 1657 zählt zu den frühesten Arbeiten des Künstlers. 1659 entstanden die beiden Gastmähler, das des Herodes und die Hochzeit von Kana. Im Jahre 1663 schuf er die ›Lukrezia‹, einen betörenden Rückenakt. Im **Raum 42** zeigen drei großformatige Schlachtenbilder *Giordanos* Vielfältigkeit. Sie entstanden um 1690 und stellen folgende Szenen dar: Semiramis verteidigt Babylon; Horatius Cocles kämpft am Pons Sublicius gegen Porsenna; Amazonenschlacht. Auch ein *Solimena*, ›Hagar in der Wüste‹ darstellend, reiht sich in diese Sammlung napoletanischer Barockmaler ein. **Raum 43** ist v. a. den Malern von Veduten, d. h. topographisch genauen Stadtansichten, gewidmet. Neben Künstlern wie *Marieschi* und *Magnasco* verdient besonders der Ruinenmaler *Giovanni Paolo Pannini* (ca. 1691–1765) Aufmerksamkeit. In den Räumen 44 und 45 folgen die Napoletaner *Coccorante* und *Pagano* (18. Jh.), die Ruinenlandschaften und Schäferstücke gemalt haben. Längeres Verweilen ist vor *Francisco Goyas* Bildnissen der spanischen Königsfamilie von ca. 1790 geboten. Das Herrscherpaar Karl IV. und Marie-Louise von Parma ist nicht nur kritisch distanziert, sondern geradezu häßlich und böse wiedergegeben. Das gilt besonders für die Monarchin, die zusammen mit ihrem Geliebten, dem Staatsminister Godoy, ihren Gatten unter Druck gesetzt hat. Nach einer erzwungenen Abdankung zog sich Karl IV. wieder in seine Heimatstadt Neapel zurück und widmete sich fortan der Jagd.

Im **ersten Obergeschoß** befinden sich die historischen Räume des Palastes mit Gemälden und Skulpturen aus dem 19. Jh. sowie ein Kunstgewerbemuseum. In den Sälen und Kabinetten bis zum Raum 66 kann man u.a. Bilder der ›*Scuola di Posillipo*‹ kennenlernen. Es handelt sich hier um eine Schule von Genre- und Landschaftsmalern um die Künstler *Philipp Hackert* und *Alexander Dunoy*, die durchaus als italienische Variante der Schule von Barbizon gelten kann.

In den **Räumen 68–71** erhält man Einblicke in eine reiche Auswahl der königlichen Porzellan- und Majolika-Sammlung. In den **Räumen**

82–85 ist die ›*Collezione de Ciccio*‹, eine schöne, in sich geschlossene kunstgewerbliche Sammlung untergebracht.

Raum 87 beherbergt eine der bedeutendsten Sammlungen von kleinformatigen *Bronzeskulpturen der italienischen Renaissance*. Hervorragend die manieristisch-verspielten Arbeiten von *Giovanni da Bologna*. Von hier aus kommt man in den Raum 95 mit dem berühmten *Cofanetto Farnese*. Dieses Kästchen aus vergoldetem Silber wurde zwischen 1548 und 1561 für den Kardinal Alessandro Farnese angefertigt. Vasari nennt den Cellini-Schüler Manno di Bastiano Sbarri als Meister. Im Kästchen wurden wahrscheinlich Bücher und Manuskripte aufbewahrt. An der Innenseite des Deckels ist der Raub der Proserpina dargestellt. An den Ecken die vier Göttergestalten Mars, Minerva, Diana und Bacchus. Die Flachreliefs zeigen Taten des Herkules, des Schutzpatrons der Farnese.

Ein weiteres ›Kunstwerk‹ ist nicht im, sondern hinter dem Museum zu finden: der ca. 1,5 km lange ****Park**, der ab der Mitte des 18. Jh. angelegt wurde. Elemente des französischen Schloßparks, wie die sternförmig ausstrahlenden Alleen, verbinden sich harmonisch mit solchen des englischen Gartens – etwa den prachtvollen, als point-de-vue herausgestellten Baumgruppen. Vom Park aus eröffnen sich grandiose Aussichten auf das ›natürlichste Kunstwerk‹ Neapels, den Vesuv.

Exkurs: Die Napoletanische Malerschule des Barock

Die Tradition der italienischen Renaissance-Malerei spaltete sich in zwei Richtungen auf: Die eine versuchte, die im Spätwerk *Michelangelos* angelegten Deformationen und Torsionen aufzugreifen, während sich eine andere Gruppe von Künstlern dem eher strengen Klassizismus *Raffaels* zuwandte. Zu den letzteren gehörte *Caravaggio* (Michelangelo Merisi, gen. Caravaggio, 1573–1610), dessen Helldunkelmalerei die barocke Farbpalette vorbereitete. Die sogenannten Manieristen, die ›*Michelangelo-Nachahmer*‹, prägten dann die Dynamik und Kompositionsmuster der Malerei des 16. und 17. Jh.

Im Jahre 1607 kam der 1573 bei Bergamo geborene **Caravaggio** nach Neapel. Blutige Händel zwangen ihn zur Flucht aus Rom. In Neapel blieb er nicht lange. Schon im darauffolgenden Jahr zog er weiter nach Malta und Sizilien. Während dieses kurzen Aufenthalts entstanden drei Altarstücke, von denen die ›Geißelung‹ am bedeutendsten ist. Die klare und ruhige Komposition erhält ihre Dramatik durch das Licht, das grell auf den Körper des gemarterten Christus fällt. Eine solche Inszenierung ›dramatischer Ruhe‹ und die meisterliche Modellierung des Körpers haben den Geschmack einer ganzen Malergeneration geprägt.

Einer der ersten Nachfolger Caravag-

Caravaggios Meisterwerk ›Die Geißelung‹ in Capodimonte

SIP

gios in Neapel – und damit der eigentliche Begründer des napoletanischen Barock – war **Battistello** (Giovanni Battista Caracciolo, 1578–1637). Der ›Kreuztragende Christus‹ und das Fragment einer ›Taufe Christi‹ in der Quadreria von San Filippo Neri (*S. 43*) zeigen noch deutlich den Einfluß von Caravaggio. In seiner ›Fußwaschung Petri‹ aus dem Jahre 1622 (S. Martino, *S. 112*) hat er sich schon weitgehend von Caravaggios Einfluß befreit. Man kann annehmen, daß er damals einen Studienaufenthalt in Rom verbracht hat.

Neben Caravaggio war es der Spanier **Giuseppe Ribera** (1591–1652), der nachhaltig die napoletanische Malerschule beeinflußt hat. 1616 ließ sich der ganz in der Manier Caravaggios malende Künstler in Neapel nieder. Er sorgte auch für eine Neubelebung der Bildthematik. Der ›Trunkene Silen‹ von 1626 (Museo Nazionale di Capodimonte, *S. 76f.*) hat viele heimische Künstler zu ähnlichen Themen angeregt. Ribera, der nicht nur das strenge klassische Ideal Caravaggios verfolgte, sondern auch Anregungen von Rubens und Michelangelo verarbeitete – letztere z. B. in dem ›Propheten‹ (um 1640) in der Kirche von S. Martino (*S. 111*) – stand den napoletanischen Künstlern wahrscheinlich näher als der Lombarde Caravaggio. **Francesco Fracanzano** (1612–56) hat sich am intensivsten mit dem Spanier auseinandergesetzt. In einer Szene aus dem Leben des hl. Gregor (der Heilige wird in einen Brunnen geworfen, 1635, S. Gregorio Armeno, *S. 35*) verspürt man noch etwas von der durch Ribera vermittelten Dramatik von Rubens. Der Einfluß des großen Flamen ist jedoch nicht nur aus zweiter Hand in Neapel nachzuweisen: Rubens‹ große ›Salome‹ (heute Edinburgh) wurde von Gaspar de Roomer, einem flämischen Kaufmann in Neapel, ca. 1640 erworben.

Eine große Ausnahme unter den napoletanischen Barockkünstlern bildet **Bernardo Cavallino** (1616–56). Als Schüler von **Massimo Stanzione** (neben Battistello einer der Gründer des napoletanischen Barock) pflegte er einen zarten, fast lyrischen Stil, der schon unmittelbar an die Grenzen des Rokoko reicht; lediglich seine Helldunkelmalerei erinnert noch an Caravaggio. Einige seiner Arbeiten sind in S. Filippo Neri (*S. 43*) und im Museum auf dem Capodimonte (*S. 76f.*) zu sehen.

Ein weiterer Individualist ist **Salvatore Rosa** (1615–73). Er hat die letzte Hälfte seines Lebens in Rom verbracht. Seine Thematik und seine Palette sind aber ohne napoletanisches Ambiente nicht zu verstehen. Rosa gilt zurecht als der erste Maler heroischer, romantischer Landschaften. Seine See- und Waldstücke sind in ein so zartes Licht getaucht, daß man schon an die Landschaftsmaler des frühen 19. Jh. denken möchte. In der Tat wird er auch oft – zusammen mit *Claude Lorrain* und *Nicolas Poussin* – als ihr Gewährsmann zitiert. Das kann man an einigen Beispielen in S. Martino (*S. 111*) nachprüfen. In Rosas Schlachtenbildern (Capodimonte, *S. 76f.*) wogen zwar die Menschenmassen im flackernden Licht dramatisch hin und her, doch der Gesamteindruck bleibt lyrisch.

Salvatore Rosa und **Luca Giordano** (1634–1705) beschrieben das gesamte Spektrum der napoletanischen Barockmalerei. Während Rosa auch in Kompositionen mit höchster Dramatik lyrisch formuliert, schildert Luca Giordano episch-dramatisch. Der Romantiker steht dem Klassiker gegenüber. Luca Giordano war ein eifriger Nachahmer Riberas. Viele Frühwerke Giordanos werden sogar heute noch unter dem Namen seines Lehrers gehandelt. Doch bald zog er nach Rom und Venedig, wo er Pietro da Cortona und Veronese studiert hat. Von Pietro übernahm er die Kompositionsprinzipien des Hochbarock: schwelgerische Dynamik und kühne Verkürzungen. Bei Veronese lernte er die Strukturen dramatischer Aktionen kennen. Die Synthese

◁ Im Abendlicht: die Piazetta von Capri (*S. 183*)

dieser Anregungen lernt man am ehesten vor den drei großen Schlachtenbildern (1690) im Museo Nazionale di Capodimonte kennen (*S. 76f.*). Eine Vorstellung von seiner Freskotechnik bekommt man anhand der Decke von S. Martino (*S. 111*). Die im Jahre 1703 entstandene Apotheose der hl. Judith demonstriert eindrucksvoll seine Fähigkeit, die Illusion eines nach oben geöffneten Raumes zu erzeugen. Engelsfiguren schweben in einem luftigen Raum auf und nieder und lassen somit die natürliche Begrenzung der Deckenarchitektur vergessen. Luca Giordano ist in Neapel unter seinen Malerkollegen am stärksten vertreten. Seine Produktion ging so schnell voran, daß er schon zu Lebzeiten ›Luca fa presto‹ (Luca der Schnellmaler) genannt wurde. **Mattia Preti** und **Francesco Solimena** zählen mit Giordano und Rosa zu den Hauptvertretern des neapolitanischen Barock. Preti (1613–99), der in Cosenza (Kalabrien) geborene Künstler, kam erst spät nach Neapel. Ab 1630 hielt er sich in Rom und später auch in Venedig und Modena auf. Er dürfte auch von den Künstlern gelernt haben, die Giordano inspirierten: Pietro da Cortona und Veronese. Einflüsse von Guercino und Domenichino sind ebenfalls nachzuweisen. Kurz nachdem er in Neapel angekommen war, malte er zwei große Fresken in Erinnerung an die Pest (1656, heute verloren). Überliefert sind lediglich zwei Modelle (Capodimonte, *S. 76f.*), die noch eine sehr genaue Vorstellung von ihnen vermitteln. Gegenüber Giordanos Figuren wirken die von Preti schwer und ernst. Auch sein Duktus ist weit entfernt von der fast impressionistisch zu nennenden Hand Giordanos. Dafür wirken seine Gruppenkompositionen kompakt und konzentriert. Das trifft auch für die Menschenmassen in Solimenas Fresken zu. Francesco Solimena (1657–1747) darf als natürlicher Nachfolger Luca Giordanos gelten. Obwohl man auch bei ihm den luftigen Pinselstrich vermißt, brilliert er jedoch im Aufbau seiner Figurengruppen. Im ›Sturz des Magiers Simon‹ von 1689/90 (S. Paolo Maggiore, *S. 43*) läßt er die Personen, in wechselnder Rücken- und Frontansicht, um eine imaginäre Raumachse torsieren. Auf diese Weise wird der Betrachter mit in das Geschehen einbezogen – eine Wirkung, auf die es besonders Luca Giordano angekommen ist (z. B. ›Christus vertreibt die Händler aus dem Tempel‹, S. Filippo Neri, 1684, *S. 43*). Solimenas Einzelfiguren wirken in ihren Bewegungen ruhig und ausgewogen. Darin darf man wohl bereits eine Tendenz zum Klassizismus erkennen – zu einer Zeit, als in Frankreich noch nicht einmal das Rokoko begonnen hatte.

7 Arkadien in Neapel: Das Viertel um Santa Chiara und Il Gesù Nuovo

****Santa Chiara · San Pietro a Maiella · **Il Gesù Nuovo · **Piazza del Gesù Nuovo · **Piazza Monteoliveto · *Sant'Anna dei Lombardi · San Domenico Maggiore · **Cappella Sansevero · *Santa Maria Maggiore · *Sant' Angelo a Nilo · San Nicola a Nilo · Santi Severino e Sossio**

Auf halbem Wege zwischen dem Archäologischen Nationalmuseum und der ›Neuen Burg‹ von Neapel am Meer (*S. 118*) liegt, versteckt an der ***Piazza del Gesù Nuovo*, ein napoletanischer Garten Eden. Sollten Sie geradewegs aus dem Museo Archeologico Nazionale oder vom Capodimonte gekommen sein, angefüllt mit vielfältigen Eindrücken,

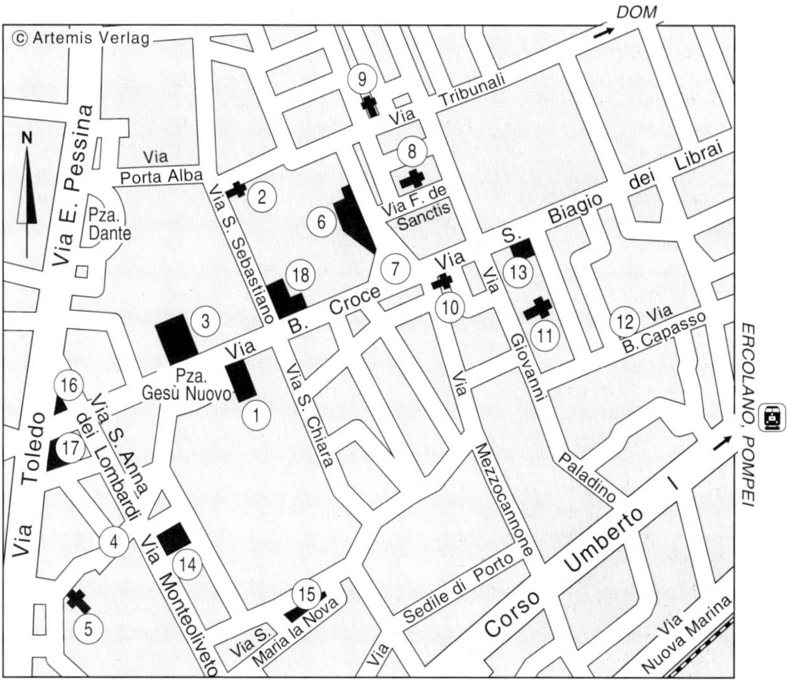

Das Viertel um Santa Chiara und Il Gesù Nuovo:
Tour 7 *(S. 88–109)*

- ** ① Santa Chiara
- ② San Pietro a Maiella
- ** ③ Il Gesù Nuovo
- ** ④ Piazza Monteoliveto
- * ⑤ Sant' Anna dei Lombardi
- ⑥ San Domenico Maggiore
- ⑦ Piazza San Domenico Maggiore
- ** ⑧ Cappella Sansevero
- * ⑨ Santa Maria Maggiore
- * ⑩ Sant' Angelo a Nilo
- ⑪ San Nicola a Nilo
- ⑫ Santi Severino e Sossio
- ⑬ Palazzo Marigliano
- ⑭ Palazzo Gravina
- ⑮ Palazzo Penna
- ⑯ Palazzo Angri
- ⑰ Palazzo Maddaloni
- ⑱ Palazzo Filomarino

dann lädt ****Santa Chiara** ① (*Farbtafel S. 34*) zum Besuch. Doch sollten Sie nicht sofort das Kirchenschiff betreten, sondern zunächst einmal links daran vorbeigehen, um den Kreuzgang, den *****Chiostro delle Maioliche**, aufzusuchen. Denn dieser Klosterhof der Klarissinnen, die in den Jahrhunderten nach der Gründung vor allem vornehme napoletanische Patrizierinnen zu ihren Mitgliedern zählten, gehört zu den bezauberndsten Orten Neapels. Die äußeren Bauteile des Chiostro stammen noch aus der Gotik. Sie werden durch vier Portiken markiert, die von je 16 bzw. 17 Spitzbogenarkaden mit achteckigen

Das Grabmal Karls von Kalabrien: Er starb mit 15 auf der Falkenjagd

Pfeilern gegliedert sind. Als Königin *Maria Amalia von Sachsen* 1738 nach Neapel kam, veranlaßte sie nach einem Besuch des Klosters die Neugestaltung des Gartens. Zwischen 1739 und 1743, in der Blütezeit des Rokoko, übernahm *D. A. Vaccaro* die Oberleitung der Bauarbeiten. Über den Achteckpfeilern erhebt sich eine mit Wein überwucherte Pergola. Die Pilaster und die niedrigen, das Wegkreuz begleitenden Mauerzüge sind mit Majoliken von Capodimonte verkleidet. Sie schildern in anmutiger Weise den napoletanischen Alltag. Pastorale Szenen wechseln mit mythischen Geschichten ab, laute Karnevalsumzüge mit stillen Meeresbuchten. Der Besucher wähnt sich in einer arkadischen Gegend, in einem ›paradiso terrestre‹ – um so mehr, als dieser ehemals am Stadtrand gelegene Ort heute eine verwunschene Idylle mitten im Zentrum von Neapel bildet. Der Verkehr der Stadt dringt nur gedämpft über die Klostermauern. In der Mittagszeit, wenn die sommerliche Stadt unter der Hitze stöhnt, weht hier ein kühler Lufthauch.

Die **Klosterkirche** selbst ist ein Höhepunkt der angevinischen Kunst, sowohl hinsichtlich der Architektur als auch der Ausstattung. Robert der Weise von Anjou legte im Jahre 1310 den Grundstein zu Santa Chiara. Ein Napoletaner, *Gagliardo Primario*, war der Baumeister. Die dem Corpus Christi geweihte Kirche erhielt den Namen der hl. Klara. Nach dem Erdbeben von 1456 wurde die Kirche im 16. und im 17. Jh. restauriert. Im 18. Jh. entwarf Ferdinando Fuga einen neuen Marmorfußboden. Im 2. Weltkrieg wurden Teile des Baus sowie die gesamte barocke Ausstattung der Kirche zerstört; der Wiederaufbau rekonstruierte teilweise die gotischen Ursprungsformen.

So bunt und vielfältig der Kreuzgang wirkt, so kühl und nüchtern nimmt sich das *Kirchenschiff* aus: ein weiter, zurückhaltender Saal, gegliedert durch Pfeilerarkaden, die in niedrige, dunkle Kapellen führen. Der Saalcharakter wird durch das fehlende Querschiff betont. Das offene Sparrendach, eine Stahlbetonkonstruktion, gehörte in Form einer Holzausführung zum ursprünglichen Kirchenbau. Die hohen Strebepfeiler dienen der Verstärkung des dünnwandigen und von Fenstern durchbrochenen Obergadens. Auffallend ist das Fehlen einer Apsis. Statt dessen wird das Langhaus durch einen rechteckigen Chor, der Ansätze zu einem Querhaus zeigt, begrenzt.

Im Chor hinter dem Hochaltar sind die **Grabmonumente** der französischen Königsfamilie **der Anjou** versammelt, die so viele Jahrzehnte die Geschicke Neapels bestimmt haben. Im Typus gehen diese Gräber auf Tino da Camaino zurück. An der rechten Chorwand steht das *Grab Karls von Kalabrien* (1332/33). Der Sohn Roberts des Weisen starb schon 15 Jahre vor dem König auf einer Falkenjagd. Dieses Grab ähnelt dem der Maria von Ungarn aus S. M. di Donnaregina

(*S. 44*). Die etwas ungewöhnlich wirkende Dachfläche der Totenkammer diente ehemals mehreren Figuren als Standfläche. Der Giebel des Baldachins ist etwas unglücklich restauriert worden. Einzig die unteren Partien sind gut erhalten. Löwensäulen, deren Blattkapitelle mit Männerköpfen versehen sind, tragen den Sarkophag. Jede Säule ist paarweise mit den Personifikationen der weltlichen Tugenden geschmückt: rechts die Gerechtigkeit mit ihrem Attribut, der Waage, daneben die Stärke mit dem Schwert; darunter die Mäßigkeit mit einem Vogel, der die Sanftmut verkörpern soll, und schließlich die Klugheit, mit Büchern versehen. Linker Hand stehen die christlichen Tugenden: die Hoffnung mit einem Blumenstrauß, der Glaube mit den Gesetzestafeln und die Liebe mit Kerzen, die auf die ›Flamme der Liebe‹ verweisen. Auf der reliefierten Schauseite des Sarkophags thront Karl als Richter mit Zepter und Schwert. In der Totenkammer, deren Inneres von zwei Engeln enthüllt wird, beweinen im Hintergrund Ordensgeistliche den aufgebahrten Verstorbenen. Unmittelbar neben diesem Grabmonument steht das etwas spätere der *Maria von Valois*. Die Ornamentik fällt reichhaltiger aus und die Formen erscheinen schlanker, sachlicher. In der Totenkammer ist die Aufgebahrte zwischen den ›pleureurs‹, den Trauernden, kaum mehr auszumachen. Auf der Vorderseite des Sarkophags sind eine Verkündigung Mariens sowie Maria von Valois inmitten ihrer Familie dargestellt. Im Unterbau fallen zwei schöne Tugendfiguren, die der Liebe und der Hoffnung, auf.

Das Grabmal *Roberts des Weisen* steht im Zentrum des Chors. Tino da Camaino hat es nicht mehr selbst ausführen können. Die rauchgeschwärzten Überreste geben nur noch einen unvollständigen Eindruck vom ursprünglichen Grabmonument wieder: Vier fünfgeschossige Pfeiler haben ein über 14 Meter hohes Baldachingehäuse getragen. Komposition und Ausführung der Sarkophagfront muten florentinisch an, wie die friesartige Reihung der Figuren deutlich macht. Dargestellt ist der von seinen Angehörigen umgebene, in hieratischer Strenge thronende König, über dem wiederum, sozusagen als übergeordnete Instanz, die Madonna mit dem segnenden Christuskind thront. Die ›pleureurs‹ sind hier keine Ordensleute, sondern Personifikationen der Sieben Freien Künste, ein Motiv, das übrigens auf die ›Trionfi‹ des Francesco Petrarca zurückgeht. Robert der Weise wird dadurch als Vertreter humanistischen Gedankenguts und damit als Beschützer von Kunst und Wissenschaft gefeiert.

Das *Grabmal der Maria von Durazzo* steht an der Chorwand links vom Königsgrab. Das Monument stammt von einem unbekannten Nachfolger des Tino da Camaino aus der Mitte des 14. Jh. Im Vergleich zum Formenreichtum und der Raffinesse der Anordnung von Figur, Architektur und Ornamentik bei den vorangehenden Grabmälern erscheint dieses Grabmal blaß und fast schon vergröbert. Dieser Kontrast läßt die Meisterschaft des Pisano-Schülers Tino da Camaino erst recht deutlich werden.

Auf dem Platz vor Santa Chiara, der ****Piazza del Gesù Nuovo** (*S. 95*), ist man von einem Kranz von Kirchen und Palästen umgeben. Es fällt schwer, eine Wahl zu treffen, denn ›alles‹ kann man nicht sehen, und ›einiges‹ ist immer zu wenig. Man sollte aber ganz schnell das ›Wenn-man-schon-einmal-hier-ist‹ vergessen und sich mit Wenigem begnügen. *San Pietro a Maiella, **Il Gesù Nuovo, *Sant'Anna dei Lombardi, San Domenico Maggiore, *Santa Maria Maggiore* und **Sant'Angelo a Nilo* sowie die ***Cappella Sansevero* verdienen besondere Aufmerksamkeit; andere Kirchen wie *San Nicola a Nilo* oder *Santi Severino e Sossio* werden nur am Rande gestreift.

San Pietro a Maiella ② liegt am westlichen Ende der *Via dei Tribunali*, also am Ausgang der antiken und byzantinischen Stadt (vgl. die Rundgänge *S. 26–31*). Der Stifter dieser Kirche war der Coelestiner-Mönch Pietro, der am Monte Maiella in den Abruzzen gelebt hat. 1294 wurde der fromme, weltunerfahrene Einsiedler von Karl II. von Anjou als Papst Coelestin V. eingesetzt. Der Bau, im 14. Jh. gegründet, wurde im 16. und 17. Jh. umgestaltet. Das 19. Jh. fand wieder zurück zur gotischen Form, schoß jedoch in diesem Fall über das Ziel hinaus: Die fehlenden mittelalterlichen Teile wurden auf ziemlich penetrante Weise neogotisch reorganisiert und neukonstruiert. Bald darauf tilgte man dieses nachgestaltete Mittelalter und setzte wieder die barocke Struktur ein. Heute versucht man, das verbliebene gotische Mauerwerk freizulegen. Die kompakte Würfelform des Kirchenbaus mit dem Campanile an der nordöstlichen Ecke erinnert an die amalfitanischen Kirchen aus dem 13. und 14. Jh. Im 19. Jh. wurde die Nordostecke aus verkehrstechnischen Gründen abgerundet.

Im *Innenraum* sind Quer- und Längsschiff flach gedeckt, während die quadratischen Joche der Seitenschiffe ein Kreuzrippengewölbe aufweisen. Zu den bedeutendsten Stücken der Ausstattung gehören die ***Deckenbilder von Mattia Preti** (1613–99), einem der Hauptvertreter der napoletanischen Barockmalerei. Der Bilderzyklus des Langhauses zeigt Szenen aus dem Leben des hl. Petrus aus Maiella. Die Leserichtung der dramatischen Erzählfolge verläuft vom Eingang bis zum Chor:

Auf die *Reise des Einsiedlers zur Krönung nach Aquila*, bei der er von Karl II. und Soldaten begleitet wird, folgt die *Glorie des Heiligen* und sodann seine *Abdankung als Papst* (nach der es ihm übrigens ziemlich übel erging, da er von seinem Nachfolger Bonifaz VIII. gefangen gesetzt wurde). In den beiden

Detail der Renaissancefassade von Il Gesù Nuovo

Rechteckfeldern werden die *Ankündigung seiner Papstwahl* und die *Versuchungen in der Einsiedelei* erzählt.

An der Ecke des Querhauses wird die *Geschichte der hl. Katharina von Alexandrien* geschildert: Disputation mit Gelehrten und ihre Enthauptung sowie der Transport des Leichnams. In den Schmalbildern ist die mystische Verlobung mit Christus und ihre Gefangenschaft zu sehen. Daß Mattia Preti, der dieses Gemälde in den letzten Jahren seines Aufenthaltes in Neapel zwischen 1658 und 1659 gemalt hat, zu den eifrigen Nachfolgern Caravaggios zählt, machen das flackernde Licht und der scharfe Farbkontrast deutlich. Mehr über diesen Künstler erfahren Sie im Kapitel über die napoletanische Malerschule (*S. 84*).

****Il Gesù Nuovo** ③, gegenüber von Santa Chiara gelegen, wartet mit einer überraschenden Fassade und einem der faszinierendsten Fresken Neapels auf. Die *Fassade* mit ihrer trutzigen Diamantquaderung gehörte ursprünglich zum Renaissance-Palast der Familie Sanseverino und wurde für den Neubau der Kirche übernommen. Der Plan stammt von Giuseppe Valeriani. Die Bautätigkeit begann 1584. Nach Brandschäden übernahm Cosimo Fanzago im 17. Jh. die Neueinrichtung der Innenausstattung. Übrigens wurde diese Kirche als ›Trinità Maggiore‹, als eine Jesuitenkirche, erbaut. Nachdem der Orden 1767 aus Neapel vertrieben wurde, zogen die Franziskaner ein. Der langgezogene Zentralbau gipfelt in einer Kuppel auf freistehenden Vierungspfeilern, ein Schema, das an St. Peter in Rom erinnert; allerdings wirkt der Bau insgesamt weniger monumental als vielmehr etwas steif und pompös.

Die innere Eingangswand hat der Maler **Francesco Solimena**, wie Giordano und Preti ebenfalls ein Hauptvertreter des napoletanischen Barock (*S. 88*), 1725 in eine hinreißende Theaterszenerie verwandelt: Gespielt wird *›**Die Vertreibung des Heliodor aus dem Tempel**‹ – wobei sich der ›Regisseur‹ Solimena zahlreiche Figuren aus Raffaels römischem Fresko zum gleichen Thema ›ausgeliehen‹ hat. Das steile Aufsteigen der freistehenden Säulen und die festliche Triumphbogenarchitektur im Hintergrund nehmen direkten Bezug auf die real gebaute Kirchenarchitektur. Zweifellos ließ sich Solimena in der Verteilung der Figuren und deren dynamischer Konzentration an bestimmten dramaturgisch festgesetzten Orten wie Balustrade oder Treppe auch von der Kompositionskunst Luca Giordanos anregen. Dargestellt ist eine Szene aus dem 3. Kapitel des 2. Buches der Makkabäer: Der Syrer Heliodor will den Tempelschatz aus Jerusalem abtransportieren lassen. Drei Engel verhindern dieses räuberische Vorhaben. Mutig, mit Schwertern versehen und von einer luziden Engelsschar begleitet, treten sie dem frechen Heliodor, der hoch zu Roß heranprescht, entgegen. Wieder ist es die Architektur, in diesem Fall, wie schon bei Giordanos Fresko in San Filippo Neri (*S. 43*), das innere Eingangsportal, das gewissermaßen als ›Real-Kulisse‹ fungiert und somit für kompositorische Festigkeit sorgt. Nicht zuletzt der ikonographische Sinn wird dadurch verständlicher.

Die **Piazza del Gesù Nuovo** gehört zu den am besten gestalteten Neapels. Das Ensemble von Mariensäule, Diamantquader-Fassade und dem Campanile von Santa Chiara schließt sich zu einem organisch gewachsenen und harmonisch proportionierten Platzbild zusammen – eine urbane Gelenkstelle vor den Toren der antiken Stadt und inmitten des neuorganisierten humanistischen Stadtplans. Die **Mariensäule** wurde von Giuseppe Genuino zwischen 1741 und 1750 errichtet. Eine vergoldete Mondsichelmadonna bekrönt die Säule. Zwischen den barock wuchernden Ornamenten sind Reliefs mit Marienszenen zu betrachten: Geburt, Verkündigung, Darstellung im Tempel und Marienkrönung. Wenn jetzt die Hitze der Stadt drückt und die Mittagsstunde ohnehin nicht mehr fern ist, kann man von hier aus mit den Bussen von ATAN in wenigen Minuten hinauf auf die Höhen des Posillip fahren (Linie 140), oder doch zumindest zur Eisdiele im Palazzo Donn' Anna (*S. 134*) mit dem schönsten Blick auf Neapel, auf den Golf und den Vesuv.

Unterhaltsam ist auch ein Spaziergang die kleine Straße Calata Trinità Maggiore hinunter zum Lieblingsplatz der Napoletaner, zur **Piazza Monteoliveto** ④. Dort steht, etwas verloren und von parkenden Autos bedrängt, die **Fontana di Monteoliveto**. Der 1668 von Donato Antonio Cafaro errichtete Brunnen ist neben dem *Corpo di Napoli* ein besonders beliebtes Denkmal, nicht zuletzt deswegen, weil es von einem zarten Bronzefigürchen bekrönt wird, das den siebenjährigen König Karl II. darstellt, der nach dem Tod seines Vaters Philipp IV. (1665) als Vierjähriger die spanische Krone geerbt hatte. Wohl wegen dieser rührenden Geschichte überlebte die Statue die Revolutionswirren von 1799, die kaum ein anderes Königsdenkmal Neapels überstand.

Bei ***Sant' Anna dei Lombardi** ⑤ ist man hin- und hergerissen zwischen einer reizlosen und wenig interessanten Kirche und einer vielfältigen Ausstattung, deren einzelne Stücke mit Attributen wie ›einzigartig‹, ›kostbar‹, ›äußerst selten‹ oder ›höchst qualitätvoll‹ zu versehen sind. Die ›Renaissance-Kirche‹ ist als solche kaum mehr zu identifizieren. Das Innere verwirrt eher mit einer Mischung aus barockem Dekor und strenger Quattrocento-Architektur.

Dafür entschädigt die *Ausstattung*: In der Vorhalle rechts vom Eingang steht das *Grabmal des Architekten Domenico Fontana* (1543–1607; **a**). Die Inschrift macht auf eine ungewöhnliche Tat Fontanas aufmerksam. Er war es, der in Rom die antiken Obelisken wiederaufgestellt hat. Die *Türflügel* (**b**) zeigen kostbare Hochrenaissance-Schnitzereien von Fra Giovanni da Verona (1510). Die beiden Marienaltäre der Eingangswand sind typische Beispiele des in Neapel bevorzugten vollplastischen Wandaltars. Der linke *Marienaltar von Girolamo da Santacroce* (1524; **c**) zeigt Einflüsse von Benedetto da Maiano. Das Triumphbogenschema erinnert an die Grabmäler Andrea Sansovinos in S. Maria del Popolo in Rom. Der rechte *Marienaltar* ist von *Giovanni da Nola* (1532; **d**), möglicherweise ein Konkurrenzstück zum Altar gegenüber. Im Vorraum der *Cappella Piccolomini* steht eine *Kreuzigung von Giulio Mazzoni* (**e**) aus Piacenza vom Ende des 15. Jh. An der rechten Wand ein Triptychon mit einer *Himmelfahrt Christi von Riccardo Quartararo* (**f**) von 1499. An der Stirnwand der Kapelle neben dem Eingang steht ein hervorragender *Marmoraltar* (**g**) des Florentiners *Antonio Rossellino* von ca. 1470. Die geschickte Raumdarstellung des Mittelreliefs, das die Geburt Christi zeigt, sowie die virtuose Marmorbearbeitung, die feine und feinste Details zuläßt, erzielt Effekte, die sonst nur in der Malerei möglich sind. Denkt man sich die ehemalige farbige Fassung dazu, so hat man ein ›plastisches Erlebnis‹ des in der Renaissance theoretisch und praktisch ausgetragenen Wettbewerbs zwischen Malerei und Skulptur, dem sog. ›Paragone‹. Links an der Kapellenwand das im Vergleich zu den

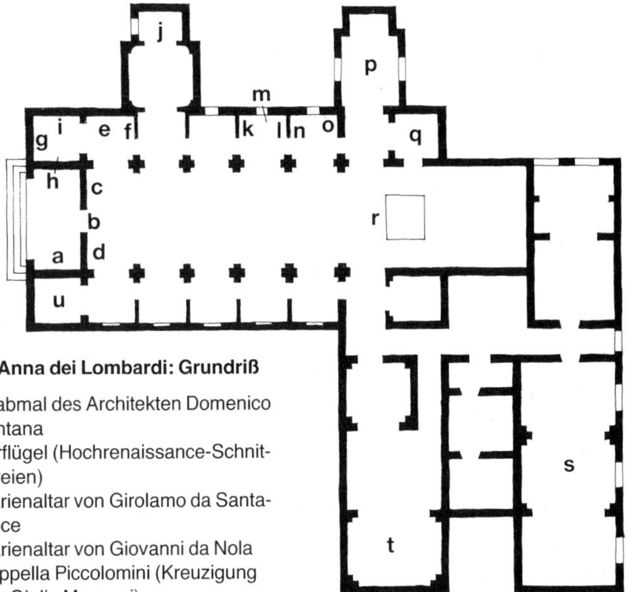

Sant' Anna dei Lombardi: Grundriß

- **a** Grabmal des Architekten Domenico Fontana
- **b** Türflügel (Hochrenaissance-Schnitzereien)
- **c** Marienaltar von Girolamo da Santacroce
- **d** Marienaltar von Giovanni da Nola
- **e** Cappella Piccolomini (Kreuzigung von Giulio Mazzoni)
- **f** Triptychon mit einer Himmelfahrt Christi
- **g** Marmoraltar von Antonio Rossellino
- **h** Grabmal der Maria von Aragon
- **i** Verkündigungsfresko von einem Nachahmer des Piero della Francesca
- **j** Altarbild von Fabrizio Santafede
- **k** Hochrelief mit der Geißelung Christi
- **l** Grabmal des Garzia Gabanilla von Jacopo della Pila
- **m** Gnadenmadonna von Paolo de Matteis
- **n** Zwei Bilder zur Pest in Siena von Andrea Malinconico
- **o** Marmoraltar von Girolamo Santacroce
- **p** Große Kapelle mit Fresken illusionistischer Architektur
- **q** Deckenfresken (15. Jh.)
- **r** Barocker Hochaltar
- **s** Sagrestia Vecchia
- **t** Cappella della Pietà (›Beweinung Christi‹)
- **u** Verkündigungsaltar von Benedetto da Maiano

Grabmälern des 14. Jh. recht profan aufgefaßte *Grabmal der Maria von Aragon* (**h**) aus der Schule Rossellinos (1497).

Auf der gegenüberliegenden Seitenwand ist, in der Lünette, ein *Verkündigungsfresko* (**i**) von einem Nachahmer des Piero della Francesca. Das *Altarbild* (**j**) der nach Osten anschließenden großen Kapelle mit der Madonna, dem hl. Benedikt und Thomas von Aquin stammt von dem ca. 1628 verstorbenen *Fabrizio Santafede*. Die übernächste Kapelle ist ausgestattet mit einem *Hochrelief mit der Geißelung Christi* (1576; **k**), dem *Grabmal des Garzia Gabanilla* (**l**) von *Jacopo della Pila* (1470) sowie, am Altar, einer *Gnadenmadonna von Paolo de Matteis* (**m**).

Acht lebensgroße Figuren: Die ›Beweinung Christi‹ von Guido Mazzoni

Die folgende Kapelle enthält zwei Bilder von *Andrea Malinconico* zur *Pest in Siena* (**n**) sowie einen *Marmoraltar von Girolamo Santacroce* (**o**). Die anschließende große *Kapelle* (**p**) ist wegen der Fresken mit illusionistischer Architektur und kühn verkürzten Heiligenfiguren sehenswert. In der *Kapelle am Chor* (**q**) befinden sich Deckenfresken aus dem frühen 15. Jh.

In den barocken *Hochaltar* (**r**) sind Reste eines Marmoraltars von Giovanni da Nola eingefügt. Sehr interessant sind zwei hier anschließende Nebenräume, die *Sagrestia Vecchia* (**s**) wegen der *Gewölbefresken von Giorgio Vasari* und den äußerst dekorativen intarsierten *Sakristeischränken von Fra Giovanni da Verona* (ca. 1506/10).

Der zweite Nebenraum, die sog. *Cappella della Pietà* (**t**), enthält ein Unikum: Die eine ›*Beweinung Christi*‹ darstellenden acht lebensgroßen Tonfiguren schuf *Guido Mazzoni* aus Modena 1492 im Auftrag Alfons' II. Absicht und zugleich Qualität des zu Lebzeiten hochgerühmten Künstlers sind evident: Er huldigt einem Realismus, der, in dieser expressiven Übersteigerung, schon fast ins Gegenteil umschlägt. Der Eindruck muß ehemals, als die Figuren farbig gefaßt und näher beieinander waren, noch verblüffender gewesen sein. Daß spätere, an der Antike orientierte Zeiten wie das 18. Jh. dieser an volkstümliche Passionsspiele erinnernden Kunst wenig abgewinnen konnten, erstaunt nicht.

Zur Einordnung dieses seltsamen Werkes in den Stil seiner Zeit bietet sich, in der Kapelle vorne rechts beim Kircheneingang, ein Vergleichsspiel in dem sehr schönen *Verkündigungsaltar von Benedetto da Maiano* (**u**) von 1489: Auch diesem Meister kommt es, bei allen Unterschieden in der ›Stillage‹, auf heftige, ausdrucksvolle Bewegung der Figuren an – auf die Lebendigkeit des Ganzen. Der Altar ist offensichtlich als späteres Pendant zu Rossellinos Altar in der gegenüberliegenden Kapelle geschaffen (*s. oben* **g**).

Über die Piazza del Gesù Nuovo, kommt man, in Richtung Dom (*S. 35*), sogleich zur Dominikanerkirche **San Domenico Maggiore** ⑥. Ein seit dem 8. Jh. bezeugtes Basilianerkloster ging später in den Besitz der Benediktiner und darauf in den der Dominikaner über. Diese bauten Mitte des 14. Jh. eine ihrem Ordensgründer geweihte Kirche. Kurze Zeit später ließ Karl I. unmittelbar daneben eine Magdalenenkirche errichten, die aber bald den Titel des hl. Dominikus annahm. Nach Erdbeben und Bränden im 15. und 16. Jh. wurden beide Bauten zusammengefaßt und als ein Bau neu errichtet. Erst in

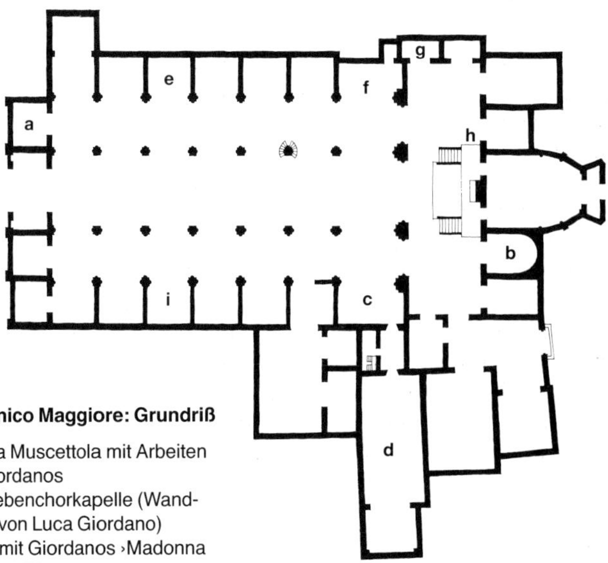

San Domenico Maggiore: Grundriß

- **a** Cappella Muscettola mit Arbeiten Luca Giordanos
- **b** Erste Nebenchorkapelle (Wandfresken von Luca Giordano)
- **c** Kapelle mit Giordanos ›Madonna mit dem hl. Thomas‹
- **d** Sakristei (Deckengemälde von Solimena)
- **e** Täuferkapelle
- **f** Kapelle mit Arbeiten von Giovanni da Nola
- ** **g** Kapellenraum mit der ›Verkündigung‹ von Tizian
- * **h** Osterleuchter mit Tugendallegorien von Tino da Camaino
- **i** Freskenzyklus (14. Jh.)

den fünfziger Jahren des 19. Jh. erhielt er vom Architekten Federico Travaglini sein heutiges Aussehen. In der *Vorhalle* kann man noch das Portal des Trecento-Baus sehen. Im *Innern* sind Architekturmerkmale der anjouvinischen Gotik unübersehbar: die über den Pfeilern sich erhebenden Spitzbogenarkaden der dreischiffigen Basilika, die mit flacher Stirnseite zum Mittelschiff weisenden Pfeiler und schließlich die von Kapellen begleiteten kreuzrippengewölbten Seitenschiffe. Anstelle der Holzdecke von 1665 dürfte zur Zeit des Mittelalters ein offenes Sparrendach das Mittelschiff überspannt haben. Auch dieser Bau wartet mit einer Reihe von Pretiosen auf, die den Kirchenbesuch in einen Museumsbesuch verwandeln.

Zunächst kann man, hinter dem westlichen Eingangsportal links in der *Cappella Muscettola* (**a**), das Studium *Luca Giordanos* fortsetzen. Auf dem Altarbild hat der Maler den hl. Joseph in einem eigenwilligen ikonographischen Kontext dargestellt: Christus krönt Joseph mit einer Lilie. Im Hintergrund (!) ist Maria zu sehen. Vielleicht spielt Giordano auf die Mahnung Josephs an, das göttliche Geschick seiner Frau nicht in Zweifel zu ziehen – deswegen die Lilie als Symbol für die Jungfräulichkeit Mariens. In der ersten *Nebenchorkapelle* (**b**) links vom Eingang sind *Wandfresken von Luca Giordano* zu sehen: ›Christus erscheint dem ungläubigen Thomas‹ und ›Die Vision des hl. Vincenzo‹. In der *Kapelle* (**c**), die an den rechten Chorstrebepfeiler anschließt, folgt Giordanos ›Madonna mit dem hl. Thomas‹. Von hier aus sollte man zunächst einen Abstecher in die *Sakristei* (**d**) machen, um das grandiose *Deckengemälde* des Giordano-Schülers *Solimena* zu studieren. 1709 malte er diese Allegorie auf den Dominikanerorden: Das heilige Werk des Ordens läßt die katholische Kirche als Repräsentantin des wahren Glaubens über die Häresie triumphieren.

Im folgenden noch einzelne Stücke, deren Künstler schon bekannt sind: In der *Täuferkapelle* (**e**) eine kleine *Madonnenfigur* aus dem Umkreis des *Tino da Camaino* sowie, seitlich, zwei Bilder des Caravaggisten *Mattia Preti*. Ein paar Schritte weiter eine *Kapelle* (**f**) mit eleganten Arbeiten des *Giovanni da Nola* (1536): *Madonna mit dem Kind* sowie *Johannes der Täufer* und der *Evangelist Matthäus*.

Einer **›Verkündigung‹ von Tizian** (**g**) aus den 1550er Jahren ist der anschließende kleine Kapellenraum vorbehalten . Das trotz der Signatur nicht mit letzter Sicherheit dem venezianischen Meister selbst zugeschriebene Werk zeigt bereits Ansätze seines Spätstils, besonders, was die lockere Pinselführung und das wie Edelstein schimmernde Kolorit betrifft. Neben dem Hochaltar steht ein *Osterleuchter* (**h**) aus dem 16. Jh., in den unten sehr zart und lyrisch aufgefaßte ***Tugendallegorien** von **Tino da Camaino** aus den 1330er Jahren eingefügt sind, Reste von

Kartenspielen vor historischer Kulisse: Auf der Piazza San Domenico Maggiore

im Barock zerstörten Grabmälern. – Auf dem Rückweg ist, in der mittleren Kapelle des vom Chor aus linken Seitenschiffs, ein *Freskenzyklus* (**i**) des 14. Jh. interessant, der die Formensprache der großen Meister Giotto und Cavallini verarbeitet.

Auf der **Piazza San Domenico Maggiore** ⑦, unmittelbar hinter dem Chor der Kirche, ist man umgeben von malerischen alten Gebäuden. Im Zentrum des Platzes ragt die obeliskenförmige **Guglia di San Domenico** auf, eine Pestsäule aus dem 18. Jh. Mit dem Chor im Rücken erblickt man den **Palazzo Carafa di Belvedere** aus dem 16. Jh. und gegenüber den **Palazzo del Balzo** aus dem 15. und 16. Jh. In seiner Nachbarschaft steht der **Palazzo di Sangro** (17. Jh.) mit einer siebenachsigen Fassade. Die Untergeschosse zeigen noch die dorisch-korinthische Pilasterordnung des Vorgängerbaus aus dem 16. Jh. Links neben der Chorfassade von San Domenico führt eine Freitreppe aus dem 19. Jh. zu einem Renaissance-Portal von 1483. Neapel ist eine Barockstadt. Die Renaissance verbirgt sich hinter schwelgerischem Dekor, so als ob der barocke Mystizismus die Spuren renaissancehaften Vernunftstrebens tilgen wollte. Nach dem Motto »Glaube, was du wissentlich nicht erforschen kannst!« entstanden Allegorien und Sinnbilder, die heute noch in Votivbildchen oder in der Zahlenmystik beim Glückspiel nachleben.

Ein Renaissance-Monument verdient in diesem Zusammenhang besondere Beachtung, die ****Cappella Sansevero** ⑧, die nur wenige Schritte von der eben besuchten Kirche entfernt in der *Via Francesco de Sanctis* liegt. Gegen Ende des 16. Jh. hatte die Familie de Sangro im Garten ihres Palastes ein Marienheiligtum gegründet. Wenige Jahre später entstand an dieser Stelle eine Grabkapelle. Im 18. Jh. veranlaßte dann der Mäzen der Familie, der Fürst Sansevero, eine Umgestaltung der Kapelle. Der schöne tonnengewölbte Raum, der mit je vier Seitenkapellen abschließt, beherbergt exzentrische und z. T. mystisch verklärte Ausstattungswerke aus dem 18. Jh. Das *Deckenfresko* mit einer verwirrenden Scheinarchitektur zeigt eine Heilige, die in einer Wolkenglorie den Heiligen Geist anbetet. Gemäß der barocken Grabmalsikonographie werden bestimmte Eigenschaften der Kardinaltugenden personifiziert: Ein Mann, der sich mit Hilfe eines Genius, gemeint ist die Vernunft, aus dem Netz des Irrtums befreit. Eine vollständig verschleierte Frau wird als ›Pudicizia‹, als Personifikation der Schamhaftigkeit, vorgestellt. Ein jugendlicher Held, der sich als junger Herkules mit der Säule und dem Löwenfell vorstellt, ergänzt diese rätselhafte Gruppe. Im Sockelrelief ist Susanna mit den beiden Alten, die ihr lüstern nachblicken, zu erkennen. Unschwer ist diese Szene als ›Decoro‹, das bedeutet ›Anstand‹, zu identifizieren. Dieses Wechselspiel von glasklarer, rational nachvollziehbarer Architektur und mystischer Moralvermittlung im barocken Dekorationssystem ist einzigartig und in dieser Ausprägung wohl nur in Neapel zu sehen.

Ein wenig oberhalb der Cappella Sansevero liegt ***Santa Maria Maggiore** ⑨, eine der ältesten Kirchen der Stadt.

Nach einer bizarren **Legende**, die nur in Neapel entstanden sein kann, soll auf dem Platz, auf dem heute die Kirche steht, ein riesiges schwarzes Schwein mit gräßlichem Grunzen im Müll gewühlt haben. Die in diesem Viertel wohnenden Napoletaner vermuteten die Wiederkunft des Leibhaftigen, der sich ja alten Überlieferungen zufolge gern in der Gestalt eines Schweines zeigte. Sie baten den Bischof um Hilfe. Dieser wandte sich an die Madonna, die zum Kirchenbau riet. So erließ Papst Johannes II. im Jahre 530 die Weisung, schnellstmöglich mit den Arbeiten zu beginnen.

Von der Vorgängerkirche ist heute nichts mehr zu erkennen. Der jetzige Bau stellt ein Hauptwerk des Architekten *Cosimo Fanzago* dar.

Mit Capris traditionellen Taxis wird die Rundfahrt auf der Trauminsel zum Vergnügen

»Auf zu neuen Ufern«

Er ließ die Kirche zwischen 1653 und 1667 errichten. Im Zweiten Weltkrieg wurde die Kirche nahezu vollständig zerstört; in den vergangen Jahren hat man sie rekonstruiert und wiederaufgebaut. In der Fassade dominiert das mächtige Portal, das von zusammengestellten Pilastern gerahmt wird. Die Kapitelle dürften von Michelangelo inspiriert sein. Im Innern ragt die Kuppel steil über den vier zentralen Pfeilern auf. Als besondere Kostbarkeit fällt der einmalige Majolikafußboden auf, der, schon in großen Teilen sichtbar, gerade wiederhergestellt wird.

Man sollte auch einen Blick auf die ungewöhnliche **Cappella Pontano** werfen, die neben dem mittelalterlichen Campanile der Marienkirche steht. Wieder ein Stück nüchterner humanistischer Architektur in dieser schwelgerischen Stadt! Die flache Gliederung durch kannelierte Pilaster, die über einem erhöhten Sockel aufsteigen, und die zentrale Tür lassen Stilelemente der florentinischen Frührenaissance erkennen. Der unbekannte Architekt, offensichtlich von der antiken Baukunst begeistert, dürfte aus Mittelitalien stammen. Es war übrigens der humanistische Dichter Giovanni Pontano, der dieser Kapelle, in der sein Sarg und der seiner Frau Adriana steht, den Namen gegeben hat.

Die Seitenfassade von ***Sant' Angelo a Nilo** ⑩, gegenüber dem *Corpo di Napoli* und vis-à-vis der *Piazza San Domenico Maggiore* gelegen, gehört zu den prägnantesten Barockfassaden der Stadt. Während die Eingangsfront an der Via Mezzo Cannone noch die ursprünglichen gotischen Formen zeigt, entfaltet die Längsfront eine klar, aber üppig gegliederte Schauseite, die typisch für den napoletanischen Spätbarock des 18. Jh. ist. Die Geschosse sind gleich hoch und durch ein mehrfach abgestuftes Gesims getrennt. Den unteren Figurennischen und dem Portal entsprechen im zweiten Stockwerk Fenster, die jedoch weitaus differenzierter gerahmt sind. Die Entsprechung der beiden Geschosse ist besonders in der Bauplastik zu beobachten. Dem Tympanon des Portals entspricht eine Kartusche oberhalb des mittleren Fensters. So wie das Portal den Rhythmus des Untergeschosses unterbricht, so ist, in Entsprechung, die obere Fensterrahmung bis auf das Gesims heruntergezogen. Im Inneren der Kirche befindet sich ein einzigartiges ****Grabmonument** rechts neben dem Hochaltar: **Kardinal Rinaldo Brancaccio**, der die Kirche zu Beginn des 15. Jh. gestiftet hat, liegt dort begraben. 1428 war das in der von *Donatello* und *Michelozzo* gemeinsam betriebenen Pisaner Werkstatt geschaffene Monument fertiggestellt. Der Grundtypus gibt sich als Baldachingrab zu erkennen – ganz nach dem Vorbild des Tino da Camaino. Die Formensprache jedoch ist ganz der toskanischen Frührenaissance verpflichtet: Anstelle

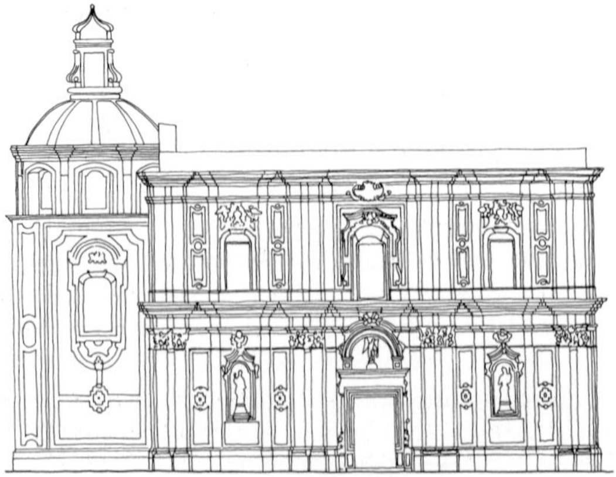

Sant' Angelo a Nilo: Seitenaufriß

der vielfältigen, ins Großformat übertragenen Zierformen der Gotik beherrscht hier eine ruhige, einfache, übergreifende Bogenarchitektur die Erscheinung. In dieses kapellenartige Gehäuse ist der Sarkophag, getragen von drei Figuren von antikischer Schönheit und klassischem Ebenmaß, eingestellt. Der Sarkophag gliedert als große Horizontale genau in der Mitte der Säulenhöhe die noch recht steil proportionierte Arkade. Das ikonographische Programm ist das übliche: Tugendpersonifikationen, Maria mit dem segnenden Kind im Bogenfeld der Totenkammer und im Tympanon eine Anspielung auf das Jüngste Gericht in Form von zwei Posaunenengeln. Die Zuschreibung ist schwierig. Man glaubt, daß die Architektur von Michelozzo stammt, die Skulptur wohl nur z. T. von Donatello. Mit Sicherheit ist ihm zumindest das *Relief mit der Himmelfahrt Mariens* in der Mitte der Sarkophagstirnwand zuzuschreiben, ein erstklassiges Beispiel des von Donatello eingeführten ›rilievo schiacciato‹, das, bei faktisch geringer Relieftiefe, durch fast vollplastisch scheinende Figuren und zarteste Gravierungen eine Raumtiefe suggeriert, wie es bislang nur in der Malerei möglich war – der sich das Relief im 15. Jh. immer mehr angleicht.

In diesem Geviert um Santa Chiara gibt es noch einige Kirchen, die minder bedeutsam sind. Dazu gehört **San Nicola a Nilo** ⑪ nahe des **Corpo di Napoli**. Die 1705 von Lucchesi erbaute Kirche ist ein Zentralbau. Übrigens erkennt man die bis in die sakralen Sphären reichende Bedeutung der Nilstatue an den erwähnten Kirchennamen: San Nicola und Sant' Angelo stehen am Nil. – In **Santi Severino e Sossio** ⑫, nahe der **Universität** in der *Via B. Capasso*, kann man Fresken vom Solimena-Schüler Francesco de Mura von 1740 betrachten.

8 Rund um die Via Toledo: Neapels Paläste

Palazzo Marigliano · Palazzo Gravina · Palazzo Penna · Palazzo Angri · Palazzo Maddaloni · Palazzo Filomarino (*siehe Karte S. 89*)

Auf den Spaziergängen durch Neapel stößt man immer wieder auf die verschiedensten Paläste und Palasttypen. Sie sind schwerlich alle in einem einzigen Rundgang zu fassen, da sie zum Teil weit außerhalb des Zentrums liegen. Die Paläste, in denen Sanfelice seine grandiosen Treppenhäuser einrichtete, wurden bereits beschrieben (*S. 69ff.*); zum Donn' Anna-Palast auf dem Posillip kommen wir später noch.

Der napoletanische Palastbau: Neapel hat, wie die meisten Städte Italiens, eine ganze Reihe eindrucksvoller Paläste vorzuweisen – die man zumeist nur von außen zu sehen bekommt. Diese oftmals eher repräsentativen als komfortablen Wohnhäuser des reichen Patriziats sowie der Aristokratie und des Klerus sind nach bestimmten Regeln aufgebaut, die je nach lokaler Tradition und Eigenart abgewandelt werden. Es ist interessant, den napoletanischen ›Dialekt‹ dieses Bautyps einmal näher zu betrachten.

Das Konzept zum mittelalterlichen Palast hat die katalanisch-gotische Profanbaukunst geliefert. Die häufig fensterlose Front ist mit einem zurückhaltend gearbeiteten Quaderwerk versehen (*Palazzo Penna, S. 108*). Im Verlauf vom 15. zum 16. Jh. war der römische Palast die eindeutige Inspirationsquelle. Hervorzuheben wäre die vielachsige Fassade in der Manier des Bramante. Er entwickelte in Rom ein Zwei-Geschoß-System: Ein ›*Piano nobile*‹ mit Pilasterordnung ragt über einem Sockelgeschoß mit Rustikaquadern auf. Im 16. Jh. wurde dieses Konzept in Neapel eingeführt (*Palazzo Gravina, S. 108*). Wie überall in Italien werden die Palastfassaden im späten 16. und frühen 17. Jh. mit Dekor überladen. Dieser manieristisch zu nennende Palastbau ist auch in Neapel anzutreffen (*Palazzo Maddaloni, S. 109*). Die Illusionskunst des Barock versucht auch die Umgebung mit in das architektonische Konzept eines Palastes einzubeziehen. Der frei am Meeresstrand lie-

Palazzo Maddaloni: Portal

Palazzo Angri: Fassade

gende Villenpalast (*Palazzo Donn' Anna, S. 134*) war eine Spezialität der Napoletaner. Er taucht in der utopischen Landschaftsmalerei (*Lorrain, Poussin, Rosa*) häufig auf. Vanvitelli (*vgl. S. 48 f.*) hat den Typus des klassizistischen Palastes in Neapel begründet. Die Fassade, durch eine dorische und/oder ionische Pilasterordnung gegliedert, ist nüchtern und kommt jetzt ohne Schmuck aus. Lediglich Segment- oder Dreiecksgiebel zieren die Fenster (*Palazzo Angri*).

Einige stolze Zeugen der Palastbaukunst der Napoletaner gibt es auch im Viertel um Santa Chiara. Ein schönes Beispiel eines Renaissancepalastes ist der **Palazzo Marigliano** ⑬ nahe der eben erwähnten Kirche Santi Severino e Sossio in der *Via S. Biagio dei Librai*. Er ist kaum zu übersehen, da seine Fassade in die Straße hineinragt. Der 1512/13 erbaute Palast dürfte als typisch für die napoletanische Variante der Renaissance gelten.

Nicht weit von hier, auf dem Lieblingsplatz der Napoletaner, der ****Piazza Monteoliveto** (*s. oben* ④), steht der **Palazzo Gravina** ⑭, ein Renaissancepalast, der zwischen 1513 und 1549 für Ferdinando Orsini, Duca di Gravina, erbaut wurde. Das römische Zweigeschoßsystem wurde zwar im 19. Jh. verändert, ist heute aber durchaus noch erkennbar. Die Porträt-Tondi über den Fenstern des Obergeschosses und die behauenen Rustikaquadern des Untergeschosses nehmen sich fremdartig im napoletanischen Stadtbild aus.

Nur ein paar Straßenzüge weiter, am Ende der *Via S. Maria la Nova*, zu erreichen über die *Via Monteoliveto*, steht der **Palazzo Penna** ⑮, den Antonio Penna, ein kaiserlicher Verwaltungsbeamter, im Jahre 1406 erbauen ließ. Auf die katalanische Gotik verweisen die fensterlose Fassade, das Konsolgesims mit Dreipaßbögen und das rechteckige Rahmenprofil des Portals. Im Vestibül sind noch Reste des Kreuzrippengewölbes zu sehen.

Während dieser Palast typische Züge der napoletanischen Renaissance, die durch eine ›aragonesische Spätgotik‹ vermittelt wurde, veranschaulicht, zählt der **Doppelpalast ›Angri-Maddaloni‹** mit seinem Entstehungsdatum 1755 zum aristokratischen Palastbau Neapels. Beide Paläste sind an städtebaulich exponierter Stelle errichtet worden. Die vornehm gestaltete Fassade des **Palazzo Angri** ⑯ markiert das Zusammenlaufen der beiden Straßenzüge *Via Roma* und *Via S. Anna dei Lombardi*. Luigi Vanvitelli hat den Plan entworfen. Die Fassade zeigt den Typus des napoletanischen Stadtpalastes in seiner reinsten Form: Vanvitelli hat Tor und Fenster annähernd gleich groß in der Mittelachse angeordnet. Die flankierenden Pilaster und Wandfelder lassen den Eindruck von Triumphbogenarchitektur aufkommen. Möglicherweise hat das 1860 *Garibaldi* veranlaßt, die Vereini-

Selten findet man Porträts, wie hier am Palazzo Gravina, an napoletanischen Palastfassaden

gung Siziliens und Süditaliens mit dem neuen Königreich vom Balkon dieses Palastes aus zu verkünden. Etwas zurückversetzt steht der **Palazzo Maddaloni** ⑰, ein Bau von Cosimo Fanzago für den Herzog von Maddaloni, Diomede Carafa. Die Fassade des im 17. Jh. entstandenen Palastes ist aufgelöst in vor- und zurückspringende Elemente und damit um vieles lebhafter gestaltet als der eher strenge Palazzo Angri.

Nicht weit entfernt, trifft man, wenn man die *Via B. Croce* Richtung Il Gesù Nuovo hinuntergeht, auf den **Palazzo Filomarino** ⑱, einen mächtigen Stadtpalast, der schon im 14. Jh. gegründet wurde. Aus dieser Zeit stammen noch zwei Bögen im Treppenhaus. Zu Beginn des 16. Jh. wurde der Palast im Stil der Renaissance umgebaut. Die durch Bogenläufe und Viereckpfeiler maßvoll gestaltete Wandgliederung ist noch im Innenhof zu betrachten. Das monumentale Portal stammt aus dem 18. Jh., von Sanfelice. Er entwarf eine riesige Tonne, die sich oberhalb des ersten Geschosses hochwölbt. In diesem Palast arbeitete der große napoletanische Philosoph und Historiker *Benedetto Croce* (1866–1952), der 1947 das ›Istituto Italiano per gli Studi Storici‹ gründete.

9 Das Nationalmuseum San Martino

Begeben wir uns wieder in die luftigen Höhen von Neapel: zum dritten großen Museum der Stadt, dem ****Museo Nazionale di San Martino**.

Anfahrtswege: Das Nationalmuseum auf dem Vomero kann man auf unterschiedlichen Wegen erreichen. Abgesehen davon, daß eine **Taxifahrt**, die von der *Piazza Trento e Trieste* aus nicht einmal teuer ist, mit dem schönen *Corso Vittorio Emanuele* bekannt macht, stöhnen auch einige **Busse** hinauf zum Vomero und bringen die Besucher bis zum Eingang der Certosa.

Man sollte aber unbedingt die Gelegenheit nutzen, eine der drei **Funicolare**, der **Zahnradbahnen** Neapels, zu benutzen, die in der Direttissima die Hügel des Vomero erklimmen und in der Nähe von San Martino ihre Bergstationen haben. Da wäre einmal die **Funicolare di Montesanto**, deren Talstation neben der *Stazione Cumana*, unweit der Via Toledo in der Via Roma, zu finden ist. Gegenüber der *Galleria Umberto I.* (*S. 114*) beginnt die **Funicolare Centrale** ihren teilweise untertunnelten Aufstieg. Und etwas vom Zentrum entfernt, im Chiaia-Viertel, startet die **Funicolare di Chiaia** von der *Piazza Amedeo* (*S. 128*) aus.

Auf dem Weg zum Museum bietet sich ein Besuch der Kirche bzw. des ****Klosters San Martino** an. *Karl von Anjou*, ältester Sohn Roberts des Weisen, ließ es im Jahre 1325 für die Kartäuser gründen. Unter den Baumeistern wird auch *Tino da Camaino* genannt. Im 16. Jh. hat man das Kloster erneuert, und im 17. Jh. konnte der junge Architekt *Cosimo Fanzago* hier erste Proben seines Könnens abgeben. – 1866 wurde in den Klostergebäuden auf Betreiben des Archäologen Fiorelli das Nationalmuseum eingerichtet.

An der linken Seite des Vorhofs öffnet sich die **Vorhalle der Kirche** (**A**). Ihre Fassadendekoration stammt von Fanzago. An den inneren Stirnwänden sind Fresken von Spadaro aus der ersten Hälfte des 17. Jh. zu sehen. Das Innere ist als Pfeilerbasilika konzipiert, kreuzgewölbt und querschifflos.

Die *Ausmalungen* stammen von Malern der barocken Schule Neapels (dazu ausführlich *S. 84ff.*). Die ›Himmelfahrt‹ in der Langhauswölbung ist von Lanfranco (1638). In den Arkadenzwickeln ein Prophetenzyklus von Ribera (1638–43). In der zweiten Kapelle links eine Apotheose des hl. Bruno von Stanzione. Die Stuckdekorationen der Dornenkranzkapelle schuf Vaccaro. Vier große Wandbilder malte Caracciolo im Jahre 1622 für die Apsis. Durchschreitet man die hinter der Apsis gelegene Sakristei, so gelangt man in die **Cappella del Tesoro** (**B**) mit herrlichen ***Gewölbefresken von Luca Giordano**. Sie zählen zu seinen letzten Werken (1704).

Nach dem Verlassen der Kirche betritt man den kleinen **Kreuzgang** (**C**) mit einem Ziehbrunnen von de Felice (Entwurf von Dosio; 1605). Von hier aus findet man schnell den Eingang zum *Museum*.

◁ Hoch über der Stadt liegt das Nationalmuseum San Martino (Blick in den Kreuzgang)

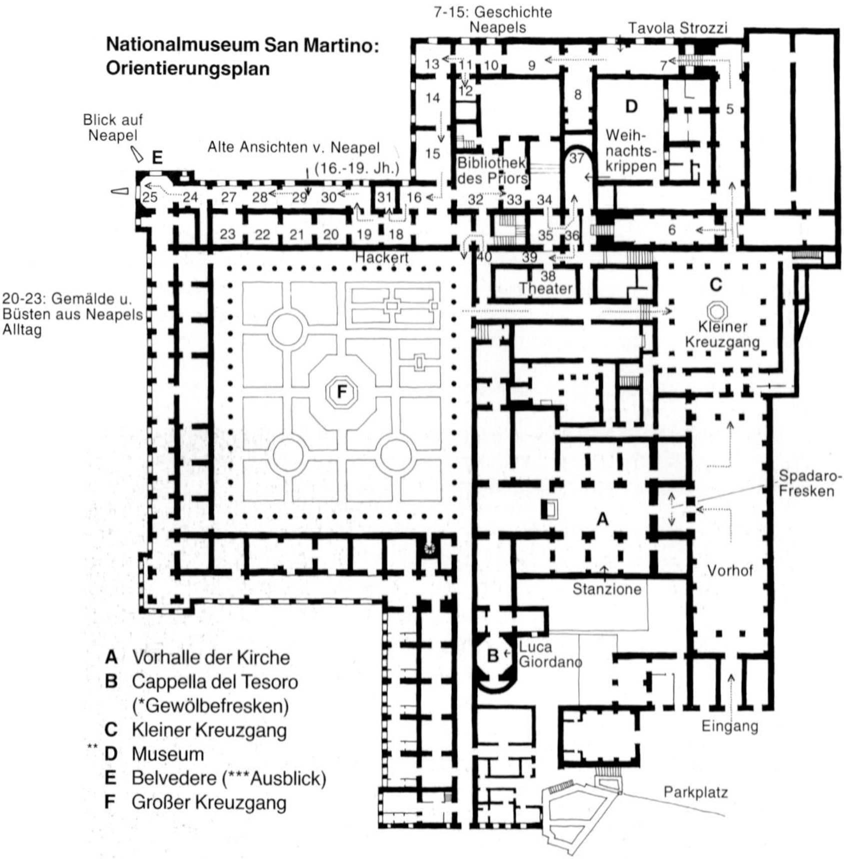

** Das Museum (D)

Auch diese Sammlung ist zur Zeit umgestellt, da die Räume renoviert werden. Die Arbeiten werden noch viele Jahre in Anspruch nehmen, und leider ist noch nicht abzusehen, wie die endgültige Aufstellung konzipiert sein wird. Also bleibt nichts anderes übrig, als die Räume zu beschreiben, die schon ihre endgültige Aufstellung gefunden haben: **Raum 6**: Hier sind spätmittelalterliche italienische Skulpturen und Renaissance-Möbel ausgestellt. **Raum 7**: Französische, flämische und italienische Malerei des 15. und 16. Jh. **Raum 9–15**: Napoletanische und italienische Meister des 17. Jh., u. a. auch Vertreter der napoletanischen Barockschule wie Caracciolo oder Vaccaro.

Länger verweilen kann man in den **Räumen 16–30**, die in Porträts und Veduten von der Geschichte Neapels erzählen: Im **Raum 21** ein schöner Hackert, die ›Ernte bei Carditello‹, um 1800 entstanden. Zur Zeit leider nicht zugänglich sind die anderen Räume. Hoffentlich werden sie bald wieder geöffnet, so daß man das großartige *Modell des Klosters* mit dem Kastell S. Elmo betrachten kann. Schiffsmodelle und nautische Geräte sowie viele großformatige Veduten von Philipp Hakkert, die sämtliche Häfen der napoletanisch-sizilianischen Königreiche darstellen, sollten ebenfalls bald wieder zugänglich sein. Auch die Darstellungen des napoletanischen Alltags in vielen Gemälden des 18. und 19. Jh. werden noch zurückgehalten. Gerade sie vermitteln die Atmosphäre des alten Neapel, die sich übrigens, wie man erstaunt feststellen wird, nicht sehr von der heutigen unterscheidet.

Die wohl berühmteste italienische Weihnachtskrippe: ›Il Presepio di Cuciniello‹

Höhepunkt der napoletanischen Alltäglichkeiten sind zweifellos die berühmten *Presepe*, die Weihnachtskrippen, über die schon gesprochen wurde (*S. 32f.*). Diese Krippen sollen ›in allernächster Zeit‹ wieder zu sehen sein. Dann verbringe man eine Mußestunde vor der *Presepio di Cuciniello* aus dem 18. Jh.

Zurück in die Realität. Sollten Sie im gedämpften Licht des späten Nachmittags im Museum sein, so versäumen Sie nicht, in der Südost-Ecke des Klosters das **Belvedere** (**E**) zu besuchen, von dem sich ein prächtiger ***Ausblick** auf die Stadt und den Golf bietet. Wenn Capri im Dunst verschwindet und die sorrentinische Küste kaum auszumachen ist, dann ist mit dem schönsten Wetter zu rechnen. Sollten allerdings die kleinen weißen Häuser Capris und die Palastfassaden von Sorrent zu erkennen sein, dann sind für die nächsten Tage Abkühlung und Regenschauer sicher.

Abschließend noch ein kleiner Spaziergang im großen **Kreuzgang** (**F**), dessen Grundform aus dem 14. Jh. stammt. Die Umgestaltung im 16. und 17. Jh. war nur dekorativer Natur. Die barocken Motive wie kannelierte Hermenpilaster in den Bogenzwickeln und Lilienarabesken über den ausschwingenden Konsolen stammen von Cosimo Fanzago.

Nach dem Verlassen des Klosterbezirks stellt sich die Frage nach dem **Abstieg**. Seien Sie mutig, und wählen sie die Treppen, die sich gegenüber dem Ausgang hinunter in die Stadt winden. Hier werden Sie mit einzigartigen Einblicken in Hinterhöfe und auf kleine Plätze und Dachgärten belohnt – und das alles vor dem grandiosen Panorama der Stadt, dem Golf und dem Vesuv.

10 Das aristokratische Neapel: Castel Nuovo, Königspalast und Teatro San Carlo

Galleria Umberto I. · Santa Brigida · Palazzo Sinno · *Castel Nuovo · Santa Maria Egiziaca a Pizzofalcone · Palazzo Serra di Cassano · La Nunziatella · Santa Maria degli Angeli a Pizzofalcone · Palazzo Cellamare · Palazzo Reale · Piazza dei Martiri · Teatro San Carlo

Schon vor den noblen Stadtpalästen war ein Hauch des aristokratischen bourbonischen Neapel zu spüren, wenn auch der Glanz dieser Tage vorbei ist. Vielleicht ist das auch gut so. Aber das aristokratische Neapel gibt es tatsächlich noch. Es wird allmählich unter einer Schmutz- und Staubschicht hervorgewaschen. Erinnert man sich an frühere Aufenthalte in der **Galleria Umberto I.** ① (*Farbtafel S. 33*), dann kann man es kaum fassen, was daraus geworden ist. Unrat, Schmutz und verkommene Geschäfte sind verschwunden. Nach den

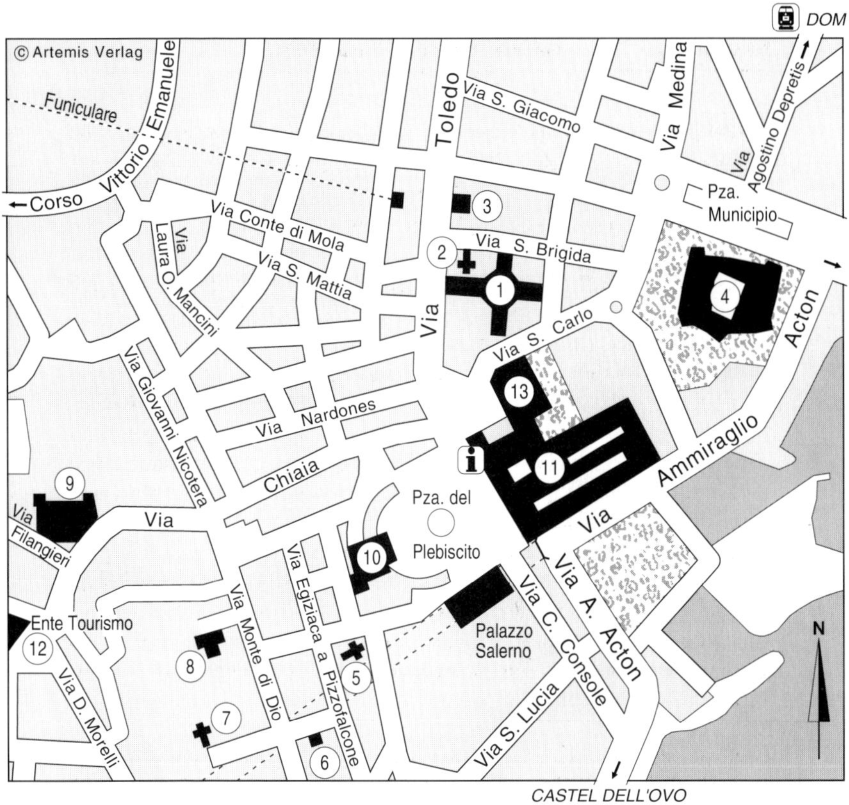

Das aristokratische Neapel: Tour 10 (*S. 114–127*)

① Galleria Umberto I.
② Santa Brigida (***Apotheose der hl. Brigitta von Luca Giordano)
③ Palazzo Sinno
④ Castel Nuovo (**Triumphbogen)
⑤ Santa Maria Egiziaca a Pizzofalcone
⑥ Palazzo Serra di Cassano
⑦ La Nunziatella
⑧ Santa Maria degli Angeli a Pizzofalcone
⑨ Palazzo Cellamare
⑩ San Francesco di Paola
⑪ Palazzo Reale
⑫ Piazza dei Martiri
⑬ Teatro San Carlo

jüngsten Renovierungsarbeiten, die größtenteils abgeschlossen sind, haben sich schmucke Boutiquen und neue Bars eingerichtet. Aus einer öden und verwaisten Galerie ist eine – besonders um die Mittagszeit – lebhafte und vornehme geworden. In Werfels Roman ›Die Geschwister von Neapel‹ werden Augenblicksszenen dieses bunten Treibens vermittelt. So ähnlich wie damals ist es heute wieder. Schließlich muß noch eine weitere Lanze für Neapels Galerie gebrochen werden. Die in Italien als berühmteste Galerie geltende *Galleria Vittorio Emanuele* in Mailand kann mit dem Charme und auch mit der architektonischen Gestaltung unserer napoletanischen Galerie nicht mithalten.

Eccola! Nach diesen emphatischen Lobesworten etwas nüchterner zum Typus und zur **architektonischen Gestaltung** dieses Bauwerks: Zurückgehend auf die Festgalerien im Schloßbau der Renaissance, taucht die Passage als eigenständiger Typus nur im 19. Jh. auf. Es handelt sich dabei um einen überdeckten Durchgang durch Höfe und Häuser (oder zwischen ihnen hindurch), die mit Läden und Cafés ausgestattet sind. Neapels zwischen 1887 und 1890 kreuzförmig angelegte Galerie gehört neben jenen von Rom, Mailand, Brüssel, Den Haag, Paris und London zu den schönsten Passagen: Eine gewaltige Eisengitterkonstruktion erhebt sich über den inneren Neorenaissance-Fassaden, die an den Stirnseiten durch Triumphbögen mit schlanken Arkaturen abgeschlossen werden.

Ganz in der Nähe, gleich um die Ecke, befindet sich **Santa Brigida** ②, die Grabkirche **Luca Giordanos**. Hier sind die großartigsten Bilder dieses Meisters zu sehen. Die von Papst Bonifaz IX. heiliggesprochene *Brigitta von Schweden* (1303–73), die viele Jahre als Kranken- und Armenpflegerin in Neapel zubrachte, ist die Titelheilige dieser Kirche. In der Mitte des 17. Jh. wurde der Grundstein zur heutigen Kirche gelegt, die erst 1826 vollendet wurde.

Nun aber zu ›Luca fa presto‹. In den jeweils ersten Kapellen des Langhauses links und rechts hängen eine ›Hl. Anna‹ und ein ›Hl. Philippus die Madonna anbetend‹. Das Bild der hl. Anna zeigt noch deutlich Einflüsse seines Romaufenthaltes bzw. von Pietro da Cortona. Sein Meisterwerk aber schuf er unter der flachen Kuppel der Vierung: die ***Apotheose der hl. Brigitta**. Die Vierungskuppel ist flach, obwohl sie durch die Malerei hoch erscheint. Sie mußte architektonisch äußerst flach und niedrig gehalten werden, um sich den Kanonenkugeln des nahe gelegenen Castel Nuovo zu entziehen. Luca Giordano hat die Architektur durch illusionistische Malerei luftig und geräumig gestaltet. Die Wolken ziehen durch den Raum und enthüllen die sich gerade vollziehende Erhöhung der heiligen Brigitta. Das Querhaus beherbergt das *Grab des Künstlers*. Dort hängt ein Bild aus seiner Frühzeit. Das ›Mirakel des hl. Nikolaus‹, um 1655 entstanden, zeigt in der strengen Bildaufteilung und in der Komposition von Figur und Architektur wieder römische Einflüsse von Pietro da Cortona. Gegenüber ein ›Hl. Antonius‹ von Massimo Stanzione.

Ein monumentaler Wohn- und Stadtpalast von der Art, wie wir sie bereits mehrfach kennengelernt haben, ist der aus dem 18. Jh. stammende **Palazzo Sinno** ③. In der zurückhaltenden Gestaltung der Fassade ist der Stil Fugas zu erkennen. Besonders interessant ist die ›*tromba delle scale*‹, das labyrinthisch verzweigte Treppenhaus (dazu ausführlicher *S. 69*). Hier steht man in einem ellipsenförmigen dunklen Aufgang, der nach wenigen Stufen überraschend in ein anderes, helle-

Ein labyrinthisches Treppenhaus: Die ›tromba delle scale‹ im Palazzo Sinno

res Treppenhaus führt. Unter sich erblickt man den Zugang im Hof und über sich Kaskaden von ein- und ausschwingenden Geländern und Wänden. Die Willkür der Treppenführung, diese bewußte Asymmetrie, verwirrt zwar, doch führt sie, da nur ein Weg möglich ist, zur gewünschten Wohnungstür.

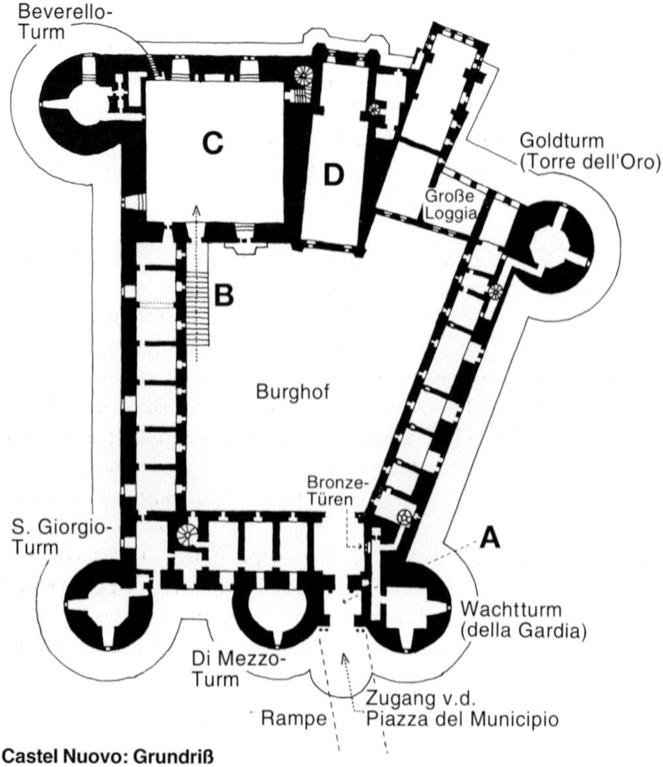

Castel Nuovo: Grundriß

** **A** Triumphbogen – **B** Freitreppe – **C** Sala dei Baroni – **D** Schloßkapelle Santa Barbara

Vom *__Castel Nuovo__ ④ war eben die Rede, von jener wehrhaften Anlage nahe der **Stazione Marittima**, vor der sich die Häuser und Kirchen der Stadt ducken mußten. Das ›Maschio Angioino‹, die Königsburg der Anjou, wurde gegen Ende des 13. Jh. errichtet. Mit dem Niedergang des Hauses Anjou verfiel auch die Burg. Die Aragonesen haben dann die einstige Seefestung wiederaufgebaut und den einzigartigen **__Triumphbogen__ (**A**) aus Marmor als Hauptportal zu Ehren des Einzugs Alfons' I. von Aragon zwischen die mächtigen Rundtürme gesetzt. Das zwischen 1453 und 1470 erbaute Tor zeigt in der Attika am unteren Bogen in Basreliefs den eben erwähnten Triumphzug des Potentaten. In der Bogenwölbung wird Alfonso inmitten seiner Familie und inmitten der Würdenträger seines Königreiches vorgestellt. Das vom Aufbau wie von der Ikonographie her äußerst komplexe Werk gehört zu den wichtigsten Profanbaudenkmälern der Renaissance. Die Zuschreibung ist noch nicht geklärt.

Am Ostflügel des Hofes führt eine gut erhaltene *Freitreppe* (**B**) zur *Sala dei Baroni* (**C**), deren kühne Gewölbekonstruktion sehenswert ist. Einzig die ehemalige *Schloßkapelle Santa Barbara* (**D**) läßt noch die strenge Formensprache des frühen Trecento erkennen. Urkunden berichten von einer Ausmalung, die Giotto mit Schülern vorgenommen haben soll. Davon ist heute nichts mehr zu sehen.

Verlassen wir dieses düstere Kastell, und schlendern wir, über den schönen Platz Richtung Galleria Umberto I., am *Teatro San Carlo* vorbei, von dem später noch ausführlicher gesprochen wird (*S. 123*). Über die *Piazza Plebiscito* gelangt man durch enges Gassengewirr auf den *Pizzofalcone*. Dort erhebt sich eine kleine Kostbarkeit von *Cosimo Fanzago*, die Kirche **Santa Maria Egiziaca a Pizzofalcone** ⑤ von 1657–1717. Der für seine aristokratische Formensprache bekannte Fanzago hat ein mächtiges Rustikaportal als Eingang konzipiert, so daß man eher geneigt ist, an einen Palazzo zu denken als an einen Sakralraum. Im Vorhof überrascht dann ein eleganter Bau, zu dem eine muschelförmig geschwungene Freitreppe führt. Dieser konvexe Schwung wiederholt sich in der Fassade, deren offener Portikus an Palladios Idee, Säulen mit Rustikapfeilern abwechseln zu lassen, erinnert. Im Innenraum dominiert die riesige Kuppel. Der Zentralraum

Die trutzige Königsburg der Anjou-Dynastie: Das Castel Nuovo

erhält durch acht Stichkappenfenster Licht und wird auf diese Weise nahezu vollständig ausgeleuchtet. Angeregt wurde Fanzago sowohl durch Palladio als auch durch den römischen Barockmeister Borromini: Wie in S. Agnese in Rom hat Fanzago ein griechisches Kreuz angelegt, das durch kleinere halbrunde Kapellen an den Diagonalseiten zum Oktogon erweitert wird. Diesem Umriß kann ein Kreis eingeschrieben werden – so organisieren sich Kreuzarme und Pfeiler zu einem Apsidenkranz.

Ganz in der Nähe sollte man noch den **Palazzo Serra di Cassano** ⑥ von Sanfelice aufsuchen und im Geiste dieses ungewöhnliche Palast- und Fassadenkonzept mit dem Palazzo Sanfelice vergleichen (*S. 70*). Auch das Treppenhaus fällt aus dem Rahmen der bisher betrachteten: In einem überwölbten Saal steigen zwei doppelläufige Freitreppen in mehreren Wendungen und Windungen auf.

Am Ende der *Via Generale*, einer Verlängerung der *Via Egiziaca*, steht **La Nunziatella** ⑦, eigentlich S. Maria Annunziata, ein Hauptwerk des eben erwähnten *Ferdinando Sanfelice*. Er erbaute das ehemalige Jesuitennoviziat zwischen 1730 und 1734. Im Jahre 1797 wurde es in ein Collegio Militare umgewandelt. In **Santa Maria degli Angeli a Pizzofalcone** ⑧ amüsiert eine ungewöhnliche Darstellung der Hl. Familie: In der dritten Kapelle rechts hängt ein Bild von Luca Giordano, in dem Maria und Joseph einträchtig mit dem Jesusknaben spazierengehen.

Gegenüber der Kirche führt, ein wenig weiter links, die *Via Monte di Dio* über die *Via Chiaia*. Steigt man hier das kleine Treppenhäuschen hinab, so liegt links der **Palazzo Cellamare** ⑨, der Anfang des 16. Jh. vom Abt Gian Francesco Carafa in Auftrag gegeben wurde. Damals befand sich diese ländliche Villa noch vor der Stadtmauer. Seinen heutigen Namen erhielt der Palast von Antonio Giudice, Fürst von Cellamare, der ihn 1722 restaurieren und erweitern ließ. Im Jahre 1784 wohnten hier die deutsche Malerin Angelika Kauffmann und der Landschaftsmaler Philipp Hackert, Hofmaler von König Franz II. Johann Wolfgang von Goethe suchte zusammen mit Tischbein den Maler hier auf.

Kehren wir wieder zurück auf die *Piazza del Plebiscito*, die teilweise von Bauzäunen verstellt ist. Hier sollte die neue unterirdische Stadtbahn Neapels entstehen. Leider ist das dafür bereitgestellte Geld in unsichtbaren Kanälen verschwunden, so daß die Bauarbeiten bis auf weiteres eingestellt wurden. Die Piazza wird begrenzt von der Kirche **San Francesco di Paola** ⑩ und der Fassade des Palazzo Reale. Der von Bianchi 1846 errichtete Kirchenbau ist eine phantasielose Abwandlung des römischen Pantheons.

Interessanter dagegen die Fassade des **Palazzo Reale** ⑪. Die Entwürfe stammen von *Domenico Fontana*. Er konzipierte 1599 drei nebeneinanderliegende Innenhöfe und eine langgestreckte Fassade. Damit nahm er Abschied von der herkömmlichen Form des würfelförmigen Renaissancepalastes. Im Jahre 1602 konnte bereits das Erdgeschoß bezogen werden. Die weiteren Arbeiten kamen dann allerdings nur zögernd voran: An der linken Seite des Hofes erbaute Picchiatti ein Treppenhaus. 1837 zerstörte ein Brand den Nordostflügel. Der Palast wurde daraufhin neu überdacht, um- und weitergebaut.

Das Erdgeschoß ist als Pfeilerportikus gestaltet. Ebenso nüchtern nimmt sich der quadratische Innenhof aus, an dessen linker Seite ein Treppenhaus zu den königlichen Gemächern führt.

Im **Museum**, das über die linke Treppenhaushälfte zu erreichen ist, fallen einige kostbare und sehenswerte Stücke auf: **Raum I**: Zwei herrliche Gobelins nach *Le Brun*, Allegorien der Luft und des Feuers darstellend. Die Elemente werden durch Vögel, einen Sturmgott sowie Hephaistos als Waffenschmied repräsentiert. – **Raum II**: An der Decke ist der Triumphzug des Alfons von Aragon dargestellt (Corenzio). An den Wänden Bilder von *Ribera* (›Besuch der Hl. Familie beim

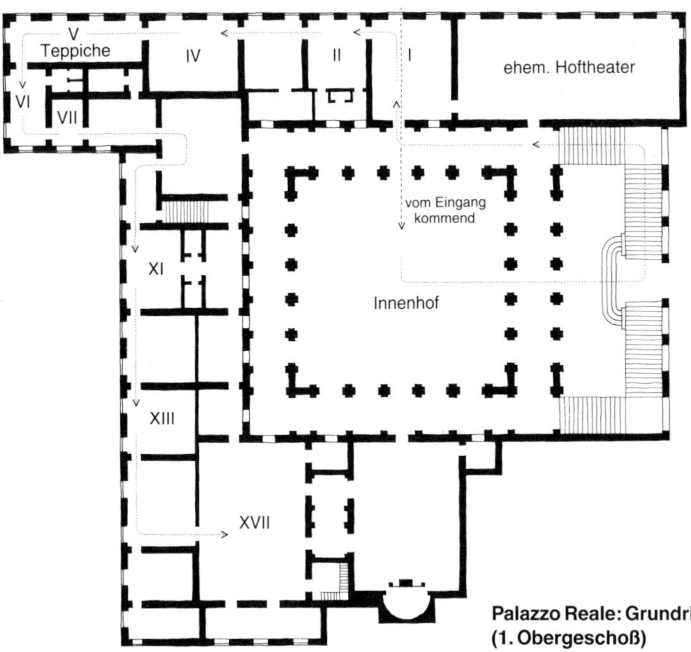

Palazzo Reale: Grundriß (1. Obergeschoß)

hl. Bruno‹), Stanzione (›Einkleidung des hl. Ignatius‹), und *Honthorst* (›Orpheus spielt bei den Tieren‹). – **Raum V**: Die Teppichserie aus dem ersten Raum findet hier ihre Fortsetzung mit anderen Elementen: Erde und Wasser. Entsprechend sind Pflanzen, Obst, Ackergerät sowie Neptun und Amphitrite zusammen mit Meeresfrüchten dargestellt. An der Decke ist wieder ein Fresko von *Corenzio* bemerkenswert. Es zeigt die kriegerischen Handlungen der spanischen Könige. – **Raum VI**: Das Bildnis des Pier Luigi Farnese soll von *Tizian* stammen. Man ist jedoch viel eher geneigt, an andere oberitalienische Maler zu denken, etwa an Künstler aus dem Umkreis des Parmigianino. In unmittelbarer Nähe eine ›Hl. Familie‹ von *Filippino Lippi*. Daneben: *Jan Lys'* ›David als Sieger‹.

In **Raum VII** ist ein Meisterwerk von *Mattia Preti* (*S. 88*), die ›*Rückkehr des verlorenen Sohnes*‹, zu bewundern. *Fracanzano* hat einen Apostelkopf gemalt und *A. Vaccaro* einen prächtigen Orpheus. Um ihn tummeln sich Tiere, unter ihnen sogar im Hintergrund ein Dromedar. Die sich drohend nähernden Mänaden, denen er bald zum Opfer fallen wird, wagen noch nicht, ihn zu ergreifen. Von *Vaccaro* sind außerdem eine Darstellung von Jacob und Rahel sowie die hl. Katharina im Gebet ausgestellt. Die Darstellung von Lot und seinen Töchtern stammt von Stanzione, von *Luca Giordano* sind der Erzengel Gabriel und eine Verkündigung. – **Raum XIII**: In dem Raum fallen niederländische Künstler auf – Porträts aus dem 17. Jh. und die bekannten ›Geldwechsler‹ von *Marinus von Roymerswaele*. – **Raum XVII**, auch Herkules-Saal genannt: Die Dekorationen sind erneuert. *P. Dranti* hat die Wandteppiche mit der Geschichte von Amor und Psyche geschaffen (ca. 1780).

Nach diesem Museumsbesuch lohnt sich noch ein kurzer Fußmarsch durch die *Via Chiara* zur **Piazza dei Martiri** ⑫ – weniger wegen der *Engelssäule* als vielmehr wegen des ehrwürdigen **Cafés im Hause Bohwinkel**. Die hier herrschende noble Atmosphäre bildet einen würdigen Abschluß des Rundgangs durch das aristokratische Neapel.

Das Teatro San Carlo ⑬ *(Farbtafel S. 34)*

Pergolesi, Caruso und die anderen...: Zur Musikgeschichte Neapels: Das Teatro San Carlo, an der Rückseite des Königspalastes von Neapel gelegen, weckt – nicht nur für Napoletaner – Assoziationen der verschiedensten Art. Wer einige Tage durch Neapel spaziert ist und diese Stadt liebgewonnen hat, der wird vielleicht entdeckt haben, daß die Gassen, die Obststände oder die Kapellen so etwas wie eine Bühne darstellen, auf der viele Theaterstücke gleichzeitig aufgeführt werden.

◁ Das Treppenhaus von Picchiatti im Palazzo Reale (*S. 121*)

Dabei spielt die Aktfolge keine Rolle, da ohnehin nach wenigen Handlungssequenzen eine dramatische Wendung, ›una piccola catastropha‹, erreicht ist. Angesichts der musikalischen Ambitionen dieser Stadt müßte man sogar von ›Napoli Operà‹ sprechen.

Nun läßt sich in der Tat keine prächtigere und lebendigere Kulisse für die Inszenierung des Stehgreifspiels ›Napoletanisches Leben‹ denken als das urbane Ambiente dieser Stadt. Für die Instrumentierung ist gesorgt, und an schönen Stimmen fehlt es bekanntlich nicht. Diese ›Freiluft-Oper‹, in die alle Menschen einbezogen sind und wissentlich oder unwissentlich mitspielen, kann historisch tatsächlich lokalisiert werden. Es war die Volkskunst auf der Piazza, auf dem *Largo di Castello*, um die Mitte des 17. Jh. Hier wurde auf dem Komödiantengerüst Theater gespielt. Unmittelbar daneben priesen die Quacksalber, eben noch Handlungsträger in einem Schwank, ihre Kunst als ›reale Lebenshilfe‹ an. Und der Verkäufer, den die Zuschauer als Schurken kennengelernt haben, versucht die aufgebrachte Menge durch Billigverkäufe zu trösten. Ist das Theater als komplexes und theoretisch fundiertes Artefakt zu den Zuschauern gekommen? In Neapel sicherlich nicht. Es war die Gasse, das innerstädtische Ambiente, das Themen und Motive vorgab: Bühne, Darsteller und Publikum organisierten sich selbst.

Natürlich gab es parallel zu diesen spontanen Theaterfesten auch die höfischen Aufführungen im eigens für solche Zwecke errichteten Theater- oder Opernhaus. Monteverdis ›Incoronazione di Poppea‹ erlebte zwar seine Uraufführung 1642 in Venedig. Neun Jahre später aber wurde diese Oper in Neapel im Rahmen von glänzenden Feierlichkeiten präsentiert, hinter denen ganz Italien zurückstand. Opernglanz und Alltags-Schwank. Das napoletanische Komödiantentum scheint eine eigene musikalische und dramaturgische Linie hervorgebracht zu haben. Kein Wunder, daß angesichts solcher einzigartigen Konstellationen die Geburtsstunde der Opera buffa, des ins Musikalische umgesetzten Stegreifspiels, in Neapel geschlagen hat. Die Figuren, inspiriert von der älteren Commedia dell' arte, tragen noch die traditionellen oder verwandte Namen wie *Dottore* oder *Capitano*. *Harlekins* Verkleidungen sind geblieben, und er spottet jetzt nicht mehr nur gegen die Mächtigen, sondern auch gegen die kleine Welt der Stadt. *Cianello* ist jetzt der Spaßmacher. Seine Gefräßigkeit und Faulheit sind die typischen Eigenschaften des ›Tedesco‹ *Hans Wurst*. Die Haushälterin bringt den Hagestolz unter den Pantoffel, und der Dottore sprengt Intrigen. Es wird das Leben erzählt . . .

Giovanni Battista Pergolesi wurde am 4. Januar 1710 in Jesi geboren. Er starb 26 Jahre später in Pozzuoli. Der angehende Musiker war

Aufführung im Teatro San Carlo im 19. Jh. Von G. Medrano nach einem Entwurf von A. Carasale

Schüler des berühmten ›Conservatorio dei Poveri‹ in Neapel. Der Ruhm Pergolesis kam zwar mit der Messe, die er im Auftrag der Stadt Neapel geschrieben hatte, zum wirklich populären ›Star‹ aber wurde er durch seine Verdienste um die Opera buffa. Eine der am meisten gespielten Opern war ›**La serva padrona**‹, ›Die Magd als Herrin‹, die am 28. August 1733 in der Stadt uraufgeführt wurde. Librettist war der damals in Neapel besonders begehrte *Gennaro Antonio Federico*.

Natürlich spielt die Handlung in Neapel. Wie der Titel schon ankündigt, gelingt es der pfiffigen Haushälterin, ihren Herrn mit einer List, die sie zusammen mit dem Diener ausgeheckt hat, zu heiraten. Aber das ist eben nur das Thema. Das schillernde Lokalkolorit und die vielen kleinen Nebenhandlungen, die das Alltagsleben von Neapel beleuchten, machen den Charme der Oper aus. Kein Wunder, daß dieses Stück sogar für die Entstehung der französischen Opéra comique stilbildend gewesen ist.

Neapel hat Operngeschichte geschrieben. Neben Pergolesi, den Begründer der Opera buffa, tritt **Alessandro Scarlatti** (1659–1725), der Begründer der ›Da-Capo-Arien‹. Er hat die Satztechnik entsprechend abgeändert, um dem virtuosen Moment der Solisten Rechnung zu tragen.

Pergolesi starb ein Jahr vor dem Bau des Teatro San Carlo. Im Jahre 1737 legte König Karl III. den Grundstein zum Opernhaus. Innerhalb von nur acht Monaten war der Bau abgeschlossen. Am 4. November, dem Namenstag des Königs, fand die Eröffnungsfeier statt. Es wurde die Oper »Achille in Sciro« von Metastasio aufgeführt. Viele Werke von Rossini, Donizetti und Bellini haben im Teatro San Carlo ihre Uraufführung erlebt. Übrigens war es der berühmte Impresario **Domenico Barjaba**, der – für Neapel so bezeichnend – vom Zirkusdirektor zum Operndirektor wechselte und viele Talente entdeckt und gefördert hat. So soll er z. B. *Rossini* verpflichtet haben, zwei Opern pro Jahr für das Teatro San Carlo zu komponieren. Auch **Giuseppe Verdi** weilte in dieser Stadt, mit der er sich allerdings nicht anfreunden konnte. Einmal waren es die Sänger, von denen er keine hohe Meinung hatte, dann der Stil der Inszenierungen und schließlich ein Publikum, das ihn, den großen Musiker, heute verdammte und morgen hochleben ließ. Während seine Oper ›Simone Boccanegra‹ gefeiert wurde, pfiff man seine ›Alzira‹ aus. Außerdem mußte Verdi immer wieder gegen die ›hochnotpeinliche Zensur‹ kämpfen, die, wie er sagte, Galgen aus den Opern vertreiben wollte, um sie im Lande aufzustellen. Einen Kampf gegen die Zensur aber konnte der große italienische Operndramatiker siegreich beenden. Nachdem die im Auftrag der Stadt Neapel komponierte Oper ›**Un Ballo in Maschera**‹ von der Zensur verstümmelt wurde, ging Verdi vor Gericht, um die Aufführung, an die er vertraglich gebunden war, zu verhindern. Seine Worte waren beeindruckend: »Ich frage schließlich, ob in dem Drama der Zensur noch, wie in meinem, vorhanden ist: Der Titel? Nein. Der Dichter? Nein. Die Charaktere? Nein. Die Situation? Nein. Die Auslosung? Nein. Der Ball? Nein.« Verdi bekam Recht. Neapel indes war nun seiner Kunst nicht mehr würdig. Die Oper wurde, weniger scharf zensiert, später im Teatro Apollo in Rom uraufgeführt.

Neben glänzenden kulturellen Ereignissen wurde im Teatro San Carlo aber auch ein dunkles Kapitel der jüngsten italienischen Geschichte aufgeschlagen: 1922 feierte man hier den faschistischen Parteikongreß und brach anschließend zum ›Marsch auf Rom‹ auf.

Doch zurück zur Oper, von der wir uns allerdings mit der letzten Bemerkung nicht einmal so weit entfernt haben ... Operngeschichte haben nicht nur die Komponisten oder Impresarios geschrieben, sondern natürlich auch die Sänger und Sängerinnen. Illustre Namen, hinter denen sich Geschichten verbergen: **Mario del Monaco, Maria Callas** und **Errico Caruso**. Richtig gelesen! Errico, nicht Enrico – der Sänger selbst mußte immer wieder gegen die Entstellung seines Namens einschreiten. Diese ›Stimmen‹ sind auf das wechselvollste miteinander verbunden – nicht nur hinsichtlich gemeinsamer Auftritte, sondern eher im Sinne gegenseitiger Feindseligkeiten. Götter existieren nur im Singular. So hat Mario del Monaco einmal lästerlich über seine Kollegin Callas gesagt, daß er sie verschlingen würde – wie ein Löwe. Und um seine Absicht zu unterstreichen, ließ er einen Löwenlaut von sich. Erschrokken fragte man ihn, was er gegen die göttliche Callas einzuwenden habe. »Nichts«, entgegnete er. »Ich pfeife auf sie. Ich zerstöre sie, wenn sie an meiner Seite singt, so wie ich es immer getan habe.« »Ich bin«, so ließ Del Monaco bei anderer Gelegenheit verlauten, »ein Bariton, der wie ein Tenor singt.« Errico Caruso, der offensichtlich von seinem Kontrahenten diesen Ausspruch vernommen hatte, entgegnete lachend: »Und ich bin ein Baß, der wie ein Tenor singt«.

Errico Caruso (1873–1921)

In der Tat hat Caruso oftmals das Auditorium überrascht, wenn es einen Bass erwartete und einen Tenor hörte und umgekehrt. Nach seinem ungewöhnlichen Erfolg gefragt, antwortete Caruso »Facendo l'esatto contrario di quello che mi dicevano i maestri!« ... er tue also genau das Gegenteil von dem, was die Meister ihm sagten. Und zu den Meistern zählte er sicherlich nicht nur die Impresarios oder Dirigenten, sondern auch die Komponisten. Dagegen nimmt sich die Antwort Mario del Monacos zur selben Frage ziemlich martialisch aus: »Ich nehme täglich gefährliche, wenn nicht gar heroische Muskelübungen mit dem Kehlkopf und dem Gaumen vor ...«

11 Sophia, Humphrey und die anderen ... Von der Piazza Amedeo zur Villa Floridiana

***Piazza Amedeo · Santa Teresa a Chiaia · Ristorante D'Angelo · *Villa Floridiana · Corso Vittorio Emanuele · Cumana-Viertel**

Die ***Piazza Amedeo** zählt zu den nobelsten Plätzen Neapels. Man schaut auf einen Reigen edler Patrizierhäuser, deren Fassaden, elegant übereinandergestaffelt, den Hang des Vomero hinauf zu verfolgen sind. An der Stirnseite des Platzes liegt die **Stazione Metropolitana**. Linker Hand erinnert eine Tafel an den Dichter *Torquato Tasso*, der hier 1592 zu Gast in der Villa des Marchese G. B. Manso gewesen ist.

Bevor wir uns aber auf den Weg zur Villa Floridiana machen, sollten wir einen Blick auf die Fassade der nahen Kirche **S. Teresa a Chiaia** werfen. *Cosimo Fanzago*, der glanzvolle Architekt aristokratischen Formgefühls, hat den Bau geplant und zwischen 1622 und 1645 errichtet. Sein Konzept ging vom Zentralbau aus; er konnte es wegen der beengten Lage der Kirche jedoch nicht durchhalten. Das griechische Kreuz weist zwei Armstümpfe auf, während die West-Ost-Achse durch Vorhalle und Chor betont wird. Die dorische Pilasterordnung der dreibogigen Pfeilerhalle stellt ein typisches Fanzago-Motiv dar. Im Innern wieder eine Überraschung: Zwei Bilder von *Luca Giordano*, ›Der hl. Michael im Kampf gegen die bösen Engel‹ und eine Darstellung der hl. Anna mit Maria, Gottvater, der Taube und Engeln. Sie sind um 1657 entstanden und zählen so zum Frühwerk des Meisters. Daß er sein typisches Kolorit noch nicht gefunden hat, verrät eine fast exzentrisch anmutende Farbgebung.

Auf der ***Piazza Amedeo** sollte man – zumindest am Abend – zunächst einen Aperitivo und anschließend ein Taxi nehmen, hinauf zum **Ristorante D'Angelo** in der *Via A. Falcone*, zu Sophia, Humphrey und den anderen ... Eines der ältesten Fotos im Foyer des Restaurants zeigt den 1968 verstorbenen Chef und Koch des Hauses, *Alfredo Attolini* mit *Luigi Pirandello*. Das Foto stammt aus dem Jahr 1943, wie der Sohn Vittorio Attolini erzählt. Der Name des Restaurants, D'Angelo, bezieht sich auf die Mutter von Vittorio. Neben seinen Kochkünsten, die ihn in aller Welt berühmt gemacht haben, bestand eine Spezialität des großen Meisters darin, hübsche Frauen auf seinen üppigen Bauch zu stemmen und dort abrollen zu lassen. Viele Zeitungsausschnitte aus England, den USA oder Australien zeigen ihn in dieser unverwechselbaren Pose. Neben diesen alten und neueren Zeitungsmeldungen, die im großen Saal zu bestaunen sind, ist eine Fotogalerie im eben erwähnten Foyer unbedingt sehenswert. Dort lacht *Sophia Loren* neben ei-

Zahlenlotto und andere Glücksspiele sind eine napoletanische Leidenschaft (s. S. 303)

nem ernsten *Humphrey Bogart. Errol Flynn, Yul Brunner, Charlton Heston, Kim Novak*, der *Duke of Windsor, Soraya, Grace Kelly* und viele andere Größen aus der Welt des Films und der hohen Politik waren in diesem Haus zu Gast. Ein wenig nostalgisch mutet diese Bildergalerie schon an.

Dies ist also wieder ein besonderer Ort Neapels, ein Ort, an dem nach dem Ende des Zweiten Weltkriegs gefeiert wurde. Ob Sophia Loren oder Ingrid Bergmann, ob Yul Brunner oder Humphrey Bogart, sie verkörperten den neuen Menschen ›am schönsten Platz der Welt‹. Neapel erfuhr damals in den fünfziger und sechziger Jahren so etwas wie eine Renaissance seiner Popularität. Hier, auf der Terrasse von D'Angelo, von wo aus ein uneingeschränkter Blick über die Stadt, den Golf und den Posillip in die Ferne nach Capri und in die Nähe zu Gärten und Pinien möglich ist, entstand eine ›Sehnsuchts-Ikone‹, die um die Welt ging: »Neapel sehen . . . und leben!«

Zur ***Villa Floridiana** gelangt man über die Piazza Amedeo. Dort nimmt man die **Funicolare di Chiaia** zur Endstation, durchstreift den Park der Villa und gelangt zum Eingang. In diesem Haus ist das **Museo Nazionale della Ceramica ›Duca di Martina‹** untergebracht. Im Jahre 1816 hat König Ferdinand dieses Grundstück erworben, um für seine Gemahlin, die Herzogin von Floridia, eine Villa bauen zu lassen. Gegen Ende des 19. Jh. erwarb ein Freund des deutschen Zoologen *Anton Dohrn*, von dem auf dem Spaziergang zum Aquarium noch die Rede sein wird (*S. 132*), die Villa. 1913 ging sie in Staatsbesitz über, und nach dem Zweiten Weltkrieg hat man das Keramikmuseum eingerichtet.

Die reiche Sammlung des *Placido di Sangro*, Herzog von Martina, umfaßt viele kostbare *Majolika-Stücke*. Exponate aus Italien, Frankreich und aus dem islamischen Spanien können Besucher begeistern und vervollständigen das Bild von der Kunst der Majolika, die wir ja schon in ersten Ansätzen unten im Kreuzgang von Santa Chiara kennengelernt haben (*S. 89*). Neben dieser Majolika-Sammlung beherbergt das Museum Ostasiatica, Goldschmiede- und Elfenbeinarbeiten sowie Möbel. In einer kleinen *Gemäldesammlung* fallen die Arbeiten von Micco Spadaro auf. Im Obergeschoß schließlich sollten Sie es sich nicht entgehen lassen, die Sammlung erstrangiger *Porzellane* aus allen europäischen Werkstätten zu besuchen.

Eine Besichtigung der Räume der Villa Floridiana ist sicherlich nicht anstrengend, eher beschaulich. So bleibt noch genug Energie für einen Gang auf den **Corso Vittorio Emanuele**, der sich auf der Höhe des Vomero unterhalb der Certosa di San Martino bis zum Monte Santo hinzieht. Die kleine Wanderung ist von ihren Ausblicken her sehr eindrucksvoll, wenn auch der Autoverkehr zeitweilig stark zunehmen kann. Treppen führen dann, unmittelbar nachdem Sie die *Funicolare di Montesanto* überquert haben, hinunter in das **Cumana-Viertel**. Von hier aus sind es nur noch ein paar Schritte durch malerische und lebendige Gassen zur *Piazza Dante* (*S. 50*).

12 Utopia an fernen Gestaden – Mergellina und Posillip

Palazzo Reale · Castel dell' Ovo · Villa Comunale · Aquarium · Santa Maria di Piedigrotta · **Palazzo Donn' Anna · Parco Virgiliano · Mausoleo dei Caduti

Wenn man, an der Villa Comunale vorbei, der Mergellina zustrebt und die mit Häusern und Palästen besetzten Hänge des Posillip betrachtet, dann kommen Bilder von **Claude Lorrain** in den Sinn. Hier, nahe des Porto Sannazzaro, muß er verweilt haben, um die betörenden Sonnenuntergänge zu betrachten. Viele Skizzen künden von diesem Standpunkt. Ein immer wiederkehrendes Motiv seiner ästhetischen Träume war der Palazzo Donn' Anna (*S. 134*), der in matten Ockertönen einen Schritt hinaus ins Wasser wagt. Das Meer, die Sonne, der Leuchtturm, der Palast, weit überhängende Pinien und irgendwo ein römischer

Der Palazzo Reale in einer Aufnahme des 19. Jh. (*S. 121*)

Tempel – diese Bildmotive organisierte Lorrain immer wieder neu und komponierte daraus seine arkadischen Ansichten. Einer Konstante blieb er dabei stets treu: dem sanften Abendlicht, das sich über den Golf, Capri und den Posillip senkt. Utopisch hat man seine Bilder genannt, möglicherweise, weil sie eine Sehnsuchtslandschaft entfalten, die als Landkarte künftiger Welten, in denen die Menschen zufrieden und glücklich sind, gelten sollen.

Einer der schönsten Spaziergänge durch Neapel beginnt vor dem **Palazzo Reale** (*S. 121*). Von hier aus senkt sich die *Via C. Console* dem Golf zu. Am Ende steht die heroische **Augustus-Statue**, die mit herrischer Geste nach Capri weist. Auf der *Via Nazario Sauro* hat man das Meer erreicht. Am Ende steht einer der vielen unvergleichlichen Barockbrunnen der Stadt.

Die *Via Partenope* macht mit den schönsten – endlich restaurierten – Palastfassaden Neapels bekannt. Gegenüber ragt das **Castel dell' Ovo** aus dem Meer auf. Im Altertum wurde diese Insel *Megaris* genannt, wo die berühmteste Villa Neapels stand, die des Lucullus. Die Normannen haben sie später wegen der strategisch wichtigen Lage zur Festung umgebaut. Friedrich II. ließ hier seinen Staatsschatz aufbewahren. Sein Enkel, Konradin von Schwaben, der letzte Staufer, verbrachte in einer der düsteren Gefängniszellen seine letzten Stunden.

Auf den Fundamenten der Villen des Lucullus erhebt sich heute das Castel dell'Ovo

Weiter führt der Weg, immer am Meer entlang, Richtung **Villa Comunale**, einem Zentrum der Alltagslustbarkeiten der Stadt. Bis spät in die Nacht treibt es die Napoletaner und Napoletanerinnen hier um. Musik, bunte Lichter, Lachen und ein steter Autostrom, der Richtung Zentrum drängt. Übrigens war es *Vanvitelli* (*S. 48f.*), der im 18. Jh. die Gartengestaltung übernommen hatte. Aus diesem Jahrhundert stammt auch der reizvolle Brunnen, die **Fontana Santa Lucia**.

Das **Aquarium** in der Mitte des Parks gründete ein deutscher Privatmann, der Stettiner *Anton Dohrn*, im Jahre 1872. Heute ist es ein internationales Forschungsinstitut. Die Wände des ehemaligen Bibliotheksraumes im 2. Stock sind mit ****Fresken von Hans von Marées** ausgemalt. Sie stellen, 1873 entstanden, wohl das bedeutendste Werk dieses Malers dar. Die von Adolf von Hildebrandt etwas unglücklich angeordnete Scheinarchitektur rahmt die Fresken, deren Schattierungen und Kontraste sich gut mit den Lichtverhältnissen des Raumes vertragen. An der Eingangswand betrachtet man ein Seepanorama und gegenüber an der Fensterwand einen schattigen Orangenhain. Die beiden Seitenwände zeigen eine Felsenbucht und das Gruppenporträt mit Anton Dohrn und seinen Freunden in der Wirtschaft des Palazzo Donn' Anna. Auch Marées ist, auf ganz andere Art und Weise als Claude Lorrain, der Maler eines arkadischen Daseins, einer zeitlosen, idealen Traumwelt, die von schönen und in ihrer Ruhe monumental wirkenden Menschen durchwandelt wird.

Bevor man zum Hafen der Mergellina kommt, lohnt ein Abstecher zur **Piazza Sannazzaro**. Von hier aus führen ein kleiner Weg und einige

Treppen hinauf zum **Grab des römischen Dichters Vergil**, das bereits auf dem Rundgang durch das antike Neapel erwähnt wurde (*S. 28*). Ganz in der Nähe, neben der *Bahnstation Mergellina*, steht die im 16. Jh. erbaute und im 19. Jh. grundlegend erneuerte Kirche **Santa Maria di Piedigrotta**. Beim Ausheben der Fundamente hat man ein Madonnenbildnis gefunden, vor dem im Jahre 1571 *Don Juan d'Austria* für den Sieg in der bevorstehenden Seeschlacht gegen die Türken vor Lepanto gebetet hat. In der Nacht von 7. auf den 8. September findet das *Piedigrottafest* statt. Es handelt sich um ein heute sehr populäres Volksfest, das auf Hof- und Staatsaktionen des 17. Jh. zurückgeht, in deren Verlauf König und Hofstaat pomphafte Aufzüge entlang der Riviera di Chiaia zur Kirche der Piedigrotta veranstaltet haben.

Das bunte und fröhliche Treiben auf der **Mergellina**, angesichts des Meeres, der Aliscafi, der Segelboote und der vielen Fischhändler, lädt zum Verweilen ein – besonders an Sonntagvormittagen. In einer der zahlreichen Bars mit Blick auf das Meer kann man sich erfrischen, bevor man zum Palazzo Donn' Anna hochstrebt. Dort, an der Ecke des Palastes, befindet sich die von Marées gemalte Wirtschaft (*S. 132*), heute eine Eisdiele mit dem wahrhaftig schönsten Blick auf den Golf und auf die Stadt.

Blick vom Posillip über den Golf

Mehr ein Schloß als ein Palast ist der **Palazzo Donn' Anna**, der auf Tuffsteinsäulen über dem Golf thront – so, wie Lorrain ihn in zahlreichen Bildern verewigt hat (am schönsten im ›Hafen von Ostia mit der Einschiffung des Paulus‹, Madrid, Prado, 1639) oder auch Karl Blechen auf seinem ›Mönch in der Felsengrotte‹.

Die Baugeschichte des Palastes geht bis ins 16. Jh. zurück. Damals errichtete die *Familie Bonifacio* eine Villa. Diese ging im 17. Jh. an die Carafa di Stigliano über. 1642 wurde der Bau abgerissen. Mit mehreren hundert Arbeitern begann *Cosimo Fanzago* mit der Arbeit an dem neuen Palast. Zwei Jahre später, nach dem Zerfall der Familie, wurden die Arbeiten abgebrochen, der Palast ausgeplündert und schließlich durch das Erdbeben 1688 zerstört. Die Ruine wurde im 19. Jh. wieder hergerichtet, als Mietshaus für gehobene Ansprüche.

Das Volk hat dem Palast seinen **Namen** gegeben. In seinen Ruinen sah es den Geist der skandalumwitterten Königin *Johanna I. von Anjou* (Dognana) umgehen.

Im Zentrum von Fanzagos Bau öffnen sich jeweils dreibogige Pfeilerloggien. Die Palastecken sind abgeschrägt, um Raum für offene Nischen zu gewähren. Darüber erheben sich Aussichtsterrassen. Diese Ecknischen waren schon von Vignola in Piacenza (Hof des Farnese-Palastes) vorgebildet. Man konnte den Palast vom Ufer (eigens angelegte Straße) und von der höher liegenden Küstenstraße her betreten. Dieser Zugang führte in einen Hof, der in die seewärts geöffneten Loggien überging.

Gegenüber der Hofseite des Palastes führt ein kleiner Weg, immer wieder von Treppen unterbrochen, hinauf auf die Höhen des **Posillip** zur **Via F. Petrarca**, eine der nobelsten Straßen Neapels. Besonders nachts, sehr zum Unmut der Anwohner, tost das Leben in und vor den Bars und über dem Lichtermeer von Neapel. Diese Straße mündet südwestlich nach einigen Kilometern in die *Via Manzoni*. Von hier gelangt man in den **Parco Virgiliano** und damit auf die äußerste Spitze des Posillip. Man sollte einen der vielen Busse nehmen, die hier verkehren, da die Strecke für einen Spaziergang wohl doch zu weit ist. Wer einen Fußmarsch wagt, wird natürlich ununterbrochen mit herrlichen Ausblicken belohnt. Auf jeden Fall sollte man von der *Piazza Salv. Di Giacomo*, nahe des düsteren **Mausoleo dei Caduti**, des Gefallenen-Denkmals, hinunter zum Palazzo Donn'Anna zu Fuß gehen – unter einem die Traumvillen italienischer Millionäre, deren Zugänge unübersehbar streng von Telekameras, hohen Gittertoren und Dobermännern bewacht sind. Blicken Sie über die Dächer der Paläste hinweg, und suchen Sie die wechselnden Perspektiven zwischen den stolz aufragenden Pinien: Sie werden die schönsten Bilder entdecken – Bilder, die Sie in jeder Gemäldegalerie vergeblich suchen.

Die Phlegräischen Felder (*S. 136*) ▷

Vor den Toren von Neapel

13 Vor den Toren zum Hades: Von den Phlegräischen Feldern zum Capo Miseno

*****Pozzuoli · **Averner See · **Cumae · ***Capo Miseno · **Piscina Mirabilis Baiae**

Die Phlegräischen Felder

'Campi Flegrei‹ – das sind die ›flammenden Felder‹, die vulkanische Zone, die auch die Inseln Nisida, Procida und Ischia umfaßt. Sie gehören zur Campanischen Ebene, in der über 50 Eruptionszentren nachgewiesen sind. Die Campi Flegrei erreichen ihren höchsten Punkt mit dem Bergrücken von Camaldoli (457 m). Das jüngste Eruptionszentrum ist der im Jahre 1538 entstandene *Monte Nuovo* (133 m) zwischen Küste und Averner See.

Die Griechen haben mit diesem Gebiet Unterweltsmythen verknüpft, die Homer und später vor allem Vergil dichterisch gestaltet haben. Die Römer haben die Phlegräischen Felder wegen ihrer Heilquellen sehr geliebt. Baiae wurde zum vornehmsten Badeort im Imperium Romanum. Aber auch in wirtschaftlicher und politischer Hinsicht gewann dieses Gebiet rasch an Bedeutung. Pozzuoli (Puteoli) war Roms wichtigster Handelshafen, und ab der Zeit des Kaisers Augustus hat man Miseno zum Kriegshafen ausgebaut.

Die Phlegräischen Felder: Übersichtsplan

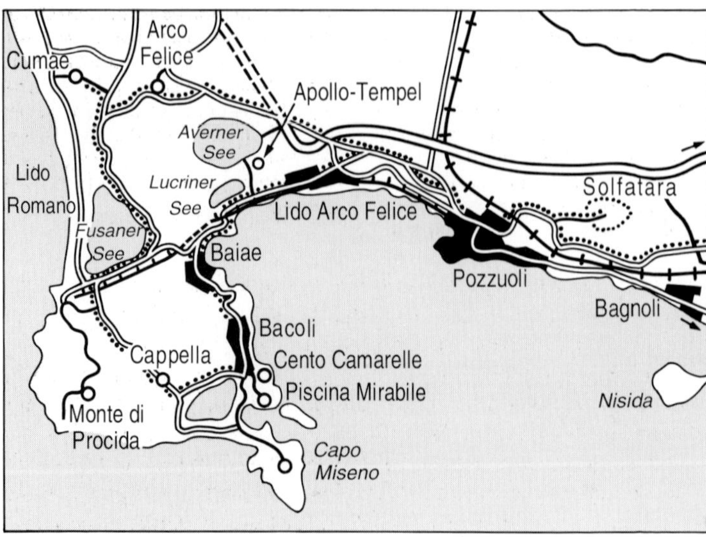

Die Solfatara: Strabon hat die Solfatara ›*Hephaistu agora*‹ genannt, und die Römer nannten sie ›*Forum Vulcani*‹ – den Markt des Hephaistos bzw. Vulcan. Matthäus Merian, der berühmte Basler Geograph, hat in seiner ›Topographia Italiae‹ notiert: »Und gibt der Boden ein Getös von sich, wenn man mit dem Fuß daran stoßet, als ob Alles hohl wäre. Da höret man gleichsam der Feuerflammen Rauschen und Krachen, und wie ein siedendheißes Wasser brodeln. Es bedünkt etliche Leute, als stünden sie auf der Hölle Dach, und fürchten sich auch, die da glauben, daß allhier das Fegefeuer sei: wie sie denn sagen, daß man oft Wehklagen hier gehöret und unbekannte Gesichter von Menschen und Vögeln, sonderlich an Sonntagen gesehen habe.«

Die Solfatara ist ein runder Krater von ca. 250 m Durchmesser. Aus seinem Boden strömen Gase (kohlen- und schwefelsäurehaltig) und Fumarolen (Wasserdampf bis zu 160°C). Die Tätigkeit der Solfatara ist starken Schwankungen unterworfen. Früher lag die Stelle der stärksten Dampfentwicklung ungefähr 150 m nördlich der ›Bocca Grande‹ in der Nähe der Ruinen des alten Dampfbades.

Die Dampftätigkeit wird gesteigert bei Annäherung einer brennenden Zigarette an die Dampfquellen. Dieses ›Solfatara-Phänomen‹ ist übrigens bei allen Dampfquellen der Welt zu beobachten, auch bei solchen, die keinen Schwefelwasserstoff enthalten, da die Kondensation des überhitzten Dampfes vermehrt wird.

*** Pozzuoli (18 km W Neapel)

Als in Athen der Tyrann Peisistratos herrschte, haben im Jahre 529 v. Chr. Griechen aus Samos die Stadt gegründet. Damals hieß die Stadt *Dikaiarcheia*, d. h. ›die Stadt, in der das Recht herrscht‹ – eine Anspielung auf Samos, wo der von Schillers Ballade her bekannte Tyrann Polykrates eine Schreckensherrschaft errichtet hatte. 338 eroberten die Römer das Gebiet und bauten nach den Punischen Kriegen Puteoli zur ersten Hafenstadt des Reiches aus. Es verlor dann bald wieder an Bedeutung, als man unter den Kaisern Claudius, Nero und Trajan den Hafen von Ostia ausbaute. Der Apostel Paulus verbrachte hier einige Tage und besuchte das Grab des Vergil.

Im Mittelalter war Pozzuoli ohne Bedeutung. Hin und wieder kamen berühmte Besucher zu einem Kurzaufenthalt, wie z. B. im Jahre 1227 Kaiser Friedrich II. Dieser Kurzaufenthalt zog jedoch Entscheidendes nach sich: Wegen seiner Erkrankung mußte Friedrich den längst versprochenen Kreuzzug absagen und wurde deshalb von Papst Gregor IV. mit dem Bann belegt.

Von Pozzuoli hat die *Pozzulanerde* ihren Namen. Die graubraune vulkanische Asche wird gerne bei Wasserbauten verwendet, weil sie, mit gebranntem Kalk vermengt, einen sehr harten Mörtel bildet.

Von Neapel kommend, liegt gleich nach dem Ortseingang rechts das *Amphitheater*. Es wurde, wie das römische Kolosseum, zur Zeit der Flavier erbaut (1. Jh. n. Chr.). Ein Vorgängerbau ist aus der Zeit des Augustus überliefert. Das flavische Theater konnte über dreißigtausend Besuchern Platz bieten. Der Oberbau ist stark zerstört, weil die Anlage bis ins 16. Jh. als Steinbruch benutzt wurde. Sogar Bauernhäu-

Brighella, ein Diener der Commedia dell'arte – eine moderne Version an einer Hauswand in Pozzuoli

ser und Ställe sollen in seinen Mauern einmal gestanden haben. Bei Ausgrabungen im Jahre 1933 fand man eine Statuengruppe, so daß man annehmen kann, daß das Theater, ähnlich wie die Arena in Verona, mit solchen geschmückt war. Die unterirdischen Räume, seit 1947 vollständig freigelegt, bestehen aus drei Gängen – zwei geraden, in der Längsachse des Ovals, und einem gebogenen, der der Rundung folgt. Der längere der beiden Gänge wurde zu Beginn der Vorstellung geschlossen und dann geöffnet, um für den Szenenwechsel Kulissen daraus emporzuziehen.

Im Stadtzentrum, nicht weit vom Hafen, liegt das sog. **Serapeum**. In einer großen Kultnische hat man eine Serapisstatue gefunden, weswegen man es lange Zeit für ein Heiligtum des ägyptischen Gottes Serapis hielt. Es handelt sich aber offensichtlich um ein Macellum, eine öffentliche Markthalle. Dem Gott Serapis war der Schutz dieses Marktes anvertraut.

Die Markthalle bildete einen quadratischen Hof mit vielen kleinen Geschäftskammern, die sich zum Zentrum hin öffneten. Dort stand – wie übrigens auch in Rom (S. Stefano Rotondo auf dem Caelius) – ein Rundbau, aus 16 Säulen gebildet; die Säulen schmücken heute das Schloßtheater von Caserta (*S. 206*).

Im Laufe der Jahrhunderte hat sich der Boden immer wieder abwechselnd gesenkt und gehoben, so daß das Macellum unter Wasser, und zwar Mineralwasser, steht. Von Zeit zu Zeit wird die Anlage leergepumpt und gereinigt. Dieses geologische Phänomen wird *Bradyseismus* genannt. Es handelt sich dabei um Erdbewegungen, die ihre Ursache in Verlagerungen des noch nicht erstarrten Magmas in der Erdtiefe haben. Diese bewirken Hebungen und Senkungen einzelner Erdschollen. Freßspuren von Meeresmuscheln an den Säulenschäften weisen auf diese zeitweisen Bodensenkungen und -hebungen hin.

Inmitten der Altstadt steht der *Dom S. Proculo* aus dem 11. Jh. 1634 wurde er erneuert, 1964 brannte er aus und wird seitdem restauriert. Die in diesem Zusammenhang vorgenommenen Grabungen haben *Reste antiker Tempelanlagen* freigelegt (3./2. Jh. v. Chr.). Unter diesen vermutet man noch ältere Fundamente aus dem 5. Jh. v. Chr.

Von Pozzuoli führt die antike *Via Domitiana* in die *Ebene von Cumae*. Über diese Straße (von Pozzuoli Richtung Cumae) führt der **Arco Felice**, ein Bogentor aus flavischer Zeit (1. Jh. n. Chr.). Der Bergrükken des Monte Grillo wurde 20 m tief und 6 m breit abgetragen. So wurde ein Verbindungsweg zwischen den auf dem Bergrücken liegenden römischen Villen geschaffen (Überreste heute noch sichtbar).

Wenige Kilometer westlich von Pozzuoli, auf der Straße Richtung Cumae und Baiae, breiten sich zwei Kraterseen, der **Lukriner** und der ****Averner See**, aus. Auf den Averner See hat man an dem Kiosk kurz hinter der Kreuzung (Baiae-Cumae) einen wunderschönen Blick. Dies ist ziemlich exakt der Standort, den Ende des 18. Jh. der deutsche Landschaftsmaler *Philipp Hackert* (damals Hofmaler des napoletanischen Königs Franz II.) eingenommen hat, um sein Bild ›*Averner See mit Blick auf Baiae und Misenum*‹ (München, Neue Pinakothek) zu malen. Linker Hand sind die Reste des sog. *Apollon-Tempels* zu sehen; in Wahrheit dürfte es sich um Reste einer Thermen-Anlage handeln.

Genau gegenüber dieses Standortes ist am Rund des Seeufers eine Gaststätte zu erkennen. Rechts von ihr öffnet sich in der Steilwand eine Grotte, die sog. **Grotta Pace** (›Pace‹ soll der Name eines spanischen Abenteurers gewesen sein, der in dieser Höhle im 16. Jh. einen Schatz gesucht hat). Es handelt sich um den Zugang zu einem Tunnel, der zur Zeit des römischen Kaisers Agrippa von dem Architekten Cocceus gebaut wurde – deswegen auch der andere Name **Grotta di Cocceio**. Der leicht ansteigende Tunnel durchquert in ca. 1000 m Länge den Monte Grillo. Der Ausgang ist heute ebenfalls zu sehen, und zwar ca. 450 m nach dem Arco Felice (Richtung Cumae). Hier

Die Sibyllengrotte von Cumae wurde schon von Vergil erwähnt

überquert die Straße Reste einer gepflasterten *Römerstraße*, die linker Hand aus dem Tunnel herausführt und sich rechter Hand in einem Feld verläuft. Die Fortführung ist dann bis zum archäologischen Gelände von Cumae zu denken. In der Tat sollte dieser Tunnel Cumae und die Küste mit dem Averner See und Baiae verbinden. Im 2. Weltkrieg wurde dieser Tunnel als Munitionsdepot verwendet. Explosionen haben ihn weitgehend unzugänglich gemacht.

** Cumae (8 km W Pozzuoli)

Nach der Überlieferung soll Cumae schon 1050 v. Chr. gegründet worden sein. Wie Ausgrabungen zeigen, war es schon vor den Griechen besiedelt. Die Griechen brachten aus der Stadt Chalkis das Alphabet und vor allem den Apollonkult mit. Sie beherrschten das gesamte Gebiet der Campi Flegrei und kämpften siegreich gegen die Etrusker und Italiker. Im 5. Jh. v. Chr. wurde Cumae (*Kyme*) schließlich von den Samniten erobert und danach von den Römern.

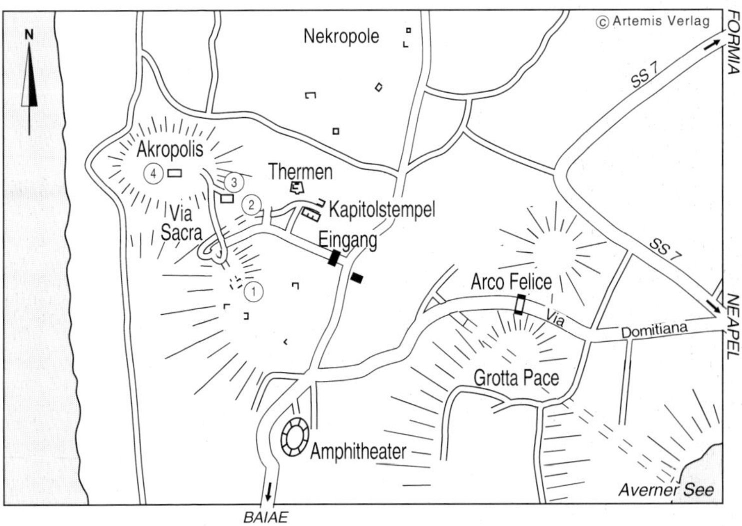

Cumae: Übersichtsplan

** ① Sibyllengrotte – ② Cripta Romana – ③ Apollon-Tempel – ④ Jupiter-Tempel

Cumae ist Zentrum des Apollonkultes in Italien gewesen. Nach seinem Vater war Apollon der am höchsten Verehrte unter den Göttern. Apollon war Entsühner und Reiniger des Menschen. Seine ethischen Gesetze ließ Apollon von der

Pythia in Delphi – der delphischen Sibylle also – verkünden. Sie war die ältere Schwester der cumäischen Sibylle. Aus ihren oft vieldeutigen Antworten auf Fragen nach der Zukunft wurden Weisungen für das sittliche Zusammenleben der Menschen abgeleitet. Apollon oder ›Phoibos, der Leuchtende‹, wie Homer ihn manchmal genannt hat, ist zum Sonnengott geworden und wurde in nachantiker Zeit oft mit Christus gleichgesetzt. Ein christlicher Pilger aus dem 4. Jh. erinnert sich an die Überlieferungen seiner Vorfahren: »Die Sibylle zog ein langes Gewand an und begab sich in den innersten Raum der Basilika, und inmitten dieses Raumes sprach sie, auf einem Thron sitzend, ihre Weissagungen.« Im 1. Jh. n. Chr. kam dann der Kult zum Erlöschen. Ein letzter Hinweis auf diese Stätte findet sich im Reisetagebuch eines Malteserritters von 1632.

** Die Sibyllengrotte ①

Im Mai 1932 hat der napoletanische Archäologe Maiuri die Grotte wiederentdeckt. Man betritt, von Norden kommend, einen unterirdischen Gang (s. Abb. *S. 140*) – ›*dromos*‹ genannt – mit trapezförmigem Querschnitt. Auf der rechten Seite sind Lichtöffnungen angebracht, so daß der Gang in verhaltenes Licht getaucht ist. Nach 130 m endet der Dromos in einer großen rechteckigen, gewölbten Halle. In den drei Wänden öffnen sich Nischen. Die drei kleineren Abgänge führen zu Zisternen. In seiner ›Aeneis‹ hat Vergil die Grotte folgendermaßen beschrieben: »Als man ans Tempelportal/ ein der Wand des euböischen Felsens/ eingehaunes, gewaltiges/ großes Gewölbe gekommen -/ hundert räumige Wege/ und hundert gewaltige Schlünde/ führen dahin, in hundert Stimmen/ wird nunmehr Sibyllens / Wahrsagung laut...« (6. 42–47; Übers. E. Peterich). Die ›hundert Tunnel‹ und ›hundert Tore‹ entsprechen wohl den Luft- und Lichtschächten.

Die **Cripta Romana** ② (rechts vom Ausgang der Sibyllengrotte) ist ein antiker Tunnel, der die Verbindung mit dem Burgverlies und der Grotta Pace herstellen sollte. Früher vermutete man hier die Sibyllengrotte. Weiter rechts sind Reste einer römischen Thermenanlage und das Forum zu sehen.

Auf dem Weg zur Akropolis – man geht auf der Via Sacra, der heiligen Prozessionsstraße – folgt rechts der **Apollon-Tempel** ③ der Griechen. Es ist nur noch der Stufensockel erkennbar. An der Ostseite erkennt man Reste eines noch älteren Vorgängerbaus. Auf der Akropolis gelangt man zum sog. **Jupiter-Tempel** ④. Aus der griechischen Periode stammen nur einige Fundamentmauern an der Westseite (5. Jh. v. Chr.). Die übrigen Reste sind aus augusteischer Zeit. Aber auch sie sind kaum zu identifizieren, weil sie sich mit den griechischen Überresten und Fragmenten einer christlichen Basilika vermischen. Im Zentrum der Anlage fällt ein rundes, mehrfach abgestuftes Becken auf. Es handelt sich hier wohl um eine christliche Taufwanne. Nach Osten blickend, kann man noch große Teile der alten römischen Mauer entdecken – im Norden und Süden Reste von griechischen Mauern aus dem 5. Jh. v. Chr.

Vom Burgberg aus sieht man auch den schönen **Sandstrand**. In der Nähe zieht sich ein dichter Wald mit Steineichen entlang. Hier landete, wie Vergil sang, Aeneas: »...die Schnäbel/ dreht man gegen das Meer; die zackigen Zähne der Anker/ fesseln die Schiffe; den Strand bedecken sie Heck nahe bei Heck./ Und mutig schwingt sich die Jugend, entflammt von heißer Begierde/ auf die hesperische Erde hinaus...« (Aeneis‹ 6. 3–6; Übers. E. Peterich).

Von Cumae kommend, sollte man den schmalen Landsteg zwischen dem Meer und dem Lago del Fusaro entlangfahren und bei **Torre Gaveta** die kleine Straße hinauf auf den **Monte di Procida** wählen. Hier oben, zwischen Himmel und Meer, windet sich die Straße auf dem steilen Küstenfelsen und gibt einzigartige Blicke frei auf das nahe Procida und den dahinter hoch aufragenden Monte Epomeo von Ischia. Zahlreiche kleine Bars mit Stühlen und Tischen im Freien laden zum Verweilen ein.

Fangfrischer Fisch – auf der Straße zu kaufen. Zur Kampanischen Küche siehe *S. 261 ff.*

*** Das Gebiet um Capo Miseno

Misenum war der Hafen von Cumae – die wichtigste soziale und politische Voraussetzung der cumäischen Seemacht. Im 1. Jh. v. Chr. baute Augustus diesen Hafen zum Flottenstützpunkt aus. Heute dient der Hafen immer noch der Marine. Südlich des Hafens lag die antike Stadt. Ganz in der Nähe sind Reste einer Thermenanlage erhalten. In diesem Gebiet hatte der ›*praefectus classis*‹, der Oberbefehlshaber der Flotte, seine Wohnung. Zu den bekanntesten Präfekten gehören Plinius der Ältere und Tiberius Claudius Anicetus, der auf Befehl Neros dessen Mutter in ihrer Villa am nahegelegenen Lukriner See ermordet hat. – Hier ganz in der Nähe, Richtung Baiae, sind noch Reste des antiken römischen Hafens erhalten. Sie liegen allerdings unter der Wasseroberfläche und sind wohl nur aus einem niedrig fliegenden Flugzeug oder Helikopter zu sehen. Taucher werden in etwa 8–10 m Tiefe Arkaden aus afrikanischem Marmor, Fragmente von Skulpturen und Reste von Gebäuden entdecken. Die Hafenanlage befindet sich heute, durch ein allmähliches Absenken des Bodens, unter dem Meeresspiegel.

Am Fuße des steilen Hügels, der das Kap bildet, liegt ein Süßwasserbehälter, die **Grotta della Dragonara**. Ganz in der Nähe soll eine Villa des Lucullus gestanden haben.

Der Name Misenum kommt vom **Trompeter Misenus**, einem Begleiter des Aeneas. Er ertrank im Meer und wurde hier beigesetzt: »Aber der fromme Aeneas ertürmt auf dem Gipfel des hohen/ Berges, welcher noch heute von ihm den Namen Misen führt/ und ihn auch ewig behält, ein Grabmal von ragender Größe,/ pflanzt des Helden Tuba darauf und Rüstung und Ruder.« (Aeneis‹ 6. 233–236; Übers. E. Peterich).

** Piscina Mirabilis

Diese größte Zisterne des Römischen Reiches ist das interessanteste Denkmal der Phlegräischen Felder (**Zugang**: Südl. Ausgang von Bácoli, Via della Piscina Mirabile/Custode: *Via A. Greco* 16). Der Behälter sollte die Flotte mit Süßwasser versorgen. Er ist über 70 m lang und ca. 30 m breit. Das Wasser hat man aus den immerhin 68 km entfernten Monti Irpini bei Avellino herangeführt. Die Wasserleitung versorgte nicht nur Misenum, sondern das gesamte Gebiet von Neapel.

Zwei Treppen führen in das Innere und überraschen den Besucher mit einer phantastischen Architektur: Zwölf Reihen von je vier kreuzförmigen Pfeilern, die durch Bögen untereinander verbunden sind,

Die Piscina Mirabilis, die größte römische Zisterne

tragen das Tonnengewölbe. Das Innere ist mit Signinum verkleidet, einer Mischung aus Kalk, Pozzulanerde und Backsteinsplittern. An der Westwand hat sich der Zufluß befunden. Man vermutet, daß auf dem Dach Schöpfräder montiert waren, um Wasser zu entnehmen. Das mittlere Querschiff war das Klärbecken. Sein Niveau ist etwas tiefer und leicht geneigt. An seinem unteren Ende befand sich eine Abflußöffnung. Das Becken dürfte 12 000 m^3 Wasser gefaßt haben.

Am Ortsende von Bácoli, unmittelbar am Rand der Steilküste, befindet sich ein riesiger Süßwasserbehälter, der **Cento Camarelle** (Zugang: *Via Cento Camarelle* 165). Die beiden Stockwerke stammen aus verschiedenen Bauperioden: das untere mit niedrigeren Parallelgängen aus republikanischer und das obere wahrscheinlich aus augusteischer Zeit. Die vier Korridore, miteinander in Verbindung stehend, werden durch ein Tonnengewölbe abgeschlossen.

Bácoli, das römische *Bauli*, war die Sommerfrische vieler römischer Imperatoren. Hier hatte Pompejus seine Villa, Hortensius am Strand seine Fischteiche und ebenfalls eine Villa. Die Anlage ging dann an Drusus, den Stiefsohn des Augustus, und später an seine Enkelin Agrippina, die Mutter Neros. Das als Grab der Agrippina (*Sepolcro d'Agrippina* – am Ortseingang, von Pozzuoli kommend, dem Hinweisschild nach links folgen) bezeichnete Haus, von dem nur spärliche Ruinen zu sehen sind, war in Wahrheit eine römische Villa.

Baiae (3,5 km N Bácoli)

Im 6. Gesang der ›Odyssee‹ wird geschildert, wie Odysseus am Averner See in das Totenreich hinabgestiegen ist. Ganz in der Nähe hat Odysseus einen Gefährten, Baios, beigesetzt. Nach ihm wurde die Stadt benannt. Auch und besonders Baiae war römischer Kur- und Badeort. Die Annalen des Livius berichten, daß schon 178 v. Chr. Konsuln den Ort als Heilstätte aufgesucht haben. Auch in nachantiker Zeit wird der Ort immer wieder wegen seiner Thermen erwähnt. Seneca und Boccaccio sprachen von Baiae, und die Renaissance-Architekten suchten die antiken Gebäude auf, um die kühnen Kuppelkonstruktionen zu vermessen.

Wenn man hinter dem Bahnhof in westlicher Richtung eine kleine Treppe hinaufsteigt, erblickt man rechts den *Tempel der Diana*. Er vermittelt einen prächtigen Eindruck der Kuppelkonstruktion, da er, gleichsam aufgeklappt, erhalten geblieben ist. Ca. 50 m weiter befindet sich der Eingang zur archäologischen Zone. Man gelangt zunächst zum *Merkur-Tempel*, dessen völlig erhaltene Kuppelwölbung an vielen

Nur halb erhalten blieb die Kuppel des Diana-Tempels in Baiae

Stellen noch die Struktur des Aufbaus zeigt. Nach gelehrter Humanistentradition wurden diese Rundbauten Tempel genannt. In Wirklichkeit aber handelte es sich um monumentale Badesäle.

Hinter dem ›Merkur-Tempel‹ liegen die *Terma di Sosandra*, zu sehen ist noch ein zum Meer hin offener Raum (*Exedra*) mit Badezellen. Vor der Exedra befindet sich eine Aussichtsterrasse mit einem Schwimmbassin. Außerhalb des Grabungsbezirks in Hafennähe kann man noch Reste eines *Venustempels* besichtigen (2. Jh.). Es handelt sich auch hier um einen ehemaligen Badesaal. Die im Obergeschoß angebrachten Fenster bilden hier erstmalig einen Lichtgaden aus.

14 Im Schatten drohenden Unheils: Der Vesuv und die Vesuv-Villen

San Giorgio a Cremano Portici · Resina · Torre del Greco

Vom ›*Centro Direzionale di Napoli*‹, dieser urbanen Komposition futuristischer Architektur (*S. 23*), zeigt sich der Vesuv im dunstigen Mattblau des Nachmittags harmlos, beinahe lieblich. Dieses Bild kontrastiert mit Stichen und Gemälden, die den wilden Vesuv in Aktion zeigen. Will man dem heute offensichtlich zur Ruhe gekommenen Vulkan von Neapel aus einen Besuch abstatten, so fährt man über die *Piazza Garibaldi* und rechts an der *Stazione Centrale* vorbei Richtung Autobahn (Salerno). Diese verläßt man in Resina; ab hier ist der Weg zum Vesuv ausgeschildert. In steilen Windungen geht es den Berg hinauf. Unterhalb des Kraters wurde ein großer Parkplatz angelegt, von dem aus man zu Fuß den Rand des Kraters erreichen kann.

Im Altertum trug der Vulkan nur einen Kegel, den *Monte Somma*. Dieser war damals 2300 m hoch. Nach mehreren Ausbrüchen stürzte der Kegel ein, so daß ein riesiger Krater entstanden ist. Das besonders fruchtbare Vulkangebiet war auch im Altertum bereits dicht besiedelt. Im Jahre 63 n. Chr. erschütterte ein Erdbeben die Region – ein erstes Anzeichen für den verheerenden Ausbruch des Vesuvs im Jahre 79. Unter Aschenregen und Lavaströmen erstickten Pompeji, Herculaneum und Stabiae (*S. 155f., 164f., 180f.*). Zu dieser Zeit bildete sich der Kegel des heutigen Vesuvs und damit der von Neapel zu sehende Doppelgipfel. In den Jahren 202, 472, 512, 785, 933, 1036, 1306, 1500, 1631 (einer der heftigsten Ausbrüche, der Torre del Greco zerstörte), 1794, 1822 (Alexander von Humboldt schaute zu), 1871, 1872, 1906, 1944 gab es Ausbrüche. Seit dieser Zeit scheint der Vulkan erloschen zu sein.

Es lohnt sich, eine Rundfahrt zu den **Vesuv-Villen** zu machen, von denen sich einige in einem sehr maroden Zustand befinden, andere jedoch vorbildlich restauriert worden sind.

San Giorgio a Cremano (8 km O Neapel-Zentrum)

Sehenswert ist die ***Villa Pignatelli di Montecalvo** aus dem 18. Jh. – wahrscheinlich ein Werk von *Ferdinando Sanfelice* (*S. 70*). Höhepunkt des Baus ist, im oberen Stockwerk, der *Ovalsaal*, dessen schönster ›Bilderschmuck‹ die Aussicht auf das Meer und den Vulkan darstellt. In der Nähe liegt die **Villa Vannucchi**, die um 1775 erbaut worden ist und damals zu den schönsten Villen der Vesuvküste zählte. Der dreigeschossige Bau verweist mit den Kolossalpilastern und dem Pfeilervestibül im Inneren auf die etwas laute Formensprache des auch in Rom tätigen Architekten *Ferdinando Fuga*. Von den im 18. Jh. entstandenen **Villen** an der *Via Pessina* überrascht die **Villa Cerbone** mit einer reizvollen Doppeltreppe, die elliptisch in die Höhe führt. In der **Villa Lignola** ist das Treppenhaus beachtenswert. Sein Baumeister hat sich von vergleichbaren Vorbildern Sanfelices in Neapel inspirieren lassen (*S. 70*).

Portici (an der Küste; 2 km W S. Giorgio)

Der Stadtkern des um 728 erstmals erwähnten Städtchens wurde beim Vulkanausbruch von 1631 vollständig zerstört. An der Piazza S. Ciro steht die Hauptkirche *Santa Maria della Natività* von 1642. Im Inneren ein Hochaltarbild mit der Darstellung der Geburt Mariens von *Luca Giordano*.

** Palazzo Reale

Am östlichen Ausgang des Ortes steht der prachtvolle Palazzo Reale. *Antonio Canevari* hat die Pläne für das Gebäude entworfen, das man zwischen 1738 und 1752 erbaute. Die für Karl von Bourbon errichtete Residenz wurde reich ausgestattet; u. a. enthielt sie eine kostbare Porzellansammlung, die im 19. Jh. in Capodimonte (*S. 83*) eine eigene Abteilung erhielt. Ab 1738 wurde im nahen Herkulaneum gegraben. Mit den Fundstücken hat man im Palast ein kleines Museum eingerichtet. Als man 1752 mit dem Bau von Caserta (*S. 203*) begann, vernachlässigte man das noch nicht ganz vollendete Schloß. Der Palast gelangte in Staatsbesitz und beherbergt heute die Agronomische Fakultät der Universität von Neapel.

Der Bau wird von einem Straßenhof in zwei Hälften geteilt. Die jeweils dreigeschossigen Hauptteile werden von niedrigen Flügelbauten flankiert. Flache Kolossalpilaster gliedern die durchweg in nüchternem Klassizismus gehaltene *Fassade*. Die südliche, dem Meer zuge-

Eine private Piazza: der Innenhof der Villa Campolieto

wandte Front endet ebenfalls in Flügelbauten, die im weiten Bogen die Aussichtsterrasse und das untere Gartenparterre umgreifen. Die Terrasse ist mit einer etwas vorstehenden Exedra versehen. 1749 wandelte man das schon eingerichtete Theater in eine Palastkapelle um. Der intime Zentralbau des ehemaligen Bühnenhauses wurde durch Hinzufügung eines rechteckigen Presbyteriums zum Sakralbau.

Durch den großen **Park** führen heute die Gleise der *Ferrovia Circumvesuviana*. Man begegnet dort Brunnen und einigen kleinen Gartenbauten aus dem 18. Jh., u. a. Pavillons nach pompejanischem Muster. Im unteren Teil des Parks befand sich einst ein großer Teich mit Delphinen.

Daß es im 18. Jh. anscheinend zum guten Ton gehörte, in Portici eine Villa zu bauen, zeigt ein Spaziergang auf dem **Corso Garibaldi**. Die ***Villa Menna** (Nr. 125) weist einen schön gestalteten Innenhof mit Aussichtsterrassen auf. Dort öffnen sich Gärten, von denen aus Wege bis ans Meer führen. Die *Villa Buono* (Nr. 189) hatte prächtige Gartenanlagen, die im 19. Jh. leider zugebaut worden sind. Die *Villa Lauro-Lancellotti* (Nr. 237) aus der 2. Hälfte des 18. Jh. hat sich von dem damals populären und dominierenden Baustil Vanvitellis und Fugas gelöst. Auffallend ist die Rustikafassade, deren neun Achsen in Dreiergruppen zusammengefaßt sind. In Hafennähe schließlich steht die *Villa D'Elboeuf*. Sie wurde 1711 von Sanfelice erbaut. Heute sind nur noch die Portale und die zum Strand hinablaufenden Treppenanlagen zu sehen.

** Resina (3 km SO Portici)

Es ist nicht sicher, ob Resina – über den Häusern von Herkulaneum (dazu *S. 155ff.*)- schon in antiker Zeit gegründet wurde. Im oberen Ortsteil Pugliano steht die vom hl. Petrus gegründete Kirche *Santa Maria a Pugliano*.

Eine der interessantesten Villen aus dem 18. Jh. ist die *Villa Caravita* von D. A. Vaccaro. Leider sind nur noch wenige Überreste erhalten geblieben (*Corso Garibaldi* 112). Der *Palazzo Correale* (*Corso Ercolano* 59) besitzt eine schöne Fassade. – Von Resina nach Torre del Greco verläuft am Meer die ca. 2 km lange **Miglio d'Oro**, die Goldene Meile, mit berühmten Gärten und Lustvillen aus der Bourbonenzeit.

*** Villa Campolieto

Um 1700 errichtete *Luigi Vanvitelli* (*S. 48*) den Palast für die Familie Casacalenda. Es handelt sich um ein Hauptwerk des Architekten. Vanvitelli ging von der üblichen Stadtvillen-Situation aus: Er konzipierte einen mächtigen Palastblock, zweigeschossig und von einer mächtigen Attika-Balustrade abgeschlossen. In der Mittelachse der Fassade erscheint das rahmenlose Bogenportal. Ein etwas nach innen gezogenes Wandfeld steigt über dem Portal auf. Es wird – in der Entsprechung zum unteren Geschoß – durch eine rundbogige Balkontür markiert.

Der Innenhof wirkt wie ein Innenraum. Er wird durch Säulen sowie Tonnen- und Kreuzgewölbe akzentuiert. Die rechte Querachse führt

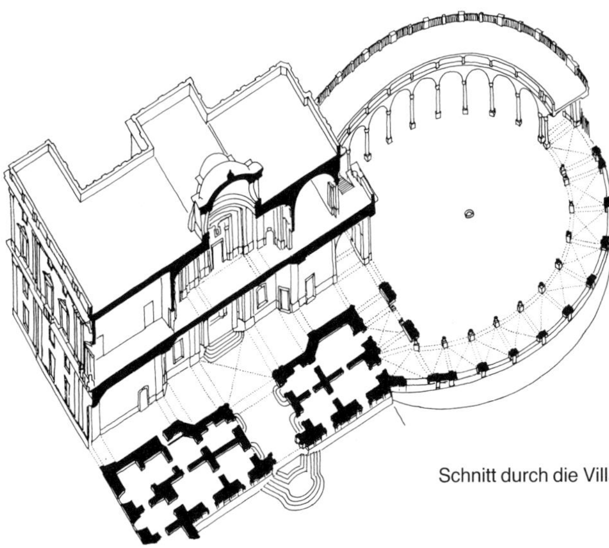

Schnitt durch die Villa Campolieto

zum Garten, die linke zu einer Drei-Treppen-Anlage, die ihrerseits in das Obergeschoß leitet. Im Zentrum befindet sich der Apsidensaal mit dem Grund- und Aufriß des darunterliegenden Raumes. Über ihm wölbte sich eine große Kuppel.

Die dem Meer zugewandte *Aussichtsterrasse* unterscheidet sich erheblich von der anderer Villen: Anstelle der weit ausgreifenden Seitenflügel hat Vanvitelli eine Kolonnade ringförmig vor die Rückfront des Palastes gesetzt. So wandelt man innerhalb der Bogenarchitektur (innen Säulen, außen Pfeiler) im Schatten und kann die Ausblicke auf Meer und Garten genießen.

Die *Villa Favorita* errichtete Ferdinando Fuga für den Fürsten von Jaci und Campofiorito im Jahre 1768. Später wurde die Villa königlicher Besitz, heute befindet sich hier das Militärinstitut. Der breite Fassadentrakt weist elf Achsen auf. Besonders reizvoll sind die volutengerahmten Mezzaninfenster über den seitlichen Portalen. Der Hauptsaal erstreckt sich ellipsenförmig durch den gesamten Mitteltrakt.

* Torre del Greco (ca. 3 km SO Resina)

In diesem Industriestädtchen sollte man sich zwei Villen anschauen, die *Villa del Cardinale* und die *Villa Palomba*. Die zuerst genannte, am südöstlichen Ortsausgang (*Via Nazionale* 122), wurde 1744 als Sommersitz der napoletanischen Kirchenfürsten erbaut. Im großen Mittelsaal des Obergeschosses sind illusionistische Fresken aus dem 18. Jh. erhalten. Die ***Villa Palomba**, ganz in der Nähe, in der *Via Nazionale* 101, wurde 1742 für die Familie del Gallo errichtet. Die Fassade steigt zur Mitte hin auf; im Innern erwartet den Besucher ein verblüffendes Treppenhaus, dessen Dekorationen sehr fein und phantasievoll gestaltet sind.

15 Im Ascheregen versunkene Städte: Herkulaneum, Pompeji, Stabiae

Einen einzigartigen Höhepunkt jeder Neapelreise bildet der Besuch der versunkenen und wieder ans Tageslicht gebrachten Orte Herkulaneum, Pompeji und Stabiae. Nicht nur Künstler, Kulturhistoriker und Archäologen fanden hier ab dem 18. Jh., als die Ausgrabungen begannen, Stoff für Forschung und Phantasie, sondern auch der englische Schriftsteller *Edward Bulwer-Lytton*, dessen Bestseller ›*Die letzten Tage von Pompeji*‹ (1822) einen nicht unbedeutenden Beitrag zur damals grassierenden Pompejimode darstellt.

Zahlreiche Malereien überlebten den Ascheregen in Pompeji
Haus der Vettier, *S. 174* ▷

45

*** Herkulaneum (Ercolano) (7 km SO Neapel-Zentrum)

Was die archäologische Spurensuche vor Ort betrifft, so empfiehlt es sich, mit Herkulaneum zu beginnen. Diese Ausgrabungszone ist überschaubar und gewährt Einblicke in das städtische Ambiente der Römer, die man in Pompeji vergeblich sucht. Hier versteht man schon bei einem kurzen Rundgang die ›Grabungssituation‹; dem phantasievollen Ergänzen und Beleben des antiken Szenarios sind keine Grenzen gesetzt.

Geschichte: Die antike Stadt lag am Westabhang des Vesuvs. Im Norden und Süden war sie durch Täler geschützt. Die Küstenstraße Neapel-Pompeji führte durch die Stadt. *Theophrastos* (ca. 370–287 v. Chr.) berichtet, Herkules habe bei seiner Rückkehr aus Iberien diese Stadt gegründet. Es ist nicht sicher, ob Griechen oder Etrusker der Stadt den Namen gegeben haben. Am Ende des 5. Jh. v. Chr. wurde Herkulaneum (*Herculaneum*) von den Samniten erobert, die Sulla dann später vertrieben hat. 89 v. Chr. wurde sie römisches Municipium, das Cicero zu den wichtigsten Zentren Kampaniens zählte. 63 n. Chr. richtete ein Erdbeben große Schäden an, die Neubauten und Reparaturen notwendig gemacht haben. Noch während des Wiederaufbaus der Stadt kam das Ende. Heißer Lavaschlamm ergoß sich während des Vesuvausbruchs im Jahre 79 in mehreren Schüben über die Stadt und erstickte sie. Der Schlamm erstarrte zu Tuff. Er konservierte die Gebäude, besonders die Holzteile der Gebäudekonstruktionen, so daß sich nirgends eine bessere Vorstellung von der Verwendung des Holzes im römischen Hausbau gewinnen läßt als hier.

Als der *Fürst d'Elboeuf* im Jahre 1709 einen Brunnenschacht anlegen ließ, entdeckte er die Stadt. Zunächst stieß man auf die Mauern des Theaters. Rücksichtslos wurden Kostbarkeiten wie Marmorverkleidungen und Statuen in die verschiedenen Museen Europas verkauft. Erst unter dem Patronat Karls III., des Königs von Neapel, begannen die regulären Ausgrabungen. Sie dauerten von 1738 bis 1765.

Bei der zweiten Grabungsperiode (1828–55) legte man die Häuser von oben her frei und führte keine Stollen mehr durch den Tuff, durch die viele Mauern zerstört worden waren.

Von 1869–75 fand die dritte Grabungsperiode statt, die unter der Schutzherrschaft von *Vittorio Emanuele II.* stand. Sie wurde bald beendet, da die Bewohner von Resina sich verständlicherweise energisch gegen die notwendige Enteignung von Häusern und Gelände wehrten.

1904 versuchte der Archäologe *Karl Waldstein* ein internationales Grabungsteam einzusetzen. Das Vorhaben scheiterte an der italienischen Regierung. Erst unter *Amedeo Maiuri* wurden die Grabungen im Jahre 1927 wieder aufgenommen. Man setzte sich das Ziel, alle Funde am Ort selbst zu erhalten und durch wenige Rekonstruktionen ein originales Bild von der Vergangenheit zu vermitteln.

Wahrscheinlich war Herkulaneum um zwei Drittel kleiner als Pompeji. Es zählte etwa 5000 Einwohner. Der gute Erhaltungszustand des Straßenpflasters weist auf eine geringe Betriebsamkeit. Da sich in vielen Häusern Netze und Angelgeräte fanden, nimmt man an, daß die Bewohner vorwiegend vom Fischfang lebten.

◁ Corricella, die erste Fischersiedlung von Procida (*S. 188*)

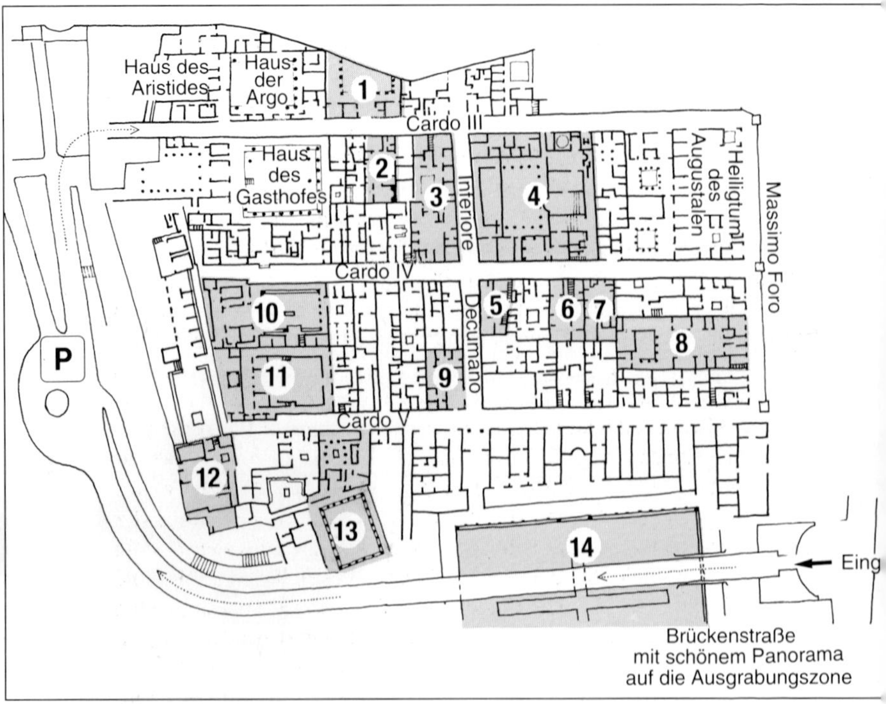

Herkulaneum: Orientierungsplan

1 Casa del Genio (Haus des Genius)
2 Casa dello Scheletro (Haus des Skeletts)
3 Casa del Tramezzo di legno (Haus mit der Holzwand)
4 Terme del Foro (Hauptthermen)
5 Casa Sannitica (Samnitisches Haus)
6 Casa del mobilio Carbonizzato (Haus der verkohlten Möbel)
7 Casa del Nettuno e Anfitrite (Haus des Neptun und der Amphitrite)
8 Casa del Bicentenario (Haus der Zweihundertjahrfeier)
9 Bäckerei (pistinum)
10 Casa dell'Atrio a mosaico (Haus des Mosaikatriums)
11 Casa dei Cervi (Haus der Hirsche)
12 Terme suburbane (Vorstädtische Thermen)
13 Casa del Rilievo di Telefo (Haus des Telefo-Reliefs)
14 Palaestra (Turn- und Sporthalle)

Rundgang

Das Stadtbild von Herkulaneum wird von einem Netz rechtwinklig sich kreuzender Straßen durchzogen – wahrscheinlich nach dem Vorbild Neapels. An die Straßenzüge grenzen rechtwinklige Wohnblöcke (*insulae*) an. Die breiteren, parallel zur Küste verlaufenden West-Ost-Straßen nennt man *Decumani* und die schmaleren, von Norden nach

Süden verlaufenden *Cardines* (*S. 12*). Vom Eingang der **archäologischen Zone** (*Scavi di Ercolano*) führt eine breite Straße um das Ausgrabungsgelände herum und hinunter zum Eingang in die antike Stadt. Man geht also parallel zu den Cardines und nach der Biegung parallel zu den Decumani. Man betritt den westlichen *Cardo III* und damit den Teil der Stadt, der in der zweiten Grabungsperiode ausgegraben wurde. Links am **Haus des Aristides** und am **Haus des Argus** vorbei gelangt man zum **Haus des Genius (1)** (*Casa del Genio*). Es verdankt seinen Namen einem kleinen geflügelten Genius, der einen hier gefundenen Leuchter verzierte. Bei diesem Haus handelte es sich um einen Patriziersitz mit Atrium, Peristyl und Parkanlage. Der Zugang von der Straße führt direkt in den Garten, der auf drei Seiten in Säulenhallen zu umwandeln war. Dort befindet sich ein dreieckiges Brunnenbekken, das Skulpturen schmückten. Die vorher genannten Häuser schließen sich im Konzept an dieses Haus an.

Gegenüber der Casa del Genio liegt die **Casa dello Scheletro (2)**. Das Haus hat seinen Namen von einem Skelett, das man während der Grabungen 1830 im Obergeschoß gefunden hat. Es muß sich um ein kleines Bürgerhaus gehandelt haben; dafür sprechen die engen Räume und das Fehlen des Gartens. Das Licht fällt nur sehr spärlich in die Zimmer. Im Mittelraum links das Triclinium; dort befindet sich ein kleines Nymphäum mit zwei Wasserbecken.

Wir verlassen das Haus und den *Decumanus Inferior*. An der Kreuzung mit dem Cardo IV liegt das Haus mit der hölzernen Scheidewand, die **Casa del Tramezzo di legno (3)**. Das zweistöckige Gebäude hat eines der schönsten Atrien von Herkulaneum. An seiner linken Seite liegen zwei Cubiculae mit hölzernen Bettstellen. Das große, durch beide Geschosse durchgehende Tablinum wurde offensichtlich später durch eine hölzerne Scheidewand (it. tramezzo) geteilt. Die Türen sind mit schönen Bronzebeschlägen in Form eines Schiffshecks _ zum Aufhängen von Öllampen – geschmückt.

Nach dem Verlassen des Hauses betritt man die Thermen, die **Terme del Foro (4)**. Die überwölbten Räume sind nur spärlich beleuchtet. Das römische Bad enthält, wie üblich, einen Auskleideraum (*apodyterium*), ein Kaltbad (*frigidarium*), einen mäßig erwärmten Raum (*tepidarium*) und ein Warmbad (*caldarium*). Die Heizung erfolgte über Rohre (»rubi«), die in die doppelten Böden und Wände eingelassen waren. Man betritt die Anlage über *Cardo III, Nr.* 1. Nach dem Eingang öffnet sich ein großer Hof für gymnastische Übungen (*palaestra*); kurz vorher liegt links der Zugang zum Apodyterium mit zwei Reinigungsbecken (*labrum*). Linker Hand liegt das Frigidarium. Beachtenwert ist das ***Mosaik** auf dem Fußboden, das einen Triton mit

In der Casa del Nettuno e Anfitrite, rechts das namengebende Mosaik

Steuerruder und Fruchtkorb, von Delphinen begleitet, zeigt. Im Nachbarraum lag das Caldarium mit einer Apsis in der Südwand.

Wenn man sich wieder dem Ausgang am *Cardo IV, Nr.* 7 , zuwendet, hinausgeht und die Anlage durch die unmittelbar daneben liegende Tür (*Nr.* 8) erneut betritt, gelangt man in das **Frauenbad**, das nach demselben Schema aufgebaut ist – es fehlt lediglich das Frigidarium. Im kleinen Apodyterium ein Mosaikfußboden mit Tritonen und Delphinen, Muränen und Polypen; im Tepidarium eine Sitzbank und ein geometrisches Fußbodenmosaik.

An der Ecke *Cardo IV/Decumanus Inferior* liegt die **Casa Sannitica** (**5**) – das ›samnitische Haus‹ (Zugang: Cardo II, Nr. 1). Im Obergeschoß des Atriums fällt ein Säulenumgang mit ionischen Kapitellen auf. In den Räumen haben sich Freskoreste erhalten – u. a. ein ›*Raub der Europa*‹ inmitten feiner Architekturmalerei.

Ein paar Schritte weiter nordwärts gelangt man zur **Casa del mobilio Carbonizzato (6)** – dem ›*Haus mit den verkohlten Möbeln*‹. Der doppelstöckig umbaute Innenhof ähnelt hellenistischen Anlagen. In den Räumen stehen noch die prächtig geschnitzten Möbel und Haushaltsgegenstände der ehemaligen Bewohner. Auf der Hofwand sieht man die Darstellung eines Tempels. All dies, ebenso wie die schönen Ausmalungen aus dem 1. Jh. n. Chr., verweist auf Reichtum und Geschmack der Besitzer.

Das Nachbarhaus trägt den Namen **Casa del Nettuno e Anfitrite (7)** *(Corso IV, Nr.* 5–6). Die Vorderwand des vorspringenden Obergeschosses ist nicht mehr vorhanden, so daß man direkt in die Wohnräume hineinschaut. Im Erdgeschoß liegt rechts vom Eingang ein Laden (*taberna*). Das Haus scheint gerade von seinen Besitzern verlassen worden zu sein: Hausrat, stehende und liegende Amphoren sowie ein Herd und ein Ausguß zeugen noch von der unvorhergesehenen Katastrophe. Im Atrium steht ein schön gestaltetes Nymphäum. Auf der Hofwand, die dem Eingang gegenüberliegt – man geht also gerade darauf zu – erscheint unter einer Aedicula das *Mosaik mit Neptun und Amphitrite*, von dem das Haus seinen Namen hat.

Auf dem *Cardo IV* geht man nordwärts weiter zum *Decumanus Maximus*. Dort, in der *Insula V, Nr.* 15–16, steht die **Casa del Bicentenario (8)**, das ›*Haus der Zweihundertjahrfeier*‹ – so genannt, weil es 1938, zweihundert Jahre nach Beginn der ersten Ausgrabungen, freigelegt wurde. Im Tablinum ist ein sehr schöner Marmorfußboden erhalten sowie ausgezeichnete ***mythologische Bilder** (Daidalos und Pasiphae, Mars und Venus). Das ausgedehnte Atrium spricht für ein Patrizierhaus. Im Obergeschoß finden sich in einem kleinen Domestikenzimmer ein Kreuzgebilde und darunter ein Schrank, wahrscheinlich ein Altar, eine geheime christliche Gebetsstätte.

Man begibt sich nun in den *Cardo V* und geht bis zum Decumanus Inferior. Dort an der Ecke trifft man auf die **Bäckerei (9)** (*pistinum*). Es sind noch der Ofen, Mühlen und Amphoren für Getreide zu sehen.

Links vom Decumanus Inferior geht der *Decumanus IV* ab. Nach einigen Schritten rechts die **Casa a Graticcio** – ein mehrstöckiges Mietshaus aus Holzfachwerk (graticcio‹) –, wahrscheinlich für Familien aus dem Mittelstand. Daneben ein Haus aus vorrömischer Zeit, die Casa dell'Erma di bronzo oder ›*Haus mit dem Bronze-Hermes*‹. Schräg gegenüber steht das große *Haus mit dem mosaikgeschmückten Atrium* (*Insula IV*, 1–2), die **Casa dell'Atrio a mosaico (10)**. Es handelt sich hier um eine Villa direkt am Meer, sie gehörte also zu den Herrschaftshäusern der Stadt. Herrschaftlich ist auch die Anlage. Man betritt das Atrium durch einen Eingangskorridor mit Seitenräumen. Die Böden sind mit schwarz-weißem Mosaik ausgelegt. Hinter dem Atrium befindet sich ein dreischiffiges Tablinum – die Mitte ist erhöht, die Seitenteile sind niedriger und schmaler. Der anschließende *Garten* wird von einem hübschen Portikus mit Fenstern gesäumt. Östlich der Gartenterrasse liegen vier kleine Schlafzimmer und in der Mitte zwischen ihnen eine rechteckige Exedra (Nische mit erhöhten Sitzplätzen) mit herrlichen ***Wandmalereien** (Bestrafung Dirkes durch Amphion und Zethus).

Die ›Terme suburbane‹ in Herkulaneum

Das Nachbarhaus, die **Casa dei Cervi** (**11**), das Haus der Hirsche, ist das größte in Herkulaneum (vgl. *S. 155*). Auch hier handelt es sich um ein Herrschaftshaus mit ähnlichen Ausmaßen wie das Nachbargebäude. Die Anlage besteht aus drei Teilen: einem nördlichen Wohntrakt, einem großen Garten in der Mitte und einem südlichen Wohntrakt mit Aussichtsterrasse. Das Atrium diente als Vestibül; von ihm aus konnte man alle Wohnräume bequem erreichen. In der Eingangsachse hinter dem Atrium das Tablinum, hier als Empfangssaal genutzt, mit einem Bodenbelag aus Marmor. Die Wandmalereien wurden auf schwarzen Grund gemalt. Von hier aus gelangt man in den *Garten* mit Marmortischen und Skulpturen. Im *Speisesaal* befinden sich zwei Skulpturengruppen, die von Hunden gehetzte Hirsche (*cervi*) zeigen. Im benachbarten Raum ein schöner Satyr mit einem Weinschlauch. Vom Peristyl geht ein Raum ab, in dem ein trunkener, wasserlassender Herakles steht.

Gegenüber, *am Cardo V*, liegen die schöne **Casa della Gemma** und dahinter Reste einer unterirdischen Badeanlage, der **Terme suburbane** (**12**). Sie sind reich mit Marmor- und Stuckverzierungen ausgestattet.

Auf dem *Cardo V* kommt man links der Casa Gemma an der **Casa del Rilievo di Telefo** (**13**) vorbei. In einem kleinen Raum sind auf einem Flachrelief die Mythen von Orest und Telephos, dem Sohn des Herakles, dargestellt. Weiter in nördlicher Richtung gelangt man zur **Palaestra** (**14**), einer bemerkenswerten Anlage mit schönen Säulengängen. Im Mittelsaal eine Apsis mit Überresten eines Marmorfußbodens. Die Anlage diente öffentlichen Sportveranstaltungen.

Außerhalb der Ausgrabungszone liegt das **antike Theater** aus der Zeit des Augustus, das 2000 Zuschauer fassen konnte (*Corso Ercolano 119* – die Ausgrabungen sind noch nicht beendet).

Das römische Wohnhaus im Altertum (*s. Grundrisse S. 162*): Bereits ein kurzer Rundgang durch Herkulaneum und Pompeji zeigt, daß das römische Wohnhaus nach einem bestimmten, kaum variierten Grundschema aufgebaut ist. Je nach Größe und Art der Ausstattung ergeben sich allerdings sehr unterschiedliche Gesamteindrücke. Die ersten städtischen Wohnhäuser wurden von Griechen in Süditalien und von Etruskern in Mittelitalien erbaut. Das Atriumhaus setzte sich im 4. Jh. v. Chr. für ganz Italien durch. Hier wurden zum ersten Mal die praktischen Bedürfnisse eines Wohnhauses mit den konstruktiven Bedingungen der Holzbauweise in Einklang gebracht. Zentrum der Anlage ist das *Atrium* (**2**). Ursprünglich Standort des Herdes, wandelte es sich im Lauf der Zeit zur großen, eleganten Säulenhalle, die ihr Licht durch eine viereckige Öffnung in der Decke erhielt. Das Regenwasser sammelte sich in einem unter diesem ›compluvium‹ liegenden Becken. Das Atrium war innerhalb der Wohnung eine Art öffentlicher Raum, nicht nur im Sinne eines Empfangszimmers, sondern auch als Treffpunkt der Familie sowie als kühler, schattiger Ort in den heißen Sommermonaten. In der Regel sind ihm zwei zur Straße hin offene *Tabernae* (Werkstatt oder Laden; **1**) vorgelagert. Um das Atrium sind die Schlafräume (*Cubicula*; **5**) und kleine Seitenflügel (*Alae*; **3**) angeordnet. Vom Atrium gelangt man schließlich in den Wohn- und Speiseraum (*Tablinum*; **4**) und von dort in den *Garten* (**6**). Weitere Zimmer und eine Küche ergänzen das Wohnhaus.

Das altpompejanische Haus entspricht in seiner Anlage dem altrömischen. Seine Dachführung ermöglicht eine abgestufte Raumhöhe und Lichtführung. Das Peristylhaus ist eine erste Erweiterung und Bereicherung des Atriumhauses (*Abb. 2*): Wie beim Atriumhaus liegen auch hier die Nutzräume an der Straße vor dem Atrium. Um das Atrium herum gruppieren sich

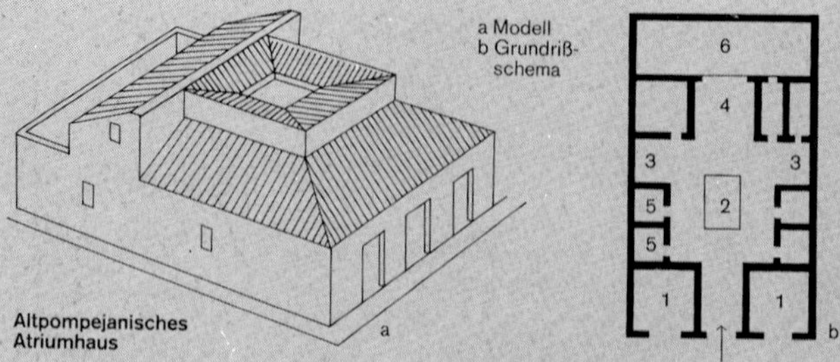

Altpompejanisches Atriumhaus

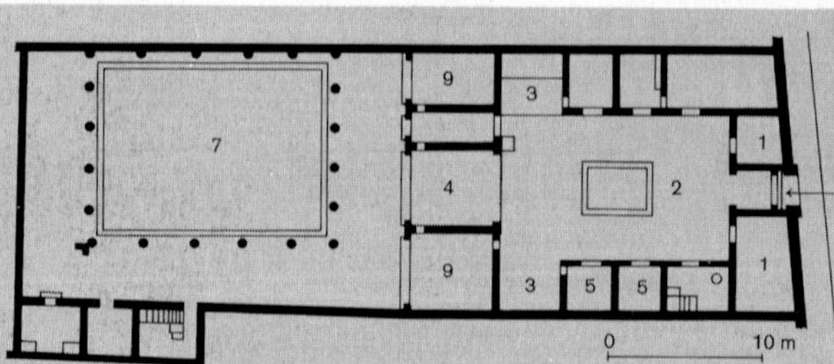

Pompejanisches Peristylhaus
(»Casa di Capitelli figurati«)

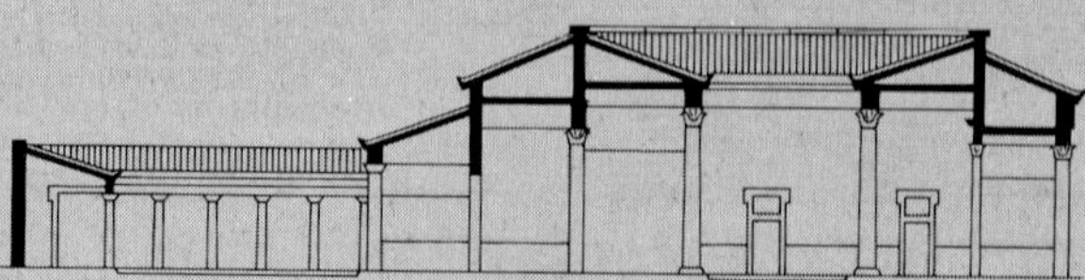

Pompejanisches Peristylhaus (schematischer Längsschnitt)

Schlaf- und Eßräume sowie die Empfangshalle. An den großen Wohn- und Eßraum in der Achse des Atriums schließen sich weitere Speisezimmer (*Triclinium*; **9**) an. Von dort gelangt man in das *Peristyl* (Säulenhalle im offenen Hof; **7**). Dieses System kann man besonders gut in Pompeji (*Casa dei Capitelli figurati, Casa del Fauno*) studieren.

POMPEJI

Pompeji aus der Vogelperspektive (*Orientierungsplan S. 168 f.*)

*** **Pompeji** (Pompei) (15 km SO Herkulaneum, kurz hinter Torre Annunziata)

Die meisten Besucher beginnen ihren Rundgang durch das alte Pompeji mit dem Museum (**1**). Dazu verlockt der Schatten, und als Vorbereitung auf das Erlebnis der Ruinenstadt ist das Museum auch hervorragend geeignet. Und doch sollte man eigentlich ganz anders beginnen: mit dem einstigen Stadtzentrum, dem Forum. Denn von hier aus bietet sich ein einzigartiger ***__Ausblick__ über die Säulenreste des Jupitertempels hinweg auf den Vesuv. Dieser Anblick war für die Pompejaner völlig alltäglich – bis das Unheil über sie hereinbrach und ihr Zuhause, ihre Kultur und ihre Zivilisation zerstörte. Hier ist der rechte Ort, um sich das Szenarium des plötzlich verdunkelten Himmels, der tiefschwarzen Nacht inmitten des Tages und des bald darauf einsetzen-

den Ascheregens zu vergegenwärtigen. Während des Rundgangs durch die Ruinenstadt werden sich immer wieder bekannte literarische oder filmische Bilder der Pompeji-Katastrophe einstellen. Aber zurück zur nüchternen Historie.

Geschichte: Von den *Oskern* gegründet, stand Pompeji im 6. und 5. Jh. v. Chr. unter dem wechselnden Einfluß von Etruskern und Griechen. Um 425 wurde die Stadt von den Samniten besetzt. Sie trugen zur Errichtung der gegenwärtigen Anlage wesentlich bei. Nachdem sich Pompeji immer wieder gegen Rom wehren mußte, trat es schließlich im Jahre 290 v. Chr. an seine Seite. Später wurde es zum Rang einer römischen Kolonie unter dem Namen *Colonia Veneria Cornelia Pompei* erhoben. Die Stadt wurde bald bekannt als Lieblingstreffpunkt der römischen Aristokratie.

Im Jahre 63 n. Chr. verwüstete ein Erdbeben die Stadt. Man war mit dem Wiederaufbau noch längst nicht fertig, als 16 Jahre später, am 24. August 79 ein gewaltiger Ausbruch des Vesuv die Menschen während ihrer Alltagsverrichtungen überraschte. Innerhalb eines kurzen Zeitraumes verschwand die Stadt unter einer Schicht von Steinteilchen (*Lapilli*) und Asche, die schnell 7–8 m Höhe erreichte. *Plinius d. J.*, der sich damals bei seinem Onkel, dem Flottenkommandanten, in Misenum aufhielt, beobachtete das Geschehen aus der Nähe. Die meisten Bewohner wurden auf der Flucht unter dem Aschenregen begraben. Manche flüchteten entsetzt in ihre Kellerräume, wo sie an den heißen Dampfwolken erstickten; andere wurden während der Arbeit überrascht und so für fast zwei Jahrtausende festgehalten.

Im 16. Jh. entdeckte der Architekt Domenico Fontana Ruinenreste von Pompeji. Erst 1748 begann man mit den Ausgrabungen, die seit 1860 ständig fortgesetzt werden. Wie in Herkulaneum ist man auch in Pompeji darum bemüht, Kunst und Kultur, die Lebensumstände und -bedingungen der Menschen von damals wieder vor Augen zu führen. Bis heute hat man etwa drei Fünftel des gesamten Stadtgebietes freigelegt. Die noch unerforschten Viertel liegen im Norden und Nordosten der Stadt.

Rundgang

In das Ausgrabungsgelände gelangt man durch die **Porta Marina**, den Haupteingang, am Westabhang des Hügels unweit der Bahnlinie von Neapel. Gleich nach dem Eingang rechts befindet sich das ****Antiquarium** (**1**) – das bereits erwähnte kleine Museum, das man – ganz gleich, ob vor oder nach dem Rundgang – unbedingt besuchen sollte, da es einen guten Überblick über die Geschichte Pompejis bietet.

Im *ersten Saal rechts* lernt man Pompeji zur vorsamnitischen Zeit kennen. Es werden Gegenstände aus den Nekropolen des Sarno-Tals, die aus dem 9.–7. Jh. v. Chr. stammen, gezeigt. Ferner sind Terrakottenarbeiten vom Dorischen- und vom Apollon-Tempel ausgestellt. Man teilt diese Arbeiten in drei Perioden ein: 6.–5. Jh. v. Chr.; 4. Jh. v. Chr.; 3.–2. Jh. v. Chr. Im *zweiten Saal* verschiedene Kapitellformen und Skulpturen, darunter eine Sphinx aus samnitischer Zeit. Im mittleren Saal steht die Statue des Livius aus der Mysterien-Villa sowie verschiedene Bildnisse. Im *Saal 3* wird das römische Pompeji präsentiert: Es sind zahlreiche Gipsabdrücke von Menschen und Hunden zu sehen. Der Gips wurde bei den Ausgrabungsarbeiten in Hohlformen gegossen, die die verwesten Leiber in der harten Schlammschicht hinterlassen hatten. Vasen, Skulpturen, Statuetten und Gebrauchsgegenstände vervollständigen den Einblick in den pompejanischen Alltag. Dieser ist ebenfalls (vielleicht sogar noch besser, zumindest nicht so dramatisch) im *Saal 4* zu studieren: Neben dem Modell einer ländlichen Villa sind Arbeits- und Hausutensilien sowie mechanische Geräte und Stoffe zu sehen. Im Ausgangssaal ein Gipsabdruck von einem Maultiertreiber, der vom Vulkanausbruch überrascht worden war.

Man verläßt das Museum und stößt nach wenigen Metern auf der *Via Marina* rechts auf die **Basilika** (**2**). 28 Säulen teilen das Bauwerk in drei Schiffe. An den Wänden ionische Halbsäulen, darüber korinthische.

Blick auf das Forum von Pompeji

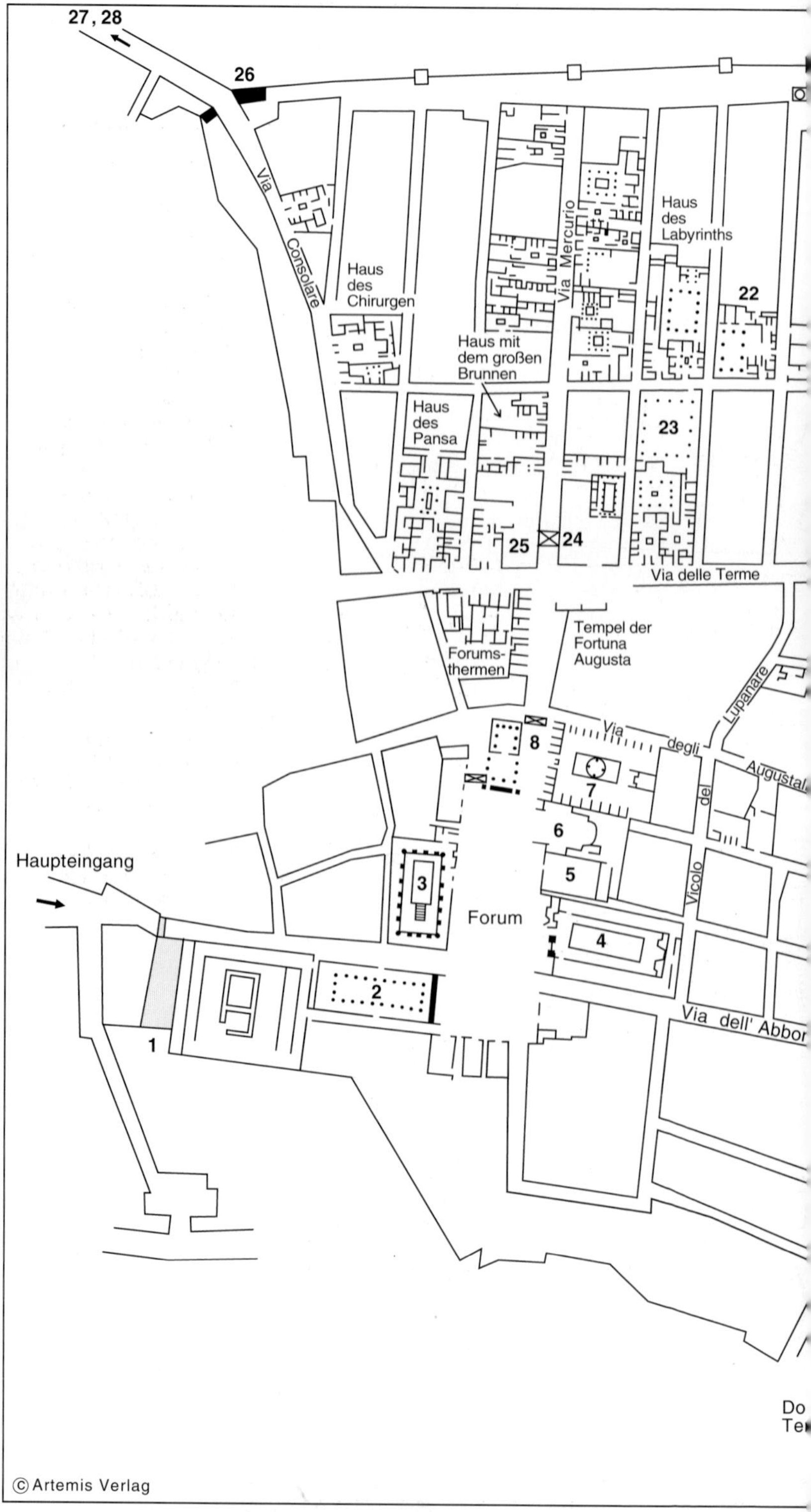

27, 28
26
Via Consolare
Haus des Chirurgen
Via Mercurio
Haus mit dem großen Brunnen
Haus des Labyrinths
22
Haus des Pansa
23
25
24
Via delle Terme
Tempel der Fortuna Augusta
Forumsthermen
Lupanare
Via degli Augustali
8
7
6
5
3
4
2
1
Forum
Vicolo del
Haupteingang
Via dell' Abbon
Do
Te

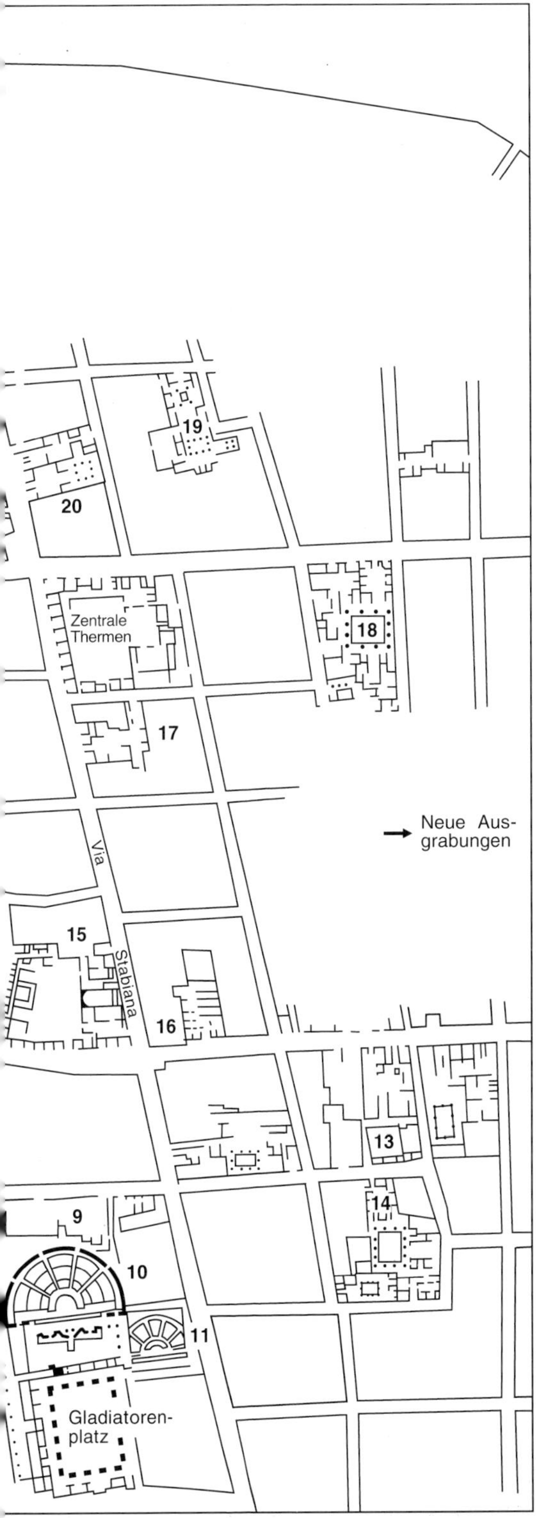

Pompeji: Orientierungsplan

** **1** Antiquarium/Museum
2 Basilika
3 Apollon-Heiligtum
4 Gebäude der Eumachia
5 Tempel des Vespasian
6 Larenheiligtum
7 Fischmarkt/Macellum
8 Jupiter-Tempel
* **9** Isis-Tempel
10 Theater
11 Odeum
12 Forum triangulare
13 Haus mit dem Krypto-portikus
14 Haus des Meander
15 Stabiana-Thermen
16 Haus des Rufus
17 Haus des Marcus Lucretius
* **18** Casa del Centenario
* **19** Haus der Silbernen Hochzeit
20 Haus des Bankiers Cäcilius Jucundus
** **21** Haus der vergoldeten Amoretten
*** **22** Haus der Vettier
*** **23** Haus des Fauns
24 Ehrenbogen für Caligula
** **25** Haus des tragischen Dichters
26 Porta Ercolanese
27 Villa des Diomedes
*** **28** Villa dei Misteri

Die gemauerten Säulen legen eine Überdachung des Baues nahe. Darauf deutet auch das Obergeschoß, durch dessen Fenster die Basilika ihr Licht erhielt. Der wahrscheinlich aus frührömischer Zeit stammende Bau (ca. 120 v. Chr.) wurde beim Erdbeben von 62 n. Chr. schwer beschädigt. Die Grabungsfunde deuten darauf hin, daß mit dem Wiederaufbau im Jahre 79 noch nicht begonnen worden war.

Gegenüber der Basilika, auf der anderen Seite der Via Marina, liegt das **Apollon-Heiligtum (3)**. Man nimmt an, daß die Anlage aus samnitischer Zeit stammt, also etwa aus dem 4.–3. Jh. v. Chr. In den Regierungsjahren von Nero aber ist sie stark verändert worden. Im inneren Bezirk stand eine zweigeschossige Halle von 48 Tuffsäulen (Teile des Untergeschosses sind wieder aufgebaut). Auf die Zeit Neros deuten der Verputz an Säulen und Gebälk sowie korinthisierende Kapitellformen. Im inneren Tempelbezirk (Cella) befanden sich früher das Standbild des Apollo und der ihm geweihte Omphalos (Nabel der Welt – Sinnbild Gottes).

Die *Via Marina* mündet in das **Forum**, einen weiträumigen Platz, der von öffentlichen Gebäuden und Säulenreihen umgeben ist. Einzigartig ist von hier der ***Blick auf den Vesuv** – darauf wurde bereits hingewiesen (*S. 164*). Das Forum von Pompeji, dieses politische und kulturelle Zentrum der Stadt, ist von sämtlichen wieder errichteten römischen Foren das am besten erhaltene. Gegenüber dem Apollon-Tempel steht das **Gebäude der Eumachia (4)** (Schutzherrin der Tuchmacher) – Verkaufshalle der Wäscher und Tuchhändler. Es schließen sich links der **Tempel des Vespasian (5)** , ein **Larenheiligtum (6)** und der **Fischmarkt (7)** (*Macellum*) an. Gegenüber, an der nördlichen Stirnseite des Forums, steht der **Jupiter-Tempel (8)** (ca. 150 v. Chr.) mit schönen korinthischen Säulen in der Vorhalle. Auf der gegenüberliegenden Stirnseite – man geht am Speicher (*horrea*), am Apollon-Tempel (**3**) und an der Basilika (**2**) vorbei – folgen drei **Magistratsbauten**. Auf den zahlreichen Sockeln vor den Bauwerken standen Bronze- oder Marmorstatuen berühmter Bürger Pompejis.

Man verläßt das Forum und biegt rechts vom Gebäude der Eumachia – in der Achse der Via Marina – in die *Via dell'Abbondanza* ein. Gegenüber dem Seiteneingang des Gebäudes befindet sich ein Brunnen mit der Büste der Concordia Augusta. Weiter bis zur Via Stabiana, in die man rechts einbiegt; nach wenigen Metern geht man wieder rechts und steht vor dem ***Isis-Tempel (9)**. Dieser aus vorrömischer Zeit stammende Bau wurde nach dem Erdbeben von 62 n. Chr. vollständig erneuert (Malereien im Nationalmuseum von Neapel, *S. 76f.*). In der Südostecke des Peristyls (Säulenhalle) gelangt man zu einem unterirdischen Behälter, der geheiligtes Wasser enthielt. Neben dem Tempel steht eine Palaestra mit schöner dorischer Säulenhalle.

Hinter der Anlage erheben sich die Ränge des **Theaters (10)** aus hellenistischer Zeit. Es konnte etwa 5000 Besucher aufnehmen. In der Orchestra waren Wasserspiele eingebaut. Das kleinere **Odeum (11)** daneben hat Platz für 900 Zuschauer; es wurde ca. 80 v. Chr. erbaut. Auf der anderen Seite des Theaters folgt das **Forum triangulare (12)**, in das man durch eine Eingangshalle mit ionischen Säulen gelangt. Auf dem Platz steht ein **dorischer Tempel** (6. Jh. v. Chr.), der dem Herakles, später, in römischer Zeit, der Minerva geweiht war.

Man verläßt nun diesen Bezirk über die *Via del Tempio d'Iside*, die *Via Stabiana* und die *Via dell'Anfiteatro*, die in die Via Meridionale mündet. Hier trifft man links das **Haus mit dem Kryptoportikus (13)** (hinter dem Atrium unterhalb des Gartens). Am Gewölbe sind noch Überreste der Stuckverkleidung zu sehen; im Westflügel sind Räume mit Wandmalereien aus dem 2. Jh. erhalten.

Auf der anderen Straßenseite liegt das **Haus des Menander (14)**, so genannt wegen eines hier gefundenen Bildnisses des griechischen Dichters Menander. Links vom reich verzierten Atrium schließt sich eine Exedra mit Szenen aus dem Trojanischen Krieg an. Ebenfalls hier zu sehen ist eine berühmte Darstellung des Todes von Laokoon und seinen Söhnen. Im westlichen Teil des Menander-Hauses befanden sich Bäder, von denen nur noch das Caldarium erhalten ist.

Man befindet sich hier bereits im Gebiet der **Nuovi Scavi** (neue Grabungen), in denen man den Alltag Pompejis wieder aufleben lassen will. Die gefundenen Kunst- und Kulturdenkmäler wandern nicht in die Museen, sondern werden an Ort und Stelle restauriert und bewahrt. Allerdings ist zur Zeit noch nicht allzuviel von den Grabungsfunden zu sehen; doch ist es lohnend, ein paar hundert Meter die Via dell'Abbondanza in Richtung Nordosten zu gehen.

Man wendet sich nun wieder zurück zur *Via Stabiana*. Links an der Ecke Via dell'Abbondanza sieht man die **Stabiana-Thermen (15)** – die bedeutendsten der ganzen Stadt. Den Thermen gegenüber steht das **Haus des Cornelius Rufus (16)** mit einem schönen Marmorcompluvium im Atrium (Sammelbecken für Regenwasser). Man folgt der Via Stabiana weiter bis zum **Haus des Marcus Lucretius (17)** (hinter dem Tablinum Malereien aus den letzten Tagen von Pompeji). Dort biegt man rechts ein und gelangt am Ende der Straße zur ***Casa del Centenario (18)**. Es wurde genau 1800 Jahre nach dem Vesuvausbruch ausgegraben und hat sich ausgezeichnet erhalten. Das Gebäude enthält zwei Atrien und ein anschließendes großes Peristyl. In der Mitte des Parks befindet sich ein Schwimmbecken mit einer schönen Bronzefigur.

Wir spazieren weiter zur *Via di Nola* und gelangen zum ***Haus der Silbernen Hochzeit (19)** (*Casa delle Nozze d'Argento*), so genannt, weil im Jahre seiner Ausgrabung, 1938, das italienische Königspaar seine Silberne Hochzeit feierte. Es ist eines der reichsten Häuser Pompejis und besitzt im Inneren ein überaus prächtiges viersäuliges Atrium. In den angrenzenden Räumen sind schöne Dekorationsmalereien des zweiten pompejanischen Stils zu sehen (*vgl. S. 178f.*).

Auf der nach diesem Haus genannten Gasse geht man vor und biegt links ein in die *Via del Vesuvio*. Dort liegt gleich links der Eingang zum **Haus des Bankiers Cäcilius Jucundus (20)**, ein prachtvoller, reich verzierter Wohnsitz. Von dort geht es wieder zurück zur Kreuzung, wo links gegenüber das ****Haus der vergoldeten Amoretten (21)** steht, die *Casa degli Amorini dorati*. In ihrem Garten finden sich zahlreiche Marmorskulpturen, in der anschließenden südlichen Säulenhalle Marmorreliefs. Die umliegenden Räume zeigen interessante mythologische Stücke und schließlich jene Darstellungen, von denen das Haus seinen Namen hat: Mit Blattgold unterlegte Glasscheiben zeigen eingravierte Amoretten.

Neben dem Haus der vergoldeten Amoretten folgt das *****Haus der Vettier (22)** (*Casa dei Vetti*). Die Besitzer waren zwei Kaufleute, die ofensichtlich in den letzten Jahren vor dem Vesuvausbruch zu großem Reichtum gekommen waren. Das vermitteln jedenfalls Anlage und Ausgestaltung des Hauses. Das Dach wurde restauriert, um die kostbaren Fresken zu schützen. Besonders interessant sind die phantastischen Architekturmalereien in den Räumen um Atrium und Peristyl: Unter einem Fries mit Fischen und anderen Seetieren und mythologischen Szenen erkennt man die verlassene Ariadne; außerdem Leander, der zu Hero durch den Hellespont schwimmt. Im benachbarten weißen Raum fasziniert eine Darstellung des jugendlichen Zeus und Ledas mit dem Schwan. In den anderen Räumen sieht man an den Wänden Satyrn, Nymphen, Opferdiener und -dienerinnen.

Von hier führt der *Vicolo dei Vetti* zur *Via della Fortuna*. Nach wenigen Schritten trifft man rechts auf das *****Haus des Fauns (23)** (*Casa del Fauno*), das stattlichste Haus von Pompeji. Die hier gefundenen Gemälde, Mosaiken und jener bronzene Faun, der dem Haus den Namen gab, sind jedoch leider nur im Nationalmuseum von Neapel zu bewundern (*S. 76f.*). In dem großen ionischen Säulenperistyl hat man übrigens das berühmte Alexandermosaik entdeckt, das ebenfalls heute in Neapel zu sehen ist (*S. 65*). Trotz dieser Übersiedlung aber gewinnt man auch vor Ort noch ausgezeichnete Eindrücke von der Wandmalerei: an den Wänden des Atriums Stuckquaderreliefs des 1. Stils (*S. 178*); im Tablinum ein Bodenbelag aus weißem Mosaik mit einem schwarz-weißen Rautenmuster; Mosaikbilder und Stilleben in den Speisezimmern neben dem Tablinum; im Triclinium die Darstellung

Bestrafung des Penteus, des mythischen Königs von Theben

eines weinbekränzten Knaben, auf einem Panther reitend und den Genius des Herkules vorstellend. Weiter auf der *Via della Fortuna* in Richtung Westen erkennt man rechts den **Ehrenbogen für Caligula** (**24**). Daneben folgt das ****Haus des tragischen Dichters** (**25**) (*Casa del poeta tragico*), in Bulwer-Lyttons Roman ›*Die letzten Tage von Pompeji*‹ das Haus der Hauptperson Glaukos. Hier befindet sich auch das berühmte Bodenmosaik mit dem angeketteten Hund und der Inschrift ›**Cave canem**‹ (›Vorsicht vor dem Hund‹). Auch die meisten der in diesem Gebäude entdeckten Wandbilder sind im Nationalmuseum in Neapel ausgestellt.

Man geht nun auf der *Via delle Terme* zur westlich angrenzenden *Via Consolare* und stößt auf die **Porta Ercolanese** (**26**), eine dreitorige Anlage mit Torhof aus römischer Zeit. Es folgt die Gräberstraße (*Via*

Bis heute nicht eindeutig entschlüsselt: Die Fresken in der Villa dei Misteri

dei Sepolcri) mit Grabmalen links und rechts und einem kleinen Rundtempel auf hohem Sockel (links). Hinter den Grabnischen stehen Villen mit Tavernen und Läden; am Ende der Straße auf der linken Seite die **Villa des Diomedes** (**27**). Eine Treppe führt hier zum Eingang, der von zwei Säulen gerahmt wird. Um das Atrium sind Einzelbäder, ein Schlafzimmer und ein Vorzimmer angeordnet. Vom Tablinum gelangt man in einen Garten mit Springbrunnen und Laube.

Nun verläßt man die Ausgrabungszone hinter der Diomedes-Villa und geht weiter nach rechts in den *Viale alla Villa dei Misteri*. An seinem Ende steht die ***Villa dei Misteri** (**28**) aus dem 3. Jh. v. Chr. Sie erhebt sich über ausgedehntem quadratischen Grundriß und verkörpert den Typus des Patrizierhauses. Das Gebäude war Mittelpunkt eines bedeutenden landwirtschaftlichen Unternehmens, das, laut Inschrift, zuletzt einem freigelassenen Sklaven namens Istacidius Josinus gehörte.

Vom Cubiculum des Hauses gelangt man in den großen Mysteriensaal mit einzigartigen ***__antiken Malereien__**, die in Auffassung und Qualität durchaus mit Glanzstücken der Hochrenaissance zu vergleichen sind. Die Deutung der Fresken, 29 Gestalten, teils Götter, teils Menschen darstellend, ist noch nicht befriedigend gelungen. Offensichtlich ist die Einweihung in die Mysterien des Dionysos bzw. des Bacchus und der Ariadne dargestellt. Der Hauptfries beginnt an der Nebentür der Nordwand und verläuft über die Ostwand bis zu einem großen Fenster der Südwand. Dionysos und Ariadne thronen in der Mitte der Rückwand. An der nördlichen Seite der Eingangstür erkennt man eine reichgekleidete Frau neben einer jüngeren, sitzenden, der ein nackter Knabe aus einer Schriftrolle das Ritual der Einweihung vorliest. Es folgt eine Schwangere mit einer Opferplatte, die sich nach rechts zu einer Gruppe von drei Frauen wendet, dann ein zur Leier singender Silen und ein kleiner jugendlicher Pan, auf einer Rohrflöte blasend, und eine Paniske (Panweibchen). Auf der Ostwand sitzt neben Dionysos ein halbnackter alter Silen und reicht einem sich vorbeugenden Jüngling ein Gefäß zum Trunk. Hinter ihm ein Jüngling mit einer Maske. Neben Ariadne kniet ein junges Mädchen vor einem verhüllten, in der Getreideschwinge stehenden Phallus. Am Ende des Frieses flieht das Mädchen; sie möchte der Gerte des geflügelten Dämons entgehen. Doch ohne Auspeitschung (Südwand) keine Enthüllung und damit Einweihung in die Mysterien! Den Schluß bildet ein Mädchen, das neben einer nackten Tänzerin steht, wahrscheinlich der rituelle Dankes- oder Erfüllungstanz. In der Nordwestecke des Zimmers ist die Herrin des Hauses und ihr gegenüber in der Südwestecke zwischen Tür und Fenster ihre Tochter dargestellt.

Diese Folge von Bildern läßt zwei Deutungen zu: eine dionysische und eine orphische.

Die **dionysische Deutung** geht von den zu Beginn des 2. Jh. v. Chr. weit verbreiteten und bedeutenden Mysterienkulten zu Ehren von *Dionysos* aus, des Gottes der Ekstase und der Fruchtbarkeit, Sohn des Zeus und der Semele. Silen, Pan und Paniske bilden den Hofstaat des jugendlichen Gottes, auf den Fresken sehen wir sie mit den einzelnen Phasen der Einweihungszeremonien beschäftigt.

Die **orphische Deutung** hingegen geht vom orphischen Zagreus-Mythos aus: *Zagreus*, Sohn des Zeus, wurde als erster Dionysos angesehen; nach seinem Tod zeugte Zeus mit Semele den zweiten, eigentlichen Dionysos. Die orphischen Mysterien feiern nun die Auferstehung des Dionysos. Demnach soll die Geburt des Zagreus durch das Saugen des Zickleins angedeutet werden. Nach dieser Deutung stellt das göttliche Paar Dionysos und Persephone, Mutter des Zagreus, dar. Die Einzuweihende, den Phallus enthüllend, wird von Telete, Tochter des Dionysos, gegeißelt. Sie erleidet den zagreischen Tod und feiert ihre Auferstehung im dionysischen Tanz.

1. Stil

2. Stil

Die Entwicklung der Pompejanischen Wandmalerei

Die pompejanische Malerei gehört zu den großen und bedeutenden Kapiteln der abendländischen Kunstgeschichte. Gerade weil sie so ausgezeichnet konserviert und wegen der genau datierten Naturkatastrophe ›historisch abgeschlossen‹ ist, läßt sie sich stilistisch und von den Themen her differenziert analysieren.

Die pompejanische Wandmalerei hat sich vom 2. Jh. v. Chr. bis zum Ausbruch des Vesuvs im Jahre 79 n. Chr. entwickelt. Diesen Zeitraum von ca. 300 Jahren teilt man in vier Phasen ein, die eine deutliche Entwicklung von der reinen Dekoration zur illusionistischen Architekturmalerei erkennen lassen. Obgleich die gleichen Dekorationselemente bis zum Schluß beibehalten werden, kann man doch beobachten, daß mit zunehmend differenzierter Raumdarstellung sich auch die Ornamente verändert haben. Was anfangs nur bunter, musterartiger Wandschmuck war, wurde zum erzählenden Wandbild.

Der erste Stil

Der sogenannte *Inkrustationsstil* (Inkrustation = Verkleidung von Wänden mit farbigen Platten) forderte eigentlich weniger künstlerisches, als vielmehr handwerkliches Können. Die Sockelgesimse, die Quadern und das Gebälk wurden – vereinfacht gesagt – verschiedenfarbig angestrichen. Diese oftmals sehr lebhaften Farben – Ocker, Blau, Pompejanischrot und Schwarz – haben auch heute kaum etwas von ihrer Intensität verloren. Der Aufriß der Wände ist wie folgt zu charakterisieren: Auf die Sockelzone folgt ein Bereich mit hochformatigen Quadern; darüber kleinere in horizontaler Richtung. Der Wandaufbau wird schließlich, entsprechend der Sockelzone unten, von einem glatten Wandstück abgeschlossen.

Der zweite Stil

Gegen Ende der Republik (ca. 80–20 v. Chr.) wurde dieser Stil vom sogenannten architektonischen Stil abge-

3. Stil

4. Stil

löst. Die Malereien in der Villa dei Misteri (*S. 176*), im Haus der Livia auf dem Palatin (Rom) und im Säulenhaus der Villa Farnesina (Rom) sind Hauptbeispiele dieses Stils. Die Wände sind völlig glatt gehalten, der Eindruck des Vor- und Zurückspringens von architektonischen Gliederungselementen wird nun durch ›augentäuschende‹ Malerei hervorgerufen. Die ersten scheinarchitektonischen Malereien beschränken sich zunächst auf die rahmenden Teile der nun als Bilder gestalteten Wände: Pilaster, Gesimse und Friese werfen illusionistische Schatten und wirken daher vollplastisch. Ferner dienten die Scheingesimse und Balustraden auch der räumlichen Tiefenwirkung für die Aktionen der dargestellten Figuren: Die mythologischen Szenen spielen gewissermaßen auf einer Bühne (Villa dei Misteri; *S. 176*), so daß Überschneidungen und somit eine größere Aktionsfreiheit für die Figuren gewährleistet waren. Im Gegensatz zu den Figurengruppen in Pompeji, die schon weitgehend entflochten sind, prägen Isokephalie (Köpfe der friesartig aufgereihten Personen auf einer Höhe) und kleine kompakte Gruppen diesen pompejanischen Stil. Wie die Skizze Nr. 2 zeigt, wird die Wand vertikal und horizontal gegliedert – auf jeden Fall aber so, daß ein Scheinraum entsteht. Die Verbindung der vertikalen und horizontalen Teile der vorderen Architektur mit der scheinbar weiter zurückliegenden erfolgt durch Schrägen, die Gesimse darstellen. Diese Schrägen können schon als Fluchtlinien gedeutet werden, obgleich sie nicht in einem mathematisch genau berechneten Punkt zusammenlaufen (Fluchtpunkt), sondern in verschiedenen Punkten einer Mittelachse. Der Betrachter wird also von jeweils einem Wandteil mit in diesen Scheinraum einbezogen, wenn er den entsprechenden Standpunkt (in der Mitte des Raumes) eingenommen hat (Casa delle Nozze d'Argento, *S. 173*).

Der dritte Stil

Der dritte pompejanische Stil beherrschte die Zeit vom Regierungsantritt des Kaisers Tiberius (14 n. Chr.) bis zu dem verheerenden Erdbeben im Jahre 63 n. Chr. In dieser Stilphase erfolgt eine Wendung vom Statischen zum Dynamischen. Das gilt nicht so sehr für die Figuren, die schon vorher Bewegung zeigen, als vielmehr für die Architektur. Die Wand wird nun malerisch so behandelt, daß sie nicht mehr bloß die Illusion einer einzigen, den Realraum erweiternden Bühne gibt, sondern als kompliziert aufgebautes Bild mit vielfachen Durchblicken auf Häuser, in Gärten und auf das Meer. Oftmals wird auf der Wand die Architektur des Hauses wiederholt und idealistisch verklärt.

Die im zweiten Stil noch kompakt auftretenden Architekturmalereien wirken nun zart, fast zerbrechlich. Auch der Bildaufbau mit szenischen Darstellungen wirkt gekonnter. Die Gruppen sind entflochten – das Prinzip der Isokephalie ist weitgehend aufgehoben. Auch die tiefenräumlliche Dimension wird glaubhafter gestaltet. Man kann schon mehrere Bildebenen unterscheiden, so daß die Möglichkeit der szenischen Verteilung von Handlungsteilen gegeben ist.

Der vierte Stil

Dieser letzte pompejanische Stil währte nur 16 Jahre (63–79 n. Chr.). Man kann ihn den ornamentalen Stil nennen. Die Phantastik ornamentaler Verzierungen und Verflechtungen wird am eindringlichsten im ›Goldenen Haus des Nero‹ in Rom und im ›Haus der Vettier‹ (*vgl. S. 169 u. 174*) in Pompeji anschaulich. Die ornamentalen Muster dehnen sich nun über die gesamte Wandfläche aus und lösen sich schrittweise von der Architektur, ja, sie konzentrieren sich zuweilen selbst zu einer Art Ornament-Architektur. Die Figuren haben ihren landschaftlichen oder architektonischen Illusionsraum verlassen und bewegen sich jetzt innerhalb der Ornamentik – es sei denn, sie agieren innerhalb rahmenbegrenzter Einzelbilder, die wirken, als wären sie im Flechtwerk der Ornamentik ›aufgehängt‹.

Der Illusionsraum und die maßstabsgerechte Verteilung der Figuren in ihm tauchen dann erst wieder zu Beginn des 15. Jh. in der florentinischen Frührenaissance auf. Antike Schriften – unter ihnen die von Vitruv – haben damals auf die perspektivische Malerei aufmerksam gemacht. Dies sowie das ebenfalls schon im 15. Jh. gefundene ›Goldene Haus Neros‹ in Rom mit seiner reichen Wandgestaltung im spätesten 4. Stil wurden zum Ausgangspunkt der Dekorationskunst der Renaissance, die im Illusionismus des Barock gipfelte.

Nicht weit von Pompeji liegt ***Torre Annunziata**. Die Ausgrabungen legen die Vermutung nahe, daß es sich hier um die in der ›*Tabula Peutingeriana*‹ genannte Stadt *Oplontis* gehandelt haben muß. Oplontis war allerdings keine echte Stadt, sondern bezeichnete offensichtlich die Ansammlung von Prachtvillen entlang der Küstenstraße von Neapel nach Sorrent. Eine heute freigelegte *Villa* aus dem 1. Jh. v. Chr. ist mit herrlichen Malereien ausgestattet. Vermutlich verbrachte hier Poppea, die Gemahlin des Kaisers Nero, die Sommermonate.

Weiter geht es, Richtung **Castellammare di Stabia** (8 km S Torre Annunziata), nach ***Stabiae**. Übrigens bringt Sie auch die *Ferrovia Circumvesuviana* von Neapel (Stazione Circumvesuviana in der Stazione Centrale) zur Ausgrabungszone (ab der Stazione von Castelammare; Autobus Nr. 1).

Stabiae war in samnitischer Zeit ein wichtiger Handelshafen. Während der Samniterkriege und in der politischen Auseinandersetzung mit Rom (Bundesgenossenkrieg) wurde der Hafen zum Kriegshafen ausgebaut, die Stadt wurde befestigt. Nachdem sie römisch geworden war und ihre Bedeutung als Festung verloren hatte, wandelte sich die Stadt, vom Klima begünstigt, in einen Kur- und Badeort. 79 n. Chr. erlitt sie dasselbe Schicksal wie Pompeji und die anderen Vesuvstädte.

Die Villa di S. Marco und die Villa d'Arianna sind imposante Zeugnisse der Kaiserzeit. Die *Villa B* (*Villa di San Marco*) läßt sich als ein städtisches Sanatorium charakterisieren. Die Wohntrakte sind mit einer aufwendigen Badeanlage verbunden. Der zum Meer geöffnete Portikus war mit dem zentralen Gartenperistyl durch eine Rampe an der vorderen Terrasse verbunden. Im Atrium beeindruckt die mächtige Figur eines sitzenden Zentauren. Neben dem Atrium liegt ein rechteckiger Raum mit einem Larenheiligtum.

Die *Villa A* (*Villa d'Arianna*) besitzt ebenfalls Thermenanlagen. Neben zwei kleinen Ruheräumen öffnet sich das geräumige Triclinium mit einer Darstellung des Mythos von Ganymed und einem Bild von Ariadne und Dionysos.

Das *Antikenmuseum* (*Antiquarium Stabiano*) befindet sich in der Stadt, *Via Marco Mario* 2. Es beherbergt kleine bemerkenswerte Fresken und Skulpturen. Eine Auswahl:
Raum 1: zwei große Bilder, ›Ödipus befragt die Sphinx‹, Landschaft mit Architekturen; *Raum* 2: an den Wänden Basreliefs aus der Villa Petravo; *Raum* 3: eine gemalte Himmelskugel mit den Jahreszeiten und ein Triumph des Bacchus; *Raum* 7: Villanova-Vasen und Keramik aus der Nekropole von S. Maria delle Grazie; *Raum* 8: Sarkophag mit Musen, Apoll und Minerva.

Die partenopäischen Inseln

*** 16 Capri *(Farbtafel S. 171)*

Besuchen Sie Capri nie in der Saison! Falsch! Gerade dann sollten Sie Capri besuchen, wenn die Hitze jedes schattige Plätzchen zum Paradies macht; wenn die vielen Menschen rastlos durch die Gassen streifen und Sie selbst in einem Café sitzen und das Szenarium beobachten; wenn Sie ganz alleine in der Pan-Stimmung des Mittags hinauf zur Villa Jovis steigen und ungestört die unvergleichliche Blaupalette des Sommers auf dem Meer und an den fernen Hängen der Küstengebirge und des Vesuvs betrachten können.

Allein schon die **Anfahrt von Neapel**, morgens von der *Molo Beverello* im Schatten des Maschio Angioino, des Castel Nuovo: Größere Traghetti, kleinere flinke Aliscafi und verschiedene Zwischentypen wie der stromlinienförmige ›Jet‹ oder das nostalgisch tuckernde Motorboot bieten ihre Dienste an. Ob schnell und kühl oder langsam und windig – die Überfahrt ist hinreißend schön. Mit dem ganzen, allmählich immer weiter werdenden Panorama von Neapel, dem Vomero, Camaldoli, Capo Miseno und dem Vesuv vor den Augen wendet man sich langsam um, blinzelt in die Morgensonne und erblickt Capri, wie es sich langsam aus dem Dunst herausschält und Konturen annimmt. Erst jetzt erkennt man, wie dicht die Insel am äußersten Zipfel der Halbinsel von Sorrent liegt, so als ob sie sich gerade von ihr – im nautischen Sinne – ›losgemacht‹ hat.

Dieser Vergleich ist erdgeschichtlich sinnvoll. In der Altsteinzeit war Capri noch keine Insel, sondern hing mit der Halbinsel von Sorrent zusammen. Funde aus dieser Zeit (in der Grotta dei Felci, oberhalb der Marina Piccola) sollen das belegen. Auf die Urbevölkerung folgten die Griechen – wahrscheinlich zur Zeit der Besiedelung von Cumae (*S. 141f.*). Berühmt wurde Capri aber erst in römischer Zeit. Auf der Rückkehr vom Feldzug gegen Kleopatra im Jahre 29 v. Chr. landete Caesar Octavian, der spätere *Kaiser Augustus*, auf Capri. Bald darauf machte er es zur kaiserlichen Domäne. Sueton schildert ausführlich die Aufenthalte des Kaisers. Nach Augustus' Tod übernahm Tiberius die Macht. Auf der Flucht vor Umsturz und mörderischen Zugriffen verließ er Rom, ging nach Capri und regierte von dort aus. Nach dem Ende des Römischen Reiches wurde Capri bedeutungslos. Erst im 19. Jh., als *August Kopisch* die Blaue Grotte entdeckt hatte, wurde das Zeitalter des Tourismus auf Capri eingeleitet. Capri wurde als romantische Sehnsuchtslandschaft entdeckt. *Hans Christian Andersen* schrieb in seinem Roman ›Der Improvisator‹ über die Blaue Grotte. Überhaupt haben Dichter diese Insel immer wieder gefeiert: Platen, Rilke, Däubler, Bergengruen und der Engländer Norman Douglas, dessen ›Sirenenland‹ zu den schönsten Capri-Büchern zählt.

◁ Kaiserliches Refugium: die Gärten des Augustus auf Capri (*S. 185*)

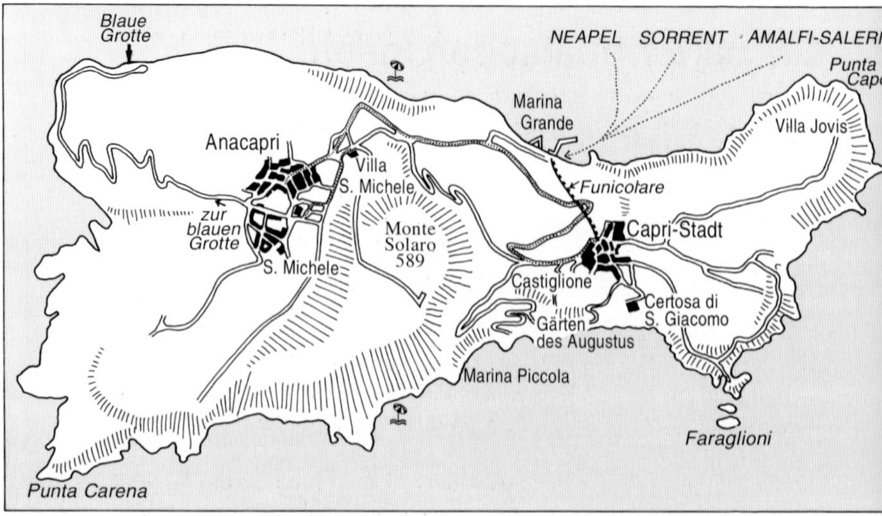

Insel Capri: Orientierungsplan

An der **Marina Grande** angekommen, benutze man die *Zahnradbahn* (*Funicolare*) oder das Auto hinauf nach Capri-Stadt zur **Piazza Umberto I.** Hier ist der Mittelpunkt des capresischen Lebens. Die kuppelreiche Kirche *Santo Stefano* steht oberhalb der großen Treppe. Sie ist im Jahre 1697 im orientalischen Barockstil erbaut worden. Der Marmorfußboden ist antik. Ebenfalls am Platz steht der *Palazzo Cerio* aus dem 14. Jh.

Wenn man der *Via delle Botteghe* folgt und bald links einbiegt, gelangt man zur kleinen Kirche *Sant' Anna*. Es handelt sich hier um eine Basilika im Miniaturformat, mit antiken Säulenstümpfen und schönen Spolienkapitellen. Drei Halbrundapsiden bilden das Presbyterium. Man vermutet, daß die Kirche im 11. oder 12. Jh. gebaut wurde. Freskenreste stammen aus dem 14. Jh.

Man sollte sich Zeit nehmen und durch das malerische Viertel rund um die Piazza Umberto schlendern. Irgendwann kann man sich dann auf den Weg zur **Certosa di S. Giacomo** machen.

Man folge der *Via V. Emanuele* bis zur *Via F. Serena*. Von dort gelangt man zum Kartäuserkloster des hl. Jakobus. Es wurde zwischen 1371 und 1374 unter J. Arcucci, Graf von Minervo und Altamura, errichtet. Nach mehreren Zerstörungen baute man es in seiner ursprünglichen Form wieder auf. Eine Freitreppe führt zu einem zinnengekrönten Turm und zum Kirchenportal. Im Inneren sind Reste von Wandmalereien aus dem 17. und 18. Jh. zu sehen. Im Kloster lädt ein zierlicher Kreuzgang mit Arkaden auf schlanken Säulen zum Verweilen. Es schließt sich der große Kreuzgang mit umliegenden Mönchszellen an. Vom Belvedere bietet sich ein schöner Blick auf das Meer.

Zu den ***Gärten des Augustus** gelangt man vom Kloster aus auf einem malerischen Weg. Gegenüber, auf der Anhöhe des Castiglione, breitet sich der Augustuspark aus. Dieser geschichtlich wenig bietende Ort wartet mit einem der schönsten Ausblicke auf: Der Blick schweift über die umliegenden Hügel zur Marina Piccola und den majestätisch aus dem Meer ragenden Faraglioni-Felsen.

Zur **Villa Jovis** gelangt man von der Piazza Umberto I. (Fußweg ca. 1 Std.). Man folgt der *Via Botteghe* und der *Via Fourlovada*, deren Verlängerung die *Via Croce* ist. Nachdem man links abgebogen ist, kommt man zur kleinen Kirche *San Michele* und folgt von dort der *Via Tiberio*. Bald steht man auf dem Monte Tiberio und vor den Ruinen der Villa Jovis.

Tiberius hat hier eine seiner Lustvillen errichten lassen. Vom *Vestibül* (**A**) gelangt man in die *Thermenanlage* (**B**) und von dort in einen *Innenhof* (**C**) , der ein System von Regenwasserzisternen (aus dem Fels gehauen) enthält. Rechts schließen sich die *Staatsräume* (**D**) an und gegenüber die *Küche* (**E**) – durch Vorratskammern vom Hof getrennt. Die *Gemächer des Kaisers* (**F**) vermutet man im Nordtrakt. Weiter im Norden an der Kante des Felsens zieht sich ein *Wandelgang* (**G**) entlang mit einer phantastischen Aussicht auf den Golf.

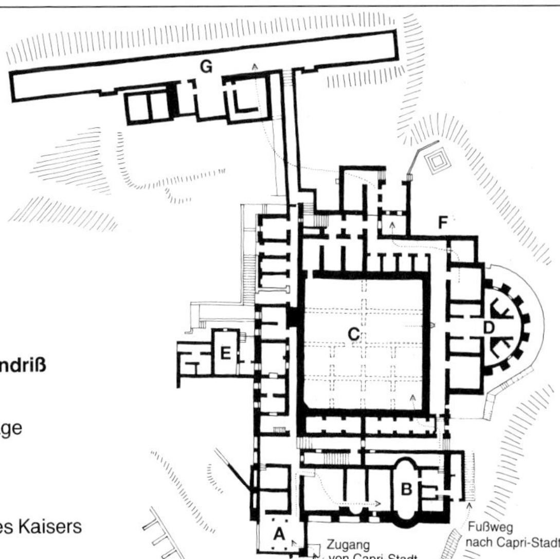

Villa Jovis: Grundriß

- **A** Vestibül
- **B** Thermenanlage
- **C** Innenhof
- **D** Staatsräume
- **E** Küche
- **F** Gemächer des Kaisers
- **G** Wandelgang

Blick vom Monte Solaro auf Capri und die Faraglioni-Felsen (rechts)

Anacapri *(Farbtafel S. 52)*

Von der Piazza Umbero I. fahren in kurzen Abständen Busse nach Anacapri, einer malerischen Ortschaft, in 286 m Höhe auf einer Hochebene gelegen. In der Ortsmitte neben der Hauptstraße im Hintergrund eines kleinen Platzes, die Kirche *San Michele*. Der Architekt des 1719 errichteten Baus war vielleicht A. Vaccaro. Im Inneren überrascht ein prachtvoller Majolikafußboden (Chiaiese, 1761). Ein kleiner Spaziergang führt zur *Villa San Michele*, dem berühmten, von dem schwedischen Arzt und Schriftsteller **Axel Munthe** (›Das Buch von S. Michele‹) erbauten Palast. Er beherbergt Kuriosa und Kunstwerke.

Die berühmte ***Grotta Azzurra** ist mit dem Taxi oder mit Kleinbussen von Anacapri aus zu erreichen. Der Zugang ist allerdings nur mit einem kleinen Boot und bei ruhiger See möglich. Auch von der Marina Grande, dem Hafen Capris, fahren Ausflugsboote um die Nordküste der Insel herum und erreichen nach ca. einer halben Stunde das vielgerühmte Naturwunder. Schon die Römer kannten die Grotte; das beweisen Funde nahe des Eingangs. So richtig bekannt und romantische Attraktion wurde die Meereshöhle erst nach dem 16. Mai 1822, als der Fischer *Angelo Ferraro* sie wiederentdeckte. Der deutsche Poet *August Kopisch* besang kurze Zeit später dieses Naturwunder, und deutsche Maler wie *Ernst Fries* und *Joseph Pagano* malten und zeichneten die Grotte in romantischer Verklärung.

Warum ist die Blaue Grotte blau? Wegen des Lichts, das in reduzierter Form in die Grotte eindringt und sich in einem bestimmten Einfallswinkel auf der Wasseroberfläche bricht und auf die Felsen zurückgeworfen wird. Da die Farbe des Himmels auch diejenige der Wasseroberfläche ist, dringt also ein Stück Himmel in die Grotte hinein. Durch die relative Dunkelheit der Höhle wird die Eigenfarbe des Felsgesteins absorbiert und es dominiert die von der Lichtbrechung ein wenig aufgehellte Schattenfarbe Lila-Blau. Wenn man mit dem Boot in die hinteren Bereiche der *Galleria dei Pilastri* und in die *Sala dei Nomi* vordringt, entfaltet sich der wunderbare Zauber des Lichts und der schattenhaft bewegten Felsformationen.

17 Procida

Auch die **Fahrt mit dem Boot** nach Procida und Ischia ist eindrucksvoll. Es ist eine Küstenfahrt. Man kann in Neapel von der *Molo Beverello* oder von der Mergellina aus starten. Hier, nahe des *Palazzo Donn' Anna* (*S. 134*), fahren allerdings nur die schnellen Boote, die Aliscafi und die Jets. Von der Molo Beverello aus stampfen die gewichtigen Traghetti, die oftmals auch noch einen kurzen Zwischenstop in Procida einlegen, nach Ischia. Vorbei geht es an den wunderschönen Palästen des Posillip. Die Insel **Nisida**, durch einem Damm mit

Im Hafen der Zitroneninsel Procida

dem Festland verbunden, gerät ins Blickfeld. Dahinter weitet sich die Bucht von Pozzuoli. Dicht am Capo Miseno vorbei gleitet das Schiff auf **Procida** zu, das vom mächtigen *Monte Epomeo* Ischias überragt wird.

Procida bildet den Rest von vier halb ins Meer versunkenen Kratern. Auf **Vivara**, einer westlich vorgelagerten Halbinsel, sind Reste einer bronzezeitlichen Kultur gefunden worden. Griechen haben die Insel dann besiedelt, aber keine nennenswerten Spuren hinterlassen.

Eine erste Fischersiedlung wurde in einer Bucht im Süden der Insel gegründet: **Corricella** (*Farbtafel S. 154*). Von der Schiffahrtslinie unberührt, bietet sie heute noch das Bild einer napoletanischen Marina im Urzustand. Man glaubt, in einer phantastischen Höhlenstadt zu wandeln. Die kubischen Häuser, Terrassen aus porösem Tuff vereinigen sich zu einem manchmal gespenstisch anmutenden Ambiente. Der Haupthafen ***Marina Grande** (Marina di San Cattolico) liegt an der Nordküste. Im 17. Jh. entstanden, bietet der Ort besonders liebliche Perspektiven. An der Marina Grande steht die kleine Kuppelkirche der *Madonna della Pietà* aus dem 17. Jh.

Die **Terra Musata** (über die Via Castello zu erreichen) ist von den Bewohnern größtenteils verlassen. In der Nähe steht auch die Hauptkirche der Insel – *San Michele* –, eine dreischiffige Pfeilerbasilika aus dem 18. Jh., die an Stelle eines Vorgängerbaus aus dem 13. Jh. errichtet wurde. Der unweit gelegene *Baronalpalast*, 1563 erbaut, wird demnächst als Feriendomizil umgebaut. Schließlich wären noch die Ruinen der verlassenen Benediktinerkirche, *Santa Margherita Nuova*, auf der südlichen *Punta dei Monaci* zu erwähnen.

*** 18 Ischia

Von Procida nach **Ischia** ist es nur ein Sprung über das Meer. Unvergleichlich ist die enge Einfahrt in den Hafen von Ischia Porto.

Noch vor der Besiedlung von Cumae (*S. 141 f.*) landeten in der stillen Bucht von S. Montano an der nordwestlichen Spitze der Insel in der 1. Hälfte des 8. Jh. griechische Einwanderer aus Euböa. Hier wurde also die erste griechische Siedlung in Italien gegründet. Die Vulkanausbrüche und Erdbeben, die die Insel immer wieder erschütterten und verwüsteten, schrieb man dem Giganten Typhon zu. Zeus soll ihn besiegt und unter der Insel gefangengehalten haben. Zeugnisse der griechischen und römischen Zeit sind bislang nur spärlich gefunden worden. Unter der Lava des Hafens vermutet man Reste eines griechischen Städtchens. Der immer wieder ausbrechende Montagnone soll diese und auch spätere römische Siedlungen mit seinen Lavamassen verschlungen haben. Während der Herrschaft der spanischen Vizekönige begann die Insel sich wieder zu bevölkern. Es entstanden die Küstenstädte Casamicciola, Lacco Amano und Forio. Im 19. Jh. gewannen die Heilquellen immer rascher an Bedeutung. So wurde die Insel in ganz Europa bekannt. *Jean Paul*, der nie auf Ischia war, hat im 4. Buch des ›Titan‹ eine köstliche Reisebeschreibung von Ischia gegeben.

****Ischia Porto** ist mit dem benachbarten ****Ischia Ponte** die Hauptstadt der Insel. Wenn man der *Via Roma* nach links folgt, gelangt man in das ***Inselmuseum** mit vielen lokalen Ausgrabungsgegenständen und verschiedenen sonstigen Kunstobjekten.

Neben dem Museum trifft man auf die Kirche ***San Pietro** aus dem 18. Jh., wahrscheinlich aus der Schule Fugas. Der Bau zeigt die Form eines gestreckten Ovals mit zwei Nebenkapellen an den Seitenwänden. An der östlichen Schmalseite schließt sich ein langer Chorarm mit flacher Rundapsis an. Die Kuppelwölbung, von sechs Fensterstichkappen angeschnitten, setzt unmittelbar über dem Hauptgesims an.

Der *Corso Vittoria Colonna* führt neben dem Pinienhain am Strand nach Ischia Ponte. Dort steht der ***Ponte Aragonese**, eine von Alphons von Aragon 1438 errichtete Brücke, die den Ort mit der kleinen Felsinsel verbindet. Die erste Siedlung der Insel soll sich hier befunden haben. Hinter der Brücke gelangt man zur alten ***Kathedrale**. Sie soll 1301 gegründet worden sein, 1809 stürzte sie teilweise ein. Hier hat

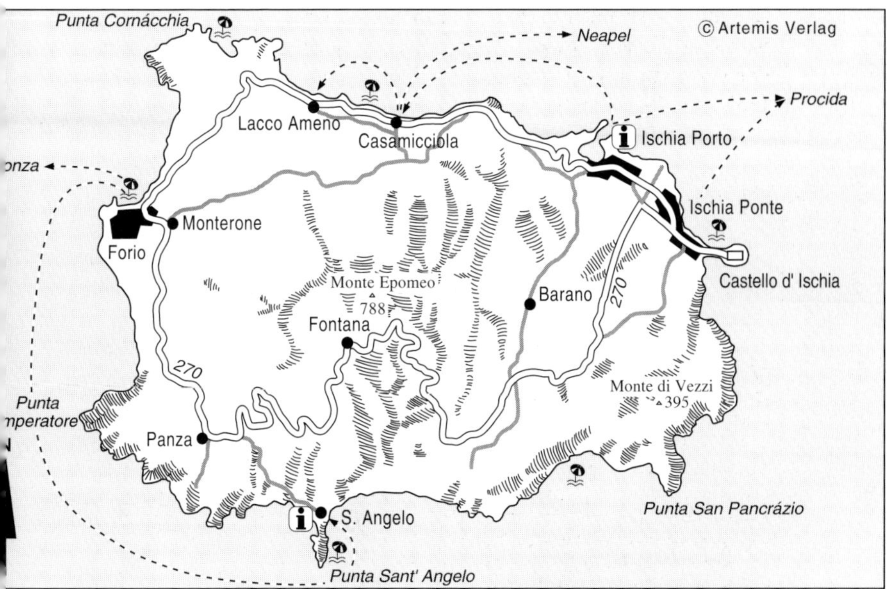

Insel Ischia: Übersichtsplan

Über Forio erhebt sich der Monte Epomeo

sich Errante d'Avalos mit Vittoria Colonna, der späteren Freundin und Gönnerin Michelangelos, 1509 trauen lassen. In der Krypta der dreischiffigen Basilika sind noch Fresken aus dem 14. Jh. erhalten.

An den Ruinen der Kirche *Santa Maria Immacolata*, denen eines Klosters und der kleinen Kirche *San Pietro a Pantanello* vorbei gelangt man zum *__Kastell__. Der 100 m aus dem Meer ragende Fels versprach einen sicheren Schutz vor den Überfällen der Sarazenen. Eine englische Flotte hat 1809 den größten Teil der Gebäude in Trümmer gelegt. Seitdem ist der Burghang verlassen. Das über quadratischem Grundriß errichtete Kastell soll aus dem 15. Jh. stammen. Die Überlieferung des Ortes reicht bis ins 11. Jh. zurück; die ältesten architektonischen Überreste stammen aus dem 14. Jh.

Beim Stadtausgang Richtung Casamicciola kann man mit einer Seilbahn auf den *Montagnone* fahren, einen Hügel von 255 m Höhe, der eine prächtige Aussicht bietet.

Der größere Nachbarort von Porto d'Ischia ist **__Casamicciola__, ein Thermal- und Seebad sowie Luftkurort, inmitten einer zauberhaften Landschaft am Fuße des Monte Epomeo gelegen. Das Örtchen hat leider seine Kunstdenkmäler während des furchtbaren Erdbebens im 19. Jh. verloren.

Von Casamicciola fährt man weiter durch eine wunderschöne Landschaft Richtung Forio nach **__Lacco Ameno__. Dieses Inselstädtchen blickt auf die längste Geschichte zurück. Das griechische ›*Lakkos*‹ (Zisterne) hat dem Städtchen den Namen gegeben. Im 19. Jh. hat man ›*Ameno*‹ (*Locus amoenus* = lieblicher Ort) hinzugefügt. Hier hat man alte Grabstelen aus dem 8. Jh. v. Chr. gefunden. In römischer Zeit fand sich wohl schon eine frühe Christusgemeinde zum Kult der hl. Restituta zusammen (zur Restituta-Legende *s. S. 37*).

Dieser Heiligen ist auch die Hauptkirche des Ortes, ****S. Restituta**, geweiht. Seine heutige Gestalt erhielt der Bau aber erst im 19. und 20. Jh. Die Fassade stammt von 1910. In der ersten Kapelle rechts thront die *Madonna del Carmine* aus dem 16. Jh. – wahrscheinlich eine toskanische Arbeit. Rechts daneben der Zugang zur alten, 1304 gegründeten Restituta-Kapelle. Unter dieser Kapelle entdeckte man Spuren einer Coemeterialkirche des 4. oder 5. Jh. (Zugang durch einen Korridor rechts).

Die Straße von Lacco Ameno nach Forio durchquert die Lava des Zaro-Stromes. **Forio** ist ein kleiner Marktflecken von 7000 Einwohnern. An der Strandbucht liegt der Konvent von *San Francesco di Paola*, um 1800 erbaut, mit einem klassizistischen Campanile. Leider sind die Umgebung und das Städtchen selbst durch die jüngsten Bautätigkeiten verschandelt worden. Im Zentrum kann man allerdings noch

Auf Ischia hat man noch Muße

durch Gassen schlendern, um den ›Inselstil‹ der Profanbauten zu studieren. Die offensichtlich morgenländisch inspirierte Architektur erklärt sich kaum aus der direkten Berührung mit Arabern (die auf der Insel nur sporadisch auftauchten), sondern hauptsächlich aus den natürlichen Bedingungen mediterraner Küstenstriche: Der blendend weiße Kalkputz dient als Schutz vor der großen Mittagshitze – das Licht wird reflektiert, also zurückgeworfen. Auf den Flachdächern sammelt sich das Regenwasser und wird in eine Kellerzisterne abgeleitet.

Forios Wahrzeichen ist der **Torrione**, ein runder zinnenbekrönter Wachtturm aus dem 15. Jh. Die Hauptkirche des Ortes, *Madonna di Loreto*, steht auf dem Corso Umberto I. Sie wurde im 14. Jh. von Fischern aus Ancona gegründet, im 16. Jh. umgebaut und im 18. Jh. neu dekoriert. Von den Burgpalästen des 16.–18. Jh. haben sich im Viertel um den Torrione beachtliche Überreste erhalten.

Von Forio fährt man weiter – nun ins Landesinnere – über **Battaglia** nach **Panza**. Von diesem in 155 m Höhe gelegenen Ort geht es wieder abwärts nach ****Sant'Angelo**, einem kleinen Fischerdorf am Meer. Hier kann man noch das ursprüngliche Leben der Fischer beobachten und lohnende Bootsausflüge zum *Strand von Maronti* unternehmen. Man sollte auch in das *Tal von Carascura* fahren, wo aus einem Felsen eine Thermalquelle von über 100°C entspringt.

Von S. Angelo fährt man über **Serrara Fontana** in vielen Kehren nach ***Barano**. Unterwegs kann man den *Monte Epomeo* (788 m) besteigen (ca. 1 Std.). Barano, in 212 m Höhe gelegen, wird von Weingärten umkränzt. Der Ort ist die Heimat des Nolrezzata, eines uralten Kriegstanzes, der noch heute bei Volksfesten aufgeführt wird. Von Barano sind es dann nur noch wenige Kilometer bis Porto d'Ischia.

Sessa Aurunca (*S. 196*) ▷

Kampanien

19 Im Aurunkerland: Durch die Bonifica del Volturno nach Roccamonfina

Liternum · Vulturnum · Mondragone · **Carinola · Ventaroli · ***Sessa Aurunca · Roccamonfina

Was für Weissagungen mag die *Sibylle von Cumae* über die künftige Kultur unseres Abendlandes geraunt haben? Sie war in ihren Äußerungen nicht nur zweideutig, sondern auch störrisch und mürrisch – möglicherweise letzteres deswegen, weil sie in die Zukunft ihres unmittelbaren Wirkungsbereichs geschaut hat... Entlang der kleinen Verbindungsstraße von Cumae nach Lido di Licola und weiter nach Torre di Patria bieten sich schwarze Prostituierte an. Die Gegend, ganz im Gegensatz zum Klang der Ortsnamen, ist heruntergekommen. Bauten und Straßen, die begonnen, aber nie fertiggestellt wurden, bestimmen das Landschaftsbild. Die Badeorte entlang dieses wunderschönen Küstenstreifens erscheinen alles andere als einladend. Dennoch lohnt sich diese Route nach Liternum, der archäologischen Zone am Lago di Patria nahe Torre di Patria. Wählen Sie nicht die elegante Superstrada von Pozzuoli Richtung Norden, sondern fahren Sie ruhig hier entlang, durch ein Stück trostlose Realität. Es ist kaum zu glauben, daß hier die Zivilisation Italiens entstanden ist, das Alphabet und insgesamt die Kulturgeschichte unserer Zeit.

Und lassen Sie sich, um das Maß vollzumachen, auch enttäuschen von der archäologischen Zone **Liternum/Villa Literno** (27 km NW Neapel, 19 km N Pozzuoli), die nicht besichtigt werden kann, weil nichts mehr zu sehen ist außer einer einsamen Säule – Mahnzeichen der Ignoranz städtischer Behörden, die unfähig sind, mit geringem Aufwand ein einzigartiges Kulturdenkmal zugänglich zu machen. Die Grundmauern der Gebäude sind vom Unkraut überwuchert. Liternum war eine kleine oskische Ortschaft, die nach dem Zweiten Punischen Krieg zerstört wurde. Römer bauten daraufhin ca. 194 v. Chr. eine befestigte Siedlung, zusammen mit einer weiteren, *Vulturnum*, etwa 17 km nördlich gelegen (*s. unten*). Beide Siedlungen zählen zu den ältesten römischen Kolonien in Kampanien.

Die einsame Säule gehörte zu einem italischen Tempel auf erhöhtem Podest. Links davon wäre die Basilika zu denken, von der nur noch die Grundmauern stehen. Rechts der Säule hat sich das Theater befunden. Die Ausgrabungen wurden zwischen 1932 und 1937 durchgeführt.

Etwas freundlicher wird die Gegend Richtung Norden. Wir durchfahren die Ebene des **Volturno-Tals**. Hier weiden jene Büffelherden, denen die echte ›*mozzarella di bufala*‹ zu verdanken ist. Am Volturno, nahe der Mündung, liegt Castel Volturno und in der Nähe, im sumpfigen Flußgelände, das antike **Vulturnum/Castel Volturno** (16 km O Liternum). Die Reste der römischen Kolonie wurden im 11. Jh. von den Sarazenen vollends zerstört. Das Gelände nimmt sich ähnlich traurig aus wie das von Liternum.

Nach der Überquerung des Volturno gelangt man nach **Mondragone** (12,5 km). Durch das Städtchen fährt man auf den *Monte Petrino* zu, wo noch Reste der antiken *Via Appia* zu sehen sind. Nach wenigen Kilometern erreicht man ***Carinola** (16 km NW Mondragone) – wenn man Glück hat, denn es ist nicht einfach, kleineren Landstraßen in der Provinz zu folgen. Meistens ist die Ausschilderung unzureichend. Aber man kann ja fragen. Der Name des Ortes genügt, und man erhält mittels bilderreicher Gestik Auskunft. Carinola, das kleine Nest zu Füßen der Monti Aurunci, ist unbedingt sehenswert. Die romanische Vorhalle vom ***Dom** mit der Majolikakuppel auf dem Campanile ist mit schönen antiken Säulen mit Blattkranzkapitellen geschmückt. Bischof Bernhard hat die Kirche im 11. Jh. gegründet, wie eine Inschrift im Mittelportal verkündet. Über den beiden hochbeinigen romanischen Löwen erhebt sich das Tympanon mit einer Darstellung der Muttergottes und dem Bischof (15. Jh.). Die Arkatur über dem Bild ist normannisch. Im Innern überrascht eine Kapelle rechts neben dem Chor im Stil der florentinischen Frührenaissance.

Gleich nebenan steht die ****Casa Novelli** aus dem 14. Jh. mit wunderschönen Fensterrahmungen an der Hauptfassade. Die Ornamentik ist typisch für den Durazzo-Stil des 14. und 15. Jh., eine interessante Verbindung der zarten gotischen Formen Frankreichs mit dem dynamischen Spiralwerk der Normannen. Besonders sehenswert ist der malerische Innenhof mit dem seitlichen Treppenaufgang. Unter den Arkaden des ersten Stocks kann man noch Fragmente von Malereien an der Holzdecke ausmachen. Das Kastell, der ehemalige *Palazzo Ducale* aus dem 15. Jh., wirkt eher düster und unnahbar.

An ihm vorbei fährt man weiter nach **Ventaroli** (5,5 km), das über dem antiken Forum Claudii errichtet ist. Die kleine Basilika ***S. Maria in Foro Claudio**, die in ihrem Grund- und Aufrißsystem an S. Angelo in Formis erinnert, lohnt einen Besuch. Das Portal der Fassade ähnelt dem in Carinola. Innen gliedern 14 Säulen die drei Kirchenschiffe. Fresken aus dem 15. Jh. schmücken die Wände; unter ihnen ein ›Jüngstes Gericht‹. Die Fresken in den Apsiden dürften von einem Künstler aus dem 11. Jh. stammen, der auch in S. Angelo in Formis (*S. 201*) tätig war.

Nur noch ca. 8 Kilometer trennen uns von der alten Metropole der Aurunker, *****Sessa Aurunca**. Zwischen 313 und 312 v. Chr. wurde die Stadt von Römern zerstört. Im Jahre 209 folgte das stolze Sessa den Römern als einzige der 12 Kampanischen Kolonien nicht in den Krieg gegen Hannibal. Unter Augustus blühte die Stadt auf. Es entstanden das Theater, die Thermen und der spektakuläre Kryptoportikus. Von Süden kommend, findet man am Tor, der *Porta Capuccini*, einen Parkplatz und wendet sich nach links die Straße hinauf. Nach wenigen Metern bemerkt man auf der linken Straßenseite den Zugang zum ****Kryptoportikus**, der heute teilweise unterhalb des Franziskanerkonvents verläuft. Zwei durch Arkaden getrennte Gänge verlaufen in einer rechteckig angelegten U-Form. Möglicherweise diente diese ungewöhnliche architektonische Anlage als Frischwasser-Reservoir. Teile des römischen Stucks sind noch zu sehen und vereinzelte Kapitelle mit Palmwedeln, Blüten und zart gestalteten Bogen- und Schneckenformen. Das ***römische Theater**, dessen halbrunde Zuschauertribüne sehr gut zu erkennen ist, wird von den Armen des Kryptoportikus gleichsam gerahmt. Einzelne schön gestaltete Pilaster und Arkaturen aus Tuffstein sowie gepflasterte Wandelgänge bereichern die Ausgrabungszone. Man steht hier an der westlichen Stadtmauer mit einem panoramaartigen Ausblick auf die Ebene unterhalb Carinolas und auf das Meer. Wieder haben es die Römer verstanden, ihr Theater so zu plazieren, daß der weite Blick in die Landschaft zum Bestandteil des Szenariums geworden ist.

Der *****Dom** von Sessa Aurunca gehört zweifellos zu den großen Überraschungen dieser Fahrt. Seine Fassade, der Portikus und viele Ausstattungsstücke stammen aus romanisch-normannischer Zeit. Die Bögen des Portikus sind mit den für diese Region typischen normannischen Kleinskulpturen besetzt. Von üppiger, doch gezügelter Phantasie, ja Phantastik ist der Schmuck des mittleren Bogens; ein Mitteldilng

Steinerne Machtsymbole: die Löwen im Dom von Sessa Aurunca

zwischen gegenständlicher und ornamentaler Plastik sind die Kapitell-Löwen, die aufeinanderzugehen und in einem Kopf münden, die auf- und absteigenden Szenen aus dem Alten Testament und die als Wasserspeier weit herausragenden Löwenleiber. Das Innere stört den von außen empfangenen romanischen Eindruck. Hier ist alles Stuck und Schmuck des 18. Jh. – außer einigen Teilen des restaurierten Mosaikfußbodens aus dem frühen 12. Jh. und einem Prachtexemplar von ***Kanzel**, die unter Bischof Pandolfo (1224–59) von Pellegrino begonnen und später unter Bischof Giovanni gegen Ende des 13. Jh. von einem anderen Meister vollendet worden ist. Der klare Kubus ruht auf kurzen, durch Rundbögen verbundenen Säulen, die wiederum von kleinen Löwen getragen werden. Von bemerkenswerter – und typisch romanischer – Stilsicherheit ist das Verhältnis zwischen der geometrisch-strengen, geradlinigen Grundform und dem reichen Dekor, der sich darauf entfaltet: Einlegearbeiten, die verschlungene Bänder neben harmonischen Rautenformen bilden, allegorische Figuren an den Ecken als ›Träger‹ des Kanzelkorbs sowie Herkules als Tugendfigur und arme Menschlein, die im Gestrüpp der Sünde gefangen, d. h. im Pflanzenwerk der Kapitelle verwoben sind. Ebenso fein und reich im Detail ist der säulenartig hohe ****Osterleuchter**, der, auch ein Werk Pellegrinos, zusammen mit der Kanzel eine Art Ausstattungsensemble bildet. An der Kirchenwand gegenüber der Kanzel die Wandplatten des Kanzelaufgangs: Ein riesiger Walfisch ist dargestellt; seinem Rachen entschlüpft mit erhobener Hand Jonas. Übrigens stammen auch die Kanzeln im Dom von Salerno sowie in Santa Restituta in Neapel vom Meister Pellegrino bzw. aus dessen Werkstatt.

Streifen Sie noch ein wenig durch das schöne und aufgeräumte Städtchen. Wenn Sie die Hauptstraße hinuntergehen, gelangen Sie zum Parkplatz. Von dort fahren Sie weiter hinunter Richtung Fina-Tankstelle. Diese lassen sie links liegen, fahren ca. 100 m weiter und biegen dann rechts ab auf eine alte gepflasterte *römische Straße*, die sich eng in eine kleine Schlucht hinabwindet. Und wenn Sie denken, hier hört die Welt auf, dann fahren Sie noch ca. 50 m weiter und gelangen zur ***Ponte degli Aurunci**, einer römischen Brücke, konstruiert aus 21 Arkaden. Diese in einem wildromantischen Tal gelegene antike Eselsbrücke, die das Flüßchen Travata überwindet, können Sie überqueren. Von dem Grundstück eines benachbarten Landhauses erkennt man hinter hohen Büschen einige der alten Brückenarkaden. Sollten Sie jetzt noch ein wenig Zeit haben, dann fahren Sie weiter Richtung Norden in die schönen **Monti Aurunci** und ins malerische **Roccamonfina** (11 km N Sessa Aurunca). Von hier ist es nicht weit zur Autostrada nach Neapel.

20 Der Stier von Alife: Über Capua und Caserta ins Matese

Aversa · Santa Maria Capua Vetere · *Capua · ***Sant'Angelo in Formis · *Caserta (Schloß) · *Caiazzo · **Alife · Sant' Angelo d'Alife · **Santa Maria Occorrevole**

Die Fahrt ins **Matese**, in den gebirgigen Norden von Kampanien, ist nicht nur landschaftlich reizvoll, sondern auch kulturgeschichtlich abwechslungsreich und, wenn man so will, aufregend. Den Anfang macht eine kleine Stadt im Norden Neapels, ***Aversa** (18 km N Neapel). Der südliche Zugang dieser von den Normannen 1030 gegründeten Stadt wird durch die *Porta Napoli*, einen grandiosen Triumphbogen aus dem 17. Jh., markiert. Unmittelbar dahinter auf der rechten Straßenseite öffnet sich das ***Marmorportal zur Annunziatakirche**. Die Marmorreliefs von 1518 stammen von Jacopo Mormile und zeigen Tugendallegorien, den Tod, die Melancholie und Fortuna – einen Reigen humanistischer Bildmotive, deren komplexes ikonographisches Programm noch der Deutung harrt. Im Zentrum dann der kurz nach der Stadtgründung erbaute **Dom S. Paolo**, der mehrmals durch Erdbeben zerstört und wieder aufgebaut wurde, so daß die normannische Architektur nur noch in wenigen Teilen sichtbar ist. Links neben der Fassade öffnet sich ein malerischer Platz, von dem aus man einen schönen Blick auf die ****normannische Kuppel** genießen kann. Auffallend ist die arabisch-normannische Arkatur mit den schlanken Säulchen. Ein wenig verborgen und im Schatten des Nordtraktes ist ein kleines normannisches Portal erhalten.

Relief im Mithras-Heiligtum von Santa Maria Capua Vetere

Weiter geht es nach **Santa Maria Capua Vetere**, das man über die A2, Ausfahrt Capua, oder die Landstraße (N 265; 12 km von Aversa) in kurzer Zeit erreicht. Sehenswert sind neben dem römischen Amphitheater, dessen Gestaltung dem Amphitheater in Pozzuoli gleicht, das ***Mithras-Heiligtum** in der Nähe der Kirche *Sant'Erasmo*. In dem 1922 entdeckten Heiligtum ist ein gut erhaltenes Fresko aus dem 3. Jh. mit der Darstellung des kleinasiatischen Gottes Mithras, der den Stier tötet, zu sehen.

* Capua (49 km N Neapel)

S. Maria Capua Vetere ist die ›antike Variante‹ von Capua. Diese Stadt am Volturnus war damals so etwas wie eine Vorfestung des ›eigentlichen Capua‹, S. M. Capua Vetere.

Geschichte: Der römische Geschichtsschreiber Velleius Paterculus datierte die Gründung von Capua auf 800 v. Chr. Aus dieser Zeit stammen erste etruskische Gräberfunde. Livius, der bekannteste Berufsgenosse des Velleius, hat die alte Etruskerstadt nach dem gleichlautenden Fluß Volturnus genannt. Spätere Grabfunde aus dem 8.–4. Jh. v. Chr. lassen auf griechische Besiedlung, zumindest auf eine Vorliebe für griechische Importe, schließen. In der Schilderung der Belagerung Capuas im 2. Punischen Krieg werden Ringmauern mit Toren genannt. Diese wurden geschleift und im 1. Jh. n. Chr. von den Römern wieder neu aufgebaut. Im Jahre 59 v. Chr. beschloß Caesar die Neugründung der Stadt. Die damals in Rechteckform aufgerichteten Mauern zeichnen sich im Ortsbild noch heute ab.
Im Jahre 594 wurde Capua von den Langobarden besetzt und sein Klerus zeitweise sogar nach Neapel vertrieben. Da man in Capua antike Texte und frühchristliche Kanontafeln gefunden hat, wurde die Stadt bedeutsam für die Vermittlung der antiken Bildung. Im 9. Jh. wurde die Stadt von den Sarazenen eingenommen. Die Grafen gaben ihre Residenz auf und zogen in das Küstengebirge.

Zu neuer Blüte verhalf Kaiser Friedrich II. von Hohenstaufen der Stadt im 13. Jh. Von dieser Zeit zeugt das prächtige Brückentor, von dem aber nur noch der Unterbau zu sehen ist.

Das ***Brückentor**: Friedrich II. ließ die westliche Volturnusbrücke aus dem 2. Jh. v. Chr. mit einem Doppelturmtor befestigen. Im 2. Weltkrieg wurde es zerstört. Über dem Torbogen, gerahmt von zwei Türmen, scheint ein horizontales Zahnschnittgesims und darüber ein reich profilierter renaissancehafter Knickgiebel gelegen zu haben. Die Räume in den beiden Turmobergeschossen waren durch gotische Kreuzgewölbe und Tonnengewölbe eingedeckt. Ab 1557 hat man den plastischen Schmuck der Eingangsfassade abgetragen. Reste davon sind noch im Museo Campano (*S. 201*) zu sehen. Der Durchgangsbogen war von Löwen auf Säulen flankiert; darüber zwei männliche Büsten – wahrscheinlich Köpfe von Richtern. Über dem Scheitelpunkt der Bögen steht eine große weibliche Büste (Personifikation der kaiserlichen Gerichtsbarkeit), unmittelbar darüber in einer spitzbogigen Nische auf einer Thronbank der Kaiser. Das ganze Programm deutet wohl auf die sich auf das Römische Imperium berufende Macht und Würde der kaiserlichen Gewalt und Gerichtsbarkeit – eine typische ›Friedrich II.- Thematik‹.

Von der *Piazza dei Giudici* führt die *Via del Duomo* zum **Dom**. Der ***Campanile** des Doms, entstanden im 9. Jh., ist im lombardischen Stil

Capua: Dom und Campanile

errichtet. Auffällig sind der Hell-Dunkel-Wechsel der Steinschichtungen und die Rundbogenfenster mit eingestellter Mittelsäule. Im Innern der dreischiffigen Hallenkirche sind ein Taufstein aus dem 11. Jh. und ein Osterleuchter aus dem 13. Jh. sehenswert. Besondere Aufmerksamkeit sollte man in Capua dem ****Museo Campano** schenken, das im Palazzo Antignano (15. Jh.) untergebracht ist. (Man erreicht es über die Via del Duomo, die auf einen Arkadengang und einen antiken Brunnen zuläuft; ihm gegenüber führt die Via Roma zum Museum.) Das Museum wurde im Jahre 1874 gegründet und enthält eine ausgezeichnete Sammlung vorrömischer und römischer Gegenstände aus Kampanien. Zu nennen sind ein Heiligtum der Muttergottes von Capua, Tontafeln aus dem 4. Jh. v. Chr. und Tuffblöcke mit oskischen Inschriften, die über Ferkelopfer für Jupiter und Juno im Zusammenhang mit Volksfesten berichten. Sehenswert sind auch die sitzenden Frauenfiguren aus Tuffstein, gefunden in einem Tempel der Mater Matuta (Göttin der Mutterschaft). Die Frauen tragen Wickelkinder in den Armen – wahrscheinlich handelt es sich hier um Weihgaben von Schwangeren. Am interessantesten dürften wohl die Reste des Skulpturenschmuckes vom Brückentor sein: die Statue Friedrichs II. – kopflos und schlecht erhalten – und die beiden das Tor flankierenden – gut erhaltenen – Köpfe. Bei letzteren soll es sich um eine *Capua fidelis*, eine Personifikation der Stadt, und um den Kanzler des Kaisers, *Pier delle Vigne*, handeln. Von ihm hat Dante gesagt, daß er »beide Schlüssel zum Herzen Friedrichs in den Händen hielt«. Man bezweifelt aber neuerdings diese Deutung der Skulpturen und nimmt an, daß es sich um die Darstellung von Richterköpfen handle.

*** Sant' Angelo in Formis (6 km O Capua)

Von Capua nach Sant' Angelo in Formis sind es nur wenige Kilometer. Der merkwürdige Name rührt vom Kloster ›Bogen der Diana‹ her; man hatte im 6. Jh. einen Diana-Tempel zur Kirche umgebaut. Das lateinische ›arcus‹ wurde in das mittelalterliche ›forma‹ abgewandelt. Im 11. Jh. ließ Abt Desiderius aus Monte Cassino, dem Gründungsbau der Benediktiner, das Kloster und eine Kirche zu Ehren des Erzengels Michael errichten – *Sant' Angelo in Formis*.

Berühmt sind die *****Fresken**, die wahrscheinlich von Künstlern aus Konstantinopel zwischen 1072 und 1087 geschaffen wurden. Heute gelten die Malereien als die bedeutendsten Zeugnisse byzantinischer Freskomalerei in Italien.

Vermutlich hat Abt Desiderius aus Konstantinopel Künstler kommen lassen, die wiederum die Klosterangehörigen in der Freskotechnik ausgebildet haben. Stilvergleiche mit byzantinischen Miniaturen heben das byzantinische Element deutlich heraus: Die strenge, stark auf lineare Schönheit hin stilisierte Durchbildung von Figurentypen und Gewändern, die Beschränkung der Farbskala auf einige leuchtende Töne sowie die straffe, leicht überschaubare Komposition der Einzelszenen geben den Fresken insgesamt ruhige Monumentalität und Geschlossenheit.

Die Fresken der *Kirchenfront* stehen zeitlich am Ende der Arbeiten. Sie stellen Szenen aus dem Eremitenleben des hl. Antonius dar. Bedeutender sind die Fresken des *Innenraumes*. Der thronende Christus in der Apsis beherrscht mit hieratischer Strenge und Majestät den ganzen Raum. Ihm zur Seite die Symbole der vier Evangelisten; darunter in der Mitte der Patron St. Michael zwischen den Erzengeln Gabriel und Raphael. Neben ihm der Ordensstifter Benedikt von Nursia (erneuert) und, gegenüber, Abt Desiderius.

Der Bilderschmuck des *Hauptschiffs* läuft in drei übereinanderliegenden Bändern von der Apsis zur inneren Eingangswand. Auf der nördlichen Langhauswand, beginnend links oben mit dem bethlehemitischen Kindermord und endend mit der Himmelfahrt Christi, werden Christusszenen dargestellt; desgleichen auch auf der südlichen Langhauswand, nur daß es sich hier um einen Erzählstreifen handelt. In den Zwickeln über den Arkaden sind Sibyllen, alttestamentarische Könige und Propheten dargestellt. Auf der inneren Westwand erkennt man das Jüngste Gericht mit dem richtenden Christus in der Mandorla. Unten rechts ein Teufel, der den Verräter Judas hinwegholt.

Auf den Wänden des *Seitenschiffes* werden Szenen aus dem Alten Testament erzählt: Vertreibung aus dem Paradies, Kain und Abel. Links: Arche Noah, Turmbau zu Babylon, Abraham und Isaak.

»... ein ungeheurer Palast ... wahrhaft königlich ...«, hat Goethe über Caserta geschrieben

* **Caserta** (***Schloß) (27 km N Neapel)

Über Caserta müßte man einen eigenen Führer schreiben, so kulturgeschichtlich vielseitig und stilistisch komplex ist die ***__Schloßanlage__, durch die diese Stadt berühmt wurde. Bis 1750 ein kleines unbedeutendes Dorf, stieg Caserta durch den Bau des Palazzo Reale zum ›italienischen Versailles‹ auf, um das französische Vorbild schließlich sogar zu übertreffen – zumindest, was die Dimensionen angeht.

1750, zu einer Zeit also, als der Absolutismus, und damit die Blütezeit der großen Schloßanlagen, bereits den Zenit überschritten hatte, berief der Bourbone Karl III., König von Neapel, *Luigi Vanvitelli*, den damals berühmtesten Architekten Italiens (*S. 48f.*). Die Arbeiten am Bau begannen 1752. Schon die Grundsteinlegung war bemerkenswert: Zwei Linienregimenter und zwei Schwadrone Kavallerie wurden so aufgestellt, daß sie den Grundriß markierten. 1774, ein Jahr nach dem Tode des Architekten, wurde das Schloß fertiggestellt. Johann Wolfgang von Goethe notiert 1787: »Das neue Schloß, ein ungeheurer Palast, eskurialartig, ins Viereck gebaut, mit mehreren Höfen, wahrhaft königlich ... schien mir nicht genug belebt, und unsereinem können die ungeheueren leern Räume nicht behaglich vorkommen.«

Man muß sich dem Schloß, d. h. seiner **__Fassade__, langsam nähern. Nur so kann man ihre Struktur und damit auch das Anliegen Vanvitellis erkennen. Die Fassade, selbst eher nüchtern und statisch, wird, indem man sich darauf zubewegt, zum Leben erweckt. Bleibt man aber stehen, erstarrt die Fassade wieder zur Kulisse. Leider wurde Vanvitellis Konzept – ein zweites Vollgeschoß und die Erhöhung des Mittelrisalits durch eine Mittelkuppel – nicht mehr ausgeführt. Auch fehlen die Ecktürme, die mit der Mittelkuppel zusammen einen wichtigen vertikalen Akzent gebildet hätten. So dominiert einzig die Horizontale. Die im Dreiecksgiebel eingesetzte ›Bahnhofsuhr‹ wirkt peinlich.

◁ ›Gefangennahme Christi‹: Fresko in Sant'Angelo in Formis

Über 116 Marmorstufen führt eine prachtvolle ***Freitreppe** in das **erste Geschoß**. Hier öffnet sich eine große Vorhalle, von der man in die einzelnen Königsgemächer und in die Palastkapelle gelangt. In seinem Treppenplan hat Vanvitelli sich nicht an die napoletanische Treppentradition gehalten. Er vermied die Experimente des ›barocchetto‹ und hielt sich lieber an den klassischen Typus der Drei-Rampen-Treppe, die sich in einem streng gegliederten Saal entfaltet. Interessant die architektonische Verknüpfung zwischen Vestibül und Treppen: Vom Umgang des Vestibüls erfolgt der Aufstieg wie auf einer monumentalen Theaterbühne. Vielleicht wurde Vanvitelli von der dramaturgischen Organisation der Architektur einer Theaterkulisse inspiriert. Ob Piranesis ›Carceri‹ Vorbilder gewesen sind, wie oft behauptet wird, ist eher fraglich. Das von Starace 1769 ausgeführte große *Deckenfresko* stellt den Zyklus der Jahreszeiten und Apoll dar.

So wie die Fassade sich unter den Blicken des Ankommenden zu bewegen scheint, so wächst das **obere Vestibül** gewissermaßen unter den Schritten des die Treppe Hinaufsteigenden empor. Inmitten der oktogonalen Pfeilerhalle ist man eher an Stiche von Piranesi erinnert als im Treppenhaus. Die steilen Proportionen des Mittelraumes stürzen auf eine Rundkuppel zu und heben dadurch diesen Raum über das Umgangsniveau hinaus. Gegenüber dem Treppenaufgang führt die mittlere Tür des Vestibüls in die ***Palastkapelle**. Die Grundform geht auf Hardouin-Mansarts Schloßkirche in Versailles zurück. Wahrscheinlich hat der König den Architekten zu dieser Versailles-Reminiszenz angeregt. Freilich hat Vanvitelli das französische Vorbild stark ›italianisiert‹: In Versailles ist der Chor mit umlaufenden Seitenschiffen und Emporen versehen; dagegen hat Vanvitelli die Apsis als geschlossene Wand aufgefaßt und reich gegliedert – der Raum verliert dadurch im Vergleich zu Versailles an ruhiger, geschlossener Monumentalität zugunsten eines lebhafteren Wandreliefs.

Die Seitenportale des Vestibüls auf dem *Piano Reale* führen links in das Appartement des Königs und rechts in das der Königin. Die im Palast vorherrschende monumentale Architektur wird hier zurückgenommen, um Wohnkomfort möglich zu machen. Vanvitelli hat die **Wohnflügel** in zwei Raumreihen ▸

Der Park von Caserta: Orientierungsplan ▷

1 Castellucia (kleine Festung)
2 Peschiera Grande (Großes Wasserbecken)
3 Fontana Margherita
4 Ponte di Ercole
5 Cascata dei Delfini
6 ›Reich des Äolus‹ (Portikusarchitektur)
7 Wasserbecken mit Ceres Trinacria (Göttin Siziliens)
8 Stromschnellen mit Venus und Adonis
** 9 Große Kaskade

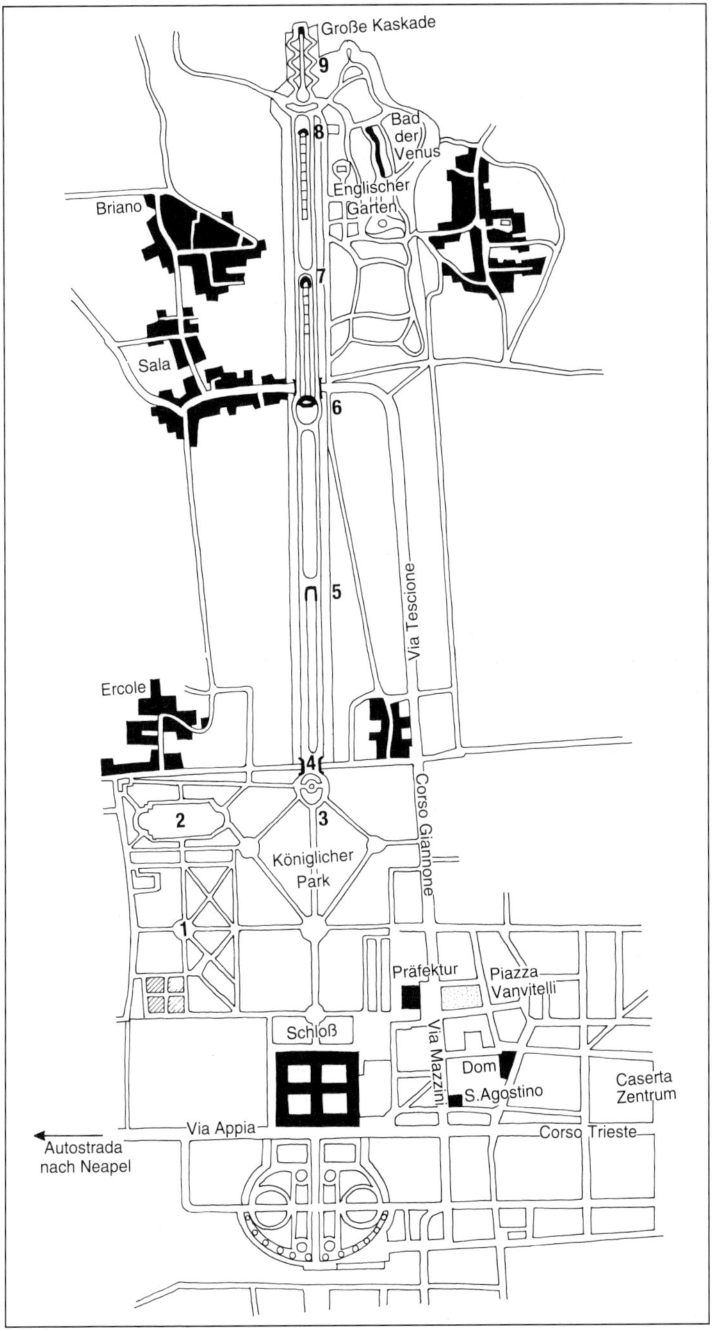
Große Kaskade
9
8
Bad der Venus
Englischer Garten
Briano
7
Sala
6
5
Via Tescione
Ercole
4
3
2
Königlicher Park
Corso Giannone
1
Präfektur
Piazza Vanvitelli
Schloß
Via Mazzini
Dom
S.Agostino
Caserta Zentrum
Via Appia
Corso Trieste
Autostrada nach Neapel

unterteilt, ist also streng symmetrisch vorgegangen: Jeder Raum hat sein Pendant im gegenüberliegenden Teil des Grundrisses.

Erst Ferdinand II. hat gegen 1785 die Ausstattung der ***Appartements** des Mitteltraktes (vom Vestibül zur Eingangsfassade) angeordnet. Das *Appartamento Nuovo* wurde zwischen 1807 und 1845 eingerichtet. *Thronsaal* und *Hochzeitszimmer* sind mit Wanddekorationen, Gold- und Stuckarbeiten ausgeschmückt. Im **Westtrakt** gelangt man anschließend zum *Appartamento del Re* mit Dekorationen aus dem 19. Jh. und von dort in den Mitteltrakt. Von hier erstreckt sich nach Osten das *Appartamento Vecchio*, in dem ab dem Ende des 18. Jh. der König wohnte. Im Zentrum des **Osttraktes** liegt ein Ovalraum mit einer über 1200 Figuren zählenden Weihnachtskrippe. Im Mittelpunkt (zum Treppenhaus) befinden sich ferner Räume mit Vanvitelli-Zeichnungen, Stichen und Modellen. Das ***Hoftheater** (Zugang in den Ecken des westlichen Hofes) hat einen Zuschauerraum (500 Sitzplätze), der in das Geschoßsystem des Sockels integriert wurde, und zwar so, daß der oberste der fünf Ränge unter dem Flachgewölbe und der unterste Rang zusammen mit dem Parkett sogar noch unter der Ebene des Hofes zu liegen kamen. Crescenzo della Samba hat die malerischen Dekorationen ausgeführt; die Alabastersäulen stammen aus dem Serapis-Tempel von Pozzuoli (*S. 138*).

*** Der Park

Es ist kaum möglich, die gesamte Parkanlage von Caserta in kurzer Zeit zu Fuß zu durchmessen. Vom Schloß zur *großen Kaskade* – die Hauptachse der Anlage – sind es 3 km. Aber man sollte auch nicht nur der Kaskade zustreben, sondern in der Parkanlage ebenso die anderen Wege erforschen.

Die zahlreichen *Parkbrunnen* erhalten ihr Wasser vom unweit gelegenen Monte San Silvestro. Die *Castellucia* (**1**) stellt eine kleine Festung dar, in der die königlichen Prinzen im Kriegshandwerk unterrichtet wurden. 1819 entstand daraus ein Gartenpavillon. Auf der *Peschiera Grande* (**2**), einem großen Wasserbecken, inszenierte der junge Ferdinand Seeschlachten. An der *Fontana Margherita* (**3**) beginnt der Canalone. Es folgen zahlreiche Brunnen, Kaskaden und langgestrecke Bassins bis hin zur großen Kaskade.

Von der *Fontana Margherita* – sie war als monumentale Anlage geplant – führt eine Brücke (*Ponte di Ercole*; **4**), geschmückt mit Marmorstatuen, Herkules und fünf Monate darstellend. Man gelangt zur ersten Kaskade (*Cascata dei Delfini*; **5**): Aus einem künstlichen Felsenaufbau ragen riesige wasserspeiende Delphine. Fortan verläuft das

Wasser unterirdisch. Am Ende des darunterliegenden Rasenstreifens eine Portikus-Architektur mit Figuren, die das *Reich des Äolus* (**6**) (der Winde) vorstellen. Es folgt ein Wasserbecken, das bald in sieben Stufen übergeht, über die das Wasser herabstürzt. Dort thront *Ceres Trinacria* (**7**), die Göttin Siziliens. Nach einer weiteren Rasenfläche stößt man wieder auf Stromschnellen, deren oberste *Venus und Adonis* (**8**) zieren. Auf der am weitesten oben gelegenen Terrasse steht man schließlich der **großen Kaskade (9) gegenüber. Das skulpturale Programm beschreibt den Mythos von Aktäon und Diana. Aktäon entdeckt zufällig Diana beim Bade und wird zur Strafe in eine Hirschkuh verwandelt. Seine eigenen Jagdhunde fallen über ihn her und zerreißen ihn.

Dieser barocke Park bildet eine Art künstliches Universum, vorgestellt als arkadisch-utopische Welt. Der Eindruck des Paradiesischen, eines immerwährenden Arkadien, kommt im unendlich sich hinziehenden Park zum Ausdruck. Natürlich wollte sich der Potentat damit auch ein ideologisches Denkmal setzen: Das Unbegrenzte sowie die Beherrschung der Natur gerät zum absolutistischen Machtsymbol.

Über die großartige Schloßanlage sollte man jedoch nicht vergessen, auch die ***Stadt Caserta** zu besuchen. Auch hier orientierte sich Karl von Bourbon an Versailles, indem er eine ganz auf das Schloß hin ausgerichtete Residenzstadt schaffen wollte. Vanvitelli legte auch hierfür die Pläne vor. Zur Ausführung ist es jedoch nicht gekommen. Eine kleine Saalkirche im klassizistischen Stil, *Sant' Agostino* an der *Via Mazzini*, soll von Vanvitelli geplant worden sein. In der Nähe liegt die *Piazza Vanvitelli* mit einem Denkmal für den Architekten aus dem Jahre 1879.

Das kleine Städtchen ****Caserta Vecchia** liegt in 400 m Höhe, 10 km nordöstlich vom Schloß. Der 1153 geweihte **Dom** dieses malerischen Ortes gilt als eine der schönsten Kirchen in der Umgebung. Hier kann man unterschiedliche romanische Stilvarianten studieren, z. B. sarazenische Motive mit verspielten Ornamenten, oder normannische, die sich durch strengere Flechtwerk auszeichnen.

* Caiazzo (ca. 18 km N Caserta)

Verläßt man Caserta Vecchia in nördlicher Richtung, so gelangt man in das **Tal des Volturnus** und schließlich nach Caiazzo, einem Städtchen, in dem viele Häuser die für diese Gegend ungewöhnlichen eleganten und verschnörkelten Verzierungen des Rokoko an Fenstern und Portalen aufweisen.

Barockes Figurenspiel im Park von Caserta

Die Stadt geht auf das antike, von Oskern gegründete *Caiatia* zurück. Friedrich II. hielt sich hier häufig zur Jagd auf. Die Caiatianer sind heute noch stolz auf viele große Söhne ihrer Stadt, wie z. B. auf den Arzt *Nicolà Gianelli* (1735–1809) oder den Naturwissenschaftler *Nicolà Covelli* (1790–1829). Spektakuläre Monumente bietet das Städtchen nicht. Der *Dom* aus dem 16. Jh. mit einer Barockfassade des 17. Jh. nimmt sich eher wie ein Fremdkörper in seiner kleinen intimen Umgebung aus. Ein Spaziergang durch die Gassen und Bögen, die immer wieder prachtvolle Blicke auf das Volturnus-Tal und die Berge freigeben, dürfte wohl die Hauptattraktion darstellen.

** **Alife** (27 km N Caiazzo; über Dragoni)

Der **Name** Alife ist, wie Professore Parisi, ein Architekt und ausgezeichneter Kenner der Geschichte seiner Heimatstadt, versichert, griechischen Ursprungs und bedeutet ›Ort auf dem fließenden Wasser‹ = *Ali Qha*. Fließendes oder fliegendes, also schnell fließendes Wasser wird durch das lateinische ›*vola torrens*‹ ausgedrückt, die Wurzel für den Flußnamen Volturnus. Nahe der Stadt wird eine Brücke über den Volturnus noch *Ponte dell'Inferno* genannt, was allerdings mit der Hölle (inferno) nichts zu tun hat. ›Inferno‹ ist eine mißverständliche Abwandlung des alten ›*Oliferno*‹, was auf ›Olotrono‹ oder ›Alitrono‹ zurückgeht und den Weg, auf dem Wasser transportiert wird, bezeichnet, also einen Fluß. In der Nähe fließt der Toranus in den Volturnus. Das ›*Ali Tronos*‹ bezieht sich wieder auf den Namen der Stadt Alife. Übrigens hat man in römischer Zeit aus dem ›Toranus‹ auch ›*toro*‹, den Stier, abgeleitet, der auf alten Münzen abgebildet ist und zum heraldischen Tier von Alife wurde.

Diese Wortanalysen deuten auch die Geschichte des Ortes an, in dem sich griechisches, samnitisches und römisches Erbe vereint. Zwei bemerkenswerten Kulturdenkmälern begegnet man in der von einer alten *römischen Mauer* aus dem 1. Jh. umgebenen Stadt. Den ***Kryptoportikus** erreicht man von der Hauptstraße, der *Via Roma*, aus. Leider ist der Zugang beschwerlich. Aber immer sind hilfreiche Alifanten in der Nähe, die mit Taschenlampen den Eintritt in diese unterirdische Welt erleichtern. Gut vorstellbar, daß es sich hier, wie in Sessa Aurunca (*S. 195*), um eine Zisterne gehandelt haben könnte.

Der im 13. Jh. gegründete ****Dom** erhebt sich auf dem Marktplatz der ehemaligen römischen Stadt, der zentralen Kreuzung von Cardinus und Decumanus. In der ersten Seitenkapelle rechts kann man noch die Reste eines Portalbogens aus normannischer Zeit sehen. Er ist stilistisch ähnlich gestaltet wie der von Carinola (*S. 195*). Links von der Vierung geht es hinab in die *Krypta*. Hier befindet man sich in der Unterkriche, der Urkirche von Alife. Die Säulen sind größtenteils aus römischer Zeit, die Kapitelle teilweise ebenfalls antik, teilweise normannisch. Ein Grabstein aus dem Jahre 1132 bezeichnet die Grabstelle des Papstes Sixtus I. Seine sterblichen Überreste befinden sich heute unter dem Hauptaltar. – Wenn man die Via Roma in südlicher Richtung verfolgt, gelangt man über die *Piazza XIX. Ottobre* zum römischen *Mausoleum*, das im 13. Jh. zu einer Kirche umgewandelt wurde.

Die Monti del Matese

Von Alife aus führen zwei Wege in grandiose Landschaften. Man kann zum einen die Straße Nr. 158 Richtung Isernia nehmen, um, vorbei an verlassenen römischen Mausoleen, nach **S. Angelo d'Alife** zu gelangen. Von hier aus schlängelt sich ein ausgeschilderter Weg hinauf zum *Normannenkastell*, dessen Ruinen nicht unbedingt sehenswert sind. Der Ausblick in die Landschaft aber ist zauberhaft. Der Blick schweift weit in die Ebene des Volturnus-Tals Richtung Meer und zu den Monti Aurunci. Im Süden ist bei gutem Wetter der Vesuv als kleiner Kegel sichtbar, wenn seine Konturen nicht von der Dunstglocke, die über Neapel hängt, verschleiert werden.

Der andere Weg führt in den Norden auf das mächtige Matese-Massiv zu.

Über **Piedimonte Matese**, das schon in neolithischer Zeit und später dann von den Samniten besiedelt war, gelangt man auf einem kleinen Sträßlein hinauf zum ****Santuario di S. Maria Occorrevole**, das auf

Eine mächtige Kulisse: das Matese-Massiv

einer Höhe von 556 m im 14. Jh. erbaut worden ist. Der Gründungslegende nach hat ein Hirte an diesem Ort gesehen, wie sich ein Schäflein vor einem Madonnenbildnis verneigt hat. Im Chor der dreischiffigen Klosterkirche steht eine Schutzmantelmadonna, umgeben von Heiligen und von Christus, der gleich zweimal auftritt, einmal mit dem Buch des Lebens und zum anderen mit einem aufbrechenden Samenkorn. Im Gewölbe eine stolze Majestas-Darstellung: Gottvater thronend mit erhobener Hand, dem Segensgestus, und dem aufgeschlagenen Buch des Lebens. Die Mandorla wird von zarten Engelsgestalten gehalten. Im Hof fallen die kleinen Balkönchen der Mönchsbehausungen auf. Von hier aus führt die *Via della Solitudine*, ein Meditationsweg, zur entlegenen Eremitage *S. Maria degli Angeli*. An der Rückseite des Barockgebäudes, geweiht im Jahre 1678, befindet sich ein schön gerahmtes Majolikabild mit einer Darstellung der ›Flucht nach Ägypten‹ und einer zauberhaften Landschaftsschilderung.

21 Nach Benevent und weiter in die Monti Sannio

****Sant' Agata dei Goti · ***›Acquedotto Carolino‹ · ***Benevent · Circello · Morcone · Campolattaro**

Jede Region hat ihren Höhepunkt. Im ehemaligen Herzogtum Benevent ist es der am besten erhaltene römische Triumphbogen der Antike, der ****Trajansbogen* (*S. 218*). So würden Liebhaber der römischen Antike urteilen. Für diejenigen, die sich am Barock begeistern, dürfte das ****Aquädukt* von *Luigi Vanvitelli* (*S. 48*) an erster Stelle stehen. Hinzu kommen vergessene Bergstädtchen, Eichenwälder, rauhe Gebirgsgegenden und die auf eine vielfältige Geschichtstradition zurückblickende Stadt Benevent.

Von Neapel aus erreicht man Benevent auf der *Tangenziale Nord* Richtung *Capodichino*, dem Flughafen der Stadt. Zwischen **Acerra** und **Arpaia**, dem antiken *Caudium*, überquert man die **Forche Caudine**, die kaudinische Schlucht, die dereinst für die Römer im Kampf gegen das samnitische Heer zu einem Ort des Debakels wurde (*S. 10*).

*** Sant' Agata dei Goti (ca. 55 km N Neapel)

Für Benevent und Umgebung sollte man sich zwei bis drei Tage Zeit nehmen und zunächst einen kleinen, unbedingt lohnenden Abstecher nach Sant'Agata dei Goti machen. Das malerische Städtchen, auf einer Bergterrasse gelegen und umwunden von zwei Flüssen, ist bekannt für sein Kunsthandwerk. Der ungewöhnliche Name der Stadt resultiert aus dem Untergang der Goten in der Schlacht vom Vesuv im Jahre 553. Wenige Überlebende sollen nach Norden geflohen sein und hier eine Bleibe gefunden haben. Im 9. Jh. wurde die Stadt von den Langobarden eingenommen und in das Herzogtum Benevent eingegliedert.

Die ****Annunziatakirche** am großen Platz am südlichen Stadteingang betritt man am besten durch das schöne *Marmorportal* des 16. Jh., dessen ruhige, klare Architektur durch das dramatisch bewegte Verkündigungsrelief im Tympanon belebt wird. Im Inneren sind die *Chorfresken* aus dem 13. und 14. Jh. in ihrer Vielfalt und durch eine unorganisierte Restaurierungsweise sehr verwirrend. Die Bildfragmente überdecken sich, und erst nach einer Weile wird man sich ›eingesehen‹ und die Geschichte der hl. Ursula sowie die des hl. Nikolaus von Bari erkannt haben. Über dem westlichen Eingangsportal ist ein Jüngstes Gericht, wohl um 1400 gemalt, dargestellt. Besonders das Geschehen zwischen den Endpolen Himmel und Hölle weist eine Vielzahl von faszinierenden Details auf.

Eine typische Dorfsilhouette in Kampanien: Sant' Agata dei Goti

Zu einem der schönsten Stücke der Kirche gehört zweifellos das *__Altarbild__ in der ersten Kapelle links nach dem Eingang. Angelillo Aruccio hat in zarten Farben und ziselierten byzantinischen Formen die Verkündigung gemalt, die wie der Name der Kirche und auch das Tympanonrelief zeigen, das Leitthema des ganzen Baus ist.

In der Stadt selbst wird man immer wieder von den makellos sauberen Straßen überrascht sein. Die Stadtväter haben eine eigene Stadtreinigung organisiert, die offensichtlich bestens funktioniert. Die vielen kleinen Gassen führen fast alle zu einem kleinen Sträßchen auf der *Stadtmauer*, von der sich prachtvolle Blicke in die Landschaft bieten. Auf dem **__Ponte sul Martorano__ aber hat man das schönste Panorama des Städtchens mit den Kirchtürmen und Kuppeln.

Die Hauptstraße führt zur *Piazza S. Alfonso*, die von der Domfassade aus dem 12. Jh. dominiert wird. Der **__Dom__ wurde schon im 10. Jh. gegründet. Die sich leicht nach vorn neigenden Säulen und die Kapitelle sind aus römischer Zeit. Die **__Krypta__ ist ebenfalls noch ein Relikt aus dem 12. Jh. Auch hier sind viele Säulen und Kapitelle antik. Sehenswert sind besonders ein ionisches Kapitell und ein langobardisches mit Fabelwesen. Andere Kapitelle und Säulenbasen zeigen Monster und Engel. Die Fresken dürften im 14. Jh. entstanden sein.

Bevor man weiterfährt, sollte man es nicht versäumen, die *Chiesa San Francesco* mit dem schönen Sarkophag für Ludwig Artus aus dem 14. Jh. zu besuchen. Und in *S. Menna* aus dem 12. Jh. schließlich, zur Zeit im ruinösen Zustand, steht ein frühchristlicher Sarkophag aus dem 7. Jh.

*** Der ›Acquedotto Carolino‹

Man verläßt die Stadt in südwestlicher Richtung über den schon genannten Ponte sul Martorano und fährt Richtung Caserta (*S. 203*), um zu einer der monumentalsten Bauwerke der Gegend zu gelangen, zu **Vanvitellis Aquädukt**. Kurz hinter **Valle di Maddaloni** erblicken wir die zwischen 1752 und 1759 für Karl von Bourbon erbaute Wasserleitung. Dieser ›*Acquedotto Carolino*‹ sollte aus den kampanischen Bergen Wasser für die zahlreichen Brunnen und Bassins von Schloß Caserta herbeiführen. In fast 100 m Höhe überspannen die in drei Geschossen übereinandergestellten Arkaden das Tal. Die oberste Arkadenreihe ist 529 m lang. Über drei Stockwerke also rauschte das Wasser nach Caserta. Über jedem Bogen befindet sich ein Wasserspeier. Was für ein Schauspiel, wenn bei ergiebigem Winterregen das obere Niveau der Leitungen erreicht wurde und die Wasserspeier in Aktion traten . . .

In Maddaloni erreicht man wieder die Schnellstraße nach Benevent, überwindet die Forche Caudine und gelangt über **Montesarchio** und **Tufara** in die Hauptstadt des einst kulturell so reichen Herzogtums.

*** Benevent (Benevento) (52 km O Caserta; ca. 80 km NO Neapel)

Benevent, auf einem 135 m hohen Hügel am Zusammenfluß von Sabato und Calore gelegen, breitet sich in einer wunderschönen landschaftlichen Umgebung aus. Die Stadt eignet sich ausgezeichnet für Exkursionen in die Umgebung.

Geschichte: Bronze- und Keramikfunde aus dem 8. und 7. Jh. v. Chr. lassen hier eine erste samnitische Siedlung vermuten. Einer Münze aus dem 4. Jh. v. Chr. zufolge wurde der Ort ›*Malies*‹ (lat. *Maluentum*) genannt. Er entwickelte sich zur Hauptstadt des Samnitischen Reiches. Nachdem die Römer im Jahre 275 v. Chr. Pyrrhus besiegt und damit die Samniter vertrieben hatten, gründeten sie wenige Jahre später eine Kolonie, die sie nach dem ›guten Ausgang‹ (›*bonus eventus*‹) der Schlacht ›*Beneventum*‹ nannten. Später hatte Benevent eine wichtige wirtschaftliche und politische Stellung an der Via Appia inne, da es den Warentransport von Brindisi nach Rom zu sichern galt.

Im 6. Jh. war Benevent von Goten (Totila) und oströmischen Heeren (Belisar) heiß umkämpft. Gegen Ende des Jahrhunderts fiel die Stadt in die Hände der Langobarden, die hier ihr berühmtes Herzogtum gründeten, das seine Herrschaft bald über ganz Mittelitalien ausdehnte. Mit Landolfus V. (1014–33) löste sich die langobardische Herrschaft allmählich auf. Dann wurde Benevent zum Streitobjekt zwischen den Normannen und dem Papst. Benevent wurde schließlich dem Kirchenstaat ein-

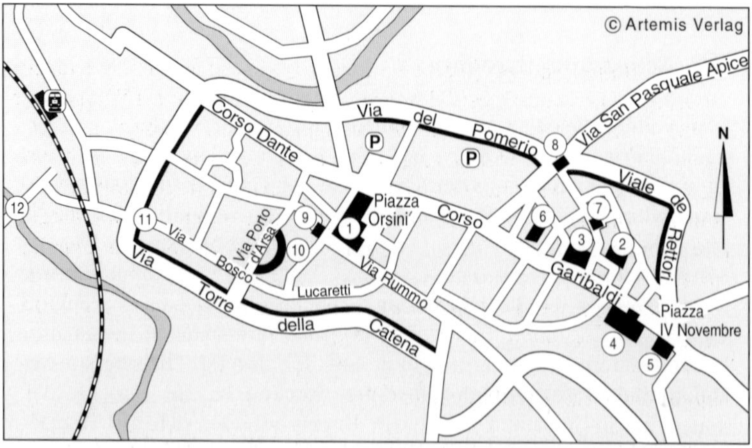

Benevent: Stadtplan

* ① Dom
** ② Santa Sofia/Museo del Sannio
③ Teatro Comunale Vittorio Emanuele III.
④ Palazzo del Governo
* ⑤ Kastell Rocca dei Rettori
⑥ Palazzo Campano-Torre
⑦ Palazzo Carissimo
*** ⑧ Trajansbogen
⑨ Arco del Sacramento
⑩ Römisches Theater
⑪ Stadttor
⑫ Leprosenbrücke

gegliedert und blieb, abgesehen von zwei Unterbrechungen, bis 1860 päpstliche Enklave im Königreich Neapel. Im 13. Jh. kam die Stadt unter die Herrschaft Friedrichs II. von Hohenstaufen, und zu Beginn des 19. Jh. machte Napoleon seinen Außenminister Talleyrand zum Fürsten von Benevent.

Ein **Rundgang**, der am Domplatz beginnt, soll mit den bedeutendsten Denkmälern der Stadt bekanntmachen. Der ***Dom** ① liegt etwas zurückversetzt vom *Corso Garibaldi* an der *Piazza Cardinal Pacca*. Urkunden zufolge ist er schon im 8. Jh. nachgewiesen. Ein Jahrhundert später wurde er erweitert, nachdem Fürst Sico die Reliquien des hl. Januarius aus Neapel geraubt hatte. Zwischen 1124 und 1129 entstand ein normannischer Neubau, 50 Jahre später der Campanile, in dessen Wände Halbfiguren von römischen Gräbern eingefügt wurden. Bei einem schweren Bombenangriff 1943 wurde auch der Dom in Mitleidenschaft gezogen und dessen berühmte Bronzetüren zum größten Teil zerstört (Reste im Museo del Sannio).

Die drei großartigen *Eingangsportale* der romanischen *Westfassade* zeigen normannisches Flechtwerk mit Tierdarstellungen. Oberhalb der Blendarkaden erhebt sich eine Art Säulengeschoß mit kannelierten Säulen, die in korinthischen Kapitellen enden. Auffallend sind die mächtigen Konsolen mit Tier- und Menschendarstellungen. Neben den erwähnten Spolien (antike Fragmente) am Campanile ist auch ein zum Opfer geschmücktes Wildschwein zu sehen. Es ist das Wappentier der Stadt und bezieht sich auf die ehemalige römische Siedlung, die an dieser Stelle eine Opferstätte gehabt haben soll. Das Innere ist nach dem Zweiten Weltkrieg vollständig erneuert worden: Fünf Schiffe werden durch Säulen voneinander getrennt. Den Triumphbogen schmückt ein Mosaik mit der Jungfrau Maria und den Päpsten Pius IX. und Pius XII.

Die benachbarte *Biblioteca Capitolare* ist reich an bedeutenden illustrierten Handschriften des frühen Mittelalters.

** Santa Sofia – Museo del Sannio ②

Von der *Piazza Orsini* gelangt man auf den *Corso Garibaldi*, dem man nun in die Stadt hinauf folgt. Nach 10 Minuten hat man die *Piazza Matteotti* erreicht, an deren linker Seite die Kirche Santa Sofia steht. Sie wurde vom Langobardenherzog Arechius II. im Jahre 762 gegründet; Reste dieses Baus sind nur noch am Portal sowie in der Apsis erhalten. Ein erneuter Umbau erfolgte im Barock, der glücklicherweise 1953 teilweise wieder rückgängig gemacht wurde, so daß sich die Kirche heute größtenteils in ihrer romanischen und frühchristlichen Gestalt präsentiert. Nur die Westfassade, deren Eingang von einem antikisierenden Triumphbogen betont wird, zeigt noch barocke Züge.

Santa Sofia, eine der interessantesten Kirchen des Mittelalters in Kampanien, weist einen Zentralraum mit seitlich sternförmig ausge-

Römischer Sarkophagschmuck im Museo del Sannio von Benevent

zackten Nischen und einem dreiapsidialen Chorschluß auf. Im Inneren überraschen Freskenreste aus dem 9. Jh. im byzantinischen Stil. Teilweise sind Szenen aus der Zacharias-Geschichte und Evangelisten auszumachen.

Der *Kreuzgang* mit romanischen Doppelsäulen wartet mit einer Sehenswürdigkeit auf: Die Kapitelle mit grotesken Fabelwesen in verschlungenen Ranken sind mit ähnlichen romanischen Schmuckkapitellen in Monreale zu vergleichen; ebenso die Darstellungen der Monate mit den entsprechenden Arbeiten, wie Ernte oder Weinlese.

Ein sehenswertes ***Museum** ist im Kreuzgang und den angrenzenden Gebäuden untergebracht. Die Antiken-Sammlung enthält viele ägyptische (von den Römern und später von Napoleon importierte) Stücke sowie Keramik- und Bronzefunde aus samnitischer Zeit. Ferner sind Gebrauchsgegenstände und Skulpturen im klassischen und hellenistischen Stil ausgestellt sowie die schon erwähnten Reste der Bronzetür des Doms und Fragmente vom römischen Triumphbogen.

Auf dem Platz vor der Kirchenfassade sollte man noch einen Blick auf den schönen *Brunnen* mit einem ägyptischen Obelisk und vier Löwen werfen, der auf Anordnung Talleyrands hier aufgestellt wurde. Der romanische Campanile gegenüber wurde 1703 erneuert.

Wendet man sich wieder dem Corso zu, so sieht man gleich rechts das **Teatro Comunale Vittorio Emanuele III.** ③, ein vornehmes, im klassizistischen Stil von Pasquale Francesconi zwischen 1851 und 1862 erbautes Theater. Wenn man den Corso Garibaldi weitergeht (mit dem Theater im Rücken und Santa Sofia linker Hand), gelangt man zum **Palazzo del Governo** ④ aus dem späten 19. Jh. (rechts) und zur *Piazza IV. Novembre*. Auf der rechten Seite erhebt sich das mächtige Kastell am höchsten Punkt der Stadt (191 m).

Das ***Kastell Rocca dei Rettori** ⑤ wurde als Teil der Stadtbefestigung unter der Regierung von Guglielmo de Balaeto im Jahre 1321 erbaut. Es steht auf Resten einer Burg aus dem 8. Jh., in der die Langobardenherzöge residierten. Nach der Herrschaft der Normannen, als Benevent Enklave des Kirchenstaates wurde, zogen die päpstlichen Rektoren in die Burg (daher der Name ›Rocca dei Rettori‹). Gegen Ende des 16. Jh. wurden Teile des Kastells als Gefängnis umgebaut. Als solches fungierte es bis zum Ende der ›päpstlichen Zeit‹ im Jahre 1860. Im Gebäude ist heute die *historische Abteilung des Museo dei Sannio* untergebracht. An der Ostseite des Kastells wurde ein römisches Tor ausgegraben, das möglicherweise zu einem militärischen Gebäudekomplex gehörte, auf dem später die Langobarden ihre Stadtbefestigung errichteten.

»Kaiser Trajan, der beste Augustus ...« (*S. 218*) ▷

** Das historische Viertel

Man wende sich wieder zurück zum Corso Garibaldi und biege in die dritte kleine Straße (schräg gegenüber von S. Bartolomeo) nach dem Theater rechts (*Via Bartolomeo Camerario*) ein, die in die langobardische Altstadt von Benevent führt. In diesem malerischen Viertel gelangt man zunächst zum **Palazzo Campano-Torre** ⑥ aus dem 18. Jh. mit einem sehr schönen Innenhof und verspielten Treppenaufgängen. Die Gasse mündet in die *Piazza Piano di Corte*, wo man das Regierungszentrum der langobardischen Herzöge vermutet hat. In manchen Gebäuden finden sich noch mittelalterliche Mauerreste und antike Spolien. An der rechten Stirnseite des Platzes erhebt sich der **Palazzo Carissimo** ⑦ aus dem 17. Jh. mit einem wehrhaften, leicht ausgestellten Untergeschoß.

Man wende sich wieder um und biege links in eine kleine Gasse ein, die hinunter führt zum antiken ***__Trajansbogen__** ⑧. Der Bogen, eines der am besten erhaltenen antiken Triumphtore überhaupt, befindet sich an einem Seitenausgang der Stadt, der zum Calore-Tal führt. Eine Verlängerung der Straße würde direkt in Foggia münden. Möglicherweise markiert der Bogen eine neue Römerstraße, die *Via Trajana*, die Trajan als ›Parallelstraße‹ zur Via Appia im Jahre 109 in Auftrag gegeben hatte. Die auf beiden Seiten identische Inschrift lautet (nach Kirsten): »Dem Kaiser Nerva Traianus, dem Sohn des vergöttlichten Nerva, dem besten Augustus, Sieger über Germanen und Daker, dem Hohenpriester, im 18. Jahr seiner tribunicischen Gewalt, nach seiner 7. Ausrufung zum Feldherren, nach seinem 6. Konsulat, dem Vater des Vaterlandes, dem tapfersten Ersten stifteten (den Bogen) Senat und Volk von Rom.« Auf den einzelnen Feldern sind die Taten, vorwiegend Kriegstaten, Trajans dargestellt. Die Reliefs im Bogen schildern dagegen Ereignisse in Benevent: Begrüßung durch die Beneventaner sowie Weihrauch- und Stieropfer.

Von der *Piazza Orsini* gelangt man in die *Via Rummo*, geht rechts um den Chor des Domes und erblickt rechts oben den **Arco del Sacramento** ⑨, einen römischen Bogen, der offensichtlich zum alten Forum gehörte, mit einer anschließenden archäologischen Zone. Man folgt dann links der *Via Carlo* und gelangt zum **römischen Theater** ⑩, das im Jahre 126 entstanden ist. Von der Fassade, konstruiert aus 25 Bögen im tuscischen Stil, ist ein beträchtlicher Teil erhalten geblieben. Neben dem ehemaligen Haupteingang, gewissermaßen in die Fassade hinein, wurde eine Kirche gebaut, die mit der römischen Architektur eine merkwürdige Allianz eingegangen ist.

Der Eingang befindet sich heute seitlich an der Schmalseite des Bühnengebäudes. Man steht dann unvermittelt auf der Bühne gegenüber der Orchestra. Das Bühnengebäude selbst reichte wohl über zwei oder drei Stockwerke und ist etwa mit dem in Aspendos (Südtürkei) zu vergleichen, dessen Bühnenwand aber monumentaler gestaltet ist. Seitlich der Orchestra sind Treppenaufgänge zu sehen, die zu den Rängen führen. Man vermutet, daß der obere Rang erst später, während der Regierungszeit Caracallas (Ende 2. Jh.), angefügt wurde. Insgesamt fanden im Theater zehntausend Besucher Platz.

Die *Via Porta d'Arsa* führt zum gleichnamigen **Stadttor** ⑪. Es ist eines der vielen Tore der langobardischen Befestigungsmauern. Diese teilweise noch sehr gut erhaltenen Mauerreste mit Türmen und Toren kann man, mit Unterbrechungen, um die gesamte Stadt verfolgen. Das an dieser Stelle verlaufende Teilstück bricht im Südosten an der *Via Porta Rufina* ab.

Gegenüber der Porta d'Arsa (in Verlängerung der Via Porta d'Arsa) führt eine kleine Straße unter dem Eisenbahndamm hindurch zum *Sabato* mit der antiken Brücke, von der nur noch fünf Bögen erhalten sind. Über diese Brücke verläuft die *Via Appia*. Nach einem Aussätzigen-Spital des Mittelalters wurde diese Brücke ›**Ponte Leproso**‹ ⑫ genannt.

Straßenreinigung auf traditionelle Art

Die Monti di Sannio

Um von Benevent in die Monti di Sannio zu fahren, muß man ein wenig Abenteuerlust verspüren. Die Gebirgsstraßen sind nicht immer gut ausgebaut. Die Gegend ist einsam, aber die Gastfreundschaft unglaublich herzlich. Und immer wieder wird man mit grandiosen Ausblicken belohnt. Von manchen Pässen kann man bis zur apulischen Ebene der Tavoliere sehen. Nach Circello gelangt man über zwei Straßen. Die Superstrada Nr. 88 führt über Campolattaro und durch das Tal des Tammaro.

Die andere Variante, die SS 212, geht über Pesco Sannita und durch eine wildromantische Gebirgsgegend nach **Circello**. Der Ort liegt in 650 m Höhe malerisch an einem Felsabhang. Oben die Ruinen des normannischen Kastells mit einem weiten Rundblick in die Landschaft. Am Morgen des 3. Juni 1494 kam Europa, d. h. viele seiner adligen Vertreter, hier zusammen, um eine blutige Schlacht zu schlagen: Der Marchese von Mantua, Giovanni Sforza und ein venezianisches Heer verbanden sich mit Ferdinand II. von Aragon, um gegen ein französisch-deutsch-schweizerisches Heer unter dem Kommando des Gilbert de Bourbon, Herzog von Montpensier, zu kämpfen. Aragon siegte und konnte einmal mehr seine Herrschaft in Neapel und Sizilien festigen. Drei *antike Tore*, das größte in der *Via S. Angelo*, sind in der Stadt zu sehen. In der Nähe des Kastells steht das Kirchlein *S. Rocco*, ein Bau aus dem 14. Jh. Nicht weit entfernt befindet sich die Kirche *S. Nicola* mit einem schönen Portal aus dem 12. Jh., flankiert von zwei Löwenköpfen unten an den Säulenbasen. – Der Weg nach Morcone führt über die Straße Nr. 625 nach Fuschi und durchs Tammaro-Tal, das von vielen Eichbäumen bewachsen ist.

Morcone, ein ebenfalls sehr malerisch wie auf einem Balkon über dem Tal gelegenes Städtchen, geht möglicherweise auf das samnitische Murgantia oder Mucre zurück. Am Ende des gewundenen *Corso Italia* stößt man auf einen schönen Barockbau: *Madonna della Pace* mit ihrem kuppelbewehrten Campanile. Im Innern ist eine Holzmadonna aus dem 13. Jh. sehenswert. Im Norden, etwas außerhalb der Stadt, sind noch *antike Mauerreste* aus samnitischer Zeit zu finden.

Verläßt man die Stadt in südlicher Richtung, gelangt man bald nach **Campolattaro**. Von dort ist es nicht mehr weit zurück nach Benevent.

SOCIETÀ OPERAIA
DI MUTUO SOCCORSO

22 Wo die Erde bebt: Avellino und die Irpinia

Nola · *Cimitile · Monteforte · **Avellino · **Aeclanum · Ariano Irpino · Sant' Angelo dei Lombardi · **San Guglielmo al Goleto · Nusco · Bognoli Irpino · Piano Laceno

Zur Zeit und auch noch für die nächsten Jahre kann Avellino als Ausgangsort für Besichtigungsfahrten in die Umgebung nicht empfohlen werden, da nahezu die gesamte Innenstadt einer Baustelle gleicht. Avellino im Umbruch: Das mittelalterliche Zentrum um den Dom, viele alte und schöne Stadtpaläste des *Corso Vittorio Emanuele* und die *Piazza della Libertà* werden umfassend restauriert. Baulücken werden gefüllt, in den Nebenstraßen entstehen Neubauten. Wenn diese Arbeiten abgeschlossen sind, wird Avellino zu den schönsten Städten Kampaniens zählen. Einstweilen aber wählen Sie besser Benevent (*S. 213*), um von dort Ihre kulturgeschichtlichen Kreise bis nach Avellino und in die Irpinia zu ziehen. Neapel wäre als Ausgangsort ebenfalls denkbar, da man über die A16 innerhalb von 30–40 Minuten die irpinische Metropole erreicht.

Auf dem Weg sollte man **Nola** und ***Cimitile**, die beiden durch die Autobahn getrennten Städtchen ungefähr 20 km östlich von Neapel, besuchen. Im Wappen der Stadt Nola fällt die Glocke auf. Seit 409 ist Nola Bischofssitz. Einer der ersten Bischöfe, der später heiliggesprochene Paulinus, kam aus Bordeaux; er gilt als Erfinder der Kirchenglocken, die im Mittelalter ›*nolae*‹ oder nach der Region Kampanien ›*campanae*‹ genannt wurden. Im *Dom*, der um 1400 gegründet, 1861 durch Brand zerstört und anschließend bis 1909 neu wiederaufgebaut wurde, erinnert nur noch die Krypta an die einstige Kirche. Ein wertvoller *Paliotto* aus dem 8. Jh. mit einer Kreuzigung und weiteren christlichen Symbolen zeugt von der Bedeutung Nolas im Frühmittelalter.

Das benachbarte ***Cimitile** war ursprünglich der Friedhof der Nolaner, wo sie ihre ersten Bischöfe und viele Märtyrer beisetzten. An dieser Stelle wurde im 5. Jh. die erste Basilika gegründet, *San Felice in Pincis*, von der schöne Mosaiken erhalten sind. Die Basilika wird durch eine geräumige, fast aulaartige *Apsis* abgeschlossen, die man durch den *Arco di S. Felice* betritt. Durch einen Narthex, eine kleine Vorhalle, die möglicherweise im 8. Jh. erbaut wurde, erreicht man eine in ihren Ausmaßen weitaus größere Basilika aus dem 9.–12. Jh. Der Abschluß aus drei ineinander übergehenden Apsiden (*Tricora*) ist einzigartig und nimmt sich geradezu barock aus. Hier sind Fragmente von Fresken und Skulpturen aus dem 12. und 13. Jh. zu sehen. Etwas

◁ Hier tagten im Mittelalter die Stadträte:
Die Sedile Dominova in Sorrent (*S. 229*)

außerhalb dieses Komplexes in südlicher Richtung steht die *SS. Martiri-Kirche* aus dem 8. Jh. mit interessanten Freskenresten im Gewölbe. Man beachte die zierlichen Engel und Fragmente einer Passionsdarstellung.

Wenn man über **Monteforte** (ca. 20 km O Nola) am *Monte Pizzone* ins Tal nach Avellino fährt, fällt linker Hand sofort der **Montevergine** mit seiner Wallfahrtskirche auf. Unterhalb des Gipfels wurde in 1270 m Höhe von Guglielmo da Vervelli auf den Ruinen eines ehemaligen Kybele-Tempels im Jahre 1124 die *Abtei* gegründet. Der überwiegende Teil des heutigen Gebäudekomplexes stammt aus barocker Zeit (1735–50). Als Baumeister wird Domenico Antonio Vaccaro genannt. In einer rechten Seitenschiffkapelle befindet sich das wundertätige Muttergottesbild aus dem 13. Jh. Man braucht nicht darauf hinzuweisen, daß der ****Ausblick vom Gipfel** überragend ist. Der Golf von Neapel sowie die weich gewellten Hügel von Benevent und natürlich Avellino direkt unten am Fuß des Berges präsentieren sich wie auf einer Ansichtskarte.

** Avellino (28 km O Nola)

Geschichte: Nach dem 2. samnitischen Krieg von 290 v. Chr. wurden die Irpinier, die Ureinwohner Avellinos und der Region, von den Römern unterworfen. Nach dem Sieg Hannibals (Cannae, 216 v. Chr.) rebellierten die Irpinier erfolglos gegen die Römer. Sulla gründete 80 v. Chr. die Kolonie ›*Venerias Abellinatium*‹. Die Stadt wurde mit einer Mauer umgeben. Es entstanden das Forum, die Basilika und das Amphitheater. Die Ruinen des einstigen römischen *Abellinum* können heute im benachbarten *Atripalda* besichtigt werden. Fast vollständig zerstört wurde die Stadt im Laufe der Kämpfe zwischen den Goten und den Byzantinern. Schließlich eroberten die Langobarden im Jahre 571 die Region und gründeten 3 km westlich der antiken Stadt das neue Avellino. In den darauffolgenden Jahrhunderten trat die Stadt in die typisch kampanische Geschichtsfolge ein: Normannen (12. Jh.), Staufer (bis 1268), Anjou (bis 1440), Aragon (bis 1516), Habsburg (bis 1700), Bourbon (bis 1859).

Eine **Stadtbesichtigung** ist, wie gesagt, zur Zeit sehr mühsam, da überall gebaut und restauriert wird. Demnächst aber dürfte sich die Stadt in ein Schmuckkästchen verwandeln. Aus diesem Grunde sei schon jetzt auf den künftigen erlebnisreichen Rundgang verwiesen. Man kann auf der zentralen **Piazza della Libertà** beginnen. Dort ragt der prächtige ***Palazzo dei Caracciolo** aus der Barockzeit auf. Seine Fassade wird lebhaft gegliedert durch den Wechsel von Dreiecks- und Segmentgiebeln. Das Portal flankieren zwei mächtige Löwen.

Von der Piazza geht der *Corso Vittorio Emanuele* aus. Gleich rechts steht hier der *Palazzo del Governo*, erbaut in der kühl-noblen Sprache des Klassizismus. Links neben dem Portal ein Bronzerelief, das an die Erhebung der *Carbonari*, der Köhler, gegen den bourbonischen König im Jahre 1820 erinnert. Ein paar Schritte weiter geht rechts die *Via Mancini* ab. Dort erheben sich einander gegenüberstehend der *Palazzo degli Uffici Finanziari*, ein schöner neoklassizistischer Bau, und das *Rathaus*.

Das ***Museo Irpino**, zweifellos die Hauptattraktion der Stadt, befindet sich am Ende der Via Comunale am *Corso Europa*. In den Räumen wird eine ausgezeichnete Sammlung zur Geschichte der Samniten präsentiert. Die Gräberfunde aus dem nahen Carife datieren aus dem 4. Jh. v. Chr. Rekonstruktionen der Nekropole veranschaulichen die Architektur der Grabbauten. In anderen Räumen sind Terracotta-Funde aus hellenistischer Zeit zu betrachten, Votivfiguren aus dem 2.–3. Jh., also samnitischen Ursprungs, und viele Skulpturen aus der Zeit des Feldherrn und Imperators Trajan (98–117 n. Chr.). Zu dieser Abteilung gehört das Fragment eines römischen Stadttors. Ein schön gestaltetes Opfergefäß zeigt Tiberius zusammen mit Augustus und Germanicus. Die Basis ist aus zierlichen Lorbeerblättern geformt, und um den oberen Rand ziehen sich klar gegliederte Akanthus-Ornamente. Im oberen Stockwerk ist eine Abteilung für Moderne Kunst und eine für das Risorgimento reserviert.

Den **Dombezirk** beherrscht der hoch aufragende ***Campanile** aus dem 17. Jh. Cosimo Fanzago, der schon von Neapel her bekannte Baumeister, hat die Pläne erarbeitet. Der im 12. Jh. gegründete Dom wurde oftmals zerstört und wiederhergestellt, das letzte Mal im Jahre 1868. Die jüngsten Renovierungen fanden 1980 statt. In einer Kapelle des rechten Seitenschiffes fällt ein Tabernakel aus dem 16. Jh. von Giovanni da Nola auf.

Etwa 30 km nordöstlich von Avellino liegt ****Aeclanum** (Autobahn A16 Richtung Foggia, Ausfahrt Mirabella). Die ****Ausgrabungszone** ist über die Straße Nr. 90 Richtung Passo di Mirabella zu erreichen. Reste der *Thermen*, verschiedene Wohn- und Gasthäuser (›*Botteghe*‹) und der *Marktplatz* sind noch sehr gut auszumachen. Das *Tepidarium* (Warmluftbad) und das *Caldarium* (Warmwasserbad) sowie die An- bzw. Auskleideräume (*Apodyterium*) der Thermenanlage sind erkennbar. In einem kleinen *Museum* sind provisorisch Grabungsfunde ausgestellt. Wenn auch nicht spektakulär, so sind doch die Reste dieser antiken römischen Kolonie sehr informativ.

Vor S. Guiseppe in Nusco steht die Statue des hl. Amato

Tief in die bald liebliche, bald heroische Landschaft der Irpinia dringt man ein, wenn man nach **Ariano Irpino** fährt (16 km N Aeclanum). Die als Sommerfrische viel besuchte Bischofsstadt wartet mit einem *Dom* auf, der durch mehrere Erdbeben zerstört und immer wieder neu aufgebaut wurde. Seit den beiden Erdbeben von 1962 und 1980 ist das Gotteshaus nur noch bedingt zugänglich. Vielleicht haben Sie Glück und können im Innern einen Taufstein aus dem 11. Jh. und die Kanzel mit Reliefplatten von einem Nachfolger des Giovanni da

Nola betrachten. Die Ruinen eines ehemaligen *Normannenkastells*, das im 15. und 16. Jh. verändert wurde, fielen 1732 ebenfalls einem Erdbeben zum Opfer.

Die nächste Tour nach **Nusco** und zur **Abbazia di S. Guglielmo** führt in das ehemalige Epizentrum des folgenschweren Erdbebens vom 23. November 1980. Mehr als 3000 Tote, ca. 10.000 Verletzte, 300.000 Obdachlose und 40.000 Emigranten waren das Ergebnis der Erdstöße, die ganz Kampanien, Neapel und Teile der Basilikata erschütterten.

S. Angelo dei Lombardi erreicht man über die Superstrada 7 von Avellino aus in östlicher Richtung. Die von den Langobarden im 11. Jh. gegründete Stadt ist seit dem 12. Jh. Bischofssitz. Der *Dom* aus dem 11. Jh. wurde nach einer Erdbebenzerstörung im 16. Jh neu errichtet. Das *Kastell* an der *Piazza Umberto I.* ist eines der wenigen noch sehr gut erhaltenen Langobardenfestungen.

Von S. Angelo geht es südwärts über ein kleines Sträßlein Richtung Lioni zur ****Abtei S. Guglielmo al Goleto**. Der aus Vercelli stammende Heilige hat diese Abtei 1133 gegründet. Bald zogen auch Nonnen in das Kloster, so daß sich allmählich eine Gemeinschaft von Mönchen und Nonnen entwickelte. Die Unterkirche ist ganz im klaren Stil der staufischen Romanik des 13. Jh. gestaltet. Man vermutet, daß der Baumeister derselbe war, der Castel del Monte, das wehrhafte Jagdschloß Friedrichs II. in Apulien, errichtete. In einem der beiden Kreuzgänge erhebt sich ein Turm, der 1152 erbaut wurde. Gotisch und normannisch ist die Oberkirche. Hier sind auch die Namen der Äbtissinnen Marina und Scolastica mit den Jahreszahlen 1247 und 1255 eingraviert. Sie gelten als die Gründerinnen dieses Baus.

Von diesem malerischen und einsamen Ort geht es wieder zurück über den Oberlauf des Ofanto ca. 1 km rechts zur **Stazione di S. Angelo**. Dort biegt rechts eine Straße nach **Nusco** ab. Das Städtchen erhebt sich auf einem freistehenden Berg zwischen den Flüssen Calore und Ofanto. Es wird aufgrund dieser einzigartigen Lage auch ›*balcone dell'Irpinia*‹ genannt. Der Ort wartet mit keinen spektakulären Monumenten auf – abgesehen vielleicht von der Krypta des *Doms*, dessen romanische Ornamentik und Architektur auf das 12. Jh. zu datieren sind.

Von Nusco führt eine landschaftlich schöne Straße nach **Bagnoli Irpino**, der ehemaligen Langobardenstadt. Von dort sind es nur noch 7 km zum reizvollen **Lago Laceno** mit seinem Pinienhain und zur malerischen kleinen Stadt **Piano Laceno**. Ganz in der Nähe von Bagnoli liegen die **Grotta di Caliendo** sowie ein modernes Heiligtum, das 1960 erbaute *Santuario del Salvatore*.

23 Von Sorrent nach Salerno: Die ***Costiera Amalfitana *(Farbtafel S. 51)*

****Sorrent · ***Positano · **Amalfi · Vettica Maggiore · Praiano · ***Ravello · Cava dei Tirreni · ***Salerno**

»... gedachte der Zeit, deren Geist solche gemäß Bauart fand.« Goethes Erinnerung bezieht sich auf einen traditionellen Fixpunkt europäischer Italiensehnsucht, auf einen Höhepunkt jeder klassischen Italienreise – auf Paestums Tempelreigen (*S. 253ff.*). Sie könnte aber auch für Salerno oder Amalfi zutreffen oder, wenn man die Natur als Kunstwerk hinzunimmt, auf die Formationen der amalfitanischen Küste. Die Küstenstraße von *Castellammare* (*Karte unten*) über *Vico Equense* nach Sorrent ist bildschön, aber doch nur die Ouvertüre zur ***__Costiera Amalfitana__**. Während man hier am Fuße der Monti Lattari immer wieder auf kleinere Industrieansiedlungen stößt, bietet sich die amalfitanische Küstenstraße als ein unvergleichliches Naturwunder dar. Kurz vor Sorrent führt über *Meta* eine kleine Straße über die Hügel der sorrentinischen Halbinsel auf die Seite des Golfes von Salerno. Bevor man sich aber auf den Weg macht, sollte man Sorrent einen Besuch abstatten.

** **Sorrent** (Sorrento) (ca. 50 km S Neapel)

Geschichte: Ursprünglich wurde Sorrent von den Pelasgern, einem Volksstamm aus Thessalien, und später von den Griechen besiedelt. In römischer Zeit – die Stadt erstreckte sich von der Halbinsel bis zum Sarno-Fluß – standen in *Surrentum* Arenen, ein Forum, Thermen und Tempel. Augustus und Marc Aurel haben sich diese Stadt als Lieblingsaufenthalt gewählt. Im Mittelalter mußte die Stadt gegen Goten, Byzantiner, Langobarden, Sarazenen und Amalfitaner kämpfen, um ihre Unabhängigkeit zu bewahren. Im 12. Jh. ge-

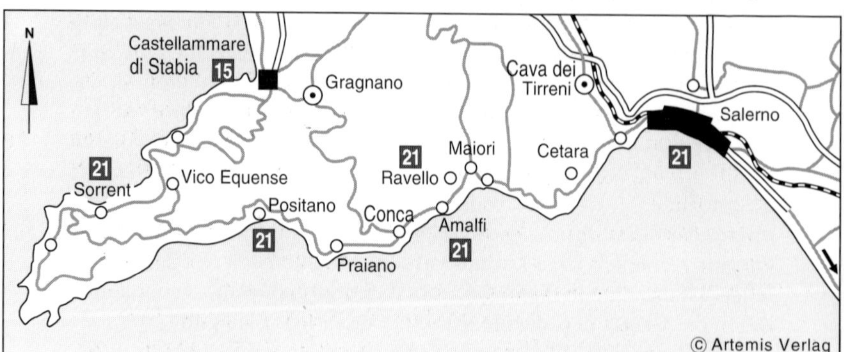

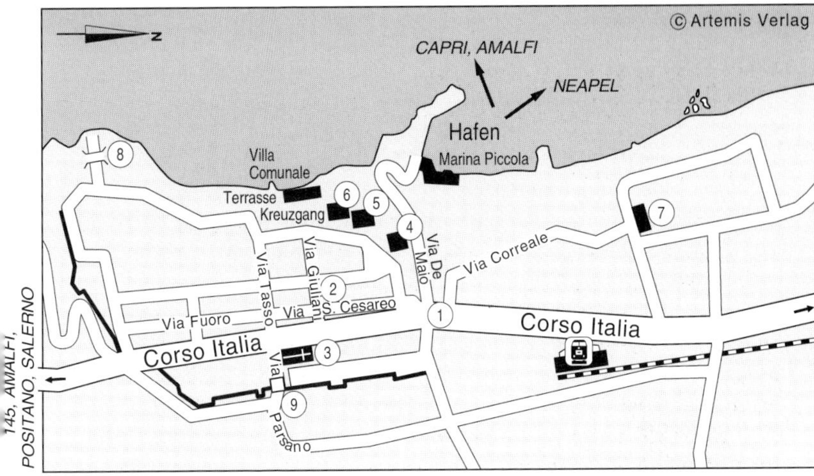

Sorrent: Stadtplan

① Piazza Tasso
② Sedile Dominova
③ Dom Santi Filippo e Giacomo
④ Sant' Antonio
⑤ Santa Maria delle Grazie
⑥ San Francesco (mit Villa Comunale; **Rundblick von Terrasse)
⑦ Palazzo Correale di Terranova (Museo Correale)
⑧ Griechisches Stadttor
⑨ Reste eines römischen Bogens

hörte sie zum Normannenreich und teilte seit dieser Zeit das Schicksal des Königreiches Neapel. 1544 wurde *Torquato Tasso*, der Dichter des ›Befreiten Jerusalem‹, hier geboren. Berühmte Reisende haben sich in dieser Stadt aufgehalten: *Goethe* hat sich hier zu seinem Schauspiel ›Torquato Tasso‹ inspirieren lassen, und *Richard Wagner* fand Quellen für seinen ›Parsifal‹; *Nietzsche* verbrachte den Winter 1876/77 in Sorrent und traf hier zum letzten Mal Richard Wagner.

Rundgang: Zentrum der Stadt ist die **Piazza Tasso** ①. Auf sie führt von beiden Seiten die Haupt- und Durchgangsstraße, der *Corso d'Italia* (von Neapel zur amalfitanischen Küste); die *Eisenbahnstation* liegt in unmittelbarer Nähe. Auf dem Platz stehen das *Tasso-Denkmal* von G. Gali aus dem Jahre 1870 und eine *Statue des hl. Antonius*, des Schutzpatrons der Stadt. An der zum Meer gelegenen Stirnseite des Platzes führt eine kleine Straße hinunter zur **Marina Piccola**, wo Schiffe nach Neapel, Capri und der amalfitanischen Küste sowie nach Salerno an- und ablegen.

Man folgt dem Corso d'Italia in Richtung Stadtzentrum und biegt in die *Via Giuliani* rechts ein; dort steht die **Sedile Dominova** ② (*Farbtafel S. 222*), eine Loggia aus dem 15. Jh. mit einer Kuppel aus dem 17. Jh. Dieser heute in Neapel vollständig verschwundene Bautypus diente den mittelalterlichen Stadträten (*sedita*) als Versammlungsgebäude. Ein unter der quadratischen Halle liegender Saal war für geheime Beratungen bestimmt. Gegenüber, also auf der linken Seite des Corso, erhebt sich der **Dom Santi Filippo e Giacomo** ③. Man nimmt an, daß er an der Stelle eines älteren Vorgängerbaus im 15. Jh. errichtet wurde. Darauf deutet der ins 11. oder 12. Jh. zu datierende Bogendurchgang im Untergeschoß des Campanile. Der Durchgang wird von vier antiken Säulen flankiert. Die Eingangsfassade im neugotischen Stil entstand zwischen 1913 und 1926. Im *Inneren* der dreischiffigen Pfeilerbasilika steht ein Bischofsthron unter einem Marmorbaldachin aus antikem Spolienmaterial (Gebäudefragmente), datiert auf 1573 (im Mittelschiff links). Das Chorgestühl weist schöne Intarsienarbeiten auf. Im rechten Seitenschiff sind Fragmente von Chorschrankenplatten aus Marmor (11. oder 12. Jh.) aufgestellt – ebenfalls ein Hinweis auf den schon erwähnten Vorgängerbau.

Zurück zur *Piazza Tasso* ①, biegt man in die *Via di Maio* ein und gelangt auf die *Piazza S. Antonio* mit einer von Solari 1879 errichteten Statue des hl. Antonius. Zur Rechten steht die Kirche **Sant' Antonio** ④, die älteste der Stadt. Die Krypta ist wahrscheinlich aus einer früheren Coemeterialbasilika (Katakombenanlage) hervorgegangen. Die Kirche selbst stammt aus dem 17. Jh; man nimmt einen Vorgängerbau aus der Normannenzeit (12. Jh.) an. Links im Hintergrund des Platzes steht **Santa Maria delle Grazie** ⑤ aus dem 17. Jh., kurz dahinter **San Francesco** ⑥. Das seit dem 8. Jh. bestehende Benediktinerkloster wurde im 15. Jh. von den Franziskanern übernommen. Der angrenzende Park (**Villa Comunale**) bildete den Klostergarten. Besonders sehenswert ist der Kreuzgang des Franziskanerkonvents. Die gekreuzten Spitzbogenarkaden auf Säulchen und Achteckpfeilern stammen aus dem Trecento und sind mit denen von Amalfi und Ravello zu vergleichen, ihnen aber nicht ganz ebenbürtig. Die Eckpfeiler sind bis auf einen einzigen mit antiken Säulen verstärkt.

Wenn man an der Fassade von S. Francesco entlang Richtung Meer geht, kommt man zu einer Terrasse, von der man einen herrlichen **Rundblick genießen kann: Man erkennt die Inseln Ischia und Procida sowie Neapel und den Vesuv. Unterhalb erstreckt sich die **Marina Grande** und anschließend rechts die **Marina Piccola** (Hafen). Man wendet sich erneut zur *Piazza Tasso* ① zurück und biegt in die *Via Correale* ein, an deren Ende sich der **Palazzo Correale di Terranova** ⑦ aus dem 18. Jh. erhebt. In ihm ist das **Museo Correale** untergebracht, das im Erdgeschoß eine archäologische Sammlung mit griechischen, römischen und byzantinischen Marmorarbeiten ausstellt. Besonders sehenswert ist der Sockel einer Statue aus der Zeit des Augustus (*Base d'Augusto*). In den oberen Stockwerken sieht man Möbel, Uhren,

Nietzsche, Goethe, Wagner: Bis heute hat sich das aristokratische Flair von Sorrent, das sie faszinierte, erhalten

Krippenfiguren und napoletanisches Porzellan aus dem 17. und 18. Jh. Es schließen sich Gemälde aus der napoletanischen Schule des 17. Jh. an; ferner vereinzelt Gemälde aus dem 19. Jh.

Das antike Surrentum

Im Norden am Fußweg zur Marina Grande ist ein **griechisches Stadttor** ⑧ aus dem 5. Jh. v. Chr. erhalten. Das Straßennetz zwischen *Piazzale Parsano* und *Piazza Tasso* bilden fünf Decumani und sieben Cardines – Hinweise auf die antike Anlage. Hinter dem Dom, am Ende der Via Parsano, sind **Reste eines römischen Bogens** ⑨ zu sehen. Jenseits des Bogens verläuft die Stadtumwallung aus dem 16. Jh., die den ehemaligen römischen Mauern folgt.

Der *Corso Italia* führt westwärts geradewegs aus der Stadt heraus Richtung amalfitanische Küstenstraße. Diese windet sich über steile Felsen hinab nach Positano, dessen weiße Gebäude wie in eine monumentale Meeresmuschel gesetzt sind.

*** Positano (24 km O Sorrent)

Um den Namen Positano spinnt sich eine sinnige Legende: Ein aus Byzanz kommendes Schiff war auf dem Weg nach Neapel. An Bord befand sich ein Muttergottesbild, das vor Positano zu sprechen begann: »Posa!« (Setze mich nieder!), und die Seeleute setzten es nieder (Positano). Noch heute wird das Bild in der *Hauptkirche* mit der schönen Majolikakuppel verehrt. Neben der Kirche erhebt sich ein Glockenturm mit einem Relief in der Art der Wikinger, das einen fischschwänzigen Drachen darstellt; wahrscheinlich handelt es sich um eine langobardische Arbeit. Der Platz vor der Kirche ist nach *Flavio Gioia* benannt, dem Erfinder des Kompasses. Etwas oberhalb der Straße, die von Sorrent nach Salerno führt und Positano im oberen Teil durchquert, steht die weithin sichtbare Kuppelkirche *Chiesa Nuova*. Vom Strand aus ist sie über viele Treppen zu erreichen, die immer wieder herrliche Durchblicke auf das Meer, die weißen, fast orientalisch anmutenden Häuser und den *Monte S. Angelo* bieten – ein unvergeßliches Panorama, wohl eines der schönsten in ganz Italien.

›La Costiera Amalfitana‹ – die Küste der berühmten Ausblicke

** **Amalfi** (15 km O Positano)

Die Küstenstraße – eine anmutigere läßt sich wahrscheinlich kaum finden – windet sich um jeden Felsen herum und vermittelt immer wieder prachtvolle Ein- und Ausblicke auf die Küstendörfer und das Meer. Man kommt an **Vettica Maggiore**, einem kleinen Seebad vorbei, erreicht nach einem Tunnel das *Capo Sottile*, fährt durch das Fischerdorf **Praiano**, überquert auf einem Viadukt den *Vallone di Furore* und erreicht die *Grotta di Smeralda*. Sie kann mit einem Ruderbot besichtigt werden. Nach dem *Capo Conca* und weiteren Kurven bietet sich ein einzigartiger ***Blick auf Amalfi**.

Im Mittelalter zählte Amalfi über 50 000 Einwohner und war wie Genua und Pisa eine mächtige Seerepublik. Nach dem Sieg über die Sarazenen baute Amalfi seine Handelsbeziehungen mit dem Orient aus. 1135 und 1137 wurde die Stadt von den Pisanern erobert und verlor von diesem Zeitpunkt an ständig an Bedeutung. Auch in Amalfi gibt es eine *Piazza Flavio Gioia* – ebenfalls mit einem Denkmal versehen. Positano und Amalfi streiten um das Vorrecht, Geburtsort des Kompaßerfinders zu sein. Ein müßiger Streit, da der Magnetkompaß schon lange vorher in China entdeckt wurde und um 1200 durch die Araber nach Europa gelangte.

Man biegt links in die Stadt ein und gelangt auf den Domplatz mit einem hübschen barocken Andreas-Brunnen. Eine mächtige Frei-

PESCHERIA
SOUVENIR BOUTIQUE

treppe führt hinauf zum **Dom**, der im 11. Jh. errichtet, 1203 umgebaut und 1731 im Barockstil erneuert wurde. Die farbenprächtige Fassade stammt von 1890. Die Arkaden der Vorhalle bilden einen Rahmen für das Eingangsportal, eine Bronzetür, die im 11. Jh. in Konstantinopel gegossen wurde. Der Campanile mit romanischem Unterbau weist im oberen Teil arabisch-normannische Formen auf. Im Inneren fallen am Hochaltar zwei Ambonen mit zarten Mosaikverzierungen aus dem 12. und 13. Jh. auf. Die aus dem 13. Jh. stammende Krypta (Zugang von der 4. Kapelle rechts) ist im 18. Jh. erneuert worden. Der Altar birgt die Reliquien des Apostels Andreas.

An der linken Domseite befindet sich der Zugang zum ***Chiostro del Paradiso**. In dem 1266/68 angelegten und später in einen Friedhof umgewandelten Kreuzgang mit Zwillingssäulen und schönen gotischen Arkaden sind Sarkophage aus der Römerzeit und aus dem Mittelalter aufgestellt. Im ***Rathaus** (*Corso Roma*, am Strand entlangführend) hat man ein kleines Museum mit den berühmten **Tavole Amalfitane**, den Seegesetzen der amalfitanischen Republik aus dem 13. Jh, eingerichtet.

Auf einem Spaziergang sollte man auch die ***Valle dei Mulini** kennenlernen – eine malerische Schlucht mit Mühlen und Wasserfällen. Auf dem Weg ins Mühlental gelangt man am Ortsausgang zu einem Torbogen, der mit Häusern überbaut ist. Nach der Unterquerung zweigt links eine Straße mit dem blauen Schild ›*Pedonale Pogerola*‹ ab. Dieser alte Fußpfad führt durch eine landschaftlich äußerst reizvolle Gegend hinauf nach Pogerola. Links und rechts des Pfades begleiten den Wanderer alte Wasserleitungen. Nach ungefähr einer Stunde gemütlichen Aufstiegs erreicht man den kleinen Ort im Küstengebirge. Eine Bar auf dem Marktplatz mit einem unvergeßlichen Blick auf das Meer lädt zum Verweilen ein. Auf dem Platz befindet sich ein kleiner Trinkbrunnen. Links davon führen Treppen hinunter nach Amalfi, die sich malerisch zwischen Weinbergen und Zitronenhainen auf die Küste zuschlängeln. Dies nur als Beispiel einer Vielzahl von ähnlich reizvollen Spaziergängen in dieser Gegend, die der Engländer Julian Tippett in seinen ›Walks from Amalfi‹ gesammelt hat – das kleine Buch, das in jeder Papeterie in Amalfi erhältlich ist, beschreibt sehr liebevoll und sachkundig viele alte Pfade in der Region Amalfi-Atrani-Ravello-Minori. (s. auch die Lesetips *S. 258f.*). So kann man z. B. auch in knapp zwei Stunden hinauf nach ****Ravello* spazieren, um dann nach einem ausgiebigen Besuch der beiden Villen und des Doms den Bus zurück nach Amalfi zu nehmen.

◁ Erst 1890 entstand die prachtvolle Fassade des Doms von Amalfi

*** Ravello (6,5 km N Amalfi; zu Fuß s. *S. 235*)

Von Amalfi sollte man unbedingt einen Ausflug nach Ravello unternehmen. Die Straße führt über **Atrani** (den nächsten Ort nach Amalfi Richtung Salerno) in vielen Windungen durch das *Tal des Dragone*. Die Berghänge sind mit kleinen Dörfern besetzt, deren Häuser ins Tal zu stürzen drohen. Ravello liegt auf einem schmalen Sattel, dessen 374 m hoher Felsen würdevoll aus dem Meer ragt.

Geschichte: Ravello wurde wahrscheinlich von den Römern gegründet, die sich vor den anrückenden Goten hierher flüchteten. Die Stadt erlangte bald im Kampf gegen die Sarazenen an Bedeutung und erreichte ihre höchste Blütezeit im 10.–13. Jh. Sie zählte damals 36000 Einwohner und unterhielt rege Handelsbeziehungen zum Orient und zu Sizilien – ein Grund für die Einführung des arabisch-normannischen Baustils auch in dieser Stadt. Nach der Eroberung durch die Normannen verlor die Stadt an Bedeutung.

Am Beginn des Ortes sieht man links die Kirche *Santa Maria a Gradillo* aus dem 12. Jh. Sie ist dreischiffig mit apsidialem Abschluß. Neben ihr ragt ein normannischer *Campanile* in den Himmel. In der Nähe steht die *Ruine eines Schlosses*.

In der Stadtmitte, an der *Piazza Vescovado* (Ravello war von 1086 bis 1818 Bischofssitz) erhebt sich der **Dom**, der dem hl. Pantaleon geweiht ist. Der Ende des 11. Jh. begonnene Bau wurde im 18. Jh. im barockisierenden Stil erneuert. Glücklicherweise hat man die störenden barocken Elemente wieder entfernt. In der schlichten Fassade öffnet sich ein Marmorportal mit einzigartigen ****Bronzetürflügeln** des apulischen Meisters *Barisano da Trani*. Er hat sie 1179 im Auftrag des ravellesischen Patriziers Sergio Muscettola geschaffen. Die Modeln für die Gußformen wurden auch an seinen Bronzetüren in Trani und Monreale verwendet. In 54 Feldern werden Szenen aus der Leidensgeschichte Christi sowie lebhaft agierende Gladiatoren, Bogenschützen, Akrobaten und Sirenen dargestellt. Eine Herkulesfigur verweist – entsprechend der heidnisch-christlichen Antithetik – auf die Glaubensstärke Christi.

Die ***Domkanzel** von 1272 stammt ebenfalls von einem apulischen Meister: *Nikolaus aus Foggia*. Neben dem Mosaikschmuck, dessen heraldische Vogeldarstellungen wahrscheinlich von einem sizilianischen Künstler stammen, stehen eindrucksvolle Marmorskulpturen – eine klassisch-schöne Ecclesia, Büsten eines lachenden Mannes und einer Frau sowie die Kanzel tragenden Löwen. Auf dem Ambo (Lesepult = Vorstufe der Kanzel) zwei Reliefs von 1130 mit Jonas und dem Walfisch.

Blick von der Terrasse der Villa Rufolo (*S. 238*)

Links vom Dom führt eine Treppe zur *Via San Giovanni del Toro* und schließlich zur gleichnamigen *Kirche*. Der dreischiffige Bau wurde 1065 errichtet und im 18. Jh. restauriert. Neben Säulen enthält das Innere einen Ambo aus dem 12. Jh. mit Ziermosaiken im Cosmatenstil. In der Krypta haben sich Freskenreste aus dem 14. Jh. erhalten.

In der Nähe des Domes – auf der Piazza Vescovado – liegt der Zugang zur **Villa Rufolo**. Der Palast wurde zwischen 1270 und 1280 erbaut. Im Hof fallen wieder die sich überkreuzenden Bogenstellungen auf – dieses normannische Motiv ist schon vom Kreuzgang des Amalfitaner Doms bekannt (*S. 235*). Es wiederholt sich an der Wand des dritten Stockwerks und kehrt auch an der Außenwand der Kapelle wieder. Durch einen wunderschönen Garten, in dem Richard Wagner sich in Klingsors Zaubergarten (›Parsifal‹) versetzt sah, gelangt man zur Terrassenanlage, die einen herrlichen ***Blick** über die amalfitanische Küste bis zum Capo d'Orso bietet.

Zur **Villa Cimbrone** gelangt man über die von der Piazza Vescovado abgehende *Via S. Francesco*. Dabei kommt man an der *Kirche S. Francesco* vorbei, die eine Vorhalle aus dem 14. Jh. und einen romanischen Kreuzgang besitzt. *Ernest William Beckett* hat die Villa Cimbrone 1904 ganz im mittelalterlichen Stil errichten lassen. Diese Kopie der Villa Rufolo ist jedoch nur wegen ihrer Terrasse und des herrlichen Ausblicks, den man von dort genießen kann, sehenswert. Man folgt einer von Zypressen und Buchsbäumen gesäumten Allee zum *Belvedere Cimbrone*; die Balustrade ist mit zahlreichen römischen Herrscherbüsten geschmückt.

Cava dei Tirreni (ca. 25 km O Amalfi, 3 km W Salerno)

Auf der Küstenstraße nach Salerno über **Vietri sul Mare** geht kurz vor Salerno eine Straße ab nach Cava dei Tirreni. 3–4 km gegen Südwesten liegt das Kloster zur Hl. Dreifaltigkeit, die **Abbazia della Cava**. Die Abtei wurde zu Beginn des 11. Jh. gegründet und im 18. Jh. erneuert. Die Kirche stammt aus dem 18. Jh. Im Inneren fällt ein schöner Ambo (Lesepult) aus dem 12. Jh. auf. Vom rechten Querschiff gelangt man in eine Grotte, in der der hl. Alferius gelebt haben soll. Links neben der Kirchenfassade führt ein kleiner Gang zum Kloster. Den Kapitelsaal schmückt ein Majolikafußboden aus dem 18. Jh.; das Chorgestühl mit interessanten Intarsien stammt aus dem 16. Jh. Im anschließenden Kreuzgang von 1280 stehen mittelalterliche Skulpturen und römische Sarkophage. In der Krypta (Treppe im Kreuzgang) sind Säulen und Pfeiler von römischen Bauwerken aus dem 3. Jh.

erhalten. Neben Fresken aus dem 14. Jh. findet man außerdem Reste eines lombardischen Friedhofes (12. Jh.). Die Cappella della Natività schließlich bewahrt Basreliefs von *Tino da Camaino* (14. Jh.); das angrenzende Museum besitzt neben römischen Altertümern einige Skulpturen dieses sehr qualitätvollen Bildhauers.

*** Salerno (ca. 28 km O Amalfi, 50 km SO Neapel)

In den vergangenen Jahren hat sich Salerno von einem düsteren und ziemlich verfallenen Hafen- und Industrieort zu einer noblen Stadt am Meer entwickelt. Der ****Lungomare Trieste**, diese einzigartige Prachtstraße mit Grünanlagen und Palmen, zählt neben Neapels *Via F. Caracciolo* zweifellos zu den schönsten Meeruferpromenaden Italiens. Hinter der endlosen Palmenreihe stehen die stolzen, frisch renovierten historistischen Gebäude der Stadt. In der *Bar Vittoria* unweit des *Palazzo della Città* schafft die unvergleichliche Art-Deco-Stuckornamentik eine Atmosphäre von Luxus. Zur Zeit werden gerade die verwinkelten Gebäude in den engen Gassen der Altstadt umfassend restauriert, so daß in wenigen Jahren Salerno zu einer der schönsten Städte am Mittelmeer zählen dürfte. Die Stadt ist also bestens für einen längeren Aufenthalt geeignet, um von ihr aus das südliche Kampanien kennenzulernen.

Geschichte: Spuren einer ersten Besiedlung Salernos lassen sich bis ins 5. Jh. v. Chr. zurückdatieren. Es handelt sich dabei um Gegenstände, die in der benachbarten Nekropole S. Nicola delle Fratte gefunden wurden. Römisch wurde das Gebiet 194 v. Chr. Im Mittelalter erlebte die Stadt eine einzigartige Blütezeit. Berühmt wurde sie durch ihre medizinische Schule, die vom 11. bis zum 13. Jh. in ganz Europa bekannt war. Die mögicherweise von Benediktinern gegründete Schule hat einen Gesundheitskodex herausgegeben, der lange Zeit das ›Brevier‹ der Medizin gewesen ist. Zur Zeit Robert Guiscards war Salerno lange die Hauptstadt des Normannenreiches. Unter ihm und dem Erzbischof Alfanus I. wurde der Dom erbaut.

Den *****Dom** erreicht man über die Hauptstraße der Stadt, den *Corso Vittorio Emanuele*, eine Parallelstraße zur Uferpromenade. Er mündet in die *Via dei Mercanti*. Von dort zweigt rechts die *Via del Duomo* ab. Die im 11. Jh. errichtete Bischofskirche wurde von Papst Gregor VII. geweiht, im 18. Jh. umgebaut und nach dem Zweiten Weltkrieg stark restauriert. Man betritt die Anlage über ein großzügiges rechteckiges Atrium – einen Arkadenhof, dessen Bogenstellungen vor der Kirchenfassade einen Narthex ausbilden mit einem Portal aus dem 11. Jh. und einem Portikus, der von antiken Säulen getragen wird. Das Mittelpor-

◁ Dem Meeresgott zu Ehren errichteten griechischen Kolonisten die Tempel von Paestum (*S. 253*)

Die Kampanier verstehen es, die Feste zu feiern (*S. 307f.*)

tal wird von einer Bronzetür verschlossen, die in Konstantinopel gegossen wurde (11. Jh.).

Das prachtvolle *Innere* der Kathedrale ist dreischiffig. In die Pfeiler sind antike Säulen eingelassen. Drei halbkreisförmige Apsiden schließen den Innenraum ab. In der Portallünette ein Mosaik, den Evangelisten Matthäus darstellend, aus dem 13. Jh. Zwei mächtige Ambonen und ein Osterleuchter aus dem 12. Jh. flankieren den Chor. Im rechten Querschiff stehen Sarkophage aus der Römerzeit und dem Mittelalter. Unter dem Altar der rechten Apsis der Kreuzfahrerkapelle, in der die Kreuzfahrer ihre Waffen segnen ließen, liegt das *Grab Papst Gregors VII.* Der Chor ist mit einem schönen Marmorfußboden ausgelegt; in der linken Apsis sind, abgesehen von einem Mosaik aus dem 11. Jh., Fresken von Solimena beachtenswert. Im linken Querschiff über dem Grabmal des Erzbischofs (Pila, 15. Jh.) hängt eine ›Himmelfahrt Mariä‹ von Luca Giordano.

Von hier gelangt man zur Sakristei und zum **Dommuseum**, in dem u. a. ein edelsteinbesetztes Kreuz Guiscards und eine mit Bildern geschmückte Rolle der Osterverkündigung (sog. Exultetrolle) aus dem 13. Jh. ausgestellt sind. Aus der Anjou-Zeit dürfte das Pfeilergrabmal der Königin Margarethe, der Gattin Karls III. († 1412), stammen. Am bedeutendsten aber ist ein ***Altarvorsatz**, eine prachtvolle Elfenbeinarbeit aus dem 12. Jh. mit 54 Basreliefs, die Geschichten aus dem

Alten und Neuen Testament erzählen. – Das Museum wird zur Zeit umgebaut; deshalb sind einige Räume nicht zugänglich.

In der Nähe des Museums, dort, wo die *Via Arce* auf die *Via Velia* stößt, sind noch umfangreiche und gut erhaltene Reste eines mittelalterlichen Aquädukts zu sehen. Er stammt aus dem 8. Jh. und wurde von den Normannen im 9. Jh. restauriert.

24 Von Eboli durch das Diano-Tal

Eboli · Serre · Controne · Petina (*Grotten) · Sala Consilina · Padula (***Certosa di San Lorenzo) · **Teggiano**

Das Eboli von *Carlo Levi* existiert nicht mehr. Der 1902 geborene Levi, der 1935 aus politischen Gründen nach Gagliano in die Provinz Lukanien verbannt wurde, wählte ein Sprichwort der Bewohner dieser verlassenen und verkommenen Region für den Titel seines Romans ›*Christus kam nur bis Eboli*‹. Diese 1945 erschienene Folge von realistischen Einzelbildern schildert das Leben der Menschen in einem ›gottverlassenen‹ Landstrich – denn Christus kam ja nur bis Eboli . . .

Heute stellt sich **Eboli** (30 km O Salerno) den Besuchern als moderne Stadt mit Fußgängerzonen und eleganten Geschäften vor. Auch die Dörfer der Umgebung werden dem Mythos nicht mehr gerecht. Die Autobahn A3 verbindet die gar nicht mehr so verlassenen Dörfer mit den Städten Salerno und Avellino. Und auch der **Cilento**, der von den Steilküsten des Golfes von Policastro im Süden begrenzt wird, ist über Schnellstraßen rasch zugänglich. In den Sommermonaten von Juli bis September fahren sogar Schnellboote von Amalfi und Salerno über Agropoli nach *Policastro Bussentino* (*S. 250*). Obwohl im Hinterland von *Sapri* noch einige von den Einwohnern verlassene Bergdörfer zu finden sind, beginnt diese Region allmählich aufzuwachen. Touristen besuchen immer häufiger die Badeorte *Marina di Ascea*, *Marina di Pisciotta* oder *Marina di Camerota*. Die Preise sind um einiges niedriger als in Amalfi oder Positano, das Meer ist sauberer, und manchmal glaubt man, ganz für sich allein in einem unentdeckten Paradies zu weilen.

Schon kurz hinter Salerno ragt unübersehbar aus dem Dunst der Ebene das markante Massiv der **Monti Alburni** auf. Verläßt man die Autobahn bei Eboli und fährt weiter nach **Serre** (11 km), so geht dort die Straße Nr. 488 ab nach **Controne** (13 km), zum Fuß des ebengenannten Gebirgsmassivs. In der Nähe befindet sich eine der beiden spektakulären Grotten Kampaniens, die **Grotta di Castelcívita**. 4800 m windet sich die Grotte mit verschiedenen Gängen und Seen in den Berg hinein. In prähistorischer Zeit waren einige Gänge bewohnt, wie man durch Funde nachweisen konnte. In der geräumigen *Caverna Bertarelli* hängen schöne Stalaktiten von der Decke herab und treffen auf ihre ›Geburten‹, die langsam wachsenden Stalagmiten. Anschließend gelangt man in den Wohnbereich der Fledermäuse und von dort in die ›Wüste‹ (*Il Deserto*), so genannt wegen des feinen Sandes, der sich hier ausbreitet. Man sollte unbedingt noch den ›Tempel‹ und das ›Schwert des Damokles‹ aufsuchen, wo die Formen- und Farbenvielfalt des Gesteins überrascht.

Über **Castelcívita** und **S. Angelo** erreicht man **Petina** (in S. Angelo, 18 km SO Controne, links ab; von dort ca. 15 km auf einer Nebenstraße), ein malerisches Städtchen, von Wäldern umgeben. Hier, in 651 m Höhe, hat man die Monti Alburni fast umrundet und kommt auf der Straße nach **Pertosa** (15 km von Petina, jenseits der A3) zur zweiten, wohl bedeutenderen Grotte. Die ***Grotta di Pertosa** oder ›Engelsgrotten‹, wie dieses weit verzweigte System von unterirdischen Höhlen, Seen, Galerien und engen Gängen genannt wird, war ebenfalls schon in paläolithischer Zeit bewohnt. Die Griechen und Römer errichteten hier Kultstätten, und die Christen haben diese Grotte dem Erzengel Michael geweiht, im Glauben, daß hier der Ort sei, durch den am Jüngsten Tag die Verdammten in die Hölle marschieren. Mit einem Boot gelangt man durch das azurblaue Wasser einige hundert Meter weit in das Höhlensystem. In der Nähe eines Wasserfalles endet die Fahrt.

Alabastergebilde, aufragende Stalagmiten und bizarr von der Decke hängende Stalaktiten schaffen ein Ambiente, das einzigartig ist. Wie zufällig entstehen durch den Wuchs der Gesteinsformationen Gestalten, die von phantasiebegabten Menschen getauft wurden: So entdeckt man den Elefanten, das Schloß und den hl. Januarius mit seinem Bischofshut. Im Thronsaal hockt die Sphinx wie ein Wesen aus der Urwelt.

Über **Atena Lucana** geht es weiter nach **Sala Consilina** (18 km S Pertosa). Hier öffnet sich das **Vallo di Diano** (Tal des Diano) und gibt den Blick frei in die malerische Landschaft des alten Lukanien. In der Ferne erscheinen die zumindest im Frühsommer noch mit Schnee bedeckten Gipfel des über 2000 m hohen Monte-Sirino-Massivs, das schon zur Basilikata gehört. Wie Sala Consilina liegt auch das nur wenige Kilometer weiter südlich auszumachende **Padula** an einem Hang. Bevor man sich aber zur berühmten Kartause von Padula auf-

macht, sollte man den Ort am gegenüberliegenden Hang des Diano-Tals aufsuchen. Hoch über der Talsohle auf einem vorgezogenen kegelförmigen Bergrücken erhebt sich **Teggiano**. Die Häuser scheinen aus dem Fels des Berges herauszuwachsen, so genau hat man das alte Städtchen auf das Plateau plaziert. Die im Altertum ›Tegia‹ genannte Stadt wurde als ›*Tegianum*‹ im Jahre 410 vom Gotenfürsten Alarich zerstört. Als ›*Dianum*‹ wurde es wiederaufgebaut und gab fortan dem Tal seinen Namen. Erst im 19. Jh. nannte man die Stadt, die 1850 Bischofssitz wurde, Teggiano. Auf der *Piazza del Municipio* erhebt sich *San Francesco* aus dem 14. Jh. mit einem interessanten romanischen Portal. Im Inneren fallen Fresken aus dem späten 14. Jh. auf, die möglicherweise von Schülern Giottos geschaffen worden sind.

In der *Via Roma* steht der *Dom S. Maria Maggiore* aus dem späten 13. Jh. Unterhalb der Apsiden findet man noch einige lukanische und römische Grabhäuschen. Bemerkenswert sind Inschriften in oskischer Sprache. Das mit ausdrucksstarken Skulpturen gestaltete Portal stammt von Melchiorre di Montalbano aus dem Jahr 1279. Ein weiteres Portal auf der rechten Seite ist zu Beginn des 16. Jh. entstanden. Der schöne Osterleuchter aus dem späten 13. Jh. ist ebenfalls von Melchiorre di Montalbano und erinnert an die Formensprache von Niccolò di Bartolomeo, der die Ambonen im Dom von Ravello gestaltet hat. – Im höher gelegenen Teil der Stadt befindet sich das *Kastell*, zu dem Tomaso di Sanseverino, Herzog von Mársico, 1285 den Grundstein legte.

Certosa di San Lorenzo: Grundriß

A Hof
* **B** Fassade
C Kreuzgang
D Kirche
E Sakristei
F Kreuzgang (ehem. Friedhof)
G Küche
H Küchengarten (Kreuzgang)
* **J** Großer Kreuzgang
K Friedhof der Mönche
** **L** Treppenhaus
M Bibliothek
N Loggia mit Fresken
O Garten des Priors
P Kreuzgang der Prokuratoren
Q Madonna (16. Jh.)

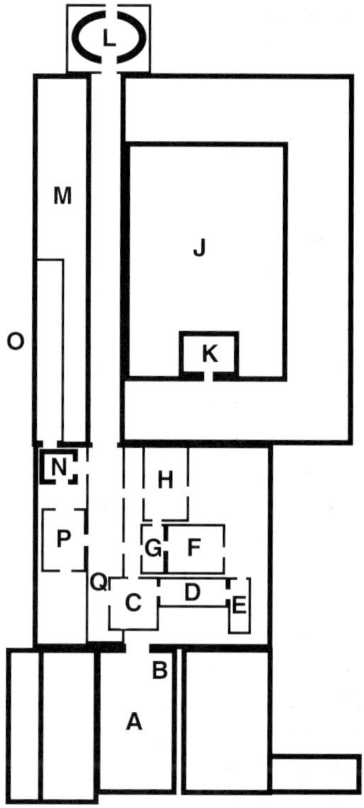

Die ***Certosa di San Lorenzo** unterhalb von Padula wird zu den bedeutendsten Kunstdenkmälern Kampaniens gezählt. Tomaso di Sanseverino hat die Kartause 1306 gegründet. Aber erst im 19. Jh. wurde dieser riesige Gebäudekomplex fertiggestellt. Der größte Teil stammt aus der Barockzeit. Der Reichtum der Kartause war berühmt, und viele Pilger genossen die Gastfreundschaft der Mönche. Im Jahre 1535 hielt sich Kaiser Karl V. mit seinem Gefolge hier auf. Wie es die Tradition erforderte, wurden er und die Seinen mit einer ›Frittata di Mille Uova‹, einem aus tausend Eiern bestehenden Pfannkuchen, bewirtet.

Der *große Hof* (**A**) wird von einer prachtvollen ***Barockfassade** (**B**) aus dem Jahr 1718 abgeschlossen. Die Säulen im Untergeschoß rahmen Nischen, in denen die vier Heiligen Bruno, Laurentius, Petrus und Paulus stehen. Gleich nach dem Eingang gelangt man rechts in einen *Kreuzgang* (**C**), der 1561 entstanden ist. Die Arkaden werden durch Dreiviertelsäulen gegliedert. Im Zentrum steht ein schlichter Renaissance-Brunnen. Von hier aus befindet sich rechts der Zugang zur **Kirche** (**D**). Eines der beiden Portale stammt von 1374 und erzählt in Reliefs das Leben des hl. Laurentius. Hier kann man herrliche

◁ Hohe Fassadenkunst des Barock: die Certosa di San Lorenzo

Majolika-Arbeiten und Perlmutt-Einlegearbeiten sehen. In der anschließenden *Sakristei* (**E**) steht ein Bronze-Tabernakel, der Jacopo dell'Duca, einem Schüler Michelangelos, zugeschrieben wird.

Über kleinere Räume gelangt man in den malerischen *Kreuzgang* (**F**), der früher als Friedhof diente. Die aus dem 16. Jh. stammende Architektur wurde im 18. Jh. erneuert. Von hier aus kommt man in die *Küche* (**G**) des Konvents. Sehr dekorativ nehmen sich die abwechselnd gelben und grünen Majolikakacheln aus. Die Wände und die Holzdecke sind mit Malereien aus dem frühen 18. Jh. geschmückt. Der anschließende *Küchengarten* (**H**), der ›*Chiostro delle Cucine*‹, ist noch vollständig erhalten. Ein schmaler Gang führt weiter in den ***Großen Kreuzgang** (**J**) von 1690 mit seinen 15 000 m² Fläche. An der unteren Stirnseite befindet sich der *Friedhof der Mönche* (**K**).

Einen Höhepunkt der barocken Architektur stellt zweifellos das originelle ****Treppenhaus** (**L**) am Ende des Kreuzgangs dar, ein Werk von Gaetano Barba (1761/63). Über ovalem Grundriß winden sich die ineinander verschlungenen und übereinander aufsteigenden Treppenläufe in die Höhe. Im oberen Geschoß befindet sich das Museo Archeologico della Lucania Occidentale. Die Räume, in denen die Funde aus dem Diano-Tal und dem Sel-Tal zusammengetragen wurden – u. a. Grabbeigaben aus den Nekropolen von Sala consilina und Padula aus dem 7.–5. Jh. v. Chr. – sind zur Zeit leider nicht zugänglich.

Vom Großen Kreuzgang aus erreicht man auch die *Bibliothek* (**M**), in deren Räumen eine Ausstellung über die Gestaltung der Klostergärten und der Landschaft der Umgebung präsentiert wird. Über eine alte *Loggia* (**N**) mit wunderschönen Landschaftsfresken kommt man zum *Garten des Priors* (**O**).

Der Weg zum Ausgang führt durch den letzten *Kreuzgang*, den der Prokuratoren, aus dem 17. Jh. (**P**). Die *Madonna* im Korridor stammt aus dem Jahr 1502 (**Q**).

Biegt man kurz vor Montesano rechts ab nach **Sanza**, so kommt man in die gebirgige Landschaft des Cilento. Sanza (12 km SW der Autobahn-Ausfahrt Padula) liegt in 558 m Höhe auf einem Berghügel zu Füßen des *Monte Cariusi*. Das lukanische *Sontia* war schon in der Antike ein wichtiger Ort auf der Verbindungsstraße zwischen dem Meer und dem Diano-Tal. Wenn auch der Ort mit keinen besonderen Sehenswürdigkeiten aufwarten kann, so ist ein kurzer Spaziergang durch die malerischen Gassen doch lohnend.

Die Porta Rosa über dem Grabungsgebiet von Velia (*S. 252*) ▷

25 Am Golf von Policastro

Policastro Bussentino · Sapri · Praia a Mare · Marina di Camerota · *Palinuro · Molpa · Marina di Pisciotta · **Velia

Unterhalb Sanzas führt eine neu gebaute Superstrada Richtung Süden durch den Cilento und bringt den Reisenden überraschend schnell ans Meer nach **Policastro Bussentino** (24 km S Sanza). Die Entscheidung, in welcher Richtung man weiterfahren soll, fällt schwer. In **Sapri**, weiter östlich, endet Kampanien. Die zweite Möglichkeit, eine Fahrt auf der Küstenstraße durch das kurze Stück Basilikata nach Kalabrien sollte man keineswegs versäumen. Einer der ersten Badeorte ist **Praia a Mare** (ca. 30 km S Sapri). Ein großer breiter Sandstrand, kleine und ungewöhnlich preiswerte Hotels sowie eine malerische und gemütliche Fußgängerzone laden zum Bleiben ein.

Eine nicht minder schöne Küstenstraße verläuft westwärts von Sapri um die Südspitze des Cilento herum nach **Marina di Camerota** (33 km W Sapri), einem malerischen Badeort. Die Küstenstraße windet sich nach ***Palinuro** (11 km), einem Fischerstädtchen, benannt nach dem Steuermann, der das Schiff des Aeneas, des Gründers des Römerreiches, lenkte. Schon vorher streift man das antike **Molpa**, eine Siedlung der Oinotrer, Vorgänger der Lukaner. Der Ort dürfte um die Mitte des 6. Jh. v. Chr. gegründet worden sein, da zu dieser Zeit Molpa im Zusammenhang mit einer Münzstätte genannt wird. Gräberfunde lassen auf eine spätere griechische Besiedlung schließen. Darauf deutet auch ein Abschnitt in Vergils Aeneis, der von Palinuros Tod berichtet: Der Gefährte des Aeneas fällt schlafend über Bord und schwimmt an Land, wo er von den Lukanern gesteinigt wird. Sein Leichnam bleibt unbestattet; zurück blieb – bis heute – sein Name.

Über **Marina di Pisciotta** gelangt man nach **Marina di Ascea** (25 km N Palinuro), von wo aus das antike ****Velia** zu erreichen ist. Mit den Ausgrabungen hat man hier unter der Leitung von Amedeo Maiuri und Paolino Mingazzini im Jahre 1921 begonnen. Heute werden immer wieder neue Zonen entdeckt und gründlich erforscht, so daß sich mittlerweile ein sehr komplexes Bild vom Grabungsgebiet ergibt. *Velia* oder *Elea*, wie der Ort auch genannt wird, war ursprünglich wie Molpa von den Oinotrern besiedelt. Später kamen die Lukaner, die dann weiter südwärts nach Molpa zogen. Um die Mitte des 6. Jh. gelangten die Griechen in die Bucht von Velia und gründeten bald darauf mit Xenophanes die Eleatische Philosophenschule. Ihr gehörten zeitweilig die Griechen Parmenides und Zenon an.

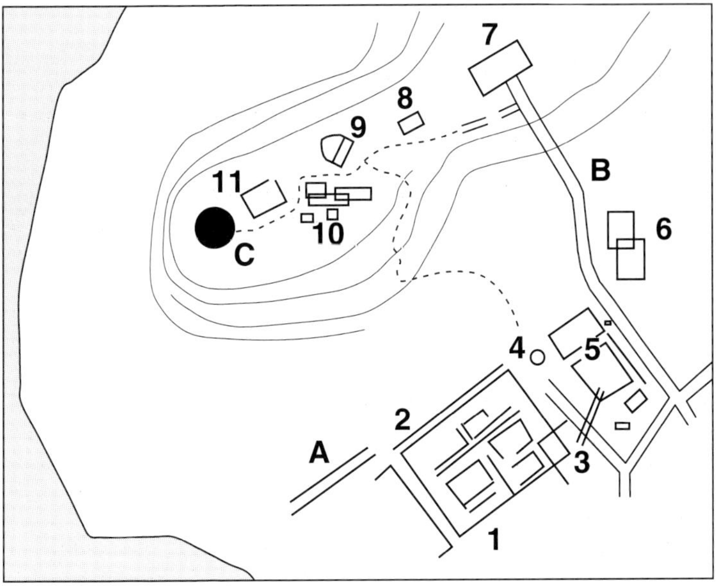

Velia: Archäologische Zone

1 Nekropole
2 Stadttor/Stadtgebiet
3 Römisches Kultzentrum
4 Votivgrube/Brunnen
5 Römische Thermen
6 Griechische Agora
7 Porta Rosa
8 Poseidon-Heiligtum
9 Griechisch/Römisches Theater
10 Griechische Terrassenhäuser
11 Ionischer Tempel/Normannisches Kastell

A Zugang
B Weg zur Akropolis
C Akropolis

Der Zugang zu den **Ausgrabungen** führt unter der Eisenbahnlinie hindurch auf die Unterstadt zu. Rechts liegen die *Nekropolen aus lukanischer Zeit* (**1**). Die Straßen und das *Tor zum Stadtgebiet* (**2**) sowie Grundrisse von Häusern sind noch sehr gut zu erkennen. Man datiert diese Reste in das 5.–4. Jh. v. Chr. Sehr gut erhalten ist ein Gebäude aus der zweiten Hälfte des 1. Jh. n. Chr. Es dürfte sich dabei um ein *Kultzentrum der Römer* (**3**) gehandelt haben. Hier hat man auch einen Altar gefunden, und es ist zu vermuten, daß sich unter diesem Gebäudekomplex ein Kryptoportikus, ein römisches Wasserreservoir in der Art von Alife (*S. 209*) oder Sessa Aurunca (*S. 196*), befunden hat.

In der Nähe trifft man auf einen *Heiligen Brunnen* (**4**) aus dem 4. Jh. v. Chr., der ebenfalls bestens erhalten ist. Ob allerdings dieses Bauwerk als Brunnen gedeutet werden kann, ist zweifelhaft. Möglicherweise handelt es sich um einen sogenannten *Bothros*, eine Grube für

Votivgaben. Gleich daneben schließen die *römischen Thermen* an (**5**), wohl zur Zeit Hadrians entstanden, mit einem herrlichen Mosaikfußboden. Die Ornamente, Fabelwesen und Fische sowie der gerahmte Abfluß deuten auf den Hauptraum, das *Caldarium* (Warmwasserbad). Bemerkenswert ist die Ziegelbauweise mit einer dicken Lehmbindung. Eine Wasserleitung geht vom Heizungsraum aus; möglicherweise handelte es sich hier um die Abwasserleitung. Aus hellenistischer Zeit dürften die Grundmauern zu zwei Gebäuden auf der gegenüberliegenden Seite sein. An dieser Stelle hat man auch Reste der *griechischen Agora* (**6**) gefunden. Hier führt ein malerischer Weg hoch zur *Porta Rosa* (**7**), die den Hügel der Akropolis mit dem in östlicher Richtung verlaufenden Höhenzug verbindet. Von hier sind es nur noch ein paar Schritte hinauf zu den Gebäuderesten der Akropolis. Als erstes trifft man auf die Reste des *Poseidon-Heiligtums* (**8**) und weiter, unübersehbar, auf das grandios in den Hügel eingepaßte Orchester des *griechischen Theaters* (**9**) aus dem 3. Jh. v. Chr. Das Szenarium dürfte später, in römischer Zeit, entstanden sein. Unterhalb des Theaters sind Reste von *Terrassenhäusern* (**10**) zu erkennen, die ins 6.–5. Jh. datiert werden. Im Bezirk des *normannischen Kastells* (**11**) finden sich Relikte eines ionischen Tempels.

Neben Paestum war die Gegend von Velia und Palinuro zweifellos eines der Hauptsiedlungsgebiete der Griechen in Unteritalien. Viele Grabungsfunde entlang der Küste deuten darauf hin, daß entlang der Küstenstraße von Molpa nach Velia zahlreiche griechische Gebäude und später auch römische Villen gestanden haben müssen.

Die berühmtesten Gebäude von Paestum: die ›Basilika‹ und der Poseidon-Tempel

*** 26 Paestum (40 km S Salerno) *(Farbtafel S. 240)*

Um nach Paestum zu gelangen, verläßt man Salerno am besten über den *Lungomare Trieste* Richtung Süden. Bald hat man die offene Landschaft erreicht. Links in der Ferne erhebt sich das mächtige Massiv der *Monti Alburni*, und im Süden ist das Küstengebirge des *Cilento* auszumachen. In dieser Richtung liegt Paestum, die wohl beeindrukkendste archäologische Zone in ganz Italien.

*** Die archäologische Zone

Man verläßt Salerno in Richtung Battipaglia, das man links liegen läßt, und fährt weiter nach Süden in Richtung Paestum (Str. Nr. 18). Kurz vor der archäologischen Zone gelangt man über den *Ponte alla Scala*, die Brücke über den Selefluß. Dort erheben sich die Ruinen des **Heiligtums der Hera Argiva** (510 v. Chr.). Hier hat, Strabon und Plinius zufolge, Jason, Führer der Argonauten, einen der Hera Argiva geweihten Tempel errichten lassen. Man hat dort u. a. den Fries des archaischen Thesauros gefunden (6. Jh. v. Chr.), der im Museum von Paestum fast vollständig wieder aufgebaut wurde. Die Straße Nr. 18 führt direkt an der archäologischen Zone von Paestum vorbei.

Geschichte: Man kann die Gründung der Stadt durch Griechen, genauer gesagt Achäer aus Sybaris, in das 7. Jh. datieren, worauf die Funde frühkorinthischer Vasenfragmente deuten. Die Stadt wurde zu Ehren des Meeresgottes *Poseidonia* genannt. Sie wurde im 4. Jh. v. Chr. von den Lukaniern besetzt und nahm den Namen Paestum an. Dann gewannen die Römer an Einfluß und errichteten 274 in der Stadt eine Kolonie namens Paestum. Im Mittelalter hielt sich dort eine kleine Christengemeinde, die sich im Ceres-Tempel eine Kirche einrichtete. Nach dem Sarazenensturm im 11. Jh. verschwand die Stadt in den Sümpfen und wurde erst wieder im 18. Jh. entdeckt.

1787 stand Goethe vor den Tempeln: »Der erste Eindruck konnte nur Erstaunen erregen. Ich befand mich in einer völlig fremden Welt ... Doch nahm ich mich bald zusammen... gedachte der Zeit, deren Geist solche Bauart gemäß fand,... und in weniger als einer Stunde fühlte ich mich befreundet, ja ich pries den Genius, daß er mich diese so wohl erhaltenen Reste mit Augen sehen ließ, da sich von ihnen durch Abbildung kein Begriff geben läßt. Denn nur wenn man sich um sie her, durch sie durch bewegt, teilt man ihnen das eigentliche Leben mit.« (›Ital. Reise‹, 2. Teil).

Rundgang

Nachdem man den **Haupteingang (1)** passiert hat, geht man geradeaus auf die **Basilika (2)**, den ältesten Tempel von Paestum, zu. Als man den Bau aus dem 6. Jh. v. Chr. entdeckte, vermutete man in seinen Resten eine ehemalige weltliche Anlage, weswegen man ihn im Sinne einer römischen Markt- und Gerichtshalle als Basilika bezeichnete. Inzwischen aber neigt man dazu, ihn als **Tempel der Hera** anzusehen. Die sich nach oben verjüngenden, wuchtigen Säulen und die tellerförmigen Kapitelle weisen auf den archaischen Stil. Die Cella, das ›Allerheiligste‹, war durch eine Reihe von sieben Säulen in zwei Schiffe getrennt (heute stehen nur noch drei Säulen). Im hinteren Teil erkennt man eine kleine Abtrennung im Grundriß: hier muß es sich um die Schatzkammer gehandelt haben. An der Ostseite des Gebälks entdeckt man noch Bruchstücke des verschwundenen Triglyphenfrieses. Gegenüber der südlichen Stirnseite des Tempels stehen Reste eines rechteckigen Opferaltars aus großen Kalksteinblöcken.

*** Poseidon- oder Hera-Tempel (3)

Gegenüber steht das schönste und am besten erhaltene Bauwerk Paestums: der Poseidon-Tempel. Neuere Forschungen haben ergeben, daß er der argivischen Hera geweiht war; er wird daher heute meist als ›*Hera-Tempel II*‹ bezeichnet. Mit den umliegenden ehemaligen Sakralbauten, die nur noch in Grundrissen überliefert sind, und der sog. Basilika (›*Hera-Tempel I*‹), dürfte es sich bei diesem Bezirk wohl um

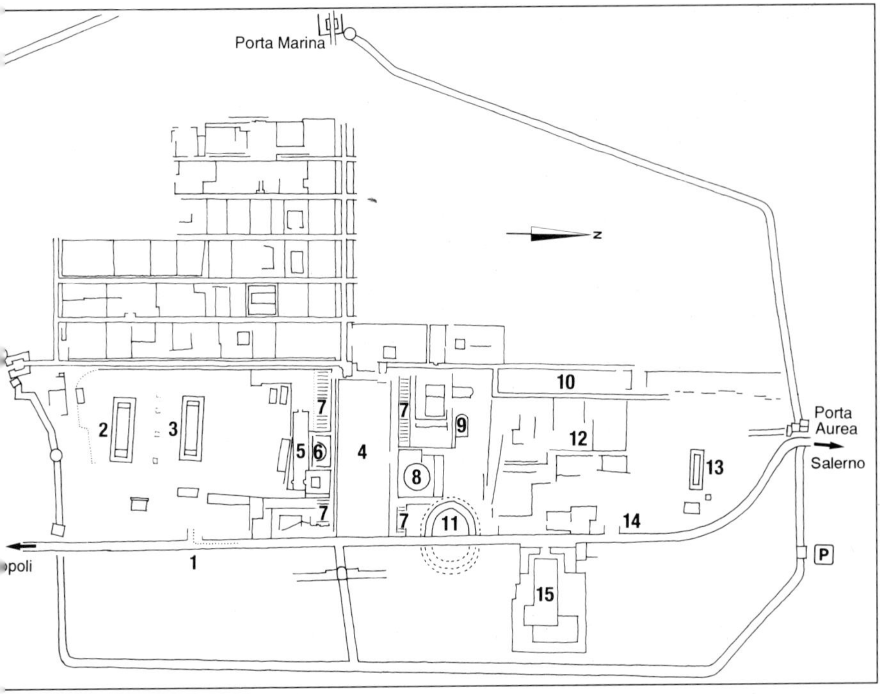

Paestum: Orientierungsplan

1 Haupteingang
2 Basilika oder Hera-Tempel I
*** **3** Poseidon- oder Hera-Tempel II
4 Forum
5 Macellum
6 Rathaus
7 Mauerreste ehemaliger Läden
8 Buleuterium (Sitzungsgebäude)
9 Friedenstempel
10 Palaestra
11 Amphitheater
12 Sacellum
*** **13** Athena- oder Ceres-Tempel
14 Nebeneingang (Bushaltestelle)
*** **15** Museum (***Fresken)

ein Heraion gehandelt haben. Daß beide Tempel, die sog. Basilika und der Hera- bzw. Poseidon-Tempel, sakrale Bauten sind, darauf deutet ein ›Kunstgriff‹ der antiken Architekten: Sie haben die Fundamente ein wenig über dem Boden hochgeführt und abgeschrägt, so daß die Tempel auf einem die Würde betonenden Podest stehen; auf diese Weise kamen die beiden Haupttempel im flachen Gelände erst richtig zur Geltung. Auf ein Heraion deuten aber in erster Linie die reichen Funde an Terrakotta-Figürchen der Hera und des Paares Hera-Zeus sowie archaische Inschriften mit dem Namen der Götterkönigin.

Auch der Heratempel ist, wie die sogenannte Basilika, ein dorischer Tempel, aber im Gegensatz zu dieser weit besser erhalten. Gebälk und Giebel sind noch gut sichtbar. Der um 450 v. Chr. entstandene Bau weist gegenüber dem älteren einige architektonische Verbesserungen auf: So sind die Frontsäulen etwas stärker als die der Langseiten. Bei den Ecksäulen ist aus ästhetischen Gründen der außen überstehende Teil abgetragen worden und die Deckplatte etwas nach innen gerückt. So entsteht – ähnlich wie beim Parthenontempel in Athen – der Eindruck der Verjüngung und damit des Leichterwerdens der Baumasse nach oben.

Die Tempel in Paestum sind, bei aller zyklopisch anmutenden Massivität, licht; das liegt aber auch an den nicht wieder aufgebauten Cellawänden. Die Cella des Hera-Tempels ist, wie man am Grundriß noch nachvollziehen kann, in drei Bereiche geteilt: Zwei Reihen von je zwei Pfeilern und sieben Säulen, auf denen noch einmal kleinere Säulen stehen, gliedern den Innenraum. An einigen Säulen und an den Wänden des *Pronaos* (innerer Vortempel, hier östlich gelegen) sind noch Spuren von Stuckdekorationen sichtbar, mit denen der gesamte Tempel geschmückt war. Man kann als ziemlich sicher annehmen, daß der Tempel – wie auch die übrigen – bemalt war; darauf deuten auch Funde im Museum hin (*S. 258f.*). So war wohl der Oberbau in Schwarz, einem dunklen Rot und Blau gehalten, während die Säulen weiß gewesen sein sollen – eine eigenartige Vorstellung, daß die dunklen, schwer und massiv wirkenden Tempelteile auf lichten Säulen ruhten. Überhaupt fällt die Vorstellung der Polychromie antiker Tempel heute schwer.

Das liegt an der klassizistischen Vorstellung vom antiken Tempel: Winckelmanns ›Edle Einfalt – Stille Größe‹ war an der marmorweißen Antike orientiert – und diese prägt noch immer unser Idealbild, obwohl schon im 19. Jh. der Architekt Gottfried Semper Farbreste an Säulen und Gebälk gefunden hatte. Ob Goethe nicht entsetzt gewesen wäre, wenn er erfahren hätte, daß die Tempel wie farbenprächtige Gemälde in der Sonne geprangt haben?

Wenn man vom Hera-Tempel weiter in nördlicher Richtung geht, stößt man, bevor das Forum (**4**) erreicht ist, auf weitere Gebäude, von denen allerdings nur noch Grundrisse zeugen – das **Macellum** (**5**), mit Spuren eines hellenistischen Tempels, und das **Rathaus** (**6**). Man hat jetzt den Hera-Bezirk verlassen und steht auf dem **Forum** (**4**), der ehemaligen griechischen Agora. An drei Seiten verlief hier eine dorische Säulenhalle. (Am östlichen Ende sind noch **Mauerreste ehemaliger Läden** (**7**) zu sehen. Gegenüber befindet sich ein **Buleuterium**, d. h. ein **Sitzungsgebäude** (**8**) mit acht Sitzstufen. Der Bau entstand wohl im 3. Jh. v. Chr. Daneben ein italischer Podiumstempel, der sog. **Friedenstempel** (**9**), der wohl als das Capitolium der Stadt im 2. Jh. v. Chr. errichtet wurde.

Weiter im Westen folgt die **Palaestra (10)**, das griechische Sportzentrum, in deren Mitte sich ein großes Schwimmbad mit einem rundum geführten gedeckten Gang befindet. Man wendet sich wieder zurück Richtung Osten und gelangt zum **Amphitheater (11)** aus römischer Zeit. Der Zuschauerraum ist fast vollständig erhalten; er faßte 2000 Personen. Ein Tunnel diente als Durchgang für wilde Tiere. Vom Amphitheater überquert man den großen Platz in nordwestlicher Richtung und gelangt zu einem Mauerring, in dessen Zentrum ein flaches Häuschen aufragt. Dieses unterirdische ›**Sacellum**‹ (**12**), ein Scheingrab, wurde erst 1954 entdeckt. Es enthielt acht kostbare, mit tadellos erhaltenem Honig gefüllte Bronzevasen und eine attische schwarzfigurige Terrakotta-Amphore. Wahrscheinlich handelt es sich hierbei um ein den Unterweltgöttern geweihtes Totenmahl.

*** Athena- oder Ceres-Tempel (13)

In geringer Entfernung steht der sog. Ceres-Tempel aus dem späten 6. Jh. v. Chr. In seiner Nähe hat man einige Statuen der Erd- und Fruchtbarkeitsgöttin Ceres gefunden – daher der Name. Jüngsten Ausgrabungen zufolge vertritt man aber nunmehr die Ansicht, daß der Tempel dem Kult der Athena geweiht war. Auch er ist im dorischen Stil gehalten, doch sind seine Proportionen schlanker und damit eleganter. Die Säulen mit archaischen Tellerkapitellen bilden einen Kranz. Über dem mit Triglyphen und Metopen (Träger der Reliefs) rhythmisierten Fries der Gebälkzone folgt eine Profilschicht und darüber ein hoch aufragender Dreiecksgiebel. Ihr Niveau liegt ziemlich hoch – etwa 0,5 m über dem Boden des inneren Vortempels (*Pronaos*), von dem man zwei Stufen hinuntersteigen muß, um auf den gepflasterten Umgang zu gelangen. Im Innenraum fallen drei Schächte auf; wahrscheinlich handelt es sich hierbei um christliche Gräber aus dem Mittelalter, da zu dieser Zeit der Tempel als Kirche benutzt wurde.

Die griechische Architektur wartet in Paestum mit Sonderformen auf, die dem Mutterland fremd geblieben sind. So kann man beim Athena-Tempel z. B. eine Vermischung von dorischen und ionischen Elementen beobachten (ionische Kapitelle im Museum) – letztere im Pronaos und erstere im Säulenkranz. Im Gebälk dringen ebenfalls ionische Zierformen ein, und das bei anderen dorischen Tempeln auftretende Horizontalgeison (untere Giebelkante) fällt weg. Daraus eine spätere Datierung abzuleiten, wäre sicherlich falsch – viel eher darf man den Einfluß des ionischen Milet annehmen, mit dem die Mutterstadt Sybaris rege Handelsbeziehungen pflegte.

›Herakles und die Kerkopen‹: Relief im Museum von Paestum

*** **Das Museum** (**15**)

Um zum Museum zu gelangen, begibt man sich zum **Nebeneingang** (**14**). Dort steht die **Porta aurea**, eines der vier Stadttore in der Stadtmauer. Die ältesten Teile stammen aus dem 6. Jh. (beim Eingangstor, der Porta della Giustizia). Rings um die Mauer verlief ein Wehrgraben, über den Brücken führten. Schöne Bruchstücke davon sind noch bei der Porta aurea erhalten.

Das Museum wird seit zehn Jahren umfassend restauriert; die Exponate sind größtenteils umgestellt und viele Räume geschlossen. Da heute immer noch nicht abzusehen ist, wann mit einem Abschluß und einer Neuorganisation zu rechnen ist, muß sich der Rundgang auf die aktuelle Situation beziehen.

Im Erdgeschoß des Museums werden Funde aus dem Heiligtum an der Selemündung gezeigt. Besonders interessant sind sechs Metopen (Träger szenischer Darstellungen am Gesims des Tempels) vom Heraion. Sie werden ins letzte Jahrzehnt des 6. Jh. v. Chr. datiert. Man erkennt Bogenschützen, tanzende Mädchen, aber auch Szenen aus der Mythologie: die Strafe des Sisyphus und, besonders dramatisch, den Freitod des Ajax.

Neben einer Fülle von Architektur- und Skulpturfragmenten befinden sich in den übrigen Räumen weitere Metopen aus dem Heraion mit vorwiegend mythologischen Schilderungen. Zu den Glanzstücken gehören die Darstellungen zur Herkulessage und die Metopen vom Poseidon-Tempel.

Im großen Mittelsaal findet man diverse ausgegrabene Objekte aus Paestum: die hohe Tonstatue eines sitzenden Gottes, wahrscheinlich Zeus darstellend, außerdem schön bemalte Amphoren aus lukanischer Zeit und die berühmten Bronzevasen aus dem unterirdischen Sacellum (*S. 257*). Sie sind mit Tieren, Händen und ornamentalen Darstellungen verziert.

Neben den Metopen aus dem Heraion zählen die 1968 entdeckten ***Fresken** aus einem altgriechischen Grab zu den interessantesten Stücken. Die fünf Grabplatten rechnet man inzwischen zu den berühmtesten Zeugnissen der antiken Malerei. In fünf Szenen wird der Lebenszyklus symbolisiert: Einem bacchantischen Trinkgelage mit Spielern und Liebenden – einer schwingt einen Kelch, wohl um den Diener zu rufen – steht ein ruhiges, fast sanftes Totenmahl gegenüber. Ferner erkennt man neben einem Tisch, auf dem eine Amphore steht, einen Epheben. Auf einer weiteren Platte schreitet ebendieser junge Mann einem Greis voran und einem Flötenspieler nach – der Weg ins Totenreich beginnt. Auf der letzten Platte – es handelt sich um die eindrucksvollste – springt ein jugendlicher Schwimmer kopfüber in den

Der Tod als Sprung vom Leben ins Jenseits: das ›Grab des Tauchers‹ (*S. 260*)

See. Die Szene, die in ihrer Reduzierung auf das Notwendigste fast zeichenhaft und geradezu ›modern‹ wirkt, soll wohl den Tod als Sprung vom Leben ins Jenseits versinnbildlichen. Diese Darstellung gab dem Grab den Namen – das ›**Grab des Tauchers**‹ (ca. 480 v. Chr.). Die Malereien aus den lukanischen Grabstätten stammen aus der 2. Hälfte des 4. Jh. v. Chr. Die Formen sind etwas differenzierter und reicher ornamentiert. Auffallend ist die Brutalität mancher Kampfszenen und, im Gegensatz dazu, die fast lyrische Stimmung einer Fahrt in die Unterwelt.

Auf der Galerie sind bemalte Tempelreste und Fundstücke aus Gräbern ausgestellt. Die *Bronzefigur eines Silens* fällt besonders ins Auge.

Reiche Küche mit armen Zutaten
Kulinarischer Spaziergang durch die Küche Kampaniens

Jede Region Italiens verfügt über eine umfangreiche eigenständige Küche. Die unermeßliche Vielfalt der italienischen Eßkultur wird hier deutlich. Das italienische Klima, in Verbindung mit den geographischen Gegebenheiten, bietet die Voraussetzungen für einen immer wieder anders gedeckten Tisch. Unsere heimische Vegetation ist längst nicht so üppig, daß wir uns den Luxus leisten könnten, aus Obst- oder Gemüseanbau nur die Blüten zu verzehren. In Italien aber und insbesondere in Kampanien gelten Leckereien wie Kuchen mit Orangenblüten oder frittierte Kürbis- und Zucchiniblüten keineswegs als Raubbau an der Natur; niemand muß deswegen auf frisch gepreßten Orangensaft, Risotto mit Kürbis-Stückchen oder auf die typisch napoletanische ›*parmigiana di zucchine*‹ (eine Art Zucchini-Auflauf mit Zwiebeln, Kräutern und Käse) verzichten. Hinzu kommt, daß alle Zutaten stets in erntefrischem Zustand und kunstvoll zum Augenschmaus drapiert auf dem Markt feilgeboten werden. Angesichts dieses Reichtums mutet es zunächst etwas seltsam an, von der ›armen‹ napoletanischen und kampanischen Küche zu sprechen.

Höhepunkte gibt es schon beim ›Primo‹, dem ersten Hauptgang: z. B. ›*Spaghetti Aglio e Olio*‹. Die Zutaten sind bestechend schlicht, die Zubereitung geht rasch: Spaghetti, selbstverständlich al dente, also nicht zu weich gekocht, sondern ›mit Biß‹, werden in eine Pfanne gegeben, wo sie sich mit grünem Olivenöl, darin golden angebratenen Knoblauchzehen, kleinsten Stückchen von roten Pfefferschoten und frischer Petersilie vermählen. Das grüne Olivenöl Kampaniens (besonders, wenn es aus Valva kommt!) ist berühmt für sein vollmundiges Aroma, der Knoblauch frisch und saftig, die italienische Petersilie milder und feiner als die deutsche. Die napoletanische Küche hat sich zum großen Teil aus dem Essen der Armen entwickelt. Die meisten traditionellen Gerichte basieren auf schlichten Zutaten. Ob Gemüse, Hülsenfrüchte oder Fisch, wichtig war es, alle Nahrungsmittel preisgünstig zu erstehen und sie außerdem so zuzubereiten, daß die Familie wirklich satt werden konnte. Die Schlichtheit der Zutaten wird jedoch aufgewertet durch deren Vielfalt, Qualität und nicht zuletzt durch die Harmonie ihrer Zusammensetzung und die feine Abstimmung mit unterschiedlichen Gewürz- und Kräuteraromen. Das ist das Geheimnis der armen Küche!

Während der heißen Sommermonate begibt man sich selten vor 21 Uhr 30 zum Abendessen. Das hat seinen guten Grund: Die meisten

Geschäfte sind nämlich bis 21 Uhr geöffnet. Dafür werden sie mittags von 13 bis 16 Uhr oder 16.30 Uhr geschlossen. Das ist die Tageszeit, in der sich die ganze Stadt vor der Mittagshitze in die Häuser zurückzieht. Gegen 10 Uhr abends erst füllen sich die Restaurants und Trattorien. Um Mitternacht dann, wenn eine frische Brise vom Golf herüberweht, betreten die Napoletaner die Straßen. Vielleicht sucht man noch eine Bar oder eine Gelateria auf für einen ›*Amaro russo*‹, einen mild-würzigen Kräuterlikör mit leichtem Mandelgeschmack, der nicht etwa in Rußland, sondern in Salerno hergestellt wird. Er dient als sanft unterstützende Verdauungshilfe, die in Anbetracht der späten Stunde durchaus zu empfehlen ist. Davon abgesehen ist er so schmackhaft, daß er die Nachhut eines jeden guten napoletanischen Essens sein sollte.

Der beste Kaffee der Welt

Sogar unter Italienern gelten die Napoletaner als ausgesprochene Kaffeetrinker, und das will viel heißen! Sicher ist es das Zusammenspiel mehrerer Faktoren, denen der napoletanische ›*caffè*‹ seine herausragende Qualität verdankt. Die Bohnensorte bzw. -mischung wäre als erstes zu nennen, denn der Kaffee soll kräftig schmecken, ohne aggressiv zu wirken. Italienische Röstung ist immer kurz und stark; so gewährleistet sie ein kräftiges Aroma, wenig Säure- und Bitterstoffe und daher einen friedlichen Magen und eine ungestörte Nachtruhe.

Selbstverständlich werden für jede Portion die Kaffeebohnen eigens frisch gemahlen. Weiterhin trägt mit Sicherheit die Wasserqualität in und um Napoli zur Güte bei. Nicht zu vergessen das Klima, das ebenfalls eine Rolle zu spielen scheint, wenn wir den Angaben derer Glauben schenken wollen, die tagaus tagein mit flinker Fertigkeit in den napoletanischen Bars die chromglänzenden, dampfspeienden Kaffeemaschinen bedienen. Für sie ist die Kaffeezubereitung nicht nur eine Kunst, sondern fast ein Mysterium. Denn es gibt Tage, an denen der Kaffee einfach nicht richtig gelingt. Und weil niemand genau sagen kann, woran das liegt, muß es wohl am Wetter liegen ...

Das ›Barleben‹ hat eine eigene Qualität: Hier beginnt man den Tag, denn die Frühstückskultur der Napoletaner unterscheidet sich sehr von deutschen Gepflogenheiten. Ein ›*Capuccino*‹ mit frisch aufgeschäumter blütenweißer Milchhaube ist genau das Richtige, um den Morgen zu begrüßen. Eine ›*brioche*‹, ein kleines Hefeteigstückchen oder ein ›*cornetto*‹, ein süßes Hörnchen, reichen zur Stillung des Morgenhungers aus. Die Bars sind den ganzen Tag über gut besucht: Immer wieder strömt Kundschaft herein, um sich für die Länge eines ›caffè‹ auf den Tag vorzubereiten, vor dem Mittagessen trifft man sich wieder, um einen ›*apéritivo*‹ zu sich zu nehmen, vielleicht einen ›*analcoolico*‹, eine jener zahlreichen bitter-süßen bunten Limonaden, die ›*bitterino*‹, ›*chrodino*, ›*chinotto*‹ oder ›*gingerino*‹ heißen. Nur wenig Alkohol haben der aus Artischocken gewonnene ›*Cynar*‹, der herbe ›*Camparisoda*‹ oder der leuchtendrote ›*Apérol*‹, der mit dem appetitlichen Zuckerrand serviert wird. Auch ein Gläschen ›*Prosecco*‹ (trockener Sekt) dient der Anregung des Appetits.

Pizza und andere Kleinigkeiten

Neapel gilt als Geburtsstadt der Pizza. Auch wenn bei uns die Pizza fast schon zum ›fast food‹ degradiert ist, sollte man sich die ungezählten Spielarten napoletanischer Pizza-Kunst nicht entgehen lassen. Ganz Napoli ist voll mit kleinen, kleinsten und größeren Pizzerien. Fragt man nach der besten Pizzeria in der Nähe, so kommt die Antwort wie aus der Pistole geschossen. Mit verdrehten Augen wird von der Güte einer Pizza geschwärmt, und mit hitzigen Gebärden folgt

Neapel ist die Geburtsstadt der Pizza

auch gleich die Wegbeschreibung. Voraussetzung ist, daß sich die Ratgeber auf *den* besten Pizzabäcker einigen können. Kleine Pizzerien haben meist keine Speisekarte. Man verläßt sich getrost auf die Phantasie des Bäckers.

Neben der ›Urform‹, der *Pizza aglio e olio* (Knoblauch und Öl), muß man unbedingt die klassische ›*Pizza Napoletana*‹ (Tomaten, Knoblauch, Olivenöl und Oregano) probieren und die ›*Pizza Margherita*‹ (Mozzarellakäse, Tomaten, Parmesan und frisches Basilikum). Darüber hinaus gibt es unzählige Spielarten, die von der jeweiligen Jahreszeit, aber auch von der Kreativität des Pizzabäckers abhängen.

Neben den Pizzerien gibt es zahlreiche Ristorante und Trattorie, in welchen man sich auch aufs Pizzabacken versteht. Hier genießt man die Pizza noch vor der Vorspeise oder als Zwischengang in Form von kleinsten Pizza-Häppchen mit verschiedenen Belagen oder Füllungen. Auch die fast-food-Pizza im Stehen ist eine typisch napoletanische Einrichtung. Viele Bars warten mit einer großen Auswahl an leckersten Kleinigkeiten auf. Hier hat man die Qual der Wahl: Zwischen einem Stück ›normaler‹ Pizza oder lieber einer Kostprobe von den kleinen, goldbraun frittierten Kugeln und Kegeln, die *Supplì* und *Arancini*. Letztere bestehen aus Reis, angereichert mit Erbsen und Bechamelsauce, und verbergen in ihrem Innern einen Kern aus köstlichem Mozzarella. Daneben verlocken die ›*Chrocchette di patate*‹ (auch *Chrocchä* genannt), die an Kartoffelcroquetten erinnern. Auch sie werden durch ihren Kern aus Mozzarella zur echten Delikatesse. Überraschend sind die ›*Chrochette di Spaghetti*‹: Spaghetti werden mit Fleischstückchen, Tomaten, geriebenem Käse und Bechamelsauce gemischt. Die abgekühlte Masse wird in Stücke geschnitten, paniert und golden ausgebacken.

Ähnlich zubereitet sind die ›*Frittetine*‹, knusprig frittierte Scheiben aus Bucatini (dicke Spaghetti) mit Erbsen und Bechamelsauce. Eine besondere Spezialität sind die ›*Crostini napoletani*‹, auch ›*Bruschette*‹ genannt: In einer Pfanne in Butter geröstete Brotscheiben werden mit Mozzarella, Sardellen und Tomaten belegt. Salz, Pfeffer und Oregano verleihen ihnen die nötige Würze, bevor man sie, mit Olivenöl überpinselt, 10 Minuten im Ofen überbäckt.

Kampanien – ein üppiger Obst- und Gemüsegarten

In der Gemüsezubereitung gelten die Napoletaner als wahre Meister. Niemand versteht es wie sie, durch eine bestimmte Art der Zubereitung und durch sparsame Beigaben von passenden Kräutern und Gewürzen den Eigengeschmack eines Gemüses hervorzuheben.

Kampanien mit seinen fruchtbaren Tälern präsentiert sich in vielen Regionen wie ein großer Gemüsegarten. Auffallend sind die unterschiedlichsten Formen von Mischkultur, etwa derart, daß Anbauflächen für Bohnen von hohen Obst- oder Nußbäumen überdacht werden. Sie fungieren als natürliche Sonnenschirme für das darunter wachsende Gemüse. Die niedrig wachsenden Pflanzen wiederum können sich besser ausbreiten und auf diese Weise zur Beschattung des Bodens beitragen. Wäre nämlich die fruchtbare, feucht-krümelige Erde der sengenden Sommersonne ausgesetzt, würde sie verkrusten und wie ein hermetisch abschließender Deckel den biologischen Kreislauf zwischen Boden und Luft verhindern. Hinzu kommt, daß die Nachbarschaft von bestimmten Pflanzen zur Bodenverbesserung und damit zum Wachstum beitragen können; die Bauern Kampaniens scheinen bestens um die Geheimnisse dieses komplizierten Zusammenspiels zu wissen . . .

Zu jeder Jahreszeit ist man in Kampanien mit ›*frutta e verdura*‹ bester Qualität versorgt. Die Zubereitung der Gemüse vollendet sich hier zur hohen Kunst: Da wird vorsichtig gegrillt, kunstvoll gratiniert, liebevoll gebacken, behutsam gebraten oder frittiert, aber auch würzig eingelegt oder geheimnisvoll gefüllt. Beliebte Gemüsebegleiter sind saftige Kapern, salzige in Öl eingelegte Sardellenfilets, dunkel glänzende Oliven, auch frische Pilze und natürlich immer wieder der weiß leuchtende Mozzarella-Käse.

Zu den wichtigsten Gemüsen zählt zweifelsohne die Tomate. Ob roh als Salat oder gekocht als ›*salsa di pomodori*‹, ob als Beigabe für eine saftige Pizza oder als ›Begleitung‹ zu Teigwaren – die Tomate zieht sich wie ein roter Faden durch die Köstlichkeiten der kampanischen Küche. Klima und Boden lassen sie zu einer Frucht heranreifen, die an Süße und Aroma die ganze Üppigkeit und Fruchtbarkeit der kampanischen Landschaft in sich zu vereinen scheint. Hier wird die Frucht ihrem Namen wirklich gerecht: der Goldapfel, *il pomodoro*. Besonders in der fruchtbaren Ebene von Carinola trifft man auf weitflächige Tomatenfelder. Auffallend ist, daß man den Tomatenstock nicht in die Höhe bindet, sondern auf halber Höhe in die Waagerechte lenkt, ähnlich einem Rebstock. Auf diese Weise verbleibt der Boden im Schatten des buschig wachsenden Tomatenlaubs und wird so vor dem Austrocknen geschützt. Die reifen Früchte, gewaschen, getrocknet, geschält und passiert, bilden die Grundlage für eines der traditionellsten napoletanischen Gerichte, das sogenannte ›*Ragù*‹. Da es in der Zubereitung – selbst für italienische Verhältnisse – sehr zeitaufwenig ist (ca. 7–8 Stunden), gilt das Ragù in napoletanischen Familien als ausgesprochenes Sonntagsessen. Das klassische napoletanische Ragù entsteht durch das Kochen von Fleisch und Tomaten. Kaltgepreßtes Olivenöl der besten Qualität, ein wenig frisches Basilikum mit seinem unvergleichlichen Aroma, das keine anderen Kräuter neben sich duldet, kleingehackte Zwiebel, Pfeffer, Salz, ein Hauch Muskatnuß sowie ein Gläschen Rotwein sind mit von der Partie. Die Kunst der Zubereitung besteht darin, die Zutaten unter häufigem Umrühren so leise und langsam wie möglich köcheln zu lassen, bis es eine samtene Konsistenz erreicht und einen unvergleichlich würzig-süßen Duft entfaltet hat. Dieses Ragù harmoniert hervorragend mit allen Arten von Teigwaren, dabei ganz besonders mit den hausgemachten.

Das kampanische Obst ist eine Augenweide. Aprikosen- und, in den Küstenregionen, Orangen- und Zitronenhaine erscheinen fast paradiesisch. Im Frühling verströmen Orangenblüten ihren süßen, intensiven Duft. Die dickschaligen Zitronen scheinen eine zu schwere Last für die dunkelgrün belaubten Äste und Zweige. Kein Wunder, denn die Früchte sind gut und gerne doppelt so groß wie die ›Früchtchen‹, die man auf deutschen Märkten findet. Die einfachste Art, diese Früchte zu genießen, ist die ›*spremuta*‹. In den zahlreichen ›*acquafrescai*‹ auf den Straßen Neapels werden die Früchte direkt vor unseren Augen von Hand ausgepreßt. Ob ›*limone*‹, ›*arancio*‹ oder beides gemischt (›*misto*‹) – die ›spremuta‹ ist die italienische Form der Vitamintablette...

Prosciutto affumicato, salame Napoli, pomodore, mozzarella, fice und pane – wie im Schlaraffenland

Kampanische Pasta-Variationen

In jeder kampanischen Familie wird mindestens einmal am Tag ein Pasta-Gericht gegessen. Serviert werden die Teigwaren immer als ›*primo piatto*‹, als erstes Hauptgericht vor dem ›*secondo piatto*‹, dem Fisch- oder Fleischgang. Form und Größe der Nudel bestimmen ihren Namen. Grundsätzlich gibt es zwei Arten von Pasta: Die ›*pasta all' uovo*‹, aus Ei und Mehl hergestellte Eiernudeln, und die ›*pasta di semola di grano duro*‹, bestehend aus hochwertigem Hartweizengries und Wasser. Letzterer wird in Kampanien im allgemeinen der Vorzug gegeben. Hausgemachte Frischeinudeln, ›*pasta fatta in casa*‹, sind eine besondere Delikatesse – gleichgültig, welche der überaus zahlreichen ›*sugos*‹ man dazu wählt. Ein verrücktes Zusammentreffen der unterschiedlichsten Zutaten findet sich in den ›*Spaghetti alla puttanesca*‹. Dieses Rezept, so sagt man, sei entstanden, indem die Hure (puttana) aus allen Resten ihres armseligen Haushaltes ein kräftigendes Mahl zubereitete: Tomaten, Oliven, Sardellen, Kapern, Knoblauch und Petersilie. ›*Spaghetti alla pescatora*‹, ›*ai frutti di mare*‹ oder ›*alle vongole*‹ werden hauptsächlich in den Küstenregionen Kampaniens serviert. Der salzig-feine Meergeschmack, der den kleinen *vongole* (Muschelchen), den *cozze* (Miesmuscheln) oder den *alicine fresche* (kleine frische Sardellen) anhaftet, verleiht den Teigwaren eine besondere Note.

Eine überraschende Variante ist ›*Pasta e pesce*‹, d. h. Pasta als ›*primo piatto*‹, die mit einem phantastischen Fischsud gewürzt wurde. Letzterer wird von den Napoletanern ›*acqua pazza*‹, verrücktes Wasser, genannt. Der Fisch schwimmt und köchelt im Sud mit ganz bestimmten Gemüsen und ausgewählten Kräutern. Nach den Nudeln wird als secondo piatto der ›*pesce all'acqua pazza*‹ serviert; der Fisch nennt sich ›*Coccio*‹. Falls man der Nudeln einmal überdrüssig werden sollte, so bieten sich als Alternativen ›*risotto alla napoletana*‹ oder ›*gnocchi*‹, Klößchen, die aus einem Mehl-Kartoffelteig geformt und in Salzwasser gekocht werden. Es kann sein, daß sie sich auf der Speisekarte hinter der Bezeichnung ›*Strangulaprievete*‹, d. h. ›Priester-Erdrossler‹, verbergen. Doch Vorsicht: Gnocchi sind äußerst sättigend. Nach übermäßigem Gnocchi-Genuß läuft man Gefahr, daß Rock- oder Hosenbund kneifen. Wer weiß, ob angesichts solch einengender Gefühle die Strangulations-Assoziation nicht doch gerechtfertigt ist . . .

Frisch vom Meer auf dem Tisch

Das nobelste Nahrungsmittel der Kampanier ist unbestritten der Fisch. Durch eine unkomplizierte Zubereitung kommt das feine Eigenaroma jeder Fischsorte bestens zur Geltung. Meist hat man auch die Wahl, ob der Fisch gekocht, gebacken, gebraten, frittiert oder gegrillt werden soll. Zu den Favoriten zählt die ›*Orata alla Griglia*‹ (gegrillter Goldbarsch), eine schöne ›*frittura di pesce*‹ (gemischte Fischplatte), der aromatische ›*Pesce Spada*‹ (Schwertfisch) oder die knusprig frittierten kleinen Sardellen ›*Alici fritti*‹.

Die Weine des Südens

Der kampanische Wein zählt nicht zu den Höhepunkten italienischer Weingenüsse. Zwar gilt auch hier, daß der Genuß eines Essens durch Wein erhöht wird, im allgemeinen jedoch spielt der Wein eine untergeordnete Rolle – so wird bezeichnenderweise der Wein niemals auf das Essen abgestimmt. Dennoch muß sich der kampanische Wein nicht verstecken; mit einem Weißwein von Capri oder Ischia kann man nichts falsch machen. Er ist leicht, von lieblich bis spritzigem Charakter. Darüber hinaus trifft man immer wieder auf rote und weiße Landweine aus privater Produktion, junge Weine, die natürlich keine Finesse besitzen, mit ihrem ehrlich-bodenständigen Geschmack jedoch durchaus die passende ›Hintergrundmusik‹ zu einem einfachen Menü liefern.

›Mozzarella di bufala‹ und andere Käse

Kampanien kann zurecht stolz sein auf seinen Mozzarella-Käse vom Büffel, ein Weißkäse von zarter, etwas elastischer Konsistenz, der sich durch seinen würzigen Geschmack deutlich von dem aus Kuhmilch gewonnenen Mozzarella unterscheidet. Die letzten Büffelherden grasen in den Regionen um Capua, Castel Volturno, Mondragone und südlich von Salerno. Büffelmilch ist ungefähr doppelt so reichhaltig wie Kuhmilch. Kein Wunder also, daß nicht nur Unterschiede im Geschmack, sondern auch in der Konsistenz dieser Käse festzustellen sind. Dementsprechend spielt er bei der Zubereitung vieler Speisen eine zentrale Rolle. Der Mozzarella kann kalt wie auch warm genossen werden, als Vorspeise mit Tomaten und Basilikum als ›*Insalata caprese*‹, paniert als ›*Mozzarella in Carozza*‹, geräuchert, pur als Käsegang zum Abschluß einer Mahlzeit oder ganz schlicht aus der Hand. Seine ›kleinen Brüder‹, die *bocconcini*, werden ebenfalls aus der kostbaren Büffelmilch hergestellt.

Käse in allen Geschmacksrichtungen und Formen

Natürlich darf auch der ›*fior di latte*‹ nicht fehlen; er gleicht in Herstellung und Aussehen dem Mozzarella, besteht jedoch aus reiner Kuhmilch. Dementsprechend mild und zart, fast unauffällig, ist auch sein Geschmack. Eine besondere kampanische Delikatesse ist der Ricotta, eine Art Quark aus reiner Schafsmilch.

Die ›*latticini*‹, Kuhmilchprodukte aus der Gegend um Sorrent, sind ein Geheimtip für Käseliebhaber. Der vulkanische Boden, durchlässig und wärmespeichernd, die würzige Meeresluft und die unermüdliche Sonne begünstigen das Wachstum einer Vielzahl von Kräutern und Wiesenblumen, die der Milch vor allem im Frühling eine einzigartige Würze geben. Zu diesen Köstlichkeiten zählt der ›*Scamorza*‹, erkennbar an seiner Birnenform mit der charakteristischen Einschnürung am oberen Ende. Ähnlich geformt ist auch der ›*Caciocavallo*‹, ebenfalls ein beliebter kampanischer Käse. Wie ›Caciocavallo‹ im Miniaturformat sehen die ›*Burrini*‹ aus, die neben Sorrent auch noch in der Umgebung Avellinos von besonderer Qualität sein sollen. Ihr Name verweist auf ihren köstlichen Inhalt, einen Butterkern – am besten, Sie überprüfen das gleich an Ort und Stelle! Unbedingt kennenlernen sollte man auch den ›*Provolone*‹, einen harten Käse, der je nach Reifegrad milder oder pikanter ausfällt. Kosten Sie auch ›*Provola*‹, einen würzigen und sehr geschmackvollen Käse. Seine bräunliche Außenfarbe verdankt er einem bestimmten Räucherverfahren.

Daneben gibt es noch ›*Caprino*‹ (Ziegenkäse), ›*Pecorino*‹ (Schafskäse) und vor allem den ›*Casciotta*‹, der, eingepackt als ›*Ravioli alla Caprese*‹, einen kulinarischen Höhepunkt der Küche Capris bildet.

Limoncello oder dolci- der gute Abschluß eines Menüs

Der ›*Limoncello*‹, ein köstlicher erfrischender Zitronenlikör, avancierte in den letzten Jahren zum Modegetränk Kampaniens. Er wird aus Zitronenschalen gewonnen, die sich gemeinsam mit reinem hochprozentigen Alkohol und Zuckersirup in einen Likör verwandeln, der seinesgleichen sucht. In vielen Restaurants und Trattorien ist der Limoncello hausgemacht, natürlich immer, wie man versichert, nach einem alten (und geheimen!) Rezept der Eltern oder Großeltern. Allgemein wird behauptet, der wahre Limoncello stamme aus Capri und sei von den anderen Städten imitiert worden – was letztere selbstverständlich aufs heftigste bestreiten und ihrer Ansicht nach zurecht, denn man müsse nur einmal den winzigen Zitronenanbau auf Capri mit den üppigen Hainen entlang der amalfitanischen Küste vergleichen . . .

Auch was ›*dolci*‹ betrifft, ist man in Kampanien bestens aufgehoben. Das Angebot an Torten, Törtchen, Kuchen, süßen Stückchen und Eisspezialitäten ist grenzenlos. Das ausgefallenste ist die ›*pastiera*‹, eine typische Osterspezialität: ein saftig-feuchter Kuchen, der wegen der Beigabe von Orangenblüten so schmeckt, wie im Frühling die Orangenhaine duften.

Eine andere Möglichkeit wäre, das Mahl mit einem ›caffè‹ zu beschließen und dann eine Gelateria, eine Eisdiele, aufzusuchen. Napoletanische Eisdielen haben Erlebniswert. Neben dem Augenschmaus der bunten Farbpalette von verschiedenen Eiscremesorten, ist es vor allem die zarte, cremige Konsistenz, die das optische Versprechen geschmacklich einlöst. Besondere Spezialitäten sind ›*Coviglie*‹, rahmgefrorene Köstlichkeiten von samtener Zartheit und ›*Brioche con Gelato*‹, frische Hefebrötchen, heißgemacht, aufgeschnitten und mit Gelato nach Wahl gefüllt.

Napoletanische Lokale

Generell werden die Lokale in Pasticcerien, Trattorien, Tavole calde und Restaurants eingeteilt: In Italien sind **Bars** Tageslokale – Nachtlokale nennen sich ›Piano Bars‹ oder ›Nightclubs‹ –, in denen Sie etwas trinken und essen können. Die Bestellung geben Sie an der Theke auf, erhalten einen Kassenbon *(scontrino)*, den Sie an der Kasse zahlen, und mit der Quittung an der Bar zurück erhalten Sie das Gewünschte.

Die Öffnungszeiten der Bars sind uneinheitlich. Eine **Pasticceria** entspricht etwa einer deutschen Feinbäckerei oder Konditorei, in der auch Kaffee und oft Spirituosen ausgeschenkt werden. Hier erhalten Sie die begehrten dolci, die italienischen Kuchen, in allen Variationen. Die Öffnungszeiten richten sich in der Regel nach den Geschäftszeiten der Läden. Eine **Tavola calda** ist eine Imbißstube, in der Sie im Stehen oder im Sitzen schnell ein Tellergericht essen können (in der Regel ganztags von 9.00–24.00 Uhr geöffnet). Ein Speiselokal, das meist von einer Familie betrieben wird, ist eine **Trattoria**, in der es einfache, aber ›typische‹ Gerichte zu günstigen Preisen gibt. In Neapel gibt es aber auch schon Trattorien, die sich in Leistung und Preis durchaus mit einem Nobelrestaurant messen können. In einem **Ristorante** sollten Sie immer ein ganzes Menu bestellen. Sie werden zwar auch geduldet, wenn Sie nur einen Gang essen, aber meist ziehen Sie sich dabei den Unwillen des Kellners zu. Generell sind die Preise höher als in Trattorien, was nicht unbedingt eine bessere Qualität garantiert. In jedem Restaurant, aber auch in guten Trattorien und Pizzerien, wird ein Extra-Preis für das Gedeck *(coperto)* erhoben. Es umfaßt in der Regel ein frisches Tischtuch, Stoffservietten sowie Brot.

Einige ausgewählte Restaurants

Panorama-Restaurants auf den Hügeln der Stadt sind das La Sacrestia, Via Orazio 116; Al Paradiso, Via Manzoni; Belvedere, Via T. Angelini 51–55; D'Angelo, Via A. Falcone 203.
Am Meer finden Sie das Bersagliera, Banchina S. Lucia; Da Ciro, Borgo Marinaro; Zi Teresa, Banchina S. Lucia; Ciro a Mergellina, Via Mergellina 21.
Im *Stadtzentrum von Neapel* liegen: Al 53, Piazza Dante; Al Pappagallo, Via C. de Cesare 14; Da Ciro, Via S. Brigida 71; Da Gennaro, Piazza dei Martiri 25–26; Cucciolo Bohemien, Piazza Concordia 3.
Hervorragende Pizza bekommen Sie bei Alfredo, Piazza Carita 2; bei Brandi, Bia S. Anna di Palazzo 2; Da Ettore, Via S. Lucia 56; außerhalb der Stadt in der Taverna Pizzeria Old Friends, Via Cuma 3/5, Fusaro Bacoli.

Die **besten Eisdielen** Neapels sind Bilancione, Via Posillipo 238b, und La Gelateria Lucien, Via Posillipo 20. Die schönsten **Bars** sind das Gran Caffè La Cafettiera, Piazza dei Martiri 25/26, das Gran Caffè Gambrinus, Via Chiaia 1/2 und das Amadeus, Piazza Amedeo.

Buchempfehlungen: Weitere Restaurants und Trattorien finden Sie etwa im Buch von *Gambero Rosso, Italia a Tavola,* das 966 Restaurants in ganz Italien aufführt (Hallwag Verlag), darunter gut zwei Dutzend Lokale in Neapel und Umgebung. Geheimtips für preiswertes und typisches Essen finden Sie in dem Band *Osterie d'Italia* der Edition Spangenberg, der in jeder guten Buchhandlung vorrätig ist. Daneben ist eine Fülle von prächtigen kulinarischen Photobänden auf dem deutschen Buchmarkt erhältlich, die Kunst und Eßkultur jeweils regional aufschlüsseln. Empfohlen sei hier der Band von *Robert Freson, Italien. Eine kulinarische Entdeckungsreise*. Erschienen im Droemer Knaur Verlag, München.

Die wichtigsten Begriffe und Zutaten der Küche Kampaniens

anguilla	Aal
acciuga	Sardelle, in Salz eingelegt
aceto	(Wein-)Essig
acqua (da tavola)	Wasser
acquafrescai	kleine Kioske, die frisch gepreßten Obstsaft verkaufen
acquavite	Branntwein, Schnaps
affumicato	geräuchert
Aglianicio del Taburno	Rotwein aus Kampanien
aglietto	milder Frühlingsknoblauch
aglio (rosso napoletano)	süßlich würziger Knoblauch aus Neapel
agnello	Lamm
agora	Makrelenhecht
aguglia	Hornhecht
albicocca, che	Aprikose, Marille
Alburno (Rosso)	trockener Rotwein aus Kampanien
alici	kleine Sardellen
anatra, anitra	junge Ente
anciolo	Grauhai
annutolo	junges Büffelfleisch
antipasto, i	Vorspeise, n
aragosta	Languste
arancia	Orange
aranciata	Orangensaft
arcera	Schnepfen
asparago (di campo)	(wilder) Spargel
baccalà, stoccafisso	Stockfisch (in Salz eingelegter Kabeljau)
baci di dama	kl. Gebäck aus Mürbeteig
ballerino	Blaubarsch
basilico	Basilikum
bassotti	sehr dünne Bandnudeln aus Eierteig
birra (alla spina)	Bier vom Faß
birra estera (di Monaco)	ausländisches (Münchner) Bier
biscottato	geröstetes Brot
bistecca	Steak
bistecca di maiale	Schweinekotelett
bistecca di filetto	Filetsteak

alla brace	in der Holzkohlenglut zubereitet
broccoli	Brokkoli
bruschette	geröstete Brotscheiben, mit Tomaten, Käse oder Fisch belegt
brustolini	geröstete Kürbiskerne
budino di erbaggi	Gemüseauflauf
burielli, auch burrini	Bällchen aus Mozarella-Käse in Neapel
burro	Butter
cacciagione	Wildbret
alla cacciatora	Lamm, Huhn, Kaninchen auf ›Jägerinart‹ (mit Tomaten, Zwiebeln, Speck, Pilzen)
caciocavallo	Knetkäse
caffè	Espresso
caffè decaffeinato	koffeinfreier Kaffee
caffelatte	Milchkaffee
calamari	kleine Tintenfische
calgionetti	süße Pfannkuchen
calzone	gefüllte Pizza
canesca	Hundshai
cannelloni	dicke Röhrennudeln
– alla napoletana	gefüllt mit einer Soße aus Mozarella, Tomaten und Basilikum
– alla sorrentina	gefüllt mit einer Soße aus Ricotta, Parmesan und Sahne
capelli d'angelo	›Engelshaar‹, feine Suppennudeln
cappone	Knurrhahn
cappuccino	Espresso-Kaffee mit einer dicken Haube aus geschäumter Milch
capra, formaggio di	Ziegenkäse
carciofo	Artischocke
carne, carni	Fleisch, Fleischgerichte
carne di cavallo	Pferdefleisch (mit ›E‹ gekennzeichnet)
casalinga	nach Hausfrauenart (deftig)
cassata	napoletanische Eisspezialität mit kandierten Früchten
cassuola	typische Fischsuppe in Kampanien
castrato	Hammelfleisch
cavatelli	Klöße aus Mehl und Kartoffeln
caviale	Kaviar, Rogen von Störfischen
caviale di olive	würzige Olivenpaste
caviale rossastro	Rogen von Salm und anderen Fischen
cavolfiore	Blumenkohl
cavolini di Bruxelles	Rosenkohl
cavolo rosso	roher Kohlsalat
cecenielli	kleine Weißfischchen aus Neapel
cafalo, musao	Meeräsche, barschartiger Fisch
ceci	Kichererbsen
cetriolo	Gurke
chenella, quenelle	Kloß aus feinem Fleisch, Fisch oder Geflügel
chiacchiere	trad. Karnevalsgebäck aus Mürbteig
chrochè	Kroketten, meist mit Mozarella gefüllt
cialda	Waffelrolle, gefüllt mit Schlagsahne
cianfotta	ländliches kaltes Gemüseragout
ciccioli	Grieben in Kampanien

ciliegia (amara)	(Weichsel-)Kirsche
cinghiale	Wildschwein
cioccolato	Schokolade
cipolla	Gemüsezwiebel
colomba	Taube
conchiglia	Muschel
– di San Giacomo	Jakobsmuscheln
controfiletto	Lenden- oder Rückenstück vom Rind
coperto	Gedeck (Tischtuch, Servietten und Brot)
costata (di manzo)	Rippenstück, Rumpsteak
cozze	Miesmuscheln
crema	Creme- oder Rahmsuppe
crostacei	Krebs- und Krustentiere aus dem Meer
crostata	Mürbeteigkuchen
crostini napoletani	mit Mozarella und Tomaten überbackenes Brot
Cynar	bitterer Likör aus Artischocken
datteri	Datteln
denti di Cavalli	›Pferdezähne‹, dicke Röhrennudeln
dolci	süße Stückchen
duchesse	Kroketten aus Kartoffeln mit Mandeln
eliche	Spiralnudeln
fagiano	Fasan
fagiolo, fagiolino	zarte, grüne Schnittbohnen
Falerno	Tafelwein aus Latium und Kampanien, weiß und rot
faraona alla creta	Perlhuhn mit vielen Gewürzen
fegato	Leber
– grasso	Gänse- oder Entenstopfleber
– pazzo	scharfe Wurst mit Paprikaschoten
felciata	Schaf- oder Ziegenkäse
fico	Feige
fidellini	Fadennudeln
filetto	Filet von Schlachttieren
filetto di petto	Geflügelbrust
fonduta al cioccolato	Nachtisch aus geschlagener Schokolade mit Früchten und Biskuits
formaggio	Käse
– bianco	Frischkäse
– caprino	Ziegenkäse
– fermentato	Blauschimmelkäse
– pecorino	Schafskäse
friarielli	zartes Blattgemüse mit Brokkoligeschmack
frittata	Omelette
fritto	in Öl gebacken
frittura	Frittiertes
frutta	Obst
frutti (fritto) di mare	in Öl gebackene Meeresfrüchte
fungo, -ghi	Pilze
fusilli	Spiralnudeln
gambero	Krebs, Garnele
gambetto, gambuccio	Nußschinken vom Schwein

gazzosa	Sodawasser, Sprudel, Limonade
gelato (da passeggio)	Eis (am Stiel)
gardiniera	Gemüsesuppe ohne Bohnen
gnocchi (alla romana)	Klößchen, Nockerl (Grießklößchen)
Gragnano	roter Tischwein aus Gragnano, fruchtig und leicht
granadilla	Passionsfrucht
granata	Granatapfel
grappa, acquavite	Tresterbranntwein
alla griglia	vom Grill
imbottito	gefüllt
insalata	Salat
– caprese	Salat aus Mozzarella und Tomaten
– composta, mista	gemischter Salat
– verde	grüner Salat
involtino	gefüllte Roulade
ippoglosso	Heilbutt
Ischia Bianco	trockener, herber Wein aus Ischia
Ischia Rosso	roter, frischer Wein aus Ischia
Lacryma Christi de Vesuvio	DOC-Wein aus der Provinz Neapel, weiß, rosé und rot, blumiges Bouquet, voll im Geschmack
lampone	Himbeere
lardo (affumicato)	(geräucherter) Speck
lasagne	Nudelauflauf
latte	Milch
– battuto, latticello	Buttermilch
– concentrato	Dosenmilch
– di capra	Ziegenmilch
– di mucca	Kuhmilch
lattuga	Kopfsalat
lepre	(Feld-)Hase
lingua (affumicata)	(geräucherte) Zunge, auch Seezunge
linguine	Teigwaren, wie Spaghetti, jedoch flach
lofio	Seeteufel
lonza	Lendenstück
lumaca	Schnecke
maccerello	Makrele
maccheroncelli	dünne Makkaroni
macedonia	Obstsalat mit Likör
maialino di latte	Spanferkel
maniche	›Ärmel‹, breite Röhrennudeln
mela	Apfel
melanzane	Auberginen
merluzzo	Dorsch, Kabeljau
merluzzo argentato	Seehecht
mezzelune	Nudeln mit Halbmondform
miele	Honig
migliaccio	Maismehlfladen aus dem Ofen
millefanti	Einlaufsuppe mit Eiern und Parmesan
minestra	Fleischsuppe
minestrone	Gemüsesuppe
mora	Brombeere
mora di gelso	Maulbeere

mozarella (di bufala)	Weißkäse (aus Büffelmilch)
murena	Muräne
nero di seppia	Tinte der Tintenfische, die in versch. Gerichten verkocht wird
nocciola	Haselnuß
nodini	Kalbs- oder Schweinekotelett
'nzogna, 'nugna	in Süditalien: mit Schweineschmalz
olive	Oliven
orata	Dorade, Goldbrasse
ostrica	Auster
paglia e fieno	›Stroh und Heu‹, weiße und grüne Bandnudeln
pagnotta	Bauernbrot
pane	Brot
pan giallo	süßer Mandelkuchen mit Nüssen
pan pepato	Pfefferkuchen
pancetta arrotolata	Schweinebauchspeck
parmigiana	Gemüseauflauf mit Parmesankäse
passera, pianuzza	Flunder
pasta	Teigwaren
pasta cresciuta	lockerer Hefeteig mit Kürbisblüten und Sardellen
pasta foglia	Blätterteig
pasta e fagioli	Nudelgericht mit Schweinefleisch mit versch. Gemüse und dicken Bohnen
pasticcio	Pastete aus Fleisch od. Geflügel
– di caccia	Wildpastete
– di mele	Apfelstrudel
– di San Giuseppe	Stockfischpastete mit Gemüse
patate	Kartoffeln
– alla tiana	mit Tomaten, in Scheiben überbacken
– fritte	Pommes frites
– gratinate	überbacken
– saltate	Schwenkkartoffeln
paternostri	kurze Suppennudeln
penne	kurze kleine Rohrnudeln
peperonata	Paprikagericht mit Olivenöl und Kapern
peperoni	Paprika
peperoncini	kleine scharfe Pfefferschoten
persico	Flußbarsch
pesce	Fisch
– affumicato	Räucherfisch
– azzurro	Tiefseefisch
– cavallo	Makrele
piselli	Erbsen
pizza napoletana	Pizza mit Mozzarella, Tomaten und Basilikum
platessa	Flunder
polenta	Maisschnitten, gebraten oder überbacken
pollastra	junges Huhn
pollo	Hähnchen
pomodori	Tomaten
pompelmo	Grapefruit
porcospino	›Stachelschwein‹, Mandelkuchen mit Schokolade und Pinienkernen

prataiolo	Champignon
primo (piatto)	erster Hauptgang, meist Teigwaren, Reis oder gnocchi
prosciutto (affumicato)	(geräucherter) Schinken
prugna	Pflaume
puttanesca, alla	›nach Dirnenart‹, mit Tomaten, Pfefferschoten, Knoblauch, schwarzen Oliven, Kapern und Sardellen
quaglietta	kleine Wachtel
radicchio arrosto	in Öl gebratener Radicchio
ragù	Sauce aus Fleisch und Gemüse
rance é tartanella	Seespinne (Spezialität in Kampanien)
ravioli	kleine gefüllte Teigtäschchen
ricotta, salata al forno	im Ofen gebackener Ricotta-Käse
ripieno	gefüllt
riso	Reis
risotto	Reisgericht
rognolata	Kalbsnierenbraten
salame Napoli	Salami aus grobem Schweine- und Rindfleisch mit Speck, Pfefferschoten, Knoblauch und Pfeffer
salsa di pomodoro	Tomatensoße
salsiccia arrostita	Bratwurst
saltimbocca	dünnes Kalbsschnitzel mit Salbei
sarde a beccafico	gefüllte Sardinen
sartù	berühmter Reisauflauf in Kampanien aus Fleisch, Geflügel und Gewürzen
scaloppa al marsala	Kalbsschnitzel in Marsalawein
schiaffoni	den Makkaroni ähnliche Nudeln
secondo (piatto)	zweiter Hauptgang, Fleisch, Fisch oder Geflügel
sedano	Staudensellerie
selbvaggina	Wild, Wildbret
seppia	Tintenfisch
sogliola	Seezunge
spaghetti alla prematura	Spaghetti mit Tomaten und Gewürzen
– aglio e oilio	mit Olivenöl, Knoblauch, Pfefferschoten und Petersilie
– alla pescatora	mit Meeresfrüchten
– alla Sangiovanniello	mit Tomaten-Sardellen-Sauce
– alla Sangiovannina	mit luftgetrockneten Kirschtomaten
– alle vongole	mit kleinen Muscheln
– al pomodoro	mit klass. Tomatensauce
– cacio e pepe	mit Öl, Pfeffer und Peccorinokäse
sparnocchio	Heuschreckenkrebse aus Kampanien
strangulaprievete	siehe: gnocchi
tagliatelle	Bandnudeln
tinca	Schlei
tonno rosso	Roter Thunfisch
torta	Kuchen
triglia	Seebarbe
trippa	Kutteln

trota	Forelle
– marina	Lachsforelle aus dem Meer
uova	Eier
uovo	Ei
uva	Weintraube
vermicelli	Fadennudeln
verza	Wirsing
vino	Wein
vitello tonnato	Kalbfleisch in Thunfischmayonnaise
vongole	Muscheln
zabaione	Weinschaumcreme
zucca	Kürbis
zuppa di pesce	Fischsuppe

Glossar der Fachbegriffe

Achäer: Altgriechischer Volksstamm in Thessalien und auf der Peloponnes (Achaia). Bei Homer als Bezeichnung aller Griechen, die nach Troja gezogen sind.

Ädicula (lat. = Häuschen): Architektonische Rahmung von Portalen, Fenstern, Reliefs oder Gemälden.

Agora: Marktplatz im alten Griechenland, auf dem auch Volksversammlungen stattfanden.

Ambo: Niedriges Lesepult, kanzelartig um mehrere Stufen erhöht. Der Ambo steht häufig vor den Chorschranken. Aus ihm hat sich dann in späterer Zeit die Kanzel entwikkelt.

Amorette: Kleiner Engel (von ›amor‹).

Amphora (griech.): Zweihenkeliges, bauchiges Vorratsgefäß.

Apodyterium (griech.): Auskleidezimmer im Bad.

Apotheose: Vergöttlichung eines Menschen.

Apsis (griech. = Bogenrundung): Östlicher Abschluß des Chores, eine Altarnische über ursprünglich halbrundem, später auch polygonalem Grundriß bildend.

Arabesken (it. arabesco, rabesco): Aus der Kunst des Islam stammende Ornamentik, bestehend aus Blatt- und Rankenwerk, in das häufig Masken und Putten eingefügt sind.

Architrav: Waagrechter Steinbalken über Säulen, Pfeilern oder Pilastern in der antiken Architektur; wiederverwendet hauptsächlich in der Kunst der Renaissance und des Barock sowie in der klassizistischen Architektur.

Archivolte: Rahmenleiste an der Stirnseite eines Bogens oder in einer Bogenlaibung.

Argonauten: Helden der griechischen Sage, die unter Jason auf dem Schiff ›Argo‹ nach Kolchis fuhren, um das ›Goldene Vlies‹ zu rauben.

Arkade (lat. arcus = Bogen): Bogen bzw. Bogenreihe über Säulen oder Pfeilern.

Assunta: Darstellung der in den Himmel aufgenommenen Maria.

Atrium: Offener Hauptraum des römischen Hauses. Vorhof einer Basilika mit Säulenhallen, auch ›Paradies‹ genannt, meistens mit einem Brunnen in der Mitte.

Attika: Brüstungsartige Aufmauerung über dem Hauptgesims eines Hauses, oft verziert oder mit Skulpturen versehen.

Baldachingrab: Ein aus Holz, kostbarem Stein oder Marmor gefertigter Prunkhimmel über einem Grab. Später entwickelte sich daraus ein Grabgehäuse, in dem Figuren stehen.

Basilika (griech. = Königshalle): Die römische Basilika war häufig Markt- und Gerichtshalle. Es handelte sich um eine flachgedeckte Säulenhalle mit drei oder fünf längsgerichteten Schiffen. Zur Mitte hin erhöhten sich die Schiffe, so daß über den Seitenschiffwänden eine Lichtzone (Lichtgaden) durch eingebrochene Fenster geschaffen wurde. In zahlreichen Abwandlungen wurde die Basilika zum wichtigsten Kirchentypus.

Basis: Der meist profilierte und verzierte Fuß einer Säule oder eines Pfeilers.

Basreliefs: Flachrelief. Die Figuren oder Ornamente treten nur wenig hervor.

Buleuterion (griech.): Rathaus.

Caldarium (lat.): Der beheizte Raum im römischen Bad.

Carceri: Kerkerarchitektur. Als feststehender Begriff bei Piranesi eine Radierfolge bezeichnend.

Cardo (griech.): Wendepunkt, von dem aus in Nord-Süd-Richtung angelegte Straßen verliefen.

Cella: Innerer, meist geschlossener Raum eines Tempels.

Compluvium: Dachöffnung, durch die das Regenwasser ins Atrium fällt.

Cubiculum: Schlafraum im altrömischen Wohnhaus.

Decumanus (lat., griech.): Die in West-Ost-Richtung gezogenen Grenzlinien auf Äckern. Später haben sich daraus Straßenzüge entwickelt.

Dreipaß: Eine aus Dreiviertelkreisen zusammengesetzte gotische Maßwerkfigur.

Dromos (griech.): Wettläufe bei öffentlichen Spielen, die auf die erste Feier der eleusinischen Mysterien zurückgehen.

Ephebe: Seit dem 4. Jh. v. Chr. in vielen griechischen Staaten Bezeichnung für den militärisch ausgebildeten Jüngling von 18–20 Jahren.

Etrusker (lat. Tusci, griech. Tyrrhenoi): Ein nichtindogermanisches Volk, das wahrscheinlich dem mediterranen Bevölkerungsbereich entstammt. 1000 v. Chr. eroberten die Etrusker das spätere Etrurien (von der Po-Ebene bis nach Kampanien). Höhepunkt ihrer Kultur im 6. und 5. Jh. v. Chr. Endgültige Vernichtung durch Sulla (1. Jh. v. Chr.).

Exedra (griech.): Nach einer Seite hin offener Raum mit Sitzbänken.

Fama (röm.): Tochter der Erdgöttin, Personifikation des Gerüchts.

Flavier: Römisches Kaiserhaus, dem Vespasian (69–79), Titus (79–81) und Domitian (81–96) angehörten. Herkunft wahrscheinlich aus dem Sabinerland.

Fries: Gliedernder und schmückender Wandstreifen in der Architektur; beim antiken Tempel Teil des Gebälks als waagrecht über den Säulen laufender Steg, durch Metopen und Triglyphen gegliedert oder verziert.

Frigidarium (lat.): Der Kühlraum im römischen Bad.

Gesims: Aus der Mauer hervortretender Streifen, der die waagrechten Abschnitte eines Baus bezeichnet oder abschließt und die senkrechte Gliederung zusammenfaßt.

Goten: Ostgermanisches Volk, ursprünglich aus Schweden (Gotland), im 2. Jh. n. Chr. an der unteren Weichsel seßhaft. Beutezüge auf dem Balkan und in Kleinasien. Später Trennung in Ost- und Westgoten. Die Ostgoten siedelten sich etwa 350 in Südrußland an und wurden im 5. Jh. von den Hunnen unterworfen. Die Westgoten zogen gegen Ende des 4. Jh. über den Balkan nach Italien, später nach Spanien. Dort wurden sie im 8. Jh. von den Arabern unterworfen.

Groteske (ital. grottesco): Ornament aus dünnem Rankenwerk mit phantastischen Menschen- und Tiergestalten. In Grotten römischer Gebäude im 15. Jh. wiederentdeckt.

Hellenismus: Von J. G. Droysen geprägter und seit 1836 bekannter Begriff für die Spätzeit der Antike von Alexander d. Gr. bis Augustus (›Vom Griechentum zum Christentum hinüberführend‹).

Heraion: Kultstätte der Hera, Gemahlin des Zeus. Als in ihrem Kult gebräuchliches Opfertier gilt die Kuh.

Ikonographie (griech. = Bildbeschreibung): Kunde vom Sinn bildlicher Darstellungen, bes. solcher, die der christlichen Kunst angehören.

Impluvium (lat.): Sammelbecken für Regenwasser unterhalb des *Compluviums* im Atrium des römischen Hauses.

Inkrustationsstil: Bekleiden von Mauern und Wänden mit Steinplatten (z. B. Marmor); farbige Einlegearbeiten in Stein.

Intarsie: Einlegearbeit zur Verzierung. Material: Holz, Stein, Elfenbein und andere Werkstoffe. Höhepunkt der Technik im 16. und 17. Jh.

Isokephalie (griech.): Die Häupter einer Figurengruppe befinden sich ›friesartig aufgereiht‹ in gleicher Höhe (Malerei oder Relief).

Italiker: Indogermanische Stämme, die gegen Ende des 2. Jtsd. v. Chr. über die Alpen nach Mittel- und Unteritalien eingewandert sind.

Kamaldulenser: Zweig des Benediktinerordens, 1012 in Camaldoli (bei Arezzo) vom hl. Romuald gegründet.

Kämpfer: Abschließende Platte eines Pfeilers oder einer Säule, die als Auflage für Bogen oder Gewölbe dient.

Kannelierung: Auskehlung einer Säule mit senkrecht verlaufenden Rillen (Kanneluren).

Kartusche: Aus dem Wappenfeld entwickelte (barocke) Flächendekoration, bei der die Betonung weniger auf dem Feld als auf der Rahmung liegt.

Kaskade: Stufenförmiger, oft auch künstlich angelegter Wasserfall.

Kassettendecke: Flache oder gewölbte Decke mit gleichmäßig verteilten Feldern, die vertieft und häufig auch verziert sind. Ihre Wandungen können auch profiliert sein.

Katakomben: Altchristliche unterirdische Begräbnisstätten (2.–4. Jh.). Gänge mit vielen Abzweigungen, oftmals in verschiedenen Stockwerken, in deren Wände Grabnischen eingelassen sind, zuweilen auch größere Kammern mit Wandmalereien.

Kanontafel: Liste der kirchlich anerkannten biblischen Schriften oder das Kernstück der Messe in der katholischen Liturgie (auf Tafeln verzeichnet).

Kolonnade: Säulengang mit horizontal abschließendem Gebälk als selbständiges Bauwerk oder an Gebäuden.

Kolossalordnung: Säulen- oder Pilasterordnung (vgl. Pilaster), die auf mehrere, meist zwei Geschosse einer Fassade übergreift. Herkunft aus der venezianischen Baukunst des Palladio (Anregungen von Michelangelo).

Kompositkapitell: Ein aus mehreren Elementen zusammengesetztes Kapitell, z. B. ionisch und korinthisch, also mit Voluten und Blattwerk.

Konsole: Ein aus der Mauer hervortretender Stein (winkelartig und häufig verziert) mit tragender und abstützender Funktion, z. B. unterhalb des abschließenden Gesimses eines Palastes.

Konvex: Nach außen sphärisch gewölbt.

Konkav: Nach innen sphärisch gewölbt.

Kosmaten (auch Cosmaten): Mitglieder einer Gruppe von Künstlern in Rom (12.–14. Jh.), so genannt, weil ihre Vornamen meistens ›Cosmas‹ lauteten. Für ihre Arbeiten (Fußböden, Kanzeln, Altäre) verwandten sie gern aus farbigem Glasfluß und Marmor gebildeten Schmuck, der orientalischen Einschlag aufweist. Die besondere Art ihrer Zierkunst wird ›Kosmatenarbeit‹ genannt.

Kreuzrippengewölbe: Bei der Durchdringung von zwei Tonnen entstehen Grate, die in der Spitze des Gewölbes zusammenlaufen. Diese Grate werden verstärkt durch Wülste oder Rippen.

Krypta: Unterkirche, die aus dem unter dem Hochaltar der Kirche angelegten Grab eines Märtyrers entwickelt wurde.

Kryptoportikus, der (gr.-lat.) (Abb. *S. 282*): Eingang zu einer Gruft durch einen unterirdischen oder gedeckten Gang, dessen Wände ins Freie führende Öffnungen haben, wie zum Beispiel der Gang zur Sibyllengrotte, Cuma, Italien oder in Sessa Aurunca (S. 196).

Labrum: Flaches Becken für kaltes Wasser im Heißbad der Thermen.

Langobarden/Lombarden: Westgermanisches Volk aus Skandinavien. Im 5. Jh. vom Unterelbegebiet über Böhmen und Niederösterreich nach Norditalien ziehend. Um 570 gründe-

Kryptoportikus in Sessa Aurunca *(S. 196):*

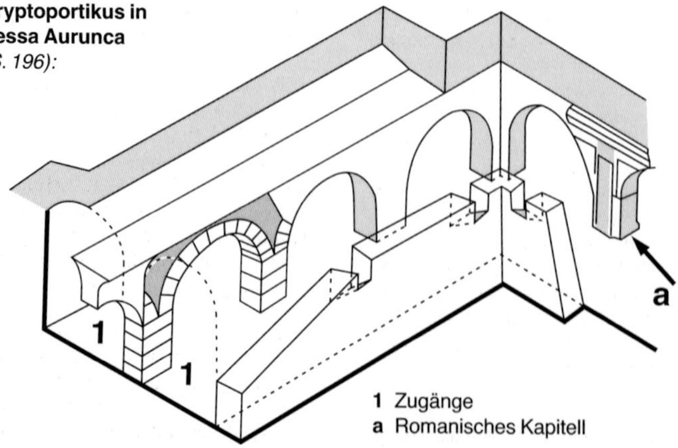

1 Zugänge
a Romanisches Kapitell

ten die Langobarden ein Reich, das von Pavia bis Benevent reichte. Es wurde 747 von Karl d. Großen vernichtet und größtenteils dem Frankenreich eingegliedert.

Lanzettfenster: Feingliedrige, schmale Maßwerkfenster in gotischen Kathedralen.

Lapilli: Bei Vulkanausbrüchen ausgeschleuderte Gesteinsstückchen.

Laren: Hausgötter der alten Römer.

Lichtgaden: Die über den Seitenschiffen aufragende Fensterzone des Mittelschiffes. Vgl. Basilika.

Loggia: Überwölbte Bogenhalle, die von Pfeilern oder Säulen getragen wird. Loggien können freistehen oder Gebäuden vorgelagert sein.

Lukanier: Von den Samniten abstammendes ital. Volk in Süditalien.

Lunette: Halbkreisförmiges Feld über Türen und Fenstern, das oft mit Malereien, Skulpturen oder Reliefschmuck ausgefüllt ist.

Macellum: Ein meist mit Säulenhallen umgebener Markt mit zentralem Rund- oder Achteckbau für den Verkauf von Lebensmitteln und anderen Waren.

Metopen: Bildfelder am Gebälk griechischer Tempel, die durch Triglyphen gegliedert werden.

Mezzanin: Zwischen- oder Halbgeschoß, meist zwischen dem Erdgeschoß und dem 1. Obergeschoß oder unterhalb des Daches. Seit dem Palastbau der Renaissance bekannt.

Muldengewölbe: Ein über quadratischem Grundriß errichtetes Tonnengewölbe wird zweimal diagonal aufgeteilt (im Halbkreisquerschnitt). Es entstehen zwei Wangenstücke (sphärische Dreiecke). Wenn man 4 Wangenstücke zusammensetzt, entsteht das Klostergewölbe. Werden beim Klostergewölbe zwei gegenüberliegende Wangen gedehnt, so entsteht eine Firstlinie. Man spricht hier von einem Muldengewölbe.

Normannen: Wikinger, Bewohner Skandinaviens. Im frühen Mittelalter Seefahrer und Eroberer, die auf ihren Fahrten die Küsten Europas bis in das Mittelmeer heimsuchten. Im 11. Jh. eroberten sie England. Die Reiche in Unteritalien und Sizilien wurden unter dem Normannenkönig Roger II. 1130 zur ›Monarchia Sicula‹ vereinigt.

Nymphäum: Privater oder öffentlicher Prunkbrunnen in Gärten und Villen.

Obelisk: Hoher, rechteckiger, nach oben sich verjüngender Steinpfeiler, der mit pyramidaler Spitze endet. Im alten Ägypten war der Obelisk Kultsymbol, in der Renaissance Zierglied der Architektur.

Oculus (lat. = Auge): Rundfenster.

Oktogon: Achteckiger Grundriß, meist für Zentralbauten (Baptisterien oder Grabmäler) verwendet. Auch Kuppelringe können die Form eines Oktogons aufweisen.

Oratorium: Gebetsraum.

Osker: Indogermanischer Volksstamm in Mittelitalien, den Samniten verwandt. Die Osker gingen, nachdem sie im 4. Jh. v. Chr. hellenisiert waren, später im Römertum auf.

Palaestra (griech.): Ursprünglich Ringplatz, dann für jede Art von Sportanlage verwendet. Seit dem 4. Jh. v. Chr. gleichbedeutend mit ›Gymnasium‹.

Pelasger: Bei Homer Bezeichnung für das Volk in Thessalien, das sich später über ganz Griechenland verbreitete. Möglicherweise die vorindogermanische Bevölkerung in der Ägäis.

Peristyl (griech.): Eine den Hof umgebende Säulenhalle.

Pilaster: Flach vor die Fassade geblendete Gliederungspfeiler mit Basis und Kapitell (antike Herkunft).

Piscinum: Taufbecken in einem Baptisterium.

Pleureur (franz.): Gruppe, die einen Verstorbenen beweint. Häufig als Assistenzfiguren an oder auf Grabmälern.

Polygon: Vieleck. Häufig Bezeichnung für den Chorabschluß gotischer Kirchen (Sechs- bis Zwölfeck).

Portikus: Mit Säulen oder Pfeilern versehener Vorbau einer Fassade (als Portal dienend). **Kryptoportikus** *(s. auch oben)*: Portikus im Innern eines römischen Hauses (häufig im Keller). **Pfeilerportikus:** Architrav und Gebälk ruhen auf Pfeilern.

Presbyterium: Chorraum, ursprünglich mit Sitzen für Geistliche und Presbyter (Vorsteher einer Ortsgemeinde).

Pronaos: Offene Vorhalle des griech. Tempels.

Punier: Alte römische Bezeichnung für die Karthager (Nordafrika).

Risalit (ital. risalto = Vorsprung): Der Gebäudeteil, der aus der Hauptfluchtlinie hervortritt, ohne die Symmetrie aufzuheben.

Rustikaportal: Portal aus schweren, groben Quadern zusammengesetzt.

Rustikaquader: Grobe unbehauene Steine, meistens für die Untergeschosse größerer Paläste verwendet.

Sacellum (lat.): Kleines Heiligtum.

Samniten: Italienischer Volksstamm, der im 5. Jh. v. Chr. Kampanien eroberte. In den Kriegen 343–341 und 326–304 kämpften sie erfolgreich gegen die Römer, im dritten Samniterkrieg (298–290) wurden sie zusammen mit ihren Verbündeten (Sabiner, Umbrer, Lukaner, Etrusker, Gallier) geschlagen und 82 v. Chr. von Sulla unterworfen.

Sarazenen: Mittelalterliche Bezeichnung für Muslime oder Araber. Die Sarazenen verunsicherten besonders zur Zeit der Staufer Neapel und die amalfitanische Küste. Sie wurden von Friedrich II. bezwungen und in Lucera angesiedelt.

Satyr: Alter Fruchtbarkeitsdämon und derb lüsterner Naturdämon mit Pferdeohren, Pferdeschwanz und Hufen. Begleiter des Dionysos.

Segmentgiebel: Giebel mit einem halbkreisförmigen (Segment) Abschluß.

Sibylle: Weissagende Frau im Altertum. Am bekanntesten war die von Cumae, der man die im kapitolinischen Jupitertempel in Rom aufbewahrten ›Sibyllinischen Bücher‹ zuschrieb. Diese wurden in Zeiten der Not auf Beschluß des Senats befragt.

Silen: Mischwesen aus Pferd und Mensch in der griech. Mythologie. Begleiter des Dionysos.

Sockelgesims: Der unterste, vorspringende Teil einer Mauer oder eines Gebäudes, der durch einen waagrechten Streifen abgeschlossen wird.

Sparrendach: Schrägstehende, paarweise aneinanderstoßende Balken bei der Dachkonstruktion. Zwei zusammengehörige Sparren bilden mit den Dachbalken ein Dreieck. Die Sparren tragen die Dachlatten, auf denen die Dachziegel befestigt sind.

Spolien: Bezeichnungen für Teile eines Bauwerks, die aus anderen Bauten stammen.

Stichkappen: Sollen in einem tonnengewölbten Raum hohe Fenster angebracht werden, so werden an der Stelle, wo die Tonne auf die Wand stößt, kleine dreieckförmige Tonnenstreifen herausgenommen. Es entstehen Stichkappen, die dann die Form von Arkaden haben.

Strebebögen: Strebebögen gewähren eine sichere Dreiecksverbindung zwischen Horizontale und Vertikale. In dieser Weise wurden in der Gotik Wände und Gewölbe von außen abgestützt.

Tabernae (lat.): Läden, Werkstätten oder selbständige Bauten (Schuppen, Scheunen zur Aufbewahrung von landwirtschaftlichen Geräten oder Produkten) mit zur Straße hin geöffneten ebenerdigen Räumen.

Tablinum (lat.): Repräsentativer Empfangsraum im römischen Haus.

Tambour: Eine Kuppel ruht auf einem meist zylindrischen, oft mit Fenstern versehenen Zwischenteil, der Trommel oder dem Tambour. Der Tambour vermittelt also zwischen dem Quadrat der Vierung und dem Rund des unteren Kuppelringes.

Tepidarium (lat.): Lauwarmes Becken im römischen Bad.

Terrakotta: Gebrannte, unglasierte Tonerde als Material für Skulpturen.

Tondo: Gemälde oder Relief von kreisrundem Format; gebräuchlich vor allem in der Mitte des 15. Jh.; in Florenz besonders für Madonnendarstellungen. Auch Bezeichnung für kleine Rundbogenfenster.

Triclinium (lat.): Liegebank oder Liegebänke, die u-förmig aneinandergestellt werden können. Häufig in Räumen für Festessen.

Triglyphe (griech. = Dreischlitz): Zierstück mit drei durch Stege voneinander abgesetzten senkrechten Rinnen; meistens über dem Architrav im Wechsel mit Metopen.

Triptychon: Dreiflügeliger Altar.

Triton: Griech. Meergott, Sohn des Poseidon und der Amphitrite, ein Naturdämon, halb Mensch halb Fisch, der von Herakles überwunden wird.

Trompen (franz. Jagdhorn): Sphärisches Dreieck zwischen zwei rechtwinklig zusammenstoßenden Mauern.

Tumba: Ein über dem Grab sich erhebender rechteckiger Unterbau, der die Grabplatte trägt.

Tympanon: Spitz zulaufendes Bogenfeld über dem Türsturz (waagrechter Balken als Portal- oder Türabschluß) eines meist gotischen oder romanischen Portals.

Vedute: Stadtansicht.

Vierung: Raum vor dem Chor, der in der Durchdringung von Quer- und Längsschiff entsteht.

Voluten: Schneckenförmig gewundene Verzierung an Baugliedern und Möbeln. Ursprünglich Teil des ionischen Kapitells.

Zahnschnittgesims: Ornamentfries, der sich aus kleinen Quadraten oder Sechsecken zusammensetzt und unterhalb eines Gesimses verläuft.

Zwickel: Dreiseitig begrenztes Flächenstück, wie es sich z. B. zwischen einem Bogen und seiner rechteckigen Umrahmung beiderseits ergibt (Bogenzwickel).

Literaturhinweise

Kunst- und Kulturgeschichte

Alberti, L. B.: Zehn Bücher über die Baukunst. Wien/Leipzig 1912

Battisti, E.: Hochrenaissance und Manierismus. Baden-Baden 1970

Belting, H., und Blume, D. (Hg.): Malerei und Stadtkultur in der Dantezeit. Die Argumentation der Bilder. München 1989

Berenson, B.: Die italienischen Maler der Renaissance. Zürich 1952

Berteaux, E.: Santa Maria di Donna Regina. Neapel 1899

Blunt, A.: Neapolitan Baroque and Rococo Architecture, Studies in Architecture. Bd. XV. London 1975

Bösel, R.: Jesuitenarchitektur in Italien 1540–1773. Bd. I. Die Baudenkmäler der römischen und neapolitanischen Ordensprovinz. Wien 1985

Braunfels, W.: Abendländische Stadtbaukunst. Köln 1976

Brendel, F.: Geschichte der Musik in Italien. Leipzig 1852

Budden, J., Hg.: Giuseppe Verdi. Leben und Werk. Stuttgart 1990

Burckhardt, J.: Die Kultur der Renaissance in Italien. Stuttgart 1988

Burckhardt, J.: Der Cicerone. Vollständiger Abdruck der Urausgabe. Berlin 1983. Nachdruck Stuttgart 1986

Cuomo, V.: La Reppublica Partenopea, Neapel 1992

Chiellino/Marchio/Rongoni: Italien, Becksche Aktuelle Länderkunde, München 1989

Daniele, N.: Paestum. Hypothesen und Wirklichkeit. Genua 1977

Dittmann, P.: Die Treppenhäuser Neapels im Settecento. Anfänge und Entwicklung. Kölner Jb. für Vor- und Frühgeschichte, Bd. 14. Köln 1974

Drüke, H.: Italien, Wirtschaft, Gesellschaft, Politik, Opladen, 1986

Eleas, E.: Otello, Stendhal e il San Carlo, Neapel 1986

Fichera, F.: Luigi Vanvitelli. Rom 1937

Fischer, N.: Commedia dell'Arte. München 1981

Ghierici: Il Palazzo Italiano. Mailand 1964

Greco, E., u. a.: Italien. Archäologischer Führer. Freiburg 1991

Hersey, G. L.: Alfonso II. and the Artistik Renewal of Naples. London 1969

Hetzer, Th.: Tizians Bildnisse, in: Vorträge und Aufsätze. Bd. 1. Leipzig o. J.

Keller, H.: Die Kunstlandschaften Italiens. Frankfurt 1981

Mader, G./Neubert-Mader, L.: Italienische Gärten. Stuttgart o. J.

Manén, L.: Bel Canto. Stuttgart 1991

De'Medici, L.: Die Renaissance der italienischen Küche. München 1992

Murray, P.: Die Architektur der Renaissance in Italien. Stuttgart 1980

Procacci, G.: Geschichte Italiens und der Italiener, München 1983

Rietz, B.: Künstliche Grotten des 16. u. 17. Jh. o. O. 1987

Strohm, R.: Die italienische Oper im 18. Jh. Stuttgart 1979

Tafuri, M.: L'architettura dell'Umanesimo, Rom 1980

Wittkower, R.: Grundlagen der Architektur im Zeitalter des Humanismus. München 1969

Reisebücher

Auböck, Maria: Wo die Zitronen blühen... Wien 1990

Bracco, V.: Campania, Rom 1985

Caffaro, A., u. G. Gargano: Costiera Amalfitana. Salerno 1978

Campania, Guida d'Italia del Touring Club Italiana, Mailand 1981

Kienlechner, T.: 12mal Italien. München 1990

Kirsten, E.: Süditalienkunde I. Heidelberg 1975

Maurer, D. und A. E.: Literarischer Führer durch Italien. Frankfurt 1988

Napoli e dintorni, Guida d'Italia del Touring Club Italiana, Mailand 1981

Otto, H. W.: Mediterraner Heuschnupfen. Texte vom Reisen in den Süden. Wuppertal 1986

Peterich, E.: Italien Bd. II. München 1976

Pichler, H.: Italienische Vulkan-Gebiete Bd. 1. Somma-Vesuv, Latium, Toscana, Geologischer Führer 51, Stuttgart 1970

TCI (Touring Club Italiano), Campania Bd. VII. Mailand 1938

Turner, William: Reisebilder. Die schönsten Aquarelle aus Deutschland, Frankreich, Italien und der Schweiz (Hg. Andrew Wilton). München o. J.

Vollenweider, Alice: Italiens Provinzen und ihre Küche. Berlin 1990

Zur literarischen Einstimmung

Goethe, Johann Wolfgang von: Briefe aus Italien. (Hg. Peter Goldammer) München 1983

Goethe, Johann Wolfgang von: Die italienische Reise. In: Werke in sechs Einzelbänden. Bd. VI Winkler Dünndruckausgabe München 1992

Lamartine, Alphonse de: Graziella, Neapel/Mailand 1991

Malaparte, Curzio: Die Haut, Frankfurt, Fischer Tb 5044

Mann, Heinrich: Die Göttinnen. Die drei Romane der Herzogin von Assy.
III: Die Venus. Frankfurt, Fischer Tb 5927

Munthe, Axel: Das Buch von San Michele, München, List 1991

Radcliffe, Ann: Der Italiäner oder Der Beichtstuhl der Schwarzen Büßermönche, Frankfurt, Insel Tb 1299

Seume, Johann Gottfried: Spaziergang nach Syrakus im Jahre 1802. München 1991

Werfel, Franz: Die Geschwister von Neapel, Frankfurt, Fischer Tb 1806

Abbildungsnachweis:

Fratelli Alinari, Florenz: S. 4 oben, S. 5 oben, 18, 59, 61, 62, 63, 81, 131, 200. Archiv für Kunst und Geschichte, Berlin: 66/67, 125, 127. Udo Bernhart, Langen: 75; Farbtafel S. 103 unten. Gianni Biccari, Neapel: 11, 23, 39, 45, 71, 109, 110, 117, 122, 145, 150, 158, 182, 196, 203, 212, 226, 234, 246, 249, 252/253; Farbtafel S. 172. Bildarchiv Foto Marburg, Marburg: S. 90. Deutsches Archäologisches Institut, Rom: 160. Eising, Fotos Archiv, München: 263, 266. Franz Frei, München: 17, 132, 133, 138, 191, 198; Farbtafeln S. 51, 86, 104, 154, 171. Anthony Kersting, London: 167. G. u. W. Klammet, Ohlstadt: 164, 165. Werner Neumeister, München: 135, 190. Fabrizio und Giulio Parisio, Neapel: 49, 98, 113, 140, 147, 258. SCALA, Florenz: Farbtafel S. 85. Soprintendenza per i Beni Artistici e Storici della Campania, Neapel: 79, 202. Martin Thomas, Aachen: S. 5 unten, 6, 25, 47, 54, 94, 101, 119, 129, 143, 176, 186, 187, 193, 207, 210, 215, 217, 219, 231, 233, 237, 242, 245, 269; Farbtafel S. 33, S. 34 oben und unten, 52, S. 103 oben, 153, 221, 222, 239, 240 und Titelbild. Verlagsarchiv: S. 4 unten, 13, 21, 163, 175, 259.

Sämtliche Karten, Stadtpläne und Grundrisse zeichnete Achim Norweg, München.

Verzeichnis der Farbtafeln

Hinweise zur Benutzung

ARTEMIS-Nummernsystem

Alle in diesem Buch beschriebenen Orte und Sehenswürdigkeiten sind einer Nummer von 1 bis 26 zugeordnet. Diese Nummern – sie erscheinen oben auf jeder Seite – bezeichnen verschiedene Spaziergänge durch Neapel (Tour 1 bis 12) oder Touren entlang des Golfs von Neapel, zu den partenopäischen Inseln Capri, Procida und Ischia und durch das restliche Kampanien mit Paestum als letztem Ziel. Sie finden diese Nummern auch auf der Übersichtskarte zu Neapel in der vorderen Umschlagklappe, auf der Übersichtskarte zu Kampanien in der hinteren Umschlagklappe und im Inhaltsverzeichnis Seite 4–5. Zu den meisten der Spaziergänge durch Neapel sind zusätzliche Detailkarten gezeichnet worden. Wo sie sich befinden, das sagt Ihnen jeweils die Kopfzeile auf jeder Seite bzw. die Markierung in der Übersichtskarte.

Aneinandergereiht ergeben die Nummerngebiete der Stadt Neapel sowie diejenigen Kampaniens jeweils eine nach reisepraktischen und kunsthistorischen Gesichtspunkten zusammengestellte Rundtour. Nicht auf den Übersichtskarten verzeichnete Ortschaften finden Sie über das Orts- und Objektregister (*S. 319ff.*).

ARTEMIS-Stadtpläne und Grundrisse

Zu den Hauptsehenswürdigkeiten Neapels, zu wichtigen Ausgrabungsstätten, Inseln, Küstenabschnitten und Städten Kampaniens sind detaillierte Pläne, Grundrisse und Detailkarten gezeichnet worden, zu Neapel zusätzlich eine farbige Detailkarte von Tour 1 und Tour 2 (Umschlagklappe hinten). Die Ziffern im Kreis (Stadtpläne) und ohne Kreis (antike Ausgrabungsstätten) bzw. die Buchstaben (Grundrisse) markieren die Stationen des jeweiligen Rundgangs.

ARTEMIS-Bewertungssystem

Wenn Ihnen für Ihre Besichtigungen nur begrenzte Zeit zur Verfügung steht, wird Ihnen das Bewertungssystem eine Hilfe sein. Je nach Bedeutung sind Bauwerke oder auch Landschaften mit bis zu drei Sternen bewertet.

ARTEMIS-Reiseinformationen

Ausführliche aktuelle Informationen wie Veranstaltungshinweise, nützliche Anschriften und Rufnummern, Öffnungszeiten, Tips zur sportlichen Betätigung oder etwa ein Extra-Kapitel zur Küche Kampaniens usw. finden Sie auf den folgenden Blauen Seiten.

Reiseinformationen

Hinweis: Im folgenden sind die Rufnummern in Italien jeweils ohne die internationale Vorwahl 0039 angegeben.

Allgemeine Reisehinweise

Eine ›Grand Tour‹ nach Italien zu machen, war im 18. Jh. und 19. Jh. ein Muß für jeden, der als gebildeter Bürger, als Gelehrter oder als Dichter gelten wollte. Goethe, Stendhal, Dickens, Montesquieu, Lord Byron, Ruskin und viele andere reisten unter Bedingungen, die man sich heute kaum mehr vorstellen kann. In den Jahrhunderten vorher waren es vor allem Maler wie Dürer oder Tiepolo und Kaufleute wie die Medicis und die Fugger, die über die Alpen zogen, um sich künstlerisch weiterzubilden oder Geschäfte zu machen.
Heute ist das Reisen weitaus bequemer und für jeden erschwinglich geworden. Die Statistiken des Italienischen Fremdenverkehrsamtes bestätigen die ewige Italiensehnsucht der Mitteleuropäer und vor allem der Deutschen: Allein nach Neapel und Kampanien zog es in den letzten Jahren knapp 1,6 Mio. Deutsche, 200 000 Schweizer und etwa 170 000 Österreicher pro Jahr!

Informationen vor Antritt der Reise und Kartenmaterial erhalten Sie kostenlos von den Staatlichen Italienischen Fremdenverkehrsämtern (**ENIT**) in der Berliner Allee 26, 4000 Düsseldorf 26, Tel. 0211-377035; Kaiserstr. 65, 6000 Frankfurt am Main 1, Tel. 069-231213; Goethestr. 20, 8000 München 2, Tel. 089-530369; in Österreich am Kärntnerring 4, 1010 Wien, Tel. 654374, und in der Schweiz in der Uraniastr. 32, 8001 Zürich, Tel. 273633.

Vor Ort helfen Ihnen die Fremdenverkehrsämter weiter:

Neapel: Azienda Autonoma di soggiorno cura e turismo, Palazzo Reale, Tel. 081-418744. Weitere Informationsbüros in der Piazza Gesù, Tel. 081-5523328. Mergellina, Aliscafi-Station, Tel. 7614585, oder Castel dell' Ovo, Tel. 7645688. Tourist-Information, Via Partenope 10/A, Tel. 081-418988 oder 406289; Stazione Centrale, Tel. 081-268779; Stazione di Mergellina, Tel. 081-7612102, Flughafen Capodichinio, Tel. 081-7805761. Monatlich erscheint die Broschüre ›*Qui Napoli*‹, ein Veranstaltungskalender mit allen Sehenswürdigkeiten, Öffnungszeiten, Bus-, Zug-, Fähr- und Flugverbindungen, Veranstaltungshinweisen, mit einem Restaurant- und Hotelverzeichnis.

Kampanien und Inseln:
Agropoli: Tourist-Information, Pro Loco, S. Felice, Tel. 0974-824885
Amalfi: Tourist-Information, Corso Roma, Tel. 089-871107
Ascea Marina: Tourist-Information, Tel. 0974-971230
Bacoli: Tourist-Information, Via Ercole 2/4
Benevent: Tourist-Information, Via N. Sala 31, Tel. 21947
Capri: Tourist-Information, Sede Pal. Cerio, Tel. 081-370424; Marina Grande, Tel. 081-8370634;
Piazza Umberto I., Tel. 081-370686; Anacapri, Via G. Orlandi, Tel. 081-8371524
Caserta: Tourist-Information, Piazza Dante, Tel. 0823-21157, Palazzo Reale, Tel. 0823-322233
Herkulaneum: Tourist-Information, Via Quattro Orologi, Tel. 7390406. Zentrale der internationalen archäologischen Studien (A. Maiuri), Tel. 418988
Ischia (Ischia Porto): Tourist-Information, Scalo Portosalvo, Tel. 991146
Maiori: Azienda autonomi di Soggiorno e Turismo, Corso Regina, Tel. 089-877452
Minori: Tourist-Information, Piazza Umberto I., Tel. 089-877087
Paestum: Azienda autonoma di Soggiorno e Turismo, Via Aquila, Tel. 0828-811016
Pompeji: Tourist-Information, Viale dei Teatri, Tel. 081-8610913
Positano: Tourist-Information, Via Marina, Tel. 089-875067
Pozzuoli: Tourist-Information, Piazza Matteotti, Tel. 081-8673636
Ravello: Tourist-Information, Piazza Arcivescovado, Tel. 089-871014
Salerno: Tourist-Information, Corso Umberto I. 277, Tel. 089-841148
Sorrent: Tourist-Information, Via L. de Maio, Tel. 081-8782104
Vietri sul Mare: Piazza Matteotti, Tel. 089-211285

Anreise nach Neapel und Kampanien

Anreise mit dem Auto (vgl. auch *S. 294*): Von der italienischen Grenze am Brenner über Rom bis Neapel besteht ein durchgehendes, gut ausgebautes Autobahnnetz, das gebührenpflichtig ist – vom Brenner nach Neapel zahlen Sie mit einem PKW derzeit 74 000 Lit (etwa 90 DM). Nur der Autobahnring rund um Rom und die Autobahnen südlich von Salerno sind kostenlos befahrbar. Die Entfernung von München über den Brenner nach Neapel beträgt 1140 km, von Basel über den Gotthardpaß, Mailand und Bologna 1120 km, von Wien über Graz, Klagenfurt, Udine und Bologna 1370 km. Das Landstraßennetz ist gut ausgebaut.

Informationsstellen der Automobilclubs: In Deutschland: *ADAC,* Am Westpark 8, 8000 München 70, Tel. 089-505061 bzw. Deutscher Touring Automobil-Club, Pf. 140, 8000 München 40, Tel. 089-7676-0. In Österreich: *ÖAMTC,* Pf. 252, A-1015 Wien, Tel. 0043-1-711990. In der Schweiz: *Touring Club Suisse,* Rue Pierre Fatio, CH-1211 Genf 3, Tel. 0041-7371212. In Italien befindet sich die Hauptgeschäftsstelle des *A. C. I. (Automobile Club d'Italia)* in der Via Marsala, 8, 00185 Rom.

Bei Autopannen in Italien wählen Sie den **ADAC-Notruf 116** oder den **ACI-Notruf 49981,** der allgemeine Notruf für **Polizei und Unfallrettung** ist in ganz Italien einheitlich **113.** Weitere Informationen erhalten Sie auch von den deutschen Geschäftsstellen des ADAC oder vom ADAC in Rom, Via Magenta 5, 00185 Rom, Tel. 396-4440404. Zu empfehlen sind ferner ein Auslandsschutzbrief des ADAC und eine (auf die Reisezeit begrenzte) Vollkaskoversicherung.

Mit dem Bus: Einige Reiseveranstalter bieten Studien- und Wanderreisen an, die ein erstes Kennenlernen erleichtern. Oft werden statt einer anstrengenden Busanreise auch alternativ Flüge angeboten, bei denen Sie der Reisebus in Neapel erwartet. Eine große Auswahl an organisierten Reisen, die meist 10 Tage dauern und individuell mit Badeurlaub verlängert werden können, bietet z.B. STUDIOSUS, Trappentreustr. 1, 8000 München 2, an. Aktivferien mit organisierten Wanderungen und einem Kulturprogramm bietet u.a. Baumeler Reisen, 6002 CH-Luzern.

Mit der Bahn haben Sie Direktverbindungen nach Neapel nur von München und Stuttgart aus, alle übrigen Züge aus Deutschland enden in Rom, wo Sie umsteigen müssen. In Neapel kommen Sie in der *Stazione Centrale* im Stadtzentrum an. Fahrplanauskünfte erteilt die Deutsche Bundesbahn. Für Studenten und Senioren gibt es speziell verbilligte Fahrkarten. In Italien erhalten Sie von Neapel aus auch günstigere Bahnkarten, wenn Sie die ›Kilometerbanken‹ (3000 km innerhalb von zwei Monaten) buchen. Jeweils aktuelle Informationen erhalten Sie bei der Italienischen Staatsbahn (FS) in Neapel unter Tel. 081-264644.

Mit dem Flugzeug: Der Flughafen *Napoli-Capodichino* wird von fast allen ausländischen Städten aus angeflogen. Der Flug dauert von Frankfurt, Zürich oder Wien aus 2 bis 2½ Stunden. Bei den meisten Linienflügen sind jedoch Zwischenlandungen in Rom, Mailand oder Turin vorgesehen. Nonstop-Flüge direkt nach Neapel gibt es in der BRD nur von Frankfurt/Main, mit Chartermaschinen und meist mit Maschinen der *Alitalia,* die auch innerhalb Italiens ein ausgezeichnetes Flugnetz unterhält. Weitere Auskünfte in jedem guten Reisebüro.

Zu den Inseln Ischia und Capri können Sie auch vom Flughafen in Neapel mit einem speziellen Helikopter-Service fliegen (*Eliambassador,* Aeroporto di Napoli, Tel. 081-7896273).

Mit dem Segelboot oder mit der eigenen Yacht können Sie in Neapel oder den Häfen im Golf von Neapel einlaufen. Routenvorschläge finden Sie bei den Sport- und Freizeittips unter ›Segeln‹ *(S. 311)*.

Einreisebestimmungen

Personal- und Fahrzeugpapiere: Sie benötigen einen gültigen Reisepaß oder Personalausweis, Visa werden von Touristen aus Westeuropa nicht verlangt. Für Ihr Auto müssen Sie den Führerschein, den Fahrzeugschein und die Internationale Grüne Versicherungskarte mitnehmen, die Ihnen Ihre Versicherungsgesellschaft kostenlos ausstellt. Bei Kontrollen werden alle diese Papiere verlangt. Am Auto sollten Sie das Kennzeichen ›D‹, ›CH‹ bzw. ›A‹ anbringen. Kinder unter 16 Jahren benötigen einen eigenen Kinderausweis, wenn sie nicht im Elternpaß eingetragen sind.

Mitnahme von Tieren: Sie sollten ein amtsärztliches Gesundheitszeugnis, das maximal 30 Tage alt ist, und ein Tollwutimpfzeugnis (mindestens 30 Tage, maximal 12 Monate alt) besitzen. Weitere Auskünfte erhalten Sie von Ihrem Tierarzt und den Veterinärämtern.

Zoll- und Devisenbestimmungen: Seit der Eröffnung des Binnenmarktes der Europäischen Gemeinschaft wird über neue Zoll- und Devisenbestimmungen für Bürger der Europäischen Gemeinschaft verhandelt, deren Ergebnisse bei Redaktionsschluß noch nicht vorlagen. Bisher galten folgende Bestimmungen (Angaben für Nicht-EG-Bürger): An Alkohol dürfen Sie pro Person 5 (2) l Wein oder 3 (2), 1/1,5 (1) l Spirituosen unter/über 22% ausführen, Kaffee bis 1000 (250) g; Zigaretten 300 (200) Stück oder 150 (100) Zigarillos oder 75 (50) Zigarren oder 400 (200) g Tabak.

Zahlungsmittel: In Italien ist es am einfachsten, Millionär zu werden, denn 1 Mio. Lire entsprechen etwa 1220 DM – der Kurs schwankt jedoch erheblich. Umgekehrt sind 820 Lit. etwa 1 DM, 1000 Lit. etwa 1 SF und 120 Lit. 1 ÖS. Am besten denken Sie sich bei den angeschriebenen italienischen Preisen die letzten drei Nullen weg und ziehen nochmal etwa 20% ab, um auf den DM-Betrag zu kommen. Beim Einkaufen sollten Sie darauf achten, daß Ihnen keine 1000-Lire- statt 10 000-Lire-Scheine als Wechselgeld ›versehentlich‹ gegeben werden.
Die gängigen *Kreditkarten* (Visa, American Express, MasterCard, Eurocard) werden vor allem in den großen Städten in Hotels, Restaurants, Trattorien und Geschäften problemlos akzeptiert. Auch in Bahnhöfen gibt es zum Teil Sonderschalter für Kreditkartenzahler. Die Kreditkartenfirmen empfehlen, die Karten immer gut geschützt und möglichst nicht sichtbar bei sich zu tragen, am besten in einem Gürtel mit Geheimfach oder in einem Schulterportemonnaie, das unsichtbar unter der Kleidung getragen wird. Die Kreditkarten sollten Sie niemals in einem Hotelsafe deponieren und auch beim Zahlen selbst nicht aus dem Auge lassen.
Eine gute Absicherung bei Diebstahl, aber langwieriger und manchmal teurer beim Umtausch sind *Eurocheques,* die in der Regel bis 300 000 Lit. akzeptiert werden. Bevor Sie mit Reiseschecks zahlen wollen, sollten Sie vor allem in kleineren Hotels nachfragen, ob sie auch akzeptiert werden.

Unterkunft

Alles Wissenswerte, von Hotel- und Campingplatzanschriften mit Telefon- und Telefaxnummern, Fähr- und Zugverbindungen, Öffnungszeiten von Kirchen und Museen finden Sie in der Broschüre *›Travel directory of Campania‹* (in englischer Sprache), die Sie kostenlos beim Italienischen Fremdenverkehrsamt erhalten.

Hotels: Von einem Fünf-Sterne-Hotel mit allem erdenklichen Luxus und Klimaanlage bis hin zum einfachen Stadthotel, das vielleicht weniger Bequemlichkeit, dafür aber mehr italienischen Charme bietet, finden Sie in Kampanien alle Varianten vertreten. Entsprechend weit ist die Bandbreite der Preise. Große Hotels haben das ganze Jahr über geöffnet, andere, vor allem in Badeorten, nur von April bis Oktober.
Zu den Spitzenhotels Neapels gehören das *Hotel Excelsior* (Via Partenope 48, Tel. 081-417111), das *Hotel Britannique* (Corso Vittorio Emanuele 133, Tel. 081-7614145), das *Grand Hotel Vesuvio* (Via Partenope 45, Tel. 081-417044), das *Hotel Santa Lucia* (Via Partenope 46, Tel. 081-416566) oder das *Hotel Parker's* Corso (V. Emanuele 135, Tel. 081-7612474). Einfachere und billigere Hotels liegen meist abseits vom Zentrum, wie das *Hotel Leopardi* (Piazetta Pilastri 12, Tel. 081-620043), das *Hotel Europe* (Via Mezzocannone 109, Tel. 081-5517254) oder das *Hotel Viola* (Via Palermo 22–23, Tel. 081-269368).

Private Zimmeranbieter vermitteln Ihnen die örtlichen Fremdenverkehrsämter. Privatunterkünfte sind jedoch nicht so zahlreich wie in nördlicheren Regionen Europas.

Ferien auf dem Bauernhof zu machen, ist vielleicht die beste Möglichkeit, relativ billig zu wohnen und Land und Leute direkt kennenzulernen. Adressen erhalten Sie für die jeweiligen Regionen von folgenden ›Agriturist‹-Vermittlungsbüros: Neapel: Via S. Lucia 90, Tel. 081-425238, Avellino: V. Circumvallazione 42 c/o UPA, Tel. 0825-35447, Benevento: Via le dei Rettor 40 c/o UPA, Tel. 0824-21910, Caserta: V. Nazario Sauro 22 c/o UPA, Tel. 0823-327181, Salerno: Via Piacenza 76, P. Arbostella, Tel. 089-331729.

Ferienwohnungen und -häuser können Sie von zu Hause aus bei verschiedenen Reiseveranstaltern und Agenturen buchen. Kataloge erhalten Sie in jedem Reisebüro. So bietet etwa der ADAC Ferienwohnungen und -häuser in Sorrent, Paestum, Palinuro und auf der Insel Ischia in Lacco Ameno an, bei denen Sie vor allen Überraschungen, wie z. B. horrenden Zusatzkosten für Endreinigung, Wäschebenutzung oder Energiekosten, von vornherein gefeit sind, da Sie von Anfang an wissen, wieviel im Preis enthalten ist.

Camping: Alle Campingplätze finden Sie im ›Travel Directory of Campania‹ des ital. Fremdenverkehrsamtes verzeichnet. Empfohlen sei auch der *ADAC Campingführer* (Bd. 1), in dem Sie alle Campingplätze Kampaniens aufgeführt finden. Die meisten Campingplätze sind nur von März/April bis Oktober geöffnet, einige sind schon sehr luxuriös ausgestattet und haben eher den Charakter einer Ferienwohnsiedlung, in die Sie nur Ihr ›eigenes Haus‹ mitbringen müssen: Im *Camping Zeus* etwa, direkt neben den Ruinen von Pompeij, liegt ein mit Mauern umgebener Campingplatz mit herrlicher Aussicht zum Vesuv (Tel. 081-8615320). In Sorrent, in Terrassen angelegt, finden Sie in einer weiten Bucht mit schöner Aussicht einen schattigen Campingplatz mit Oliven- und Eukalyptusbäumen mit eigenem Schwimmbad (Tel. 081-8781344). In einem Pinienwald nahe am Strand liegt der Campingplatz *Villággio Athena,* nur 1 km von Paestum entfernt (Tel. 0828-851105). Vom Hafen von Ischia nur 1 km entfernt, finden Sie den *Camping Internazionale* in einem Pinienhain auf einem Hügel (Tel. 081-991449 oder 991472). Auf der Insel Capri ist Camping generell verboten.

Die Preise liegen etwa bei 9000 bis 10000 Lire pro Person und Nacht, Schwimmbad- und Duschenbenutzung kosten extra 500–1500 Lire. Reservierungen sind vor allem in der Hauptreisezeit zu empfehlen. Viele Platzverwaltungen verlangen, daß Sie Ihre Personalpapiere bis zur vollständigen Bezahlung abgeben – nicht aus Willkür, sondern, weil es gesetzlich so vorgeschrieben ist.

Jugendherbergen: Auskünfte erteilt das *Deutsche Jugendherbergswerk (DJH)* in 4930 Detmold, Bülowstr. 26, Tel. 05231-74010, der *Österreichische Jugendherbergsverband,* Schottenring 28, A-1010 Wien, Tel. 0222-533553 und der *Schweizerische Bund der Jugendherbergen,* Postfach, CH-3001 Bern, Tel. 031-245503. Das Italienische Jugendherbergswerk für Kampanien hat seinen Sitz in Neapel: *A. I. G. Associazione Italiana Alberghi per la gioventù,* Comitato Regionale Campano, Piazza Carità 40, 80134 Napoli, Tel. 081-5513151. Die vier größten Jugendherbergen finden Sie in Neapel, in Agerola, Salerno und in Sorrent: *Ostello ›Mergellina‹,* Salita della Grotta 23, 80134 Napoli, Tel. 081-7615346 (zentral gelegen, mit 250 Betten und Self-service-Restaurant). *Ostello ›Beata Solitudo‹,* Piazza Gen. Avitabile 5, 80051 Agerola (neben S. Lazzaro an der Amalfitanischen Küste, 50 Betten). *Ostello ›Irno‹,* Via Luigi Geurcio 112, 84100 Salerno, Tel. 089-790251 (50 Betten, am Meer gelegen). *Ostello ›Surriento‹,* Via B. Capasso 5, 80067 Sorrento, Tel. 081-8781783 (zentral gelegen, mit 130 Betten, aber mit je 10 oder noch mehr Betten in einem Raum).

Mit dem Auto unterwegs

Autobahnen und Mautgebühren: Um die Autobahngebühren zu vermeiden, können Sie auf die kostenlosen Schnellstraßen *(superstrada)* ausweichen. Autobahnen sind grün ausgeschildert, alle übrigen Straßen blau. Am Beginn jedes Autobahn-Gebührenabschnittes ziehen Sie ein Ticket, das Sie bei der Ausfahrt oder vor dem nächsten Teilabschnitt in bar oder mit Scheckkarten (*›via blu‹*, über die Automobilclubs zu beziehen) bezahlen können. Für die Autobahn vom Brenner nach Neapel muß man derzeit mit 74 000 Lit. (etwa 90 DM) rechnen.

Autostop ist in Italien nicht so verbreitet wie nördlich der Alpen. Es ist verboten, auf der Autobahn Autos anzuhalten, speziell Frauen sollten lieber öffentliche Verkehrsmittel benutzen.

Benzin/Tankstellen: Der Benzinpreis wird in Italien vom Staat festgelegt und ist sehr hoch. Ob es in Zukunft wieder Benzingutscheine geben wird, die das teure Benzin (pro Liter Super mit 97 Oktan 2,12 DM, Bleifrei mit 95 Oktan 2,05 DM, Diesel 1,56 DM) verbilligen, läßt sich nicht sagen. Das Tankstellennetz versorgt Sie flächendeckend auch mit bleifreiem Benzin. Das Mitführen von Reservekraftstoff und das Auffüllen von Reservekanistern ist verboten. Beachten Sie, daß viele italienische Tankstellen zwischen 13.00 Uhr und 16.00 Uhr geschlossen haben.

Zu beachten sind die **Geschwindigkeitsgrenzen:** In geschlossenen Ortschaften dürfen maximal 50 km/h gefahren werden. Auf Staats-, Regional- und Gemeindestraßen gelten als Höchstgeschwindigkeiten für PKWs 90 km/h, auf Schnellstraßen 110 km/h. Auf Autobahnen wird es kompliziert: Kleinwagen dürfen maximal 90 km/h, Mittelklasseautos und große Motorräder 130 km/h fahren. An Wochenenden, Feiertagen und während der Ferienzeiten dagegen liegt das Tempolimit wieder für alle bei 110 km/h. Häufige Kontrollen und hohe Geldstrafen sollten auch eilige Touristen vor Übertretungen abhalten!

Mietwagenservice: Auf dem Flughafen Napoli-Capodichino finden Sie alle internationalen Firmen wie Avis, Hertz, Interrent, Europcar vertreten, die auch Büros in Neapel haben. Buchen können Sie über die deutschen Büros. Einige ausgewählte Adressen: *Europcar Neapel,* Flughafen, Tel. 081-7805643, Via Partenope 38, Tel. 081-401454. Auf Ischia: *Mazzella,* Ischia Porto, Via Ferrante d'Avalos 14, Tel. 081-991141, oder bei *Di Meglio,* Ischia Porto, Corso Vittoria Colonna, Tel. 081-991275. In Sorrent: *Ciro's,* Via degli Aranci 93 und Via gegli Aranci 138, Tel. 081-8782522 oder 8781166.

Notfälle: Die wichtigsten Telefonnummern für Notfälle sind: Notdienst 7560696, Polizei 112, Ambulanz 7513177, Notarzt 7434343, Hafenpolizei 5522960.

Pannenhilfe erhalten Sie vom italienischen Automobilclub **ACI, Tel. 49981** oder vom **ADAC** unter der Sammelrufnummer **Tel. 116.** Weitere Informationen erhalten Sie vom ADAC in Rom, **Tel. 396-4440404** (Via Magenta 5, 00185 Rom).

Parken sollten Sie nur auf bewachten Parkplätzen und die hohen Parkplatzgebühren lieber in Kauf nehmen, wenn Sie Ihr Auto nicht beim Hotel lassen möchten. Bewachte Parkplätze finden Sie in Neapel auf der Piazza Plebiscito (7.30–24.30 Uhr), an der Molo Beverello (durchgehend geöffnet), an der Stazione FF SS Mergellina (6.00–24.30 Uhr) und an der Piazza Garibaldi (6.00–1.00 Uhr). Das Parken in der Innenstadt ist in Italien ein noch weitaus größeres Problem als in Mitteleuropa. Am besten stellt man sein Auto auf bewachten Hotelparkplätzen ab, benutzt die öffentlichen Verkehrsmittel (*S. 296*) und erkundet das meiste per pedes.

Als **Promillegrenze** gilt in Italien 0,8 Promille. Kontrolliert wird zwar selten, aber Alkohol am Steuer gilt keineswegs als Kavaliersdelikt.

Reparaturen/Werkstätten: Der italienische *meccanico* ist meist einfallreicher und eher als sein mitteleuropäischer Kollege bereit, im Notfall auch zu improvisieren. Repariert wird grundsätzlich alles, nur bei japanischen Autos sind Ersatzteile oft schwer zu erhalten. Hier hilft der Express-Ersatzteil-Dienst des Automobilclubs. Vertragswerkstätten sind in den Gelben Seiten *(pagine gialle)* der Telefonbücher aufgeführt. Die Werkstätten *(offinia)* haben meist keine Ersatzteillager wie die deutschen Werkstätten. Ersatzteile müssen Sie sich selbst bei spezialisierten Händlern *(Autoricambi)* besorgen. Bei Problemen mit der Autoelektrik empfiehlt sich gleich ein Besuch bei einer Fachfirma *(Elettrauto),* da selbst Vertragswerkstätten keine größeren Arbeiten ausführen und jede Glühbirne beim nächsten *ricambi* besorgen müssen.
Vertragswerkstätten für ausländische Automarken finden Sie für *BMW* in der Via Mascagni 70, Tel. 081-644212, für *Citroën* in der Via Cannola 28, Tel. 081-450444, für *Chrysler/Simca* in der Via F. Curia 6–10, Tel. 7418878, für *Ford* in der Piazza degli Artisti, Tel. 081-370822, für *Opel* in der Via G. Arcoleo 18, Tel. 081-417004, für *Mercedes* in der Piazza Eritrea, Tel. 081-669405, für *Peugeot* in der Via S. Giacomo di Capri, Tel. 081-249850, für *Renault* in der Ponte Casanova 4–14, Tel. 081-269727, für *Volkswagen/Porsche* in der Via Piscardelli 17, Tel. 7605242 und für *Volvo* in der Via Orazio 73, Tel. 660489.

Sicherheit: Sie sollten überall sorgfältig darauf achten, daß Sie Ihr Auto abgeschlossen haben und nichts sichtbar auf dem Rücksitz liegt, keine Photoausrüstungen oder Handtaschen. Eigentumsdelikte gelten im südlichen Italien eher als Kavaliersdelikte, zumal die durchschnittliche Bevölkerung wesentlich ärmer ist als im Norden. Verhalten Sie sich wie die Kampanierinnen und Kampanier: Tragen Sie in der Öffentlichkeit keinen Schmuck, der wertvoll ist oder wertvoll aussieht. Lassen Sie Ihre Handtasche zuhause, dann können Sie sich unbeschwert und sicher überall bewegen. Bargeld führen Sie am besten nur in kleinen Mengen mit sich, und zwar in einem unsichtbaren Beutel. Es empfiehlt sich, gleich nach Ankunft im Hotel das gesamte Urlaubsgeld im Hotelsafe unterzubringen und sich jeden Tag sein ›Taschengeld‹ herauszunehmen. Nach einem Diebstahl können Sie sich an die Polizei wenden, um ein Protokoll für Ihre Versicherung zu erhalten. Wenn Sie total ausgeraubt wurden, sorgen die Konsulate für Ihren Rücktransport. Auf den Inseln ist die Kriminalität jedoch geringer. Trotzdem brauchen Sie auch in den finstersten Gassen Neapels nicht um Leib und Leben bangen, denn die Diebe wollen letztlich nur Ihre Photoausrüstung, Ihre Handtasche oder Ihr Geld.

Straßenkarten erhalten Sie kostenlos vom Italienischen Fremdenverkehrsamt oder vom ADAC. Zum Kauf empfohlen seien in Italien (an allen Autobahnraststätten erhältlich) die detaillierten Karten des *Touring Club Italiano (TCI),* der *Atlante Stradale d'Italia* (3 Süd, Maßstab 1:200000) oder die Straßenkarten von *Kümmerly + Frey* (Italien, Blatt 12 Kampanien – Basilicata; Maßstab 1:200000) und *RV* (Euro-Regionalkarte Italien Blatt 4/5, Maßstab 1:300000).

An **Unfälle** denkt man natürlich nicht, wenn man im Urlaub ist. Zu empfehlen ist ein ADAC-Auslandsschutzbrief, der die meisten Kosten abdeckt und für einen Heimtransport sorgt, sollte man krank oder unfallgeschädigt sein. Die Polizei nimmt den Schaden nur auf, wenn es bei einem Unfall Personenschäden gegeben hat. Mit dem Unfallgegner sollte man alle notwendigen Versicherungsdaten austauschen – bei italienischen Fahrzeugen muß der Versicherungsschein sichtbar an der Windschutzscheibe angebracht sein. Außerdem sollten Sie sich alle Adressen von Zeugen aufschreiben. Die Abrechnung mit der Versicherung erfolgt nach der Reparatur oder nach dem Gutachten eines Sachverständigen, wobei hier niedrigere Kostensätze als in Deutschland herrschen. Weitere Auskünfte erteilt der Automobilclub.

Verkehrsregeln: Für einen Mitteleuropäer mag die italienische Fahrweise zuerst chaotisch wirken – trotzdem passieren wahrscheinlich weniger Unfälle, da die Autofahrer nicht rechthaberisch auf ihrer Vorfahrt bestehen, sondern den Blickkontakt mit den anderen Autofahrern suchen. Zu beachten ist, daß in Italien generell rechts vor links gilt, auch im Kreisverkehr. Zum rücksichtsvollen italienischen Fahrstil gehört auch, den aus den Seitenstraßen fließenden Verkehr einbiegen zu lassen. Die Straßenbahnen haben in Städten stets Vorfahrt. Auf Straßen mit guter Beleuchtung ist Standlicht erlaubt, in Tunnels und Galerien sollten Sie immer mit Abblendlicht fahren. Vor dem Anhalten müssen Sie immer blinken. Sich den Landessitten anzupassen, sei dringend empfohlen. Die Italiener verhalten sich beim Autofahren vielleicht temperamentvoller mit oft lautstarken Hupkonzerten, sind aber im allgemeinen wesentlich höflicher und freundlicher als viele deutsche Autofahrer.

Das Dauerblinken beim Überholen ist bei den Italienern üblich und hat auch nichts mit Drängeln zu tun. Auf Autobahnen wird kein Privatwagen halten, um Sie abzuschleppen, denn das ist in Italien verboten und wird mit saftigen Geldstrafen geahndet. Hier müssen Sie sich an den Abschleppdienst des ACI wenden. (Sammelrufnummer des ACI: Tel. 49981 oder des ADAC in Italien: Tel. 116). Weitere Informationen über abweichende Verkehrsregeln können Sie den ›Reiseinformationen‹ entnehmen, die Sie kostenlos beim ADAC anfordern können bzw. in jeder Geschäftsstelle erhalten.

Mit öffentlichen Verkehrsmitteln unterwegs

Mit Bus und Straßenbahn: In Neapel verkehren folgende öffentliche Verkehrsmittel: Straßenbahn *(Tram)*, Oberleitungsbus *(Filobus)*, Autobus *(Autobus)* und Zahnrad-Seilbahnen *(Funicolari)*:

Die Fahrkarten sind vor Antritt der Busfahrt in Tabak- oder Zeitungsläden, Kiosken oder auch manchen Bars zu kaufen. Vergessen Sie nicht, Ihr Ticket so schnell wie möglich im Bus zu entwerten. Es finden regelmäßig Kontrollen statt!

Die *Straßenbahn/Tram 1* fährt von Poggioreale nach Bangoli (Dazio) über folgende Stationen: Poggioreale – Via N. Poggioreale – Corso Garibaldi – Piazza Garibaldi – Via Marina – Via Acton – Aquarium – Via G. Cesare – Stadio San Paolo – Bagnoli.

Der *Oberleitungsbus/Filobus* 253 fährt von der Piazza Municipio nach Ercolano Scavi: Piazza Municipio – Via Depretis – Via Marina – Croce del Lagno – Portici – Ercolano Scavi.

Autobuslinien:

Autobus 15: Von Tribunali bis Mergellina über Cia dei Tribunali – Corso Umberto – Piazza Municipio – Corso Vittorio Emanuele – Salita Piedigrotta nach Mergellina.

Autobus 24: Von der Piazza Vittoria zum Ponte Rossi über die Piazza Vittoria – Via Santa Lucia – Piazza Municipio – Museo Archeologico Nazionale – Museo Nationale di Capodimonte – Via Ponte Rossi.

Autobus 47: Von der Piazza G. B. Vico zur Piazza Vanvitelli: Museo Arch. Naz. – Piazza Medaglie d'Oro – Via Luca Giordano – Museo Naz. di S. Martino.

Autobus 49: Piazza G. Pepe – Vomero – San Martino: Piazza G. Pepe – Museo Arch. Naz. – Via Giacinto Gigante – Via Luca Giordano – Vomero

Autobus 118: Via Diaz – Mergellina: Via Diaz – Piazza Dante – Museo Arch. Naz. – Corso Vitt. Emanuele – Mergellina
Autobus 122: Corso Vitt. Emanuele – Piazza Cavour: Corso Vitt. Emanuele – Via Schipa – Aquarium – Via Partenope – Via Medina – Via Monteoliveto – Piazza Cavour
Autobus 128: Piazza del Plebiscito – Vomero: Piazza del Plebiscito – Via dei Mille – Corso Vitt. Emanuele – Via Tasso – Via Bernini – Via Simone Martini (Vomero)
Autobus 140: Piazza del Gesù – Posillipo: Piazza del Gesù – Via S. Brigida – Via Arcoleo – Via Mergellina – Posillipo Capo
Autobus 150: Stazione Centrale – Bagnoli: Staz. Centrale – Corso Umberto I. – Piazza Vittoria – Aquarium – Via Cattolica – Bagnoli (Dazio)
Autobus 152: Corso Novara – Pozzuoli: Corso Novara – Corso Garibaldi – Via Acton – Piazza Italia – Strada S. Gennaro – Solfatara – Pozzuoli
Autobus C. A. Circolare: Staz. Centrale – Piazza Carità – Via Medina – Staz. Centrale
Autobus C. D. Circolare Destra: Staz. Centrale – Corso Garibaldi – Piazza Dante – Corso Umberto I. – Staz. Centrale
Autobus C. S. Circolare Sinistra: Staz. Centrale – Via Milano – Via Roma – Piazza Bovio – Staz. Centrale

Mit der **Metropolitana/U-Bahn:** Die Hauptstation befindet sich im Bahnhof (Piazza Garibaldi). Die Linie geht über Piazza Cavour, Montesanto, Piazza Amedeo, Mergellina, Piazza Leopardi (Fuorigrotta), Campi Flegrei, Bagnoli, Pozzuoli bis nach Solfatara.

Nahverkehrszüge: *Circumvesuviana:* Die Hauptstation befindet sich am Corso Garibaldi. Von hier haben Sie Verbindung nach Pompeji, Castellamare, Meta bis nach Sorrent.
Cumana: Die Hauptstation liegt an der Piazza Montesanto; Abfahrt alle 20 Minuten. Die wichtigsten Haltepunkte: Corso Vittorio Emanuele, Fuorigrotta, Campi Flegrei, Agnano Terme, Bagnoli, Pozzuoli, Arco Felice, Lago Lucrino, Baia, Fusaro, Torregaveta.
Circumflegrea: Hauptstation ist ebenfalls Piazza Montesanto. Diese Bahn führt alle 20 Minuten nach Marina di Licola über Via Piave, Soccavo, Rione Traiano, Villaggio Italsider, Pianura, Quarto und Licola Centro. Einige Züge fahren weiter nach Cuma, Lido Fusaro und Torregaveta.
Die Fahrkarten können Sie vor Antritt der Fahrt an den entsprechenden Bahnhofschaltern kaufen.

Funicolare/Seilbahnen: In wenigen Minuten können Sie mit den vier Seilbahnen Neapels Höhendifferenzen überwinden:
Die *Funicolare Centrale* (Via Toledo, gegenüber Palazzo Sinno) führt in etwa 10 Minuten hinauf nach San Martino.
Die *Funicolare Chiaia* an der Piazza Amedeo führt zur Via Cimarosa, von dort sind Sie in wenigen Minuten bei der Villa Floridiana.
Die *Funicolare di Montesanto* an der Piazza Montesanto neben der Stazione Cumana bringt Sie in 5 Minuten hinauf zur Via Morghen.
Die *Funicolare di Mergellina* in der Via Mergellina sollten Sie unbedingt besteigen, denn von ihrer Endstation, der Via Manzoni, aus haben Sie einen phantastischen Blick auf die Stadt und den Golf.

Fähren von Neapel nach Ischia und Capri können Sie etwa alle halbe Stunde besteigen. Informationen erhalten Sie in Neapel für die Tragflügelboote *(Aliscafi)* der Firma Caremar am Molo Beverello, Tel. 081-5513882, auf Ischia im Porto, Tel. 081-991781. Fahrpläne finden Sie im ›Travel directory of Campania‹ des italienischen Fremdenverkehrsamtes.
Der gut ausgebaute Schiffsverkehr bietet von Neapel aus reizvolle Reisemöglichkeiten; so kann man sich ohne wei-

teres seine individuelle Mini-Kreuzfahrt zusammenstellen. Sie können wählen zwischen verschiedenen Linien und unterschiedlich schnellen Schiffen. Dabei gilt: je kürzer die Reisezeit, desto teurer das Ticket. Für die ganz Eiligen gibt es die Tragflügelboote *(Aliscafi)* oder Luftkissenboote und Katamarane *(Hydrofoils* oder *Jets)*. Langsamer und gemütlicher sind die Fähren *(Traghetti)*.
Die Abfahrtszeiten ändern sich je nach Saison; sie stehen in der Broschüre ›Qui Napoli‹, die monatlich von der *Azienda autonoma di soggiorno cura e turismo* herausgegeben wird und im Hauptbahnhof von Neapel erhältlich ist. Wenn Sie ganz sicher gehen wollen, entnehmen Sie die aktuellen Fahrpläne der Tageszeitung ›*Roma*‹, auch um rechtzeitig über eventuelle Streiks informiert zu sein.
Die Fahrkarte für Ihre Schiffsreise erhalten Sie in den kleinen Tickethäuschen am Hafen.

Linien und Verbindungen:
Neapel–Capri – Abfahrtshafen Molo Beverello: CAREMAR (Aliscafo und Traghetto), NAVIGAZIONE LIBERA DEL GOLFO (Jet und Traghetto), SNAV (Aliscafo)
Neapel–Capri – Abfahrtshafen Mergellina: SNAV (Aliscafo)
Neapel–Ischia – Abfahrtshafen Molo Beverello: CAREMAR (Aliscafo und Traghetto), LINEA LAURO (Jet und Traghetto),
Neapel–Ischia – Abfahrtshafen Mergellina: ALILAURO (Aliscafo)
Neapel–Procida – Abfahrtshafen Molo Beverello: CAREMAR (Aliscafo und Traghetto)
Neapel–Procida – Abfahrtshafen Mergellina: CAREMAR (Aliscafo)
SNAV (Aliscafo)
Neapel–Sorrent – Abfahrtshafen Molo Beverello: ALILAURO (Aliscafo)
Neapel–Sorrent – Abfahrtshafen Mergellina: ALILAURO (Aliscafo)
Capri–Amalfitanische Küste-Salerno – Abfahrtshafen Capri Porto:
NAVIGAZIONE LIBERA DEL GOLFO (Traghetto), SCARANO (Aliscafo) – beide Linien verkehren in der Regel nur während der Sommermonate.
Unabhängig von der Linienverbindung gibt es kleinere Schiffe, die auch außerhalb der Saison ganzjährig den Verkehr zwischen Capri und Salerno über Positano, Amalfi, Minori, Maiori und Catara aufrechterhalten. Für diese Schiffe gibt es kein Tickethäuschen. Ihre Fahrkarte kaufen Sie an Bord.
Bei der ›ente provinciale turismo‹ von Salerno ist eine Broschüre über Übernachtungs- und Verkehrsmöglichkeiten erhältlich. Der Rubrik ›Collegamenti marittimi‹ entnehmen Sie die genauen Abfahrtszeiten für die Linie SCARANO sowie für die Motorschiffe M/N GABBIANO, M/N LERICI, M/N TUCALIF und M/N URAGANO.

Weitere Linien:
Salerno–Neapel – Abfahrtshafen Salerno: Die Linie SCARANO (Aliscafo) verkehrt nur in den Sommermonaten; Halt in Amalfi, Positano und Capri.
Salerno–Camerota – Abfahrtshafen Salerno: Die Linie SCARANO (Aliscafo) verkehrt nur in den Sommermonaten; Halt in Agropoli, Acciaroli, Casalvelino und Palinuro.

Taxis sind bis auf wenige Ausnahmen an der gelben Lackierung und der Leuchtschrift zu erkennen. Zahlreiche Taxenstände in der Innenstadt von Neapel sind in den Abendstunden besetzt, vor allem an den Bahnhöfen. Es werden Nacht- und Gepäckzuschläge erhoben. Die zugelassenen Taxen sind gelb, alle übrigen Taxen sollten Sie meiden. Vorsichtig sollten Sie sein, wenn Sie in einem kleineren Ort ein Taxi bestellen, denn es kommt meist aus der nächstgrößeren Stadt und berechnet einen entsprechenden Anfahrtsweg.

Züge: Bei der italienischen Eisenbahn unterscheidet man Hochgeschwindigkeitszüge *(Pendolini)*, die bis jetzt nur zwischen Turin, Mailand und Rom verkehren, deren Netz aber ausgebaut werden soll; Intercity-Züge, die den deutschen ähnlich sind, Schnellzüge *(Espressi)* und Regionalzüge a*(Locali)*, die fast in jedem Dorf halten. Fahrpläne erhalten Sie in Italien an jedem Zeitungsstand. Fahrpläne finden Sie auch im ›Travel directory of Campania‹ des Italienischen Fremdenverkehrsamts: Jede Stunde etwa geht vom Bahnhof Neapels, der Stazione Centrale, ein Zug nach Rom. Nach Sorrent, Herkulaneum (Aufstieg zum Vesuv!) über Pompeij und zurück kommen Sie jede halbe Stunde.

Mit öffentlichen Verkehrsmitteln durch Kampanien

Die Wege von Deutschland nach Neapel sind weit und mit dem Auto zudem sehr kostspielig, bedenkt man die hohen Benzinkosten und die Autobahngebühren. Da in Neapel ein Fahrzeug eher hinderlich als nützlich ist, wäre zu überlegen, ob man seine Reise nicht mit öffentlichen Verkehrsmitteln planen soll. Das Bus- und Bahnnetz in Neapel, seiner unmittelbaren Umgebung und in Kampanien ist sehr gut ausgebaut. Man gelangt im Stundentakt in die Städte und auch in die entlegensten Dörfer. Dabei handelt es sich vorwiegend um neue, schnelle und sehr komfortable Busse und um moderne Stadtbahnen und Eisenbahnwaggons. Da in der napoletanischen Tageszeitung ›Roma‹ die Hauptverbindungen für Bus, Bahn und Schiff angegeben sind und man überdies beim ENTE-Tourismo im Gebäude der Stazione Centrale in Neapel Broschüren und Prospekte mit allen Verbindungen erhält, sollte eine Reise- oder Exkursionsplanung diesbezüglich nicht schwerfallen.
Neapel, die Stadt am Meer, verfügt über ein weiteres wichtiges Verkehrsmittel: das Schiff. Und damit beginnen wir, als ein Beispiel, diese kleine Exkursion.

Der Plan: Von Neapel über **Capri,** entlang der amalfitanischen Küste nach **Amalfi** und weiter nach **Salerno.** Von dort möglichst in einem Tagesausflug zu den beiden bedeutenden archäologischen Zonen nach **Paestum** und **Velia.** Den nächsten Tag soll es bis weit in den Cilento zur **Grotta di Pertosa** und zur berühmten **Certosa di Padula** im Vallo di Diano gehen. Mit öffentlichen Verkehrsmitteln kein Problem.

An der *Molo di Beverello* von Neapel warten vormittags viele Schiffe, die nach Capri, Sorrent und an die amalfitanische Küste fahren. Die Abfahrtszeiten entnehmen Sie bitte der ›Roma‹ oder einem der zahlreichen Prospekte, die im Hotel ausliegen. Nun wählen Sie zwischen dem schnellen Jet, dem ebenso flinken Aliscafo oder dem trägen Traghetto.

Auf *Capri* gönnen Sie sich ein paar Stunden Aufenthalt. Mit dem Gepäck? Kein Problem. Lassen Sie sich in einem der zahlreichen Cafés an der Marina Grande nieder, dem malerischen Hafen Capris, trinken Sie zwei Cappuccini und geben Sie ein kleines Trinkgeld, dann können Sie beruhigt den Capo fragen, ob er Ihr Gepäck für ein paar Stunden versorgt. Er tut es freimütig. Es ist dort sicher aufgehoben, vielleicht sogar sicherer als im Schließfach der Stazione Centrale in Neapel.

Später nehmen Sie den Dampfer Richtung *Salerno.* Innerhalb einer Stunde haben Sie die wahrscheinlich schönste Küste Europas kennengelernt, die *Costiera Amalfitana.*

Amalfi lockt, und Sie beschließen einen Aufenthalt von ein oder zwei Tagen. Kurze Busfahrten führen hoch ins himmlische *Ravello* und nach *Positano.* Weiter geht es mit dem Dampfer frühmorgens nach Salerno. Natürlich können Sie auch einen Bus nehmen, der stündlich in die südlichste Provinzhauptstadt Kampaniens fährt.

Der kleine Hafen, in den das Schiff in *Salerno* einfährt, ist sehr günstig gelegen. Er befindet sich nahe der *Via Cavour,* die nach wenigen Metern in die *Piazza Ferrovia* mündet. Dort finden Sie den Hauptbahnhof, mit dem ENTE-Tourismo und einem sehr guten Mittelklassehotel, dem *Hotel Plaza.* In der Nähe liegt die *Piazza Mazzini,* von der die meisten Autobusse abfahren.
In der ENTE haben Sie den neuesten Hotelführer erhalten. Hier sind neben vielen anderen touristischen Informationen die gesamten Bahn-, Bus und Schiffsverbindungen in die Provinz und nach Neapel verzeichnet. Ihr Ausflug ins Altertum, nach *Paestum* und *Velia* ist problemlos. Alle halbe Stunde fährt ein Bus nach Paestum ›Scavi‹, direkt bis zur Ausgrabungszone. Die Bushaltestelle liegt neben dem Haupteingang, in der Nähe des Museums. Alle halbe Stunde fahren Busse weiter nach Agròpoli. Sie können sich also genügend Zeit für die Besichtigung der Tempel und des Museums nehmen.
In *Agròpoli* spazieren Sie zur Eisenbahnstation und steigen in den Zug, der von Salerno nach Sapri am Golf von Policastro fährt. Das ist die Express-Strecke ›*Milano–Reggio Calabria*‹. Wenn Sie Glück haben, erwischen Sie einen ›Rapido‹, einen schnellen Zug, der in Marina Ascea hält. In zwanzig Minuten sind Sie dort. Vor dem Bahnhof wartet ein kleiner Bus, dessen Fahrplan sich nach den An- und Abfahrtszeiten der Züge richtet. Er bedient die umliegenden Dörfer, u. a. auch die Ausgrabungszone von *Velia.* Erlaubt es Ihre Zeitplanung, so sollten sie länger an diesem historisch interessanten und landschaftlich überwältigend schönen Ort bleiben. Von *Marina Ascea* fahren in den Abendstunden sehr häufig ›Locale‹ – Züge, die an jeder Station halten – und ›Diretto‹, die nur wenige Haltestationen haben, sowie hin- und wieder ein ›Rapido‹ oder ein IC nach Salerno.

Am folgenden Tag geht es in das wildromantische *Vallo di Diano.* Die ›Sita-Busse‹ nach Pertosa fahren alle 2–3 Stunden. Manchmal zweigen sie nach Eboli ab, so daß Sie in den Genuß einer kleinen Stadtrundfahrt kommen. Nach dem Grottenbesuch nahe Pertosa steigen Sie in einen weiteren lokalen Bus nach *Padula.* Möglicherweise fährt er nicht in das Städtchen hinein, sondern hält nur unten an der Hauptstraße. Dann warten 2 km Spaziergang auf Sie, um die Kartause zu erreichen. Für die abendliche Rückfahrt sollten Sie sich beim Busfahrer genau erkundigt haben, wo und wann der schnellste ›Lamanna-Bus‹ von Sanza/Cilento nach Salerno hält. Übrigens werden Sie sich größtenteils ohne Schwierigkeiten auch auf Deutsch verständigen können, da entweder der Busfahrer oder irgendein Passagier aus alten oder jüngeren Gastarbeitertagen in Deutschland bestens Ihre Sprache spricht.

Dieser kleine Erfahrungsbericht ist auch auf andere Regionen übertragbar. Sie können von Benevent oder Caserta aus vergleichbare Touren mit öffentlichen Verkehrsmitteln unternehmen. Oft halten die Busse sogar dort, wo keine Haltestelle ist, an einer Kirche außerhalb der Stadt, in der Nähe einer Grabungszone im Gelände oder bei einer Burg auf einem Hügel. Wir haben es schon erlebt, daß die Busfahrer für Touristen kleine Umwege fahren, um sie am Ort der Besichtigung abzusetzen. Das hat einen einfachen Grund: Die Kampanier sind stolz auf ihr Land, und ihr ganzes Wohlwollen haben diejenigen Touristen, für die Süditalien nicht nur aus Neapel, Capri und Ischia besteht.

Praktische Tips von A bis Z

Antiquitäten und zeitgenössische Kunst finden Sie in Neapel im Viertel rund um die Piazza dei Martiri und in der Via Santa Maria a Costantinopoli, aber auch in den Stadtzentren auf Ischia und Capri. Für Antiquitäten aus Mitgliedsländern der EG fallen bei der Einfuhr von Italien in die BRD keine Zollgebühren, sondern nur 14% MWSt. an – sofern Sie den Nachweis erbringen, daß die Antiquitäten auch tatsächlich aus Italien stammen und nicht älter als 100 Jahre sind. Bei Beträgen bis 750 DM reicht die Rechnung. Für teurere Waren brauchen Sie ein spezielles Formular, das ›T 2 L‹, das man bei Handelskammern oder Speditionen erhält, auf dem der Nachweis dokumentiert ist, daß die Ware aus Italien stammt. Von italienischen Behörden präzise Auskunft darüber zu erhalten, wann die Ausfuhr von Antiquitäten tatsächlich verboten ist, ist unglaublich schwierig – zuständig für ganz Kampanien, einschließlich der Inseln Capri und Ischia, ist die Behörde im Palazzo Reale in Neapel. Dort müssen Sie – am besten nach vorheriger Terminabsprache – die Kunstgegenstände, die Sie kaufen möchten, nicht vorführen, aber Sie benötigen zwei Fotos im Format 18×24 cm (*Ufficio Esportazione degli Oggetti di Antichità e d'Arte,* Palazzo Reale, Piazza Plebisccito, 80121 Napoli, Tel. 081-407881).

Apotheken: Die üblichen Öffnungszeiten sind 8.30–13.00 und 16.30–20.00 Uhr. Wie in Deutschland finden Sie an jeder Apotheke *(Farmacie)* die Nacht- und Wochenenddienste der Umgebung ausgehängt. Die wichtigsten Apotheken Neapels: *Maddaloni,* Viale Colli Aminei 249, *Creazzola,* Via Pessina 45, *Alma Salus,* Piazza Dante, *Russo,* Via Duomo 259, *Aquila Reale,* Via Roma 252.

Die Adressen **ärztlicher Versorgungsstellen** und medizinischer Beratungsdienste entnehmen Sie der Rubrik *Ambulatori e Consultori* des Branchenfernsprechbuchs. Der Ausbildungsstandard der Ärzte entspricht dem der Ärzte Mitteleuropas, ein Problem ist allenfalls die Verständigung. Die allgemeine Hilfsbereitschaft ist meist eher größer als in heimischen Gefilden. Krankenhäuser bieten in Notfällen eine weitgehend kostenlose Erste Hilfe *(Pronto soccorso).* Trotzdem empfiehlt sich eine zusätzliche Auslandskrankenversicherung bei Ihrer Krankenkasse. Die größten Krankenhäuser Neapels sind das *Ospedale Internazionale,* Via Tasso 38, Tel. 081-682295, das *Ospedale Nato,* Via Nuova Bagnoli, Tel. 081-7605400, die *Policlinico, Il Facolta di Medicina e Chirurgia Camaldoli,* Tel. 081-256022. Den *Notarzt* erreichen Sie im *Centro Operativo,* Tel. 081-335032.

Banken (siehe auch unter *Zahlungsmittel, S. 292*) haben in der Regel von 8.30–13.30 Uhr und nachmittags von ca. 15.00–16.00 Uhr geöffnet. Montags haben die meisten geschlossen. Geld in einer Bank zu wechseln ist in Italien noch mit einem aufwendigen Papierkrieg verbunden, meist werden auch noch Gebühren berechnet. Landesüblich ist eine Gebühr von 500–1500 Lire pro Scheck, beim Einlösen eines Schecks müssen Sie den Paß vorzeigen. Wechselstuben arbeiten schneller und mit längeren Öffnungszeiten, sie haben aber oft einen weniger günstigen Kurs. Sie erheben keine Gebühren.

Behörden haben in Italien von 8.00–14.00 Uhr geöffnet. Komplizierte Anliegen werden aber häufig erst nach Monaten erledigt.

Bettler: Zahlreiche Stadtstreicher *(›barboni‹),* verarmte und ganz normale Jugendliche betteln häufig auf den Straßen um Geld. Sie sind harmlos und dankbar für jede Spende. Gewarnt werden muß hingegen vor Zigeunern, vor allem vor Kindern, die versuchen, Ihnen

Ihren Geldbeutel zu stehlen. Zu den gängigen Tricks gehört eine Papptafel, die die suchenden Hände den Blicken entzieht – oder ein Baby in einer Trageschleife im Arm (die Hand darunter bleibt frei beweglich!).

Bibliotheken: Das *Historische Archiv* liegt in der Via Grande Archivo, das *Archiv der Stadt Neapel* in der Piazza Grande Archivo und die *Biblioteca Nazionale* im Palazzo Reale (wochentags von 9.00–19.30 Uhr und Sa von 9.00–13.30 Uhr geöffnet).

Briefmarken erhalten Sie in den Postämtern und in den mit weißem T auf blauem Grund gekennzeichneten Tabakläden (Tabacchi), die auch Zeitschriften, Busfahrkarten und natürlich Tabak und Zigaretten verkaufen.

Diplomatische Vertretungen finden Sie in Neapel: für die Bundesrepublik Deutschland in der Via Crispi 69, Tel. 081-664647; für die Schweiz am Corso Umberto I. 275, Tel. 081-287724 und für Österreich in der Via Pergolesi 1, Tel. 081-667107. Wenn Sie das Pech hatten, bis aufs Hemd ausgeraubt worden zu sein, können Sie sich hier eine Fahrkarte nach Hause und einen vorläufigen Ausweis besorgen, um über die Grenzen zu kommen.

Drogen: Jeder Drogenkonsum oder -handel ist in Italien streng verboten, auch wenn das Drogengeschäft der Mafia floriert.

Einkaufen können Sie in den großen Kaufhausketten wie *Upim, Standa* und *Rinascente.* Manche Läden haben auch sonntags geöffnet, dafür an einem Wochentag geschlossen. In den großen Geschäften gibt es Fixpreise, Handeln und Feilschen können Sie nur auf den Märkten, die sich in Neapel in den Vierteln zwischen Corso Umberto und Corso Garibaldi, in der Forcella hinter dem Dom und in der Via della Sanità befinden. Einen Flohmarkt gibt es jeden Sonntag in der Via Foria in der Nähe des Nationalmuseums.

Überall in Kampanien, vor allem jedoch in Vetri, wird hochwertige *Keramik* produziert. Ob Schalen, Vasen, Tassen oder Hausnummernschilder, ein kleines Erinnerungsstück oder ein hübsches Mitbringsel findet man vielerorts. Schön sind die leuchtenden Farben und das für den Mittelmeerraum so typische üppige Dekor. In Vietri sul Mare an der Amalfitana finden Sie schöne Keramik, etwa bei der *Ceramica Rifa,* Matteo Rispoli im Stadtteil Molina, Tel. 089-210554 oder auf Ischia bei den *Fratelli Mennella* in Casamicciola (Via Salvatore Girardi 47, Tel. 081-994442, geöffnet tgl. außer So von 9.00–13.00 Uhr und 15.00–19.00 Uhr).

Schmuck aus Korallen, Schildpatt und Perlmutt aus Torre del Greco ist als Mitbringsel auch sehr begehrt.

Sorrent ist bekannt für seine mit Einlegearbeiten verzierten *Holzkästlein und Kleinmöbel.* Zu den Besonderheiten der amalfitanischen Küste zählt handgeschöpftes *Papier aus Amalfi.*

Die Auswahl an *Kleidung und Schuhen* ist groß, besonders natürlich in Neapel und in Salerno, dem kampanischen Zentrum der Bekleidungsindustrie. Gute Qualität ist nicht preiswerter als bei uns zu Hause, aber Sie haben das Vergnügen, der Mode um ein Jahr voraus zu sein.

Bücher können Sie antiquarisch kaufen bei *Casella* (Via Carlo Poerio 92), bei *Cassitto* (Via Port'Alba 10), bei *Fiorentino* (Calata Trinita Maggiore 36) oder bei *Milano* (Via Benedetto Croce 60). Am ehesten werden Sie im Viertel rund um die Via Santa Maria a Costantinopoli fündig. Weitere Adressen finden Sie in *Qui Napoli.*

Eintrittsgelder betragen für kommunale und staatliche Museen und Ausgrabungen ca. 5000–10000 Lire. Freien Eintritt gibt es meist am 1. Sonntag des Monats. Ermäßigungen gelten für Studenten mit gültigem Internationalen Studentenausweis und für Inhaber eines speziellen Ausweises des Kulturministeriums. Die meisten staatlichen Museen gewähren Besuchern über 60 Jahren freien Eintritt, wenn ein Ausweis vorgelegt wird.

Elektrogeräte benötigen in Italien meist einen Adapter, der im italienischen Elektroladen oft billiger zu haben ist und besser funktioniert als ein Eurostecker. Die Netzspannung beträgt überall 220 V.

Feiertage sind der 1. Januar (Capodanno/Neujahr), der 25. April (La Resistenza/Tag der Befreiung), der 1. Mai (Festa del lavoro/Tag der Arbeit), der 15. August (Ferragosto/Mariä Himmelfahrt), der 19. September (San Gennaro/Fest des hl. Januarius), der 1. November (Ognisanti/Allerheiligen), der 8. Dezember (L'Immacolata/Mariä Empfängnis), der 25. (Natale/Weihnachten) und der 26. Dezember (S. Stefano/Tag des hl. Stephanus).

Flora und Fauna: Vom ›Land, in dem die Zitronen blühen und die Goldorangen glühen‹, hat schon Goethe geschwärmt. Bougainvilleas, Oleander, Palmen, Feigen- und Olivenbäume, Pinienwälder und Weinberge, Maulbeerbäume und Ginster, Kastanien und Zypressen gedeihen prächtig im Mittelmeerklima. Die zauberhaftesten Gärten gibt es vor allem auf Ischia, die deshalb auch die ›grüne Insel‹ genannt wird.

Folklore: Vor allem auf Capri und Ischia finden Sie noch Folklore in ihrer ursprünglichen Form: Auf Capri tanzt man die *Tarantella,* einen süditalienischen Paartanz im schnellen 3/8- oder 6/8-Takt, dessen Geschwindigkeit sich immer mehr steigert, bis die Tänzer erschöpft sind. Alte Volkslieder sind das ›Brautlied‹, bei dem der Braut Ratschläge für eine gute Ehe erteilt werden, das ›Meereslied‹ eines Schiffers, der sein Heimweh besingt, das ›Lied eines Auswanderers‹ und das ›Weinleselied‹. Auf Ischia gibt es den Schwertertanz *Ndrezzata,* der nur von Männern am Ostermontag und am 24. Juni auf der Piazza von Buonopane getanzt wird. Angeblich soll der Tanz ursprünglich ein Kriegstanz gewesen sein, oder er stellt die choreographische Umsetzung des Streites zwischen zwei Dörfern dar. Neun Tanzpaare, die von einem Tanzmeister geführt werden, tanzen in zwei Kreisen und schwingen kunstvoll gegeneinander ihre Holzschlegel, die ihre Waffen symbolisieren. Dazu spielen zwei Klarinetten und zwei Tambourinspieler.

Fotografieren und Filmen ist generell erlaubt, in Museen ist nur die Benutzung von Blitzlicht und Stativ verboten – der Wärter macht aber auch Ausnahmen, wenn Sie ihn vorher fragen.

Fremdenführer vermitteln die Fremdenverkehrsämter. In den meisten Museen gibt es Kassettengeräte in den wichtigsten europäischen Sprachen (an den Kassen auszuleihen).

Friseur: Kann Ihnen ihr Hotelportier keinen empfehlen, so finden Sie einen Friseur unter *Parruchieri* im Branchenfernsprechbuch.

Geschäftszeiten sind allgemein zwischen 9.00–13.00 und 16.00–19.30 Uhr, auch am Samstag, werden aber nicht so streng gehandhabt wie in Deutschland. Lebensmittelgeschäfte sind meist Do nachmittags geschlossen, andere Läden Mo vormittags.

Kaufhäuser: Zu den größten Neapels gehören das *Coin* in der Via Scarlatti 10, *La Rinascente,* Via Roma 343 und das *UPIM* in der Via Diaz, der Via Foria 42 und in der Viale Augusteo.

Kirchen besichtigen Sie in Italien am besten nur mit bedeckten Schultern und Kleidern oder Shorts, die bis zu den Knien reichen. In Kirchen, die dem Papst unterstellt sind, stehen Wächter am Eingang, die allen Touristen, die nicht ›anständig‹ gekleidet sind, den Zutritt verweigern.

Lottospielen: Sollten Sie des Italienischen kundig sein oder einer der Napoletaner bzw. eine der Napoletanerinnen des Deutschen, dann lassen Sie sich etwas über die Magie der Lotto-Zahlen erzählen. Hier nur abgekürzt das Wichtigste: Jede Zahl bezeichnet irgend etwas im menschlichen Leben und in der Welt. Die ›1‹ bezeichnet ›Italien‹, die ›14‹ ›Trunkenheit‹, die ›55‹ ›Musik‹

usw. Hunderte, Tausende von Zahlen stehen somit für alles, was die Welt am Leben erhält. Sollte ich einen Traum geträumt haben, der mich beglückt oder traurig gestimmt hat, dann begebe ich mich zu einem ›Magus der Zahlen‹, der mir für jedes einzelne Traumereignis eine Zahl nennt. Von diesen Zahlen wähle ich nun die für mich und meinen Lottoschein passenden aus (siehe Bild *S. 129*).

Nepp: Geneppt wird leider in zunehmendem Maße, aber überhöhte Preise bezahlen Sie schließlich auch in deutschen Großstädten. Gehen Sie lieber in Seitenstraßen und vor allem dorthin, wo Sie nur Italiener in Restaurants oder Bars sehen. Auch in Nachtlokalen sollten Sie die Rechnung prüfen und dabei noch möglichst nüchtern genug sein. Oft entpuppt sich eine überhöhte Rechnung als simpler Rechenfehler des Kellners.

Polizei: Notruf 112 oder **allgemeiner Notruf 113.** Man teilt die Polizisten ein in die *Carabinieri,* die mit Karabinern oder mit Maschinenpistolen bewaffneten Gesetzeshüter, die man bei Diebstahl ruft und die man sehr höflich behandeln sollte, auch wenn die Höflichkeit meist nicht erwidert wird. Dann gibt es die *Polizia Stradale,* die Verkehrspolizisten, und die *Polizia Municipal,* die ausschließlich den Verkehr regelt.

Reisezeit: Nach Neapel fahren Sie am besten von April bis Juni und von Mitte September bis Mitte November. Im Winter ist Kampanien nicht so überlaufen, aber es kann ungemütlich feucht werden; die Sommermonate dagegen sind sehr trocken und sehr heiß. Nur auf den Inseln weht dann eine frische Meeresbrise. Die Durchschnittstemperaturen betragen im Winter etwa 5–10 Grad, im Sommer etwa 25 Grad, im Herbst 18–20 Grad. Das Wasser wird im Golf von Neapel im Mai etwa 18 Grad, 25 Grad im August und im Oktober immer noch 21 Grad warm.

Straßen und ihre Namen sagen in Neapel sehr viel über italienische Geschichte aus: Bestimmte Daten: *XXV Aprile* verweist auf das Ende des Zweiten Weltkriegs 1945, der *XXV Luglio* meint den 25. Juli 1945, an dem Mussolini verhaftet wurde und womit die Zeit der Faschisten beendet war. Der *XX Settembre* meint den 20. September 1870, an dem die piemontesischen Truppen in Rom einzogen, womit die Einigung Italiens endgültig vollzogen war. Viele Straßen und Plätze führen *Risorgimento,* die ›Wiedererstehung‹ der Ideen der politisch-sozialen Bewegung von 1861, die zur staatlichen Einheit Italiens führte, im Namen. Manche heißen *della Repubblica,* zum Andenken an das Referendum vom 2. Juni 1946, mit dem die Monarchie abgeschafft wurde. *Del Plebiscito* verweist auf die Volksabstimmung im Oktober/November 1860, bei der sich die verschiedenen Regionen Italiens für die Eingliederung in einen einzigen italienischen Staat aussprachen. Am *IV. Novembre* 1918 wurde in der Villa Giusti bei Padua der Waffenstillstand unterzeichnet. Straßen oder Plätze mit der Bezeichnung *dei Mille* sind nach den 1072 Freiwilligen benannt, mit denen Garibaldi am 11. Mai 1860 in Marsala an der Westküste Siziliens landete, womit die Einigung Italiens begann. Häufig sind auch Könige und die Nationalhelden in Straßennamen zu finden: *Camillo Garf Benso di Cavour* (1810–61), der Bismarck Italiens, der Berufsrevolutionär *Giuseppe Mazzini* (1805–72), natürlich *Giuseppe Garibaldi* (1807–82), und die Könige des vereinigten Italiens *Vittorio Emanuele II.* (1820–78) und *Umberto I.* (1844–1900)

Streik *(Scioppero)* ist in Italien an der Tagesordnung, mal nur für Stunden, mal tage- und mal wochenlang. Leider betrifft er meist auch die Museen, die ganze Abteilungen wegen Streik schließen, wenn sie sie nicht schon vorher längst wegen ›Personalmangel‹ geschlossen haben. Streiks finden Sie in den Tageszeitungen, meist gleich neben dem Wetterbericht, angezeigt. Dennoch, fragen Sie besser nach, denn nicht jeder angekündigte Streik findet auch wirklich statt.

Telefonieren können Sie in Telefonzellen, entweder mit Telefonmünzen *(gettoni)* oder mit einer Telefonkarte. Die meisten Telefonzellen sind für beide Möglichkeiten vorgesehen. *Gettoni* und Telefonkarten sind erhältlich an Zeitungskiosken und Tabakläden (Kennzeichen für *Sale e Tabacchi:* großes T in weißer Schrift auf blauem Grund); ferner erhält man *gettoni* in den mit einer Wählscheibe bezeichneten Lokalen. Ferngespräche können Sie von Postämtern oder öffentlichen Telefonzellen aus problemlos führen. Die Vorwahlen sind für Deutschland 0049, für die Schweiz 0041 und für Österreich 0043 (die 0 der nationalen Vorwahl entfällt). Bei Ferngesprächen vom Hotel aus liegen die Gebühren pro Einheit deutlich höher!

Theater und Konzerte *(vgl. S. 123–27):* Aus Neapel, der Stadt der Sirenen, schrieb Hans Werner Henze: »Es scheint, daß alles mit Singen zu tun hat, vom Singen herkommt, im Singen endet.« Als der junge König Karl III. von Bourbon das damals größte Musiktheater Italiens nach einem Brand größer und prächtiger wieder aufbauen ließ (in einer Rekordzeit von acht Monaten), wurde das Teatro San Carlo das Zentrum des *bel canto.* Ende des 17. Jh. hatten Pergolesi, Cimarosa und Paisiello die ›napoletanische Schule‹ begründet, später verhalfen hier Rossini, Donizetti und Bellini der *Opera buffa* zu internationalem Ruhm. Caruso wurde am 25. Februar 1873 in Neapel geboren (als Kind einer Waschfrau und eines Straßensängers mit 20 Geschwistern) und debütierte am Teatro San Carlo. Nach einer mäßigen Kritik boykottierte er Neapel und bald ganz Italien. Die ausgezeichnete Akustik der alten Holzbühne und das italienische Publikum, das beim geringsten Patzer pfeift und stampft, aber auch in wahre Begeisterungsstürme ausbrechen kann, machen einen Opernbesuch zu einem Erlebnis. Die jeweils aktuellsten Spielpläne finden Sie in der vom italienischen Fremdenverkehrsamt in englischer Sprache herausgegebenen Broschüre ›*An Italian Year*‹ und in der Tageszeitung. Informationen und Reservierungen erhalten Sie auch direkt vom *Teatro San Carlo,* Via San Carlo 98/f, 80132 Napoli, Tel. 081-416305. Die besten Konzerte von international führenden Orchestern und Solisten können Sie im *Teatro delle Palme* hören. Auskünfte und Spielpläne erhalten Sie von der Associazione ›*Alessandro Scarlatti*‹ Piazza dei Martiri, 58, 80121 Napoli, Tel. 081-406011 oder 405637. Im *Teatro Mercadante* an der Piazza Municipio werden Oper, Schauspiel und Ballett geboten (Piazza Municipio, Tel. 081-5524147). Schauspiele und Volksstücke können Sie im *Teatro Politeama* in der Via Monte di Dio a Pizzofalcone sehen (Tel. 081-401643). Moderne und populäre Schauspiele werden im *Teatro Sannazaro* in der Via Chiaia 157 (Tel. 081-411723) aufgeführt, Konzerte können Sie im *Auditorium RAI* in der Via Marconi, Fuorigrotta hören (Tel. 081-610122). Organisierte Konzert- und Opernreisen vermitteln auch spezialisierte Reiseveranstalter.
Auf Capri finden Freiluft-Konzerte in den Giardini Internazionali, hinter der Via Botteghe, statt. In der Certosa di S. Giacomo (Via Certosa, 80073 Capri) ist der Eintritt immer gratis. Konzertreihen auf Ischia veranstaltet regelmäßig das Jolly Hotel, Barano ist bekannt für seine internationalen Musikwochen.

Thermalbäder: Schon die alten Römer schätzten den Golf von Neapel nicht nur wegen seiner landschaftlichen Schönheiten, sondern auch wegen seiner Thermal- und Heilquellen. Eine Übersicht über alle italienischen Thermalbäder bringt das Faltblatt ›*Terme d'Italie*‹, das Sie kostenlos beim Italienischen Fremdenverkehrsamt erhalten. Alle Bäder bieten neben den Kuranwendungen, die nur in den seltensten Fällen von den deutschen Krankenkassen bezahlt werden, auch ein breites Freizeitangebot mit Tennisplätzen, Schwimmbädern, Saunen und einem Ausflugsprogramm in die Umgebung. Die Kuren dauern in der Regel 14 Tage. Auskünfte erhalten Sie von den Fremdenverkehrsämtern, in der Zentrale in Neapel in der Via Santa Lucia 81 (Tel. 081-7961111 oder 7962040, Telefax 081-7962027) oder direkt von den Kurverwaltungen.

Auf *Ischia* allein finden Sie sechs Thermalbäder: *Barano d'Ischia, Casamicciola Terme, Forio, Ischia Porto, Lacco Ameno und Sant'Angelo.* Im 16. Jh. hat der Arzt Giulio Jasolino die Thermalquellen neu entdeckt. Er wurde mit einem gelehrten Buch über die Quellen in ganz Europa berühmt. Auskünfte erhalten Sie bei der Azienda Autonoma d'Ischia Porto, Banchina di Porto Salvo, Tel. 081-991146. Organisierte Kur- und Schönheitswochen bieten auch deutsche Reiseveranstalter an. Sie können sie über das abr bei der FIT Gesellschaft für gesundes Reisen (Ravensteiner Str. 2, 6000 Frankfurt 60, Tel. 069-4058850) buchen: Auf *Capri* können Sie sich etwa im Europa Palace Hotel verwöhnen lassen, mit medizinischer Rundumversorgung, Massagen, Bädern und einem kompletten Schönheitsprogramm.
In den Thermalbädern auf dem Festland/Ischia können Sie Kuren gegen Gelenksentzündungen und Rheumatismus, Magen- und Darmleiden sowie Frauenkrankheiten machen. Thermalbäder finden Sie in *Agnano Terme* (Tel. 081-418744, Casamicciola (Tel. 081-991146), *Castellammare di Stabica* (Tel. 081-8711334), *Contursi* (Tel. 0828-995034), *Lacco Ameno* (Tel. 081-991146), *Mondragone* (Tel. 0823-971579), *Montesano sulla Marcellina* (Tel. 0975-861048), *Pozzuoli* (Tel. 081-5261481), *Telese* (Tel. 0824-976016) und *Torre Annunziata* (081-8623163). (In Klammern die Telefonnummern der zentralen Kurverwaltungen.)

Trinkgelder: In Restaurants und Trattorien wird der Service meist schon zur Rechnung addiert, trotzdem sollte man noch etwa 1000 Lire auf dem Tisch liegen lassen, in teureren Restaurants entsprechend mehr. In Cafés legt man ein 100-Lire-Stück auf den ›scontrino‹ (Bon) oder in das bereitstehende Schälchen.

Zeitungen: Die wichtigste *Tageszeitung* Italiens ist *Il Mattino* mit ausführlichen politischen und kulturellen Berichten, die auch alle Öffnungszeiten der Museen, Theater- und Konzertprogramme und die jüngsten Fußballergebnisse bringt. Monatlich erscheint neu das Veranstaltungsmagazin *›Qui Napoli‹* in italienischer und englischer Sprache, das Sie in allen Hotels und Fremdenverkehrsämtern erhalten. Einmal jährlich gibt Helmut Börner (Casella postale 41, Ischia Porto) den *Ischia-Tip* heraus, den Sie direkt bei ihm anfordern oder in Hotels kaufen können. Der Autor lebt seit langem auf der Insel und verrät viele Geheimtips.
Überregionale Tageszeitungen sind der *Corriere della Sera* und *La Stampa* (beide konservative politische Mitte), die rechtsradikale *Il Giornale Nuovo,* die links von der Mitte angesiedelte *Il Messagigero, Il Giorno* (linke Mitte), *Il Tempo* (Mitte, katholisch), die linke *La Repubblica* und schließlich das kommunistische Parteiblatt *L'Unità.* Von den Wochenzeitungen sind der *L'Espresso, L'Europeo* (entspricht dem deutschen ›Stern‹) und der *Panorama* (etwa ›Spiegel‹) am wichtigsten. An fast allen Zeitungskiosken erhalten Sie auch deutschsprachige Zeitungen.

Veranstaltungen und Feste

Hier finden Sie die wichtigsten Veranstaltungen (z. B. Karneval) und religiösen Feste Kampaniens. Die jeweils aktuellsten Informationen und Telefonnummern für Reservierungen erhalten Sie bereits zu Hause bei den italienischen Fremdenverkehrsämtern (Adressen *S. 289*) oder bei den regionalen Verkehrsämtern.

Feste und Festivals

Amalfi: Beginn des Karnevals mit farbenfrohem Umzug (17. Januar).
Barano: Internationale Musikwochen (im Sommer).
Cava dei Tirreni: Disfia dei Trombonieri (7. Juli) – Volksfest mit historischem Umzug und Wettkampf.
Capri: Musikfestival in Capri in den Giardini Internazional und in der Chiesa della Certosa di S. Giacomo (September).
Ischia: Tanz der Ndrezzata (24. Juni) – Figurentänze in historischen Kostümen.
Maiori: Karnevalsumzug (17. Januar)
Neapel: Karnevalsbeginn vor der Kirche S. Antonio Abbate (17. Januar), Schlagerfestival (19. September).

Messestadt Neapel: Modemessen (Mitte Februar und September), Buchmesse (Februar), Konditoreiwaren und Eis (Anfang Januar und Februar), Essen-, Wein- und Spirituosenmesse (Anfang Februar), Uhren- und Schmuckmesse (Anfang Mai), Optik- und Photographiemesse (Anfang November), Touristikmesse (Anfang Februar), Druck- und Graphikmesse (Ende September), Messe für Geschenkartikel (Mitte September), Messe für Architektur und Innendekoration (Mitte Juni bis Anfang Juli), Computermesse (Anfang Oktober).

Pompeji: Panathenäische Spiele im Juli und August mit den besten klassischen Orchestern und Musikern der Welt (Karten mindestens ein halbes Jahr im voraus beim Fremdenverkehrsamt reservieren! Adresse *S. 290*).
Ravello: Klassische Konzerte im Garten der Villa Ruolfo zur Erinnerung an den Aufenthalt Richard Wagners (Karten beim Fremdenverkehrsamt).

Wallfahrten und religiöse Feste

Amalfi: 1. Fest des hl. Andreas mit Prozession der Heiligenfigur (27. Juni), 2. Fest des hl. Andreas (30. November)
Capri: Fest des hl. Costanzo (14. Mai in Marina Grande auf Capri), Fest des hl. Antonius (13. Juni auf Anacapri), Fest der Madonna della Libertà (1. Septembersonntag), Fest der Maria SS. del Soccorso (auf dem Monte Tiberio, 1. Septemberwochenende mit Prozessionen und Volksfesten), Fest vor der Kirche S. Maria a Cetrella in Anacapri (7.–8. September).
Ceteara: Peterstag mit Prozession (29. Juni) – Die Heiligenfigur wird mit der Musik des Radetzki-Marsches zum Meer getragen.
Ischia: Karfreitagsprozession in Ponte, Engelslauf in Forio (Ostersonntag), Fest des S. Francesco di Assisi in Forio mit Prozession und Kirchenfest (1. Sonntag nach Ostern), Fest der hl. Anna (26. Juli), Fest der hl. Restituta mit Jahrmarkt, Bootsprozession und abendlichem Feuerwerk (17.–19. Mai), Fest der S. Anna in Ischia Porto und Ponto am Kastell mit Feuerwerk und nachgestelltem Brand der Festung (26. Juli), Fest des S. Gioavanni Giuseppe della Croce mit Bootsprozession zwischen Ischia Porto und Ischia Ponte (1. Septembersonntag), Sagra dell'Uva e del Vino in Forio (Wein- und Traubenfest in der 1. Septemberwoche), Wallfahrt zur S. Maria del Monte (12. September).

Neapel: Blutwunder im Dom (1. Maiwochenende). Fest der Madonna del Carmine (15.–16. Juli), Fest der Madonna von Piedigrotta (7.–9. September), 2. Blutwunder am Todestag des S. Gennaro. (Weitere Informationen in ›Qui Napoli‹, dem kostenlosen Monatsführer des Fremdenverkehrsamtes, dort und in Hotels erhältlich).

Nola: Festa dei gigli zu Ehren des hl. Paulinus von Nola (gest. 431) (20.–23. Juni) – 30 bis 50 Männer tragen einen der 25–30 m hohen Festobelisken durch die Straßen der Stadt zum Dom.

Positano: Sarazenenschlacht mit abschließendem Feuerwerk (15. August – Mariä Himmelfahrt).

Procida: Karfreitagsprozession mit Kindergruppen und abschließendem Abbruch der Schauwagen am Hafen.

Sorrent: Große Bootsprozession (1. Julisonntag), Fest der hl. Anna (26. Juli), Marienfest mit großem Jahrmarkt (17. September).

Torre del Greco: Fest der vier Altäre (1. Woche nach Fronleichnam), die an den vier wichtigsten Plätzen der Stadt errichtet werden. Diese sind mit Korallen, Mosaiken und Malereien bombastisch verziert.

Sport- und Freizeittips

Wenn Sie nicht nur an den Kunstlandschaften, sondern auch an einer aktiven Freizeitgestaltung interessiert sind, finden Sie hier Tips mit Adressen, Telefonnummern und Routenvorschlägen, die Ihnen helfen sollen, aus Ihrem Urlaub nicht nur ein Kunsterlebnis zu machen, sondern die Ihnen auch die Vielfalt der Natur und Land und Leute näherbringen. Weitere Informationen erhalten Sie von den zuständigen Fremdenverkehrsämtern.

Baden sollten Sie in der Umgebung von Neapel lieber vermeiden, denn das Wasser ist stark verschmutzt. Am schönsten sind die Strände auf den Inseln Capri und Ischia. Direkt neben der Blauen Grotte liegt in den Felsen die Badeanstalt *Nettuno* mit einem großen Swimmingpool und einem ausgezeichneten Restaurant (*Riccio,* Tel. 081-8371380, tgl. von 12.00–24.00 Uhr geöffnet). Zum Meer hinunter gelangt man über Treppen. Zu den Hauptbadeplätzen Capris gehört Marina Piccola mit seinen Badeanstalten *Da Maria, Da Gioia, Internazionale, La Canzone des Mare, Le Sirene* und *Torre Saracena.* Auch hier gibt es zahlreiche Restaurants. Unterhalb des Leuchtturms von Faro finden Sie die Badeanstalt *Punta Carena* in einer größeren Bucht, dem Lido del Faro (Tel. 081-8371798), der jedoch keinen Sandstrand besitzt. Ins Meer gelangt man nur über die Felsen. Vorbei an der Villa Krupp, fahren Sie mit dem Schiff von Marina Grande zum hübschen Badestrand *Bagni di Tiberio* (Tel. 081-8370703) mit dem gleichnamigen Restaurant (nur mittags geöffnet). Als Geheimtip unter Caprikennern gelten jedoch die *Faraglioni,* von Capri aus zu Fuß in etwa einer halben Stunde zu erreichen, mit dem Spitzenrestaurant Fontelina (Tel. 081-8370845).

Auf Ischia finden Sie viele herrliche Strände: Der Strand von Citara (Spiaggia di Citara mit den Poseidon-Gärten) und der Marontistrand bei Barano sind jeweils gut zwei Kilometer lang. Der Lido d'Ischia ist einen Kilometer lang, 40 m breit und meist sehr überfüllt. Südlich von Castello können Sie paradiesisch im Giardino Eden baden, der zwar keinen Sandstrand, aber eine Badeinsel im Meer besitzt. Die *Poseidon-Gärten,* die etwas außerhalb von Forio liegen, sollten Sie auf alle Fälle ansehen: Hier finden Sie in einer üppig blühenden Gartenanlage von insgesamt 60000 qm zwanzig Thermalschwimmbecken mit Temperaturen zwischen 15 und 40 Grad (Kneippbecken, Kinderbecken, Hallenbecken und ein großes Meerwasserschwimmbecken), die ihr

Wasser von der Citara-Quelle, die mit 54 Grad aus dem Boden sprudelt, beziehen (tgl. von 8.00–19.00 Uhr geöffnet, Tel. 081-907122, Tageskarte 20000 Lire, Parkgebühr 2000 Lire). Die übrigen Badeanstalten kosten etwa 5000–7000 Lire Eintritt, meist können Sie sich auch für 5000 Lire noch Liegestühle und Sonnenschirme mieten.

Golf spielen können Sie in Kampanien nicht. Wenn Sie dennoch nicht darauf verzichten wollen, müssen Sie nach Apulien (südlich von Bari und 14 km von Tarant entfernt) zum Golfhotel ›Riva dei Tessali‹ fahren. Hier finden Sie ein Hotel mit eigenem Strand, Swimmingpool und zwei Tennisplätzen. Der 18-Loch-Golfplatz liegt in einem Pinienhain nur 5 Minuten vom Hotel entfernt. Weitere Informationen erhalten Sie auch von speziellen Reiseveranstaltern von Golfreisen wie Nova-Golf (Prospekte in jedem guten Reisebüro), die weltweit Golfreisen anbieten.

Radfahren:

Fahrradtransport: Sie können Ihr eigenes Rad mit nach Neapel nehmen, denn seit September 1992 wird es von der Italienischen Eisenbahn in regionalen Zügen, die keine zusätzlichen Bezeichnungen haben, auf ausgewählten Strecken befördert. Einen ›diretto‹ können Sie also nicht benutzen. In jedem Fall müssen Sie das Fahrrad selbst aus- und einladen. Das Rad muß in einer Radtasche verpackt sein, deren Ausmaße 80×110×30 cm nicht überschreiten darf. Nur so dürfen Sie das Rad mit ins Abteil nehmen. Dafür müssen Sie eine Extra-Fahrradkarte lösen, die 5000 Lire kostet und einen Tag lang gültig ist, wobei Sie auch mehrere Teilstrecken benutzen können. Sollten Sie keinen Platz mehr im Zug finden, wird Ihnen der Fahrpreis selbstverständlich zurückerstattet. In ausgewählten ›bici‹-Zügen mit Gepäckabteil oder Gepäckwagen finden Sie immer Platz für Ihr Fahrrad. Diese Züge sind in den italienischen Kursbüchern mit einem Fahrradsymbol versehen und auf den Übersichtsplänen unter ›Servizio bici al seguito del viaggiatore‹ aufgeführt. Erkundigen Sie sich vor Abfahrt, an welchen Zwischenstationen Sie aussteigen können. Gruppen mit mehr als 10 Fahrrädern müssen sich mindestens 7 Tage im voraus schriftlich anmelden. Näheres erfahren Sie bei der Italienischen Staatsbahn, in Deutschland unter der Adresse: Bahnhofsplatz 2, 8000 München 2, Tel. 089-591597.

Fahrradversand: Mit der halb privaten Firma INT – International Transport S. p. A. – können Sie Ihr Fahrrad auch an jeden beliebigen Ort in Italien versenden. Die Lieferzeit beträgt etwa 2–3 Tage, die Tarife richten sich nach der Entfernung: Bis 200 km bezahlen Sie etwa 15000 Lit., bis 1000 km etwa 21000 Lit., über 1400 km knapp 26000 Lit. Die italienische Staatsbahn (FS) hat keinen eigenen Fahrradversand mehr, Räder können jedoch von und nach Italien als Stück- oder Expressgut im Güterverkehr aufgegeben werden. Die Transportzeiten sind dadurch länger und betragen mindestens 1 Woche. Aktuelle Preise können Sie bei der deutschen Vertretung in München erfragen (Adresse siehe oben). **Fahrradvermietung an Bahnhöfen** wird derzeit nicht angeboten. **Fahrradaufbewahrung an Bahnhöfen** soll in den nächsten Monaten möglich werden, an 410 Bahnhöfen sollen Abstellmöglichkeiten für insgesamt 150000 Fahrräder geschaffen werden.
Weitere Auskünfte erteilt auch der Allgemeine Deutsche Fahrrad-Club (ADFC) e. V., Fachgruppe ›Fahrrad und öffentlicher Verkehr‹ im Bundesverband, Postfach 107747, 2800-Bremen 1, Tel. 0421-74052.

Routenvorschläge s. *S. 310*

Fußball: Im Stadion San Paolo in Fuorigrotta ist der Fußballclub SSC Neapel zu Hause, und hier können Sie ›Heimspiele‹ ganz eigener Art sehen, vorausgesetzt Sie bekommen Karten. Einige

Zwei **Routenvorschläge** für die schönsten Radtouren stammen aus dem ›Spezialführer Radtouren Toskana, Abruzzen, Süditalien‹ der BLV Verlagsgesellschaft München (Hg. Rudolf Geser):

Die erste Tour führt an der ›schönsten Straße der Welt‹, **an der Amalfitanischen Küste** entlang, von Positano nach Amalfi (15 km). Sie kann aber auch auf die dreifache Strecke von Meta bis Vietri sul Mare kurz vor Salerno ausgedehnt werden. Diese erste Strecke (leicht bis mittelschwer) hat maximal 12% Steigung, überwindet eine Höhendifferenz von 550 m und dauert gut drei Stunden. Folgen Sie von Neapel aus den Schildern Sorrent/Positano, so gelangen Sie in Meta zu einer Kreuzung mit dem Schild Positano/Amalfi. Hier fahren Sie Richtung Amalfi und müssen erstmals kräftig in die Pedale treten, denn die nächsten 9 km geht es steil bergauf. Dann stürzt die Straße steil zum Meer hin ab. Die spitzen Nadeln der Gallschen Inseln, die Sie jetzt umfahren, galten in der Antike als Sitz der Sirenen. Hier steigt die Straße wieder steil an und fällt dann bis Positano wieder ab. Am Ortszentrum vorbei, geht es weiter abwärts hinein ins Vallone di Fuore, das ›Tal des Zorns‹, eine der größten und eindrucksvollsten Schluchten, in der im Frühling ein reißender Bergfluß fließt. Ab hier geht es wieder stetig bergauf, dann überqueren Sie bei km 14 eine kleine Brücke und fahren weitere 3 km bis Praiano. Nach einer Reihe von kurzen Tunneln erreichen Sie die Grotta dello Smeraldo, die so märchenhaft blau wie die Blaue Grotte in Capri leuchtet. Am Hotel Belvedere vorbei, können Sie nach der steilen Straße kurz rasten und die Aussicht genießen, bevor Sie nach Vettica, einem Vorort Amalfis, hinuntersausen. Nach einem 100 m langen Tunnel – und nach insgesamt 30 km – sind Sie schließlich in der Ortsmitte Amalfis angekommen. Die weitere Strecke bis Salerno ist nicht ganz so atemberaubend, dennoch müssen sie auch hier gut trainiert sein. Nach Castiglioni und Maiori, zum Cap d'Orso und weiter nach Cetara geht es bergauf und bergab, bis Sie nach der Brücke Vietri sul Mare erreichen. (Am Wochenende ist diese Strecke sehr stark befahren, am besten verlegen Sie Ihre Tour auf einen Wochentag!)

Die zweite **berühmte Radtour** führt **auf den Vesuv:** Von Neapel aus fahren Sie am besten erst auf der Autobahn Richtung ›Vesuvio‹ bis zur Ausfahrt ›Ercolano‹ und steigen dann erst aufs Rad um. Folgen Sie immer dem Schild ›Vesuvio‹. Zwischen erstarrten Lavabrocken und Ginsterbüschen steigt ein schmales holpriges Sträßchen zwischen 6 und 12% bergan, am Hotel Eramo vorbei, gelangen Sie schließlich zu einer Weggabelung. Folgen Sie hier dem Schild ›Cratere Vesuvio‹. Nach rechts steigt die Straße etwa 1,5 km lang bergan bis zur Sesselliftstation. Schon von hier aus haben Sie einen herrlichen Blick auf den Golf von Neapel. Der Sessellift bringt Sie in 6 Minuten hoch bis zum Kraterrand, den Sie nur mit Führung besichtigen können. Wählen Sie die linke Straße, so gelangen Sie nach 2 km zu einem Parkplatz unterhalb des grauen Vulkankegels des Vesuvs, zu dem Sie in etwa 20 Minuten zu Fuß hinaufsteigen können. Von hier aus sehen Sie hinüber zum Golf von Sorrent bis nach Capri und Pompeji. (Auch bei dieser Tour sollten Sie die Wochenenden meiden.).

Monate im voraus, per Telefon unter 081-615623 direkt beim Sekretariat bestellt, besteht noch am ehesten die Möglichkeit hierzu. Karten erhalten Sie auch direkt vom Clubsekretariat, Piazza dei Martiri 30, 80121 Napoli, Tel. 081-407477. Kurz vor Spielbeginn können Sie nur noch auf dem Schwarzmarkt an Karten kommen. Fragen Sie am besten Ihren Hotelportier.

Pferderennen können Sie im Ippodromo di Agnano (Tel. 081-7601660) verfolgen, einem ehemaligen Kratersee 10 km außerhalb von Neapel.

Reiten können Sie fast überall. Am bequemsten ist die Verbindung von Ferien auf dem Bauernhof *(S. 292)* mit einem Reiturlaub, wie Sie ihn etwa in der Scuola Caertana di Equitazione in 81050 Pontelatone bei Caserta buchen können. Informationen über Fontana Pila, Via Ponte Pellegrino 69, Tel. 0823-878107. In Benevento erhalten Sie Auskünfte bei der Associazione Sannita Sports Equestri, Loc, Piano Cappelle.

Segeln:
Einreise: Für Segler ist die Einreise nach Italien unproblematisch, sie dürfen jeden Hafen anlaufen, besondere Vorschriften sind nicht zu beachten. Der erste Weg führt zur ›Capitaneria di Porto‹, dem Büro der Hafen- und Küstenpolizei, in dem das ›Constituto in Arrivo‹ ausgestellt wird. In der Regel müssen Sie gleich beim Zoll die ›Tassa di Stationamento‹, die Aufenthaltsgebühr, bezahlen. Eine Paß- und Zollkontrolle findet nicht statt. Dagegen besteht Führerscheinpflicht, und der in der Heimat erforderliche Schein muß vorgewiesen werden. Als Nachweis der Versicherungspflicht wird die blaue Versicherungskarte verlangt, die von der Gesellschaft, bei der das Boot haftpflichtversichert ist, kostenlos ausgestellt wird. Bei der **Ausreise** sollten Sie einen Stempel mit dem entsprechenden Vermerk in den Constituto eintragen lassen. Wichtig zu wissen ist, daß Sie auf Ihrem Boot nur Nicht-Italiener mitnehmen dürfen und das Boot weder verleihen noch vermieten dürfen. Ein Verzeichnis aller italienischen Häfen finden Sie in den ›Pagine azzurre‹ (Nautica Verlag), die in italienischer Sprache jährlich im Juli neu erscheinen und in jeder guten Reisebuchhaltung erhältlich sind. Die **wichtigsten Häfen Kampaniens** können Sie unter folgenden Telefonnummern erreichen: Neapel: Tel. 081-206163, Amalfi: Tel. 089-871366, Positano Tel. 089-875486.

Einige ausgewählte Häfen: Eine Segeltour an der Mittelmeerküste entlang von Menton über Capri und Neapel nach Malta finden Sie im Buch von Jean Morlot, Guide vagnon Côtier No. 31, beschrieben. Sie wird in der Edition du Plaisancier (27, rue François-Peissel, F-69641 Caluire Cedex, Tel. 0033-7-8233114) dreisprachig herausgegeben. Im F. Goldmann Verlag, A-3430 Tulln, ist ein Hafenführer erschienen, der Ihnen mit 180 Plänen und 140 Bildern die Häfen im Tyrrhenischen Meer, auf Elba, Sardinien und Korsika vorstellt. Ob Sie unbedingt in der Nähe einer unsicheren Großstadt vor Anker gehen wollen, sollten Sie sich gut überlegen. Achten Sie auch auf die Nähe von Abwasserkanälen. Sie umgehen das verschmutzte Hafenwasser Neapels, wenn Sie weiter westlich im Hafen von **Posillipo** ankern, der Eigentum des örtlichen Wassersportclubs ist. Die Beckentiefe beträgt allerdings nur 1 m. Der Hafen **Sannazaro** (Mergellina) dagegen liegt an der Ostseite eines dicht bebauten Wohnviertels Neapels und bietet Yachten jede Versorgung (bewachte Liegeplätze). In **S. Lucia,** südöstlich des Handelshafens, schützt ein Wellenbrecher im Osten den Yachthafen, der vom Castel dell'Ovo dominiert wird. Hier gibt es auch eine Werft für Motorboote. Auf **Capri** finden Sie sichere Liegeplätze im Porto Touristico von **Marina Grande,** in dessen Hafenbecken jedoch nur Yachten einlaufen dürfen, die dort einen permanenten Liegeplatz gemietet haben. Sonst ist die Wahl der Anlegestelle in diesem Teil des Hafens frei. Im Hafen finden Sie alles, was Sie für sich und Ihr Boot brauchen. Eine Zahnradbahn (Funicolare) bringt Sie zum 140 m höher gelegenen Ort.

Skifahren: So weit hergeholt es klingen mag, aber auch in Kampanien können Sie Skifahren. Über dem Golf von Salerno erhebt sich in der Hochebene von

Routenvorschläge für Wanderungen

Ein Muß ist ein **Ausflug zu den Augustus-Gärten auf Capri.** (Da dieser Ausflug auch im Repertoire der meisten organisierten Reiseveranstalter enthalten ist, sollten Sie die Wochenenden und Feiertage am besten meiden.) Gehen Sie von der Piazza Umberto I. Capri über die Via V. Emanuele und die Via F. Serena. Sobald Sie das Meer sehen, biegen Sie rechts ab in die Augustus-Gärten. In den Gärten finden Sie auch ein Lenin-Denkmal, das an Lenins Besuche in den Jahren 1908 und 1910 erinnert. Die Aussicht auf die Faraglioni ist herrlich. Ein schöner schattiger Weg führt weiter nach Marina Piccola. Da viele Restaurants am Weg liegen, ist eine Kaffeepause sehr zu empfehlen. Machen Sie am besten auch einen kurzen Abstecher zur ›Villa Krupp‹! Anschließend können Sie die berühmte Serpentinenstraße, die ›Via Krupp‹, nach Marina Piccola hinunterlaufen. Von hier aus fahren Busse wieder zur Piazza Umberto I. zurück – oder Sie laufen weitere 40 Minuten denselben Weg wieder zurück.

Unser nächster **Routenvorschlag zur Tiberius-Villa** ist ebenfalls ein Muß für alle Besucher: Gehen Sie von Capri durch die Via Spramonte bis zur Kreuzung della Croce und biegen Sie links ab. Der Weg führt leicht bergan an der Kirche S. Michele vorbei. Von der Bar Jovis aus haben Sie einen herrlichen Blick auf das Meer. Nach den Ortsteilen Monetella und Moneta gelangen Sie auf den Monte di Lauro, dann, an der Torre del Faro vorbei, zum Monte Tiberio mit den Ruinen der Villa Tiberius mit herrlichen Säulen und Mosaiken. Von hier aus können Sie noch weiter den Berg hinaufsteigen bis zur Kirche Madonna del Soccorso. Gleich neben der Villa finden Sie das Restaurant ›Augusto‹, in dem Sie sich nach einer knappen Stunde Spaziergang beim Essen erholen können.

Zu empfehlen ist auch eine **Wanderung durch die Zitronenwälder von Procida.** Auf dieser Insel spielt Elsa Morantes weltberühmter Roman ›Arturos Insel‹. Erreichen können Sie die Insel direkt von Neapel oder mit einer Fähre von Ischia aus. Hier ist die Zeit stehengeblieben, und nur ganz selten suchen Touristen diese Insel heim. Meist wollen sie das ›Istituto Nautico‹, die berühmte Seefahrtsschule, sehen. Die Küste der Insel ist insgesamt nur 14 km lang. Sie können sie auf einem Spaziergang bequem an einem Nachmittag umrunden. Immer wieder kommen Sie dabei durch Zitronenwälder, die der Insel den Beinamen ›Insel der Zitrone‹ eingebracht haben.

Laceno die etwa 1700 m hohe Rajamagra (47 km von Avellino und 6 km von Bagnoli entfernt). Die Hochebene liegt 1053 m über dem Meeresspiegel und ist von riesigen Kratern umgeben: dem Cervarolo, dem Cervialto, der Rajamagra, der Montagna Grande und der Monte Calvello. 10 Hotels in Laceno, Bagnoli Irpino und Montello und die Schutzhütte ›Ernesto Amatucci‹ auf 1700 m Höhe sorgen für mehr oder weniger Komfort. Die Pisten (alle Schwierigkeitsgrade; auch für Anfänger geeignet) sind ausgeschildert. Zwei Skilifte und zwei Sessellifte erschließen insgesamt acht Skipisten. Weitere Informationen erhalten Sie beim Fremdenverkehrsamt der Stadt Avellino, Tel. 0825-35175.

Surfen und Wasserski fahren können Sie am schönsten wohl auf der Insel Ischia, denn hier geraten Sie nicht in die Touristenströme wie auf Capri, und Sie finden noch schöne Strände und sauberes Wasser. Adressen von Wasserski-Möglichkeiten erhalten Sie bei der Azienda Autonoma di Cura Soggiorno e Turismo in der Via Vittoria Colonna 126, 80077 Ischia, Tel. 081-983066 (tgl. von 9.00–14.00 Uhr) oder in der Via Jasolino/Porto Salvo, Tel. 081-991146 (tgl. 9.00–13.00 und 16.00–20.00 Uhr) und in den lokalen Fremdenverkehrsämtern.

Tauchen: Der Verband deutscher Sporttaucher hat ein Verzeichnis mit allen im Verband gemeldeten Tauchbasen der Welt herausgebracht, das Sie für DM 29,80 beziehen können: Tannenstr. 25, 6082 Mörfelden, Tel. 06105-74547. Der Golf von Neapel gehört für die Taucher jedoch nicht zu den Traumzielen. Nur auf Barano finden Sie eine Tauchbasis, die von Kurt Huber geleitet wird. Weitere Informationen erhalten Sie direkt unter Tel. 0039-81-990551 oder 0041-73-231772. Auch in Palinuro soll es noch eine Tauchbasis geben, die jedoch als totaler Geheimtip gilt, so daß Sie genauere Informationen am besten vor Ort erfahren. Alle wichtigen Adressen von Tauchsportgeschäften und speziellen Reiseveranstaltern finden Sie im monatlich erscheinenden Heft ›tauchen‹ (Jahr-Verlag, Jessenstr. 1, 2000 Hamburg 50), das Sie auch in guten Reisebuchhandlungen oder bei Zeitschriftenhändlern erhalten.

Wandern können Sie natürlich überall auf dem Festland außerhalb der Großstadt Neapel. Lohnenswert ist der **Aufstieg zum Vesuv**. Sie können ihn auch per Rad erklimmen. Die Route finden Sie auf *S. 310* beschrieben. Am schönsten und ruhigsten können Sie auf den Inseln Ischia, Capri oder Procida wandern.

Routenvorschläge s. Kasten *S. 312*

Öffnungszeiten

Eines der wichtigsten Wörter der italienischen Sprache ist das Wort ›chiuso‹ – geschlossen. Wenn Sie Ihre Reise nach den offiziellen Angaben der Öffnungszeiten planen, werden Sie bald verstehen warum. Die hier genannten Zeiten werden daher ohne jede Gewähr gegeben – es ist leider nicht anders möglich. Wo keine Zeiten genannt sind, helfen Ihnen – vielleicht – die örtlichen Verkehrsämter (Adressen *S. 289*) oder die Rubrik ›*Musei & scavi*‹ der Tageszeitung *Il Mattino* weiter.

Museen haben *in der Regel* montags geschlossen, sonst sind sie meist von 9 bis 14 (sonn- und feiertags bis 13) Uhr geöffnet. **Kirchen** besichtigt man ebenfalls am besten vormittags. Zu den **Ausgrabungen** sind unten weitestgehend verläßliche Zeiten genannt.

1 – 12 Neapel

Aquarium (internationales Forschungsinstitut Acquario e Stazione zoologica di Napoli): Via Caracciolo, Villa Comunale, Di–So 9.00–15.00 Uhr, Besichtigung der Freskenhalle auf Anfrage

Castel dell'Ovo: Porta di S. Lucia, Termin nach Vereinbarung

Museo Archeologico Nazionale: 35, Piazza Museo, Di–Sa 9.00–14.00 Uhr, So 9.00–13.00 Uhr, Mo geschl.

Museo e Gallerie di Capodimonte im Palazzo di Capodimonte: Di–Sa 9.00–14.00 Uhr, So 9.00–13.00 Uhr, Mo geschl.

Museo Nazionale di San Martino: 5, Largo San Martino, Mo–Sa 9.00–13.00 Uhr, So geschl.

Palazzo Cellamare: Via Chiaia, Besuch nach Voranmeldung – nur Mo 13.00 Uhr möglich – bei der Palazzo-Verwaltung anmelden

Palazzo Cuomo: Museum mit Sammlung Gaetano Filangieri: Mo–Fr 9.00–14.00 Uhr, So 9.00–13.00 Uhr, Mo geschl.

Palazzo Reale: Museo di Palazzo Reale, Piazza Plebiscito, Di–Sa 9.00–14.00 Uhr, So 9.00–13.00 Uhr, Mo geschl.
San Domenico Maggiore: Via San Domenico, Besichtigung des Raums von Thomas Aquin: in der Sakristei fragen
San Gennaro extra moenia: Tondo di Capodimonte, Mo–Fr 9.30–13.30 Uhr, Sa und So geschl.
San Lorenzo Maggiore: Via del Duomo. Kapelle S. Gennaro 8.00–12.00 Uhr, Besuch von S. Restituta und der Kapelle Minutolo nach Rücksprache mit der Sakristei
Sant'Anna dei Lombardi: Piazza de Monteoliveto, vormittags geöffnet, Besichtigung des Chores: in der Sakristei fragen
Santa Chiara: Museo e Chiostro delle Maioliche di Santa Chiara: Via Benedetto Croce, Mo–Sa 8.30–12.30, 14.00–16.00 Uhr, So nur vormittags
Teatro San Carlo: 9.00–12.00 Uhr, wenn keine Vorstellungen sind
Villa Floridiana mit Museo Nazionale delle Ceramica ›Duca di Martina‹: 77, Via Cimarosa, Di–Sa 9.00–14.00 Uhr, So 9.00–13.00 Uhr, Mo geschl.

15 Herkulaneum (Ercolano)
Scavi e Antiquarium: Corso Ercolano, von 9.00 Uhr bis Sonnenuntergang geöffnet, Mo geschl.
Villa del Duca di Compolieto: tgl. geöffnet von 10.00–13.00 Uhr
Osservatorio Vesuviano: 16, Via del Vesuvio, Besuch kann vereinbart werden unter Tel. 081-7695904. Seilbahnen verkehren von 9.00 Uhr bis eine Stunde vor Sonnenuntergang

15 Pompeji
Ausgrabungsgelände: geöffnet von 9.00 Uhr bis Sonnenuntergang
Antiquarium: 9.00–16.00 Uhr
Sala del Tesoro del Santuaro, Piazza B. Longo: Besuche können telefonisch unter Tel. 081- 8631960 vereinbart werden
Museo Vesuviano: 1, Piazza Barolo Longo, tgl. 9.00–13.00 Uhr

16 Capri
Certosa di S. Giacomo und **Museum Diefenbach:** Piazzetta Certosa di Dan Giacomo: Di–So 9.00–14.00 Uhr, Mo geschl.
Gärten des Augustus:
Villa Jovis: Via Tiberio, von 9.00 Uhr bis Sonnenuntergang geöffnet, Mo geschl.
Villa San Michele in Anacapri: Viale Axel Munthe, von Mai–Sept. tgl. 9.00–16.00 Uhr, Nov–Febr. tgl. 10.30–15.30 Uhr. Okt., März und April tgl. 9.30–16.00 Uhr
Grotta Azzurra: tgl. von 9.00 Uhr bis eine Stunde vor Sonnenuntergang, mit dem Auto von Anacapri, mit dem Boot von Marina Grande aus zu erreichen

20 Caserta
Palazzo Reale: Appartements und Museo Vanvitelliano: Di–So 9.00–13.30 Uhr, So 9.00–12.30 Uhr. Besuch der Cappella Palatina und des Hoftheaters nach tel. Vereinbarung mit der Sovrintendenza (Museumsleitung), Park: von 9.00 Uhr bis Sonnenuntergang geöffnet

21 Benevent
Santa Sofia, Museo del Sannio: Piazzo Santa Sofia, Mo–Sa 9.00–13.00 Uhr, So geschl.
Römisches Theater (Teatro Romano): von 9.00 Uhr bis Sonnenuntergang geöffnet

22 Avellino
Museo Irpino: Palazzo della Cultura, Corso Europa, tgl. von 8.00–14.00 Uhr geöffnet

23 Sorrent
Sant'Antonio: für die Besichtigung der Krypta in der Sakristei fragen
Palazzo Correale di Terranova (Museo Correale): 48, Via Correale, zur Zeit und bis auf weiteres wegen Renovierung geschlossen (Stand Jan. 93)

23 Amalfi
Duomo mit dem Chiostro del Paradiso: Kloster von 9.00–17.00 Uhr geöffnet, Besuch der Krypta: in der Sakristei fragen

Museo Civico im Rathaus (darin Museum mit den Tavole Amalfitane): Mo–Fr 8.00–14.00 Uhr, Sa und So geschl.
Museo della Carta (Palazzo Pagliara): Museum der Papiermacher, Besuch kann unter Tel. 089-872615 vereinbart werden

23 Ravello
Villa Rufolo (Villa Rufolo e Antiquarium): von 9.30 Uhr bis Sonnenuntergang geöffnet
Villa Cimbrone: von 9.00 Uhr bis Sonnenuntergang geöffnet

23 Cava dei Tirreni
Abbazia della SS. Trinita'di Cava: Via Morcaldi, 9.00–12.30 Uhr, So 9.30–10.30 Uhr, Führungen möglich

23 Salerno
Dommuseum (Museo del Duomo e Duomo): 2, Via Monsignor Monterisi, Termin unter Tel. 089-224322 erfragen
Museo Archeologico Provinciale: 28, Via San Benedetto, 9.00–13.00 und 15.00–19.30 Uhr
Pinacoteca Museo di S. Maria delle Grazie: Via Trotula di Ruggero, Besichtigungen können unter Tel. 089-233021 arrangiert werden
Castello di Arechi e Raccolta delle Ceramiche (Keramikmuseum): 9.00–13.00 Uhr und 15.00–18.00 Uhr

25 Velia
Ausgrabungsfelder (Scavi di Velia): geöffnet von 9.00 Uhr bis Sonnenuntergang

26 Paestum
Ausgrabungsgelände (Scavi di Paestum): geöffnet von 9.00 Uhr bis Sonnenuntergang
Museo Archeologico Nazionale: Via Nazionale, Di–Sa 9.00–13.30 Uhr, So 9.00–12.00 Uhr, Mo geschlossen

Personenregister

Orts- und Objektregister

Plan- und Objektnummern **Fettdruck** in eckigen Klammern, wichtige Textstellen *kursiv*; weitere Textstellen normal.

Die Deutsche Bibliothek – CIP-Einheitsaufnahme

Kluckert, Ehrenfried
Neapel, Kampanien / Ehrenfried Kluckert.
Unter Mitarb. von Daniela Donzelli-Kluckert.
München : Artemis und Winkler, 1993
(Artemis Kunst & Reisen)
ISBN 3-7608-0823-9

Artemis & Winkler Verlag

Satz: Gerber Satz GmbH, München
Druck und Bindung: Pustet, Regensburg
Printed in Germany

Kampanien

Legende zur nebenstehenden Übersichtskarte

***	Acquedotto Carolino	*S. 213*	21
**	Aeclanum	*S. 225*	22
**	Alife	*S. 208*	20
**	Amalfi	*S. 233*	23
	Ariano Irpino	*S. 226*	22
	Atrani	*S. 236*	23
**	Avellino	*S. 224*	22
**	Averner See	*S. 139*	13
*	Aversa	*S. 198*	20
	Bagnoli Irpino	*S. 227*	22
	Baiae	*S. 146*	13
***	Benevent	*S. 213*	21
*	Caiazzo	*S. 207*	20
	Campolattaro	*S. 220*	21
***	Capo Miseno	*S. 144*	13
***	Capri	*S. 183*	16
*	Capua	*S. 199*	20
**	Carínola	*S. 195*	19
*	Caserta (***Schloß)	*S. 203*	20
	Cava dei Tirreni	*S. 238*	23
*	Cimitile	*S. 223*	22
	Circello	*S. 220*	21
**	Cumae	*S. 141*	13
	Eboli	*S. 243*	24
***	Herkulaneum	*S. 155*	15
***	Ischia	*S. 188*	18
	Liternum	*S. 194*	19
	Marina di Camerota	*S. 250*	25
	Marina di Pisciotta	*S. 250*	25
	Molpa	*S. 250*	25
	Mondragone	*S. 195*	19
	Monteforte	*S. 224*	22
	Montevergine	*S. 224*	22
	Monte di Procida	*S. 143*	13
	Monti del Matese	*S. 209*	20
	Monti di Sannio	*S. 220*	21
	Morcone	*S. 220*	21
	Nola	*S. 223*	22
	Nusco	*S. 227*	22
	Padula (***Kartause)	*S. 244*	24
***	Paestum	*S. 253*	26
*	Palinuro	*S. 250*	25
	Petina (***Grotten)	*S. 244*	24
	Phlegräische Felder	*S. 136*	13
	Piano Laceno	*S. 227*	22
**	Piscina Mirabilis	*S. 144*	13
	Policastro Bussentino	*S. 250*	25
***	Pompeji	*S. 164*	15
	Portici	*S. 149*	14
***	Positano	*S. 232*	23
***	Pozzuoli	*S. 137*	13
	Praiano	*S. 233*	23
	Praia a Mare	*S. 250*	25
**	Procida	*S. 187*	17
***	Ravello	*S. 236*	23
**	Resina	*S. 151*	14
	Roccamonfina	*S. 197*	19
	Sala Consilina	*S. 244*	24
***	Salerno	*S. 241*	23
	San Giorgio a Cremano	*S. 149*	14
	Santa Maria Capua Vetere	*S. 198*	20
**	Santa Maria Occorrevole	*S. 209*	20
***	Sant' Agata dei Goti	*S. 211*	21
	Sant' Angelo dei Lombardi	*S. 227*	22
	Sant' Angelo d'Alife	*S. 209*	20
***	Sant' Angelo in Formis	*S. 201*	20
	San Guglielmo al Goleto (**Abtei)	*S. 227*	22
	Sanza	*S. 248*	24
	Sapri	*S. 250*	25
	Serre	*S. 243*	24
***	Sessa Aurunca	*S. 195*	19
**	Sorrent	*S. 228*	23
*	Stabiae	*S. 180*	15
**	Teggiano	*S. 246*	24
*	Torre Annunziata	*S. 180*	15
*	Torre del Greco	*S. 152*	14
	Valle di Maddaloni (***Aquädukt)	*S. 213*	21
**	Velia	*S. 250*	25
	Ventaroli	*S. 195*	19
	Vesuv	*S. 148*	14
	Versuvvillen	*S. 148*	14
	Vettica Maggiore	*S. 233*	23
	Vulturnum	*S. 194*	19